Zur Rekonstruktion schulischer Bildungsverläufe

Empirische Erziehungswissenschaft

herausgegeben von

Rolf Becker, Sigrid Blömeke, Wilfried Bos,
Hartmut Ditton, Cornelia Gräsel, Eckhard Klieme,
Rainer Lehmann, Thomas Rauschenbach,
Hans-Günther Roßbach, Knut Schwippert,
Ludwig Stecher, Christian Tarnai, Rudolf Tippelt,
Rainer Watermann, Horst Weishaupt

Band 60

Waxmann 2015
Münster • New York

Stefan Kühne

Zur Rekonstruktion schulischer Bildungsverläufe

Der Beitrag der Individualstatistik für die Entwicklung von Verlaufsindikatoren

Waxmann 2015
Münster • New York

Die Arbeit wurde als Dissertation an der Universität Erfurt angenommen.

Bibliografische Informationen der Deutschen Nationalbibliothek
Die Deutsche Nationalbibliothek verzeichnet diese Publikation in der
Deutschen Nationalbibliografie; detaillierte bibliografische Daten sind im
Internet über http://dnb.d-nb.de abrufbar

Empirische Erziehungswissenschaft, Band 60
ISSN 1862-2127
Print-ISBN 978-3-8309-3307-6
E-Book-ISBN 978-3-8309-8307-1

© Waxmann Verlag GmbH, 2015
Steinfurter Str. 555, 48159 Münster

www.waxmann.com
info@waxmann.com

Umschlaggestaltung: Pleßmann Design, Ascheberg
Gedruckt auf alterungsbeständigem Papier, säurefrei gemäß ISO 9706

Printed in Germany

Für Josefina

„schnuh"

Abstract

From gross rates to pathways – Stock and flow indicators on school graduation and dropout in German schools

Over the past few decades, the development and use of educational indicators, i.e. individual or composite statistics that reflect key aspects of an education system, have grown and improved in many ways. Besides international indicators such as those presented by the OECD or UNESCO, the number of countries that implement national indicators to gain information on the performance of their own education system has rapidly increased. These indicators must be measured accurately to ensure that policy-makers receive valid, objective and reliable information about essential features of educational processes.

In this study, the shortcomings of indicators traditionally used for assessing school graduation and dropout are examined. So far, German school statistics only allowed for estimates of graduation and dropout rates. Due to the annual cross-sectional and aggregated counts of students, these gross rates only provide snapshots (stock indicators); they cannot reflect students' pathways and graduation over time (flow indicators).

The birth date of each student presents a minimum requirement for an accurate account of the number of school dropouts and graduates. This cross-sectional information already allows for long-term birth cohort analyses. However, longitudinal information is needed to provide a more precise picture of students' pathways through the education system. Such an approach is exemplified with official school statistics from the state of Hesse where a data system with unique identifiers (student ID) was implemented.

Zusammenfassung

Als Grundlage für evidenzbasierte Qualitätsverbesserungen im deutschen Bildungswesen wurde in den vergangenen Jahren ein breit gefächertes Bildungsmonitoring geschaffen. Ein zentraler Bestandteil dieser institutionalisierten Dauerbeobachtung des Bildungswesens sind Bildungsindikatoren, die im Zeitverlauf den Entwicklungsstand des Bildungswesens bilanzieren und inzwischen von der internationalen bis hin zur kommunalen Ebene Anwendung finden. Nach wie vor gibt es jedoch Schlüsselaspekte von Bildung, die aufgrund mangelnder Datenverfügbarkeit keiner indikatorengestützten Darstellung zugänglich sind. Allenfalls punktuell erforscht und nicht auf der Basis von Indikatoren darstellbar ist insbesondere, wie typische Bildungskarrieren verlaufen, das heißt wie zentrale Elemente der Bildungsbiographien in Deutschland aus einer Systemperspektive heraus empirisch transparent gemacht werden können.

In der vorliegenden Arbeit wird den Möglichkeiten einer indikatorengestützten Darstellung von Bildungsverläufen am Beispiel des Erwerbs von Schulabschlüssen nachgegangen. Ziel ist es, von der üblichen Beschreibung von Zuständen ('stock indicators') zu einer Rekonstruktion von Verläufen zu gelangen ('flow indicators'). Im Mittelpunkt der Untersuchung steht dabei das Potenzial, welches der im Jahr 2003 von der Kultusministerkonferenz verabschiedete Kerndatensatz für schulstatistische Individualdaten der Länder eröffnet. Wurden die Schulstatistiken zum Schulwesen bislang als länderspezifische Summendatensätze (Aggregatstatistik) erfasst, stellen die Bundesländer in den letzten Jahren ihr Erhebungssystem schrittweise auf Einzeldatensätze (Individualstatistik) mit einem Kernbestand gemeinsamer Merkmale um. Die praktische Umsetzung verläuft jedoch in den Ländern weder in zeitlicher noch in organisatorischer Hinsicht synchron, was eine weiterhin heterogene Datenlage zur Folge hat. Anhand konkreter Auswertungsbeispiele werden im empirischen Teil der Arbeit die jeweils mit Summendaten, kumulativen Summendaten, Individualdaten ohne Personenkennung und Individualdaten mit einer Personenkennung verbundenen Möglichkeiten und Grenzen für verlaufsbezogene Indikatorenansätze systematisch entfaltet.

Bei der traditionellen Erhebung von *Summendaten* meldet jede Einzelschule nach dem Prinzip einer Strichliste zusammengefasste Angaben zur Anzahl ihrer Absolventen und Abgänger im vorherigen Schuljahr. Hiermit lassen sich für die Abschlusskohorte im jeweils betrachteten Schuljahr lediglich aktuelle Statusinformationen in Form von Abschlussquoten generieren und nach wenigen, länderspezifisch erhobenen Differenzierungsvariablen (z. B. Schulart oder Ausländerstatus) in Teilmengen aufschlüsseln. Wie im ersten Ergebnisteil dieser Arbeit erörtert wird, ist die Aussagekraft der auf Summendaten basierenden, etablierten Indikatorenansätze unter methodischen Gesichtspunkten stark eingeschränkt. Denn die Ergebnisse können zum einen von der demographischen Entwicklung verzerrt sein, da sich rückläufige oder steigende Schülerzahlen zeitversetzt niederschlagen – zunächst bei den Jugendlichen mit Hauptschulabschluss und erst in späteren Jahren bei jenen mit Hochschulreife. Zum anderen kommt es zu einem Kumulationseffekt, wenn Personen einen zunächst nicht erreichten oder höher qualifizierenden Schulabschluss später nachholen und wiederholt in die Statistik eingehen. Die aus solchen Mehrfacherfassungen resultierende Überschätzung der jährlichen Abschlussquoten kann mit Summendaten nicht näher bestimmt werden.

Als innovative Operationalisierung wird vor diesem Hintergrund geprüft, ob die querschnittlich erfassten Absolventen- und Abgängerzahlen über die Jahre zu *kumulativen Summendaten* aggregiert werden können, die quasi-längsschnittliche Verläufe beschreiben. Das vorgeschlagene Messkonstrukt setzt lediglich eine Erfassung der Absolventen und Abgänger nach Geburtsjahren voraus, wie es inzwischen selbst in jenen Ländern ohne Individualstatistik der Fall ist. In einer Zeitreihenbetrachtung lässt sich auf diesem Wege ermitteln, welcher Personenanteil einer Geburtskohorte in welchem Alter mit oder ohne Schulabschluss die Schule verlassen hat. Ein offenes Problem bleiben indes die Mehrfacherfassungen, da auch ein kumulativer Verlaufsindikator keine Auskunft darüber geben kann, wie viele unter den jahresweise erfassten Absolventen einen oder gar mehrere Abschlüsse nachholten und welche Abgänger ohne Abschluss geblieben sind.

Selbst *Individualdaten* lösen dieses Problem nicht per definitionem. Denn in der Mehrzahl der Bundesländer, die zum jetzigen Zeitpunkt bereits die Individualstatistik nach dem KMK-Kerndatensatz eingeführt haben, bleiben längsschnittliche Verknüpfungen ausgeschlossen. Entgegen der von datenschutzrechtlichen Bedenken geprägten, öffentlichen Debatte verbirgt sich hinter dem Begriff Individualdaten nicht automatisch eine Speicherung individueller Verlaufsdaten von einzelnen Kindern und Jugendlichen, sondern lediglich eine technologiebasierte Erhebung anonymisierter Einzeldatensätze ohne Bezug zu vorherigen Erhebungswellen. Es wird aufgezeigt, dass damit einerseits multidimensionale Kombinationen zwischen allen erfassten Schüler-, Lehrer- und

Schulmerkmalen möglich werden, um z. B. die Abschlusskonstellationen in Abhängigkeit von Aspekten wie Schulgröße, Ganztagsteilnahme, sonderpädagogischer Förderung oder Migrationshintergrund zu analysieren. Andererseits bleibt es aber bei querschnittlichen Angaben, die sich nach wie vor auf lediglich ein Schuljahr beschränken.

Erst auf der Grundlage von *Individualdaten mit Personenkennung* (ID), die bislang in nur wenigen Bundesländern eingeführt wurden, können zeitversetzte Mehrfachzählungen von nachgeholten Schulabschlüssen quantifiziert werden. Exemplarisch wird in Sonderauswertungen der hessischen Schulstatistik im Längsschnitt aufgezeigt, wie der aktuelle Status einer Person zu vorangegangen (bzw. nachfolgenden) Ereignissen der Schullaufbahn in Beziehung gesetzt werden kann. Der Erwerb eines Schulabschlusses wird auf diesem Wege nicht mehr als singuläres Ereignis in Form eines ‚stock indicators' abgebildet, sondern als ‚flow indicator' in den weiteren schulischen Werdegang eingebettet. Mithilfe von Verbleibsquoten einer Abschlusskohorte lässt sich so nicht nur rekonstruieren, wie viele Jugendliche mit welcher schulischen Vorbildung welchen Anschlussbildungsgang absolvieren. Die individualstatistischen Verlaufsdaten gestatten zugleich erstmals eine Antwort auf die Frage, wie sich im Zuge dieses Schulbesuchs der formale Bildungsstand der Abschlusskohorte weiter entwickelt. Verfolgt man über die Jahre, wie viele Jugendliche einen zunächst nicht erreichten bzw. höher qualifizierenden Abschluss nachholen, wird auch das Problem der zeitversetzten Mehrfachzählungen überwunden.

Inhaltsverzeichnis

Vorwort

Diese Promotionsarbeit entstand im Rahmen der Indikatorenforschung zur nationalen Bildungsberichterstattung in Deutschland, welche Bund und Ländern seit 2006 alle zwei Jahre eine evaluative Gesamtschau des deutschen Bildungswesens liefert. Den gedanklichen Anstoß, im Rahmen einer Dissertation das Potential der Individualstatistik für das Bildungsmonitoring zu untersuchen, gab die Mitwirkung am Bericht „Zur langfristigen Sicherstellung der Datenbasis für die Bildungsberichterstattung", den das damalige Konsortium parallel zum ersten Bildungsbericht des Jahres 2006 erarbeitete. In seiner Datengewinnungsstrategie betonte das Konsortium, Individualstatistiken seien eine Grundvoraussetzung, um die Leitidee Bildung im Lebenslauf indikatorengestützt umsetzen zu können. Für den Schulbereich hatte die Kultusministerkonferenz zwar drei Jahre zuvor einen Kerndatensatz für schulstatistische Individualdaten beschlossen, dessen Umsetzung kam jedoch nur in wenigen Bundesländern entscheidend voran. Seitens der Wissenschaft fehlte es angesichts einer meist ideologisch geführten Debatte um „gläserne Schüler" an empirischen Belegen für die Sinnhaftigkeit flächendeckender Individualstatistiken und ihrer konkreten Anwendungsmöglichkeiten im Rahmen des Bildungsmonitorings.

Dass mit dieser Arbeit erstmals eine systematische Auseinandersetzung mit den faktisch gegebenen Auswertungsoptionen der Individualstatistik für die Indikatorenforschung vorgelegt werden kann, wäre ohne die Unterstützung einiger Personen nicht möglich gewesen. Den Mitarbeiterinnen und Mitarbeitern in den Kultus- und Statistikbehörden in Bayern, Hessen und Rheinland-Pfalz sowie in den Forschungsdatenzentren der Statistischen Ämter des Bundes und der Länder danke ich für die vertrauensvolle Bereitschaft, mich beim Zugang zu den sensiblen Schülerindividualdaten zu unterstützen. Für die Möglichkeit, im Rahmen der Bildungsberichterstattung promovieren zu dürfen, sage ich allen (ehemaligen) Vorgesetzten am DIPF meinen Dank, insbesondere Prof. Dr. Horst Weishaupt, der mir nicht nur zeitliche Freiräume für diese Untersuchung eingeräumt hat, sondern schon während des Studiums meinen Umgang mit amtlichen Daten grundlegend prägte.

Besonderer Dank gebührt Prof. Dr. Hans Döbert, der mich seit dem Studium als wissenschaftlicher Mentor begleitete und als Betreuer der vorliegenden Arbeit in vielfacher Weise unterstützte. Seine forschungsstrategische Weitsicht

auf der einen und sein forschungspraktischer Sachverstand auf der anderen
Seite haben maßgeblich zum Gelingen dieser Arbeit beigetragen.

Ich bin Prof. Dr. Stefan Brauckmann für seine Bereitschaft dankbar, sich
immer wieder auf die Spezifika meines Forschungsthemas einzulassen. Mit
seinen konstruktiven Ratschlägen hat er mir in wissenschaftlicher wie persönlicher Hinsicht wiederholt weiterhelfen können.

Und schließlich möchte ich Silvia und Josefina für ihren familiären Rück-
halt danken, der in einigen kritischen Phasen für den Fortgang der Arbeit entscheidend war.

1   Einführung

PROBLEMAUFRISS

Bildung wird in modernen, funktional differenzierten Gesellschaften zunehmend als eine Schlüsselfrage diskutiert – in wissenschaftlichen Diskursen unterschiedlicher Disziplinarität, in ressortübergreifenden politischen Debatten, in den Medien und der von ihnen geprägten öffentlichen Diskussion. Es besteht allgemein Konsens darüber, dass Bildung nicht nur für den Einzelnen über das Maß an erfolgreicher Integration in die bzw. Teilhabe an der Gesellschaft entscheidet. Auch entfaltet Bildung als kollektives Gut positive gesamtgesellschaftliche Auswirkungen, indem die soziale Kohäsion und die ökonomische Wettbewerbsfähigkeit eines Staates gestärkt werden (vgl. Autorengruppe Bildungsberichterstattung 2010, S. 194-203; Quenzel/Hurrelmann 2010, S. 441–496). Die zunehmende Bedeutung, die Bildungsprozessen heute für die individuelle als auch die gesellschaftliche Entwicklung beigemessen wird, hat zu einem erhöhten Bedarf an verlässlichen Informationen über Stärken und Schwächen des Bildungssystems geführt, die als Voraussetzung für „moderne Formen empirisch fundierter Politiksteuerung" (Pahl 2006, S. 22) angesehen werden. Rückblickend blieb in Deutschland seit den 1960er Jahren vieles an empirischen Systemanalysen und damit auch an evaluativer Rückmeldung an die Entscheidungträger in Politik und Administration aus. Die in anderen Staaten bereits früher einsetzende, empirisch fundierte Systembeobachtung wird in Deutschland erst seit den desillusionierenden Ergebnissen deutscher Schülerinnen und Schüler in internationalen Schulleistungsstudien zu Beginn des 21. Jahrhunderts als „empirische Wende" nachgeholt (vgl. Buchhaas-Birkholz 2009). Als Grundlagen für eine evidenzbasierte Qualitätsverbesserung des deutschen Bildungswesens wurde ein breit gefächertes Bildungsmonitoring geschaffen.[1] Zentraler Bestandteil dieses institutionalisierten Beobachtungs- und Analyseprozesses des Bildungssystems sind indikatorengestützte Bildungsberichte. Sie werden inzwischen von der internationalen bis hin zur kommunalen Ebene als Instrumente der Dauerbeobachtung dafür genutzt, auf

---

1   Für einen Überblick über die Maßnahmen des Bildungsmonitoring in Deutschland vgl. Döbert 2010 sowie Maritzen 2008.

der Basis empirisch gesicherter Daten zu einer überschaubaren Auswahl aussagekräftiger Indikatoren zu gelangen und für unterschiedliche Handlungsfelder
und Akteursebenen im Bildungswesen den Entwicklungsstand über die Zeit
anzuzeigen (vgl. Döbert/Klieme 2010).

Wenngleich Fend zufolge die „Genauigkeit und Qualität der Berichterstattung [...] historisch unvergleichlich ist und den bestehenden Zustand des Bildungswesens differenziert abbildet" (Fend 2008, S. 116), gibt es Aspekte innerhalb des Bildungsgeschehens, zu denen bislang keine Indikatoren bereitgestellt werden konnten. Bereichsübergreifender Entwicklungsbedarf besteht
insbesondere mit Blick auf die indikatorengestützte Darstellung von Bildungsverläufen. Wie zentrale Elemente der Bildungsbiographie aus der Systemperspektive transparent gemacht werden können, sich z. B. Brüche auf nachfolgende Bildungsetappen auswirken, ist in Deutschland noch weitgehend uner-
forscht geblieben. Ausschlaggebend hierfür ist vor allem ein Mangel an geeig-
neten Datengrundlagen (vgl. Kristen u. a. 2005). So folgt zwar auch die nationale Bildungsberichterstattung der Leitidee Bildung im Lebenslauf, doch wird
stets hervorgehoben, dass „die Datenbasis eine Rekonstruktion individueller
Bildungsverläufe nur sehr eingeschränkt ermöglicht" (Autorengruppe Bildungsberichterstattung 2014, S. 2). Mit den bislang verfügbaren amtlichen und
wissenschaftsgetragenen Erhebungen können vornehmlich kumulative Aussagen über Bildungsbeteiligung und Bildungsergebnisse an einzelnen Punkten der
Bildungsbiographie bzw. einzelnen Schnittstellen zwischen Bildungsinstitutionen getroffen werden. Hierzu zählen beispielsweise querschnittliche Analysen
zum Übergang nach der Grundschulzeit oder zu den erreichten Abschlüssen am
Ende der allgemeinbildenden Schulzeit. Auf diesem Wege lässt sich aber nicht
der *prozessuale Wirkungszusammenhang* zwischen diesen und weiteren
Ereignissen der Schullaufbahn (z. B. Klassenwiederholung, Schulartwechsel)
rekonstruieren. Ohne „Informationen auf der Mikroebene von Beobachtungseinheiten (Schüler, Familien, Schulen) zu verschiedenen Zeitpunkten" (Kristen
u. a. 2005, S. 75) bleibt das Verständnis der Dynamik von Bildungsprozessen
begrenzt. Dies erschwert es, Handlungsperspektiven für mögliche bzw. notwendige Veränderungen im Bildungswesen abzuleiten. In einer Expertise zu
den konzeptionellen Grundlagen der Bildungsberichterstattung im Berufsbildungsbereich fasst Solga dieses Forschungsdesiderat, das zugleich als Anspruch an ein Bildungsmonitoring verstanden werden kann, wie folgt zusammen:

> „Mit Blick auf gering qualifizierte Jugendliche müssen wir – für politi-
> sche Interventionen – die Prozesse des ‚Gering-Qualifiziert-Werdens' do-

kumentieren und verstehen lernen (Welche Problem- und Ausgrenzungs-
geschichten haben sie erlebt?), statt nur auf den Zustand des ‚Gering-
Qualifizert-Seins' abzustellen." (Solga 2004a, S. 227)

Im internationalen Diskurs zu Bildungsindikatoren findet dieser qualitative
Unterschied zwischen Zuständen und Prozessen seine Entsprechung in der
Unterscheidung von *„stock indicators"* und *„flow indicators"*
(Glas/Scheerens/Thomas 2003, S. 212). Nur letztere können tatsächlich Aufschluss über (typische) Bildungskarrieren im Durchlauf durch das institutionelle Gefüge des Bildungswesens geben. Andernfalls bleibt es bei einer kumulativen Betrachtung weniger institutioneller Gelenkstellen (z. B. der Schnittstelle
zwischen Primar- und Sekundarbereich) und einzelnen Zeitpunkten, die empirisch nicht aufeinander bezogen werden können.

GEGENSTAND UND FRAGESTELLUNG

Die vorliegende Arbeit beschäftigt sich vor diesem Hintergrund mit den empirischen Möglichkeiten, Bildungsverläufe in Deutschland zu analysieren. Im
Mittelpunkt des Interesses stehen dabei die Chancen, die sich aus der Einführung so genannter *schulstatistischer Individualdaten* ergeben. Grundlage
hierfür ist der von der Kultusministerkonferenz im Jahre 2003 verabschiedete
„Kerndatensatz der Länder für schulstatistische Individualdaten", der nunmehr
in einer dritten Fassung beschreibt, welche Daten zum Schulwesen in den einzelnen Ländern von Amts wegen erhoben werden sollen (Sekretariat der KMK
2008a). Wurden die Schulstatistiken zum Schulwesen bislang als länderspezifische Summendatensätze (Aggregatdaten) erfasst, stellen die Bundesländer ihr
Erhebungssystem schrittweise auf Einzeldatensätze (Individual- bzw. Mikrodaten) mit einem Kernbestand an Merkmalen um. Abgesehen von der mitunter
ideologisch geführten Debatte über den Sinn und Unsinn eines bundesweiten
Bildungsregisters (vgl. Brameshuber 2007) fehlt bislang eine systematische
Auseinandersetzung mit den faktisch gegebenen Auswertungsoptionen schulstatistischer Individualdaten. Ihr Mehrwert wurde auch seitens der Wissenschaft vornehmlich pauschal proklamiert, ohne dies anhand konkreter Untersuchungsergebnisse veranschaulicht zu haben.

Um die Potentiale der Individualstatistik für indikatorengestützte Analysen von
Bildungsverläufen auszuloten, wird in dieser Studie exemplarisch die Gruppe

der Schulabsolventen und -abgänger[2] in den Blick genommen. Für diese Auswahl spricht, dass Abschlüsse in der Bildungsforschung lange Zeit der einzige
empirische Ansatzpunkt für eine Bewertung von Bildungsergebnissen gewesen
sind. Large-Scale Assessments wie die PISA-Studie, die domänenspezifische
Leistungsdispositionen (Kompetenzen) bei Schülerinnen und Schülern größerer
Gebietseinheiten erfassen, eröffneten im vergangenen Jahrzehnt neue Perspektiven für die Bilanzierung von Schulerfolg in Deutschland. Bis auf wenige,
längsschnittlich angelegte Large-Scale Assessments haben diese Studien allerdings auch eine wesentliche Begrenzung: Sie messen Schülerleistungen zu
ausgewählten Zeitpunkten während der Schullaufbahn und lassen offen, mit
welchem Abschluss diese Kinder bzw. Jugendlichen letztendlich die Schule
beenden. Die Bildungs- und Lebensverläufe indes werden weiterhin maßgeblich durch das formale Qualifikationsniveau des bzw. der Einzelnen geprägt.
Gerade für den deutschen Sprachraum ist die Bedeutung des Schulabschlusses
für nachfolgende Bildungs- und Berufsentscheidungen ungebrochen. Immer
wieder wird betont, dass das deutsche Bildungswesen aufgrund der an verschiedenen Stellen formalisierten Zugangsbedingungen als „Berechtigungswe-
sen" organisiert ist (vgl. Avenarius u. a. 2003a, S. 168; Becker/Hadjar 2009,
S. 53f.; Böttcher/Rürup 2007, S. 160; Fend 2009, S. 41; Fend 2008, S. 96ff.;
Hillmert 2008, S. 84). Zertifikate fungieren als „symbolisch generalisiertes
Medium [...], in dem die Schule intern und mit anderen Funktionssystemen
bzw. deren Organisationen kommuniziert" (Radtke 2004, S. 143). Zwar dürften
erworbene Kompetenzen maßgeblich darüber mitbestimmen, welche Qualifika-
tionsstufe formal überhaupt erreicht werden kann. Aber nicht zwangsläufig
müssen sich Unterschiede im Kompetenzniveau am Ende der Schullaufbahn
auch in den Abschlüssen widerspiegeln.

> „Dies zu wissen ist auch deshalb wichtig, weil auf dem Arbeitsmarkt die
> erworbenen Abschlüsse und Berechtigungen im Sinne der damit verbun-
> denen Signalwirkung (Spence 1993) oft mehr zählen als der Kenntnis-
> stand, den man ohnehin nur schwer überprüfen kann." (Müller 2008,
> S. 512)

---

2   Absolventen sind Schülerinnen und Schüler, die die Schule mit Hauptschulab-
    schluss, Mittlerem Schulabschluss oder (Fach-)Hochschulreife verlassen. Als Ab-
    gänger werden diejenigen bezeichnet, die einen Bildungsgang nach Vollendung
    der Vollzeitschulpflicht verlassen, ohne in einen anderen allgemeinbildenden Bil-
    dungsgang zu wechseln und ohne zumindest den Hauptschulabschluss erreicht zu
    haben (vgl. ausführlich Abschnitt 3.1.2).

Jugendliche, die ohne Schulabschluss die Schule verlassen, haben nicht nur beim Zugang zu weiterführenden Bildungseinrichtungen oder zum Arbeitsmarkt die geringsten Erfolgsaussichten. Vielmehr gehört Maaz zufolge „der Erwerb von allgemeinbildenden Schulzertifikaten [...] zu den Grundvoraussetzungen für eine gelungene Integration in das gesellschaftliche Strukturgefüge" (Maaz 2010, S. 415). Für Personen, die keines der nachgefragten Zertifikate vorweisen können, steigt auch das Risiko, in anderen Lebensbereichen von der gesellschaftlichen Teilhabe ausgeschlossen zu werden (vgl. Ricking/Schulze/ Wittrock 2009).

Angesichts dieser Befundlage sind Abschlüsse im Rahmen eines Bildungsmonitorings als Kriterium für die summative Bewertung von Bildungsergebnissen unverzichtbar. Wenn es darum geht, schulische Arbeitsresultate auf der Basis von Indikatoren darzustellen – sei es auf kommunaler Ebene, auf Landesebene, auf nationaler oder internationaler Ebene –, bleiben also Abschlüsse weiterhin „von herausragendem Interesse" (Fend 2008, S. 120). Ausschlaggebend ist nicht zuletzt, dass Abschlussdaten im Unterschied zu anderen Wirkungsaspekten wie etwa Kompetenzen zum Erhebungsprogramm vieler amtlicher Statistiken als auch repräsentativer Surveys gehören. Analytisch bieten sie zudem die Chance, unter dem Leitgedanken von Bildung im Lebenslauf aus zwei unterschiedlichen Blickwinkeln betrachtet zu werden: Abschlüsse geben Aufschluss über die Ergebnisse von formalen Bildungsprozessen in unterschiedlichen Bildungsphasen (*Erwerb von Abschlüssen*). Andererseits dienen sie für zahlreiche Untersuchungen im Sinne der Vorbildung als Kontextmerkmal bzw. Zugangsbedingung (*Verwertbarkeit von Abschlüssen*).

Gebräuchliche Abschlussindikatoren werden diesem zweiseitigen Erkenntnisinteresse kaum gerecht. Viele Informationslücken mit Blick auf den Erwerb und die Verwertbarkeit von Schulabschlüssen hängen mit der Art und Weise zusammen, wie die Absolventen- und Abgängerdaten generiert und aufbereitet werden. Die Umstellung von schulstatistischen Summendaten auf Individualdaten verspricht einen innovativen, empirischen Zugang zu Fragen des schulischen Werdegangs von Kindern und Jugendlichen. Vor diesem Hintergrund wird in der vorliegenden Untersuchung folgender Forschungsfrage nachgegangen:

Welche Indikatorenansätze lassen sich durch die Einführung von Individualstatistiken entwickeln, um den Erwerb und die Verwertbarkeit von Schulabschlüssen unter der Perspektive von Bildungsverläufen abzubilden?

Das Ziel besteht demzufolge nicht in der Entwicklung und empirischen Überprüfung eines theoretischen Modells zur Erklärung von Schulkarrieren, sondern
darin, den Beitrag der schulstatistischen Individualdaten für die Weiterentwicklung der gebräuchlichen Abschlussindikatoren (‚stock indicators' zur Beschreibung von Zuständen) in Richtung Verlaufsindikatoren (‚flow indicators' zur
Beschreibung von Prozessen) aufzuzeigen.

GANG DER UNTERSUCHUNG

Will man den Mehrwert der Individualstatistik für die indikatorengestützte
Beschreibung der Bildungsverläufe von Schulabsolventen und -abgängern
untersuchen, ist der Forschungsstand im Spannungsfeld dreier Themenbereiche
aufzuarbeiten: *Bildungsverläufe*, *Indikatoren* und *Schulstatistik*. Diesem
Anspruch soll mit nachfolgender Gliederung entsprochen werden:

- Zunächst gilt es, eine Bilanz über die wissenschaftlichen Zugänge zur
  Untersuchung der *Bildungsverläufe* von Schulabsolventen/-abgängern
  in Deutschland zu ziehen. Unterschieden wird dabei zwischen biographischen Analysen (erziehungswissenschaftliche Biographieforschung),
  Panel- bzw. Kohortenanalysen (bildungssoziologische Lebenslaufforschung und pädagogisch-psychologische Schulleistungsforschung) sowie bildungsstatistischen Analysen (sekundäranalytische Forschung).
  Für diese Forschungsstränge sind jeweils die theoretischen und empirischen Bezugspunkte, methodologische Grundlagen, zentrale Ergebnisse
  sowie Forschungsdesiderata zu beleuchten.

- Zur Einführung in den empirischen Teil der Arbeit bedarf es sodann einer systematischen Herleitung des gewählten methodischen Zugangs.
  Hierzu zählt einerseits, die Forschung zu und mit *Bildungsindikatoren*
  vorzustellen und ein Indikatorenverständnis herauszuarbeiten, welches
  für die nachfolgenden empirischen Analysen maßgebend ist. Andererseits gilt es mit Blick auf die Datengrundlagen, sich mit den wesentlichen Aspekten der Erhebung und Aufbereitung von *Schulstatistiken*
  auseinanderzusetzen. Hierdurch sollen potenzielle Ansatzpunkte für die
  Indikatorenentwicklung identifiziert werden, welche sich aus der Umstellung von Summen- auf Individualdaten ergeben. Entsprechend der
  bisherigen Umsetzung des Kerndatensatzes in den Bundesländern lässt
  sich die Reichweite und Differenziertheit individualstatistischer Indikatorenansätze zum gegenwärtigen Zeitpunkt abschätzen.

- Um den praktischen Mehrwert von Individual- gegenüber Aggregatdaten zu veranschaulichen, werden im nächsten Kapitel die Möglichkeiten und Grenzen der einzelnen Datengrundlagen anhand konkreter Auswertungsbeispiele aufgezeigt. Hierfür bietet es sich an, das verfügbare Datenmaterial zu Schulabschlüssen und -abgängen nach einer Systematik auszuwerten, welche zwischen Indikatoren der Systemebene, Regionalebene, Institutionenebene und Personenebene unterscheidet: Selbst etablierte Messkonstrukte zur querschnittlichen Beschreibung der Abschlusskonstellationen auf Ebene des Gesamtsystems weisen methodische Schwächen auf. Die Erörterung dieser Defizite und das Aufzeigen möglicher Alternativen auf Basis des Kerndatensatzes für schulstatistische Individualdaten bilden den ersten Teil der Ergebnisdarstellung. Während sich die Abschlusskonstellationen auf Systemebene zumindest näherungsweise auch mit Aggregatdaten abbilden lassen, ist dies mit zunehmender Differenzierungstiefe – von Regionen über Institutionen bis hin zu Individuen – immer weniger der Fall. Diesem Desiderat wird im zweiten Schritt durch eine zusätzliche Einbindung von Merkmalen des Sozialraumes (Region), der schulischen Rahmenbedingungen (Institution) und des personenbezogenen Hintergrundes (Individuum) nachgegangen. Die hier zu entwickelnden Indikatorenansätze sollen exemplarisch verdeutlichen, welche vertiefenden Einblicke die Individualstatistik in unterschiedliche Kontextbedingungen des Erwerbs von Schulabschlüssen in Deutschland gestattet.

- In einem abschließenden Kapitel werden die empirischen Ergebnisse zum einen zusammengefasst und zum anderen mit Blick auf den eigenständigen Beitrag von Individualdaten für verlaufsbezogene Fragestellungen der Indikatorenforschung diskutiert. Neben den bestehenden Möglichkeiten des Kerndatensatzes und den potenziellen Chancen, die durch seine Weiterentwicklung eröffnet werden, sind auch die prinzipiellen Grenzen individualstatistischer Indikatorenansätze anzusprechen, um Implikationen für weitere Forschung ableiten zu können.

2 Zur Analyse von Bildungsverläufen – Zugänge, Ergebnisse, Desiderata

In der empirischen Bildungsforschung können im Wesentlichen drei Ansätze unterschieden werden, die eine wissenschaftliche Auseinandersetzung mit Bildungsverläufen ermöglichen:

- biographische Analysen in der erziehungswissenschaftlichen Biographieforschung,

- Panel- bzw. Kohortenanalysen in der bildungssoziologischen Lebenslaufforschung und in der pädagogisch-psychologischen Schulleistungsforschung sowie

- bildungsstatistische Analysen im Rahmen sekundäranalytischer Forschung.

Obwohl sich diese Forschungsstränge aus unterschiedlichen Traditionen heraus entwickelt haben, ist eine strikte Trennung angesichts verschiedenster Berührungspunkte bzw. Gemeinsamkeiten nicht möglich. Die hier vorgenommene Abgrenzung ist eher im Sinne einer methodologischen Akzentuierung im Hinblick auf das Thema Bildungsverläufe zu verstehen. Sie folgt dem jeweils maßgebenden Schwerpunkt der Datengewinnung und -analyse. Mit den nachfolgenden Ausführungen ist demgemäß auch kein umfassender Überblick über Entwicklung und gegenwärtigen Stand der drei genannten Forschungsstränge beabsichtigt. Vielmehr wird aus der Perspektive des Gegenstands dieser Arbeit das Ziel verfolgt, den spezifischen Beitrag für die Analyse von Bildungsverläufen zu bilanzieren. In den Blick genommen werden jeweils (1) grundlegende theoretische und empirische Bezugspunkte, (2) zentrale Aspekte der Datenerhebung und Datenanalyse sowie (3) ausgewählte Forschungsergebnisse und -desiderate. Die Betrachtung der einzelnen Forschungsstränge mündet in einer Synopse, welche abschließend die unterschiedlichen Zugänge – ihre jeweiligen Verdienste und ihre Grenzen – nochmals im Überblick verdeutlicht.

2.1 Bildungsverläufe als Gegenstand der erziehungswissenschaftlichen Biographieforschung

Einen ersten Zugang für die Untersuchung von Bildungsverläufen eröffnet die Biographieforschung. In der neueren Erziehungswissenschaft wird dieser Forschungsrichtung eine „Erfolgsgeschichte" zugeschrieben, die allerdings laut Kade auch auf die „Uneindeutigkeit und Offenheit dieser Programmformel" (Kade 2005, S. 1) zurückgeführt werden könnte. So wurde und wird Biographieforschung als Arbeitsfeld bis heute von unterschiedlichen sozialwissenschaftlichen Forschungsdisziplinen geprägt, die mit Blick auf sehr verschiedene Gegenstandsbereiche vornehmlich das Interesse am biographischen Datenmaterial teilen.

> „Biografieforschung umfasst also die Wege der Erhebung und Auswertung von lebensgeschichtlichen Dokumenten." (Krüger/Marotzki 2006, S. 8)

Auch den nachfolgenden Ausführungen liegt ein solch weites Verständnis von Biographieforschung zugrunde, das alle Zugriffe auf biographische Konzepte und Materialien zusammenfasst. Um *erziehungswissenschaftliche* Biographieforschung handelt es sich, sofern sie sich über den Bezug auf Bildungs- oder Erziehungsprozesse begründet (vgl. Kade 2005, S. 2). Ihre Wurzeln reichen bis ins 18. Jahrhundert, wie Krüger mit Verweis auf Rousseaus autobiographischen Erziehungsroman ‚Emile' herausstellt (vgl. Krüger 2006, S. 15). Auch richtete sich das Interesse der Historiker in der Pädagogik schon immer auf Autobiographien, „wenn sie aus ihnen Sachinformationen zur Erziehungs- und Schulgeschichte entnehmen konnten" (Schulze 2006, S. 50). Als erste Blütezeit der Biographieforschung in Pädagogik und Psychologie werden allerdings die 1920er Jahre angesehen (vgl. Krüger 2006, S. 15; Fuchs-Heinritz 1990, S. 58). Karl und Charlotte Bühler, Siegfried Bernfeld sowie Clara und William Stern begründeten in dieser Zeit die wissenschaftliche Auseinandersetzung mit lebensgeschichtlichen Dokumenten von Kindern und Jugendlichen. Mit der Hinwendung zu quantitativen Methoden empirischer Sozialforschung in der Erziehungswissenschaft übernahm die Soziologie in den 1960er Jahren die „tonangebende Rolle im Bereich der Biographieforschung" (Krüger 2006, S. 28). Gleichwohl führte die zunehmende Individualisierung und Pluralisierung von Lebensentwürfen in modernen Gesellschaften bald zu einem erneuten

Bedeutungszuwachs der biographischen Forschung auch für das erziehungswissenschaftliche Fach:

> „In einer Gesellschaft, die sich durch Pluralisierung von Sinnhorizonten und Lebensstilen auszeichnet, kann erziehungswissenschaftliche Biographieforschung ein Wissen über verschiedene individuelle Sinnwelten, Lebens- und Problemlösungsstile, Lern- und Orientierungsmuster bereitstellen und in diesem Sinne an einer modernen Morphologie des Lebens arbeiten." (Marotzki 2006, S. 113)

Dies spiegelt auch der Anstieg entsprechender empirischer Forschungsprojekte seit Mitte der 1980er Jahre wider. Folgt man den von Krüger skizzierten historischen Entwicklungslinien, so lassen sich die biographieanalytischen Untersuchungen mit erziehungswissenschaftlichem Hintergrund drei Forschungsfeldern zuordnen (vgl. Krüger 2006, S. 17ff.).

(a) biographisch orientierte historische Erziehungs-, Sozialisations- und Wissenschaftsforschung, die auf eine Rekonstruktion vergangener Sozialisationsbedingungen, Erziehungspraktiken, Bildungseinrichtungen oder Verlaufsformen des Erwachsenwerdens abzielt;

(b) Studien zu Kinder-, Jugend- und Studentenbiographien, die sich der Rekonstruktion von Statuspassagen und biographischen Übergangsphasen widmen;

(c) Studien mit biographischem Akzent in unterschiedlichen erziehungswissenschaftlichen Teildisziplinen wie der Schulpädagogik, der Sozialpädagogik oder der Medienpädagogik.

Die Gemeinsamkeit dieser drei Forschungsfelder liegt in einer spezifischen Analyseperspektive. Unter welchem Blickwinkel aber werden lebensgeschichtliche Erfahrungen zum Untersuchungsgegenstand erziehungswissenschaftlicher Biographieforschung? Was also ist das Spezifische an der Biographieforschung als erziehungswissenschaftlichem Arbeitsfeld? Dies soll im nächsten Schritt dargelegt werden.

2.1.1   Grundlegende theoretische und empirische Bezugspunkte

Entsprechend der ursprünglichen Wortbedeutung[3] richtet sich der Blick erziehungswissenschaftlicher Biographieforscherinnen und -forscher auf die ‚Lebensschreibung' von einzelnen Menschen. Dementsprechend wird in Abgrenzung etwa zur soziologischen Lebenslaufforschung nicht auf die statistische Verbreitung von lebenslaufrelevanten Merkmalen abgehoben, sondern in erster Linie auf die hermeneutisch-rekonstruktive Analyse von biographischen Einzelfällen (vgl. Kade 2005, S.2). Im Fokus des biographieanalytischen Forschungsansatzes stehen dabei „das Handeln der ‚an Bildung Beteiligten' und die Verarbeitung von Lebens- und Lernerfahrungen als Bildungsprozess" (Garz/Blömer 2010, S. 575). Charakteristisch ist insofern zum einen der Blick für das Singuläre der individuellen Lebensgeschichte. Zum anderen wird nicht (allein) der Ablauf eines Lebensweges formal nachgezeichnet, sondern stets nach den jeweiligen Verarbeitungs- und Deutungsprozessen gefragt.

„Sowohl die Formierung der einzelnen Erfahrungen wie auch die des Erfahrungszusammenhangs insgesamt, wie er sich bildet, wie er strukturiert ist und wie er auf lebensgeschichtlich bedeutsame Entscheidungen einwirkt, sind dem Bewusstsein der Akteure weitgehend entzogen. Sie lassen sich nur im Nachhinein aus Wirkungen und Erinnerungen rekonstruieren." (Schulze 2006, S. 40)

Vor dem Hintergrund dieser Zielformulierung von Schulze wird deutlich, warum der Begriff *Biographie* in Deutschland üblicherweise als subjektive Ebene einer Lebensgeschichte von Begriffen wie *Lebenslauf, Werdegang* oder *Karriere* abgegrenzt wird (vgl. Kade 2005; Loch 2006; Meulemann 1990; Schulze 2006). Letztere beziehen sich stärker auf die objektive Ebene sozialer Strukturen, auf gesellschaftlich vorgezeichnete Laufbahnen, wie sie spätestens seit der Durchsetzung der Schulpflicht im 19. Jahrhundert die Lebensabläufe von Kindern und Jugendlichen prägen. Die biographische Perspektive zielt nicht auf diese „Standardisierung und Normalisierung des Lebensweges, also auf den allen Heranwachsenden gemeinsamen Status ‚Schüler'" (Helsper/Bertram 2006, S. 274), sondern auf die fallspezifische Einbettung der institutionell geprägten Bildungsphasen in den gesamten Erfahrungszusammenhang. Der

---

3   Griechisch ‚βιογραφία' (bios: Leben; grafein: schreiben, zeichnen)

Blick der erziehungswissenschaftlichen Biographieforschung ist hierbei typischerweise vom Individuum auf die Gesellschaft gerichtet, während das soziologische Biographieverständnis demgegenüber eine umgekehrte Blickrichtung verfolgt und Biographie in erster Linie als soziales Konstrukt verstanden wird (vgl. Schulze 2006, S. 46). In erziehungswissenschaftlichen Biographiestudien dienen gesellschaftlich objektive Strukturen hingegen in dem Maße als ein Orientierungspunkt, indem „die Individuen mit ihnen in ihren Biographien umgehen, [...] sich von ihnen herausfordern lassen, sie aneignen, benutzen, variieren, abwandeln, unterlaufen, sich ihnen widersetzen oder auch an ihnen scheitern" (ebd., S. 46).

Aufgrund des Forschungsinteresses, je individuelle Verarbeitungs- und Deutungsprozesse zu rekonstruieren, wird oftmals der Vorwurf fehlender Allgemeingültigkeit der Ergebnisse erhoben. Doch wird durchaus über das Singuläre hinausgehend angestrebt, allgemeingültigere oder gar gesellschaftlich verallgemeinerbare Zusammenhänge zu erschließen. Häufig gelangen Biographiestudien durch Typenbildung zu Aussagen, die über die Einzelfallauslegung hinausweisen (vgl. Ecarius/Schäffer 2010, S. 8). Die Zuordnung eines Falles zu anderen Fällen folgt dabei nicht sozialstrukturellen Erwägungen, die auf Generalisierungen wie etwa Geschlechtsspezifik oder Migrationsdisparitäten abheben. Das Erkenntnisinteresse richtet sich weniger auf das „Warum einer Handlung" als auf das „Wie des Vollzuges" (Marotzki 2006, S. 112). Typenbildung dient in diesem Zusammenhang der Identifizierung gleichartiger Fälle, die in der Auseinandersetzung mit ihrer Lebenswelt ähnliche Handlungen und Verhaltensweisen vollziehen (z. B. Verlaufstypen, die Bildungsübergänge unterschiedlich bewältigen, vgl. Abschnitt 2.1.3). Die Befundlage allerdings ist – trotz Entsprechungen zwischen einigen Typologien – insgesamt eher durch ein Nebeneinander von jeweils gegenstandsspezifischen Beschreibungen gekennzeichnet (vgl. Fuchs-Heinritz 1990; Helsper/Bertram 2006), deren theoretische Integration schwerfällt. Dies gilt umso mehr für jene Studien, die nicht die Verallgemeinerbarkeit mindestens im Sinne einer Typologie anstreben, sondern sich einzig der Einzelfallauslegung widmen. So ist bis heute über die gesamte Breite der oben benannten drei Forschungsfelder eine Vielzahl an biographischen Mustern und Schemata herausgearbeitet worden, die jeweils nur einen Ausschnitt des gesamten Gegenstandsbereichs erziehungswissenschaftlicher Biographieforschung repräsentieren. Mit selbstkritischem Blick auf das Arbeitsfeld bilanziert Krüger:

„Ein komplexes biographietheoretisches Konzept, das in der Lage ist, Biographien als Lern- und Bildungsgeschichten im Rahmen subjekt- und

gesellschaftstheoretischer Bezugsgrößen analytisch zu fassen, ist hingegen in der erziehungswissenschaftlichen Biographieforschung noch weitgehend ein Desiderat." (Krüger 2006, S. 25f.)

2.1.2 Wesentliche Aspekte zur Datenerhebung und Datenanalyse

Erziehungswissenschaftliche Biographieforschung ist traditionell eng mit dem
Methodeninstrumentarium qualitativer Sozialforschung assoziiert. Der Ansatzpunkt jeder biographieanalytischen Empirie ist dabei dokumentierte bzw. do-
kumentierbare Lebensgeschichte:

> „Der unmittelbare Gegenstand der wissenschaftlichen Untersuchung ist in
> der Regel nicht der Fall selbst, sondern seine Dokumentation – eine Be-
> schreibung, ein Protokoll, eine Tonband- oder Videoaufzeichnung, eine
> Sammlung von Bildern oder Gegenständen." (Schulze 2010, S. 30)

Klassische Datengrundlagen sind autobiografische Zeitdokumente in Form von
Tagebüchern, Briefwechseln oder auch Romanen und Gedichten. Sie finden
insbesondere in der historisch orientierten Biographieforschung Anwendung
und sind insofern eng mit den Methoden der Geschichtswissenschaft verzahnt.
Neben diesen nicht-reaktiven Quellen kommen seit den 1970er Jahren auch
verstärkt Verfahren zum Einsatz, bei denen der Forscher an der Materialerhe-
bung – dem Dokumentationsprozess der jeweiligen Lebensgeschichten – teil-
hat. Als prominenteste reaktive Erhebungsmethoden der heutigen erziehungswissenschaftlichen Biographieforschung gelten (vgl. Marotzki 2006, S. 115ff.)

- Interview,
- Gruppendiskussion und
- teilnehmende Beobachtung.

Der persönliche Einblick des Forschers in möglichst natürliche Situationen des
Forschungsfeldes ist das wesentliche Kennzeichen einer teilnehmenden Beobachtung. Im Vordergrund der Gruppendiskussion steht demgegenüber das
Wechselverhältnis einzelner Biographieträger, über deren Interaktionen kollektive Deutungsmuster herausgearbeitet werden können. Die Befragung, insbesondere in der offenen Form des von Schütze entwickelten narrativen Interviews (auch: narrationsstrukturelles Verfahren), hat sich allerdings als „Königsweg" (Kade 2005, S. 3) bzw. „Standard" (Marotzki 2006, S. 115) etabliert.

Im Gegensatz zu den Verfahren der *Datenerhebung* ist eine trennscharfe Klassifizierung von Konzepten der *Datenauswertung* in der erziehungswissenschaftlichen Biographieforschung deutlich schwieriger. Unter Verweis auf Überschneidungen und Inkonsistenzen unterscheidet Marotzki (vgl. ebd., S. 119ff.)

  (a) deskriptiv-typologische Methoden,

  (b) theoriebildende Konzepte und

  (c) tiefenstrukturelle Konzepte.

Deskriptiv-typologische Auswertungsverfahren, zu denen beispielsweise die qualitative Inhaltsanalyse oder der Deutungsmusteransatz zählen, sind dadurch gekennzeichnet, dass sie im Anschluss an die Dokumentensammlung bzw. Datenerhebung zunächst einmal das vorliegende sprachliche Material ordnen und über eine schrittweise Annäherung letztlich zu Typenbildungen[4] gelangen.

Charakteristisch für die *theoriebildenden Konzepte* ist die enge Verzahnung von Datenerhebung und Datenauswertung. Hier sind insbesondere das Konzept der gegenstandsbezogenen Theoriebildung (auch: Grounded Theory) nach Glaser und Strauss sowie das bereits erwähnte narrationsstrukturelle Verfahren nach Schütze zu nennen. Auf letzteres soll in Anbetracht der Relevanz für die erziehungswissenschaftliche Biographieforschung etwas näher eingegangen werden:

  Bereits im Ablauf eines narrativen Interviews, das grundsätzlich durch minimale Strukturiertheit und die freie Entfaltung der subjektiven Erlebnisperspektive des Befragten gekennzeichnet ist, kommt die Verknüpfung von Datenerhebung und -auswertung zum Ausdruck (vgl. Schütze 1983). Im Anschluss an eine autobiographische Stegreiferzählung und einen Nachfrageteil folgt eine Bilanzierungsphase. Sie dient der theoretisch-abstrahierenden Reflektion der

---

[4]   Die Typenbildung wird maßgeblich durch Frageansatz sowie Auswertungsmethode bestimmt, die mitunter „recht handgestrickt" anmuten kann (Krüger 2006, S. 25). Der „idealtypische Weg bei der Konstruktion einer Typologie" führt von der (1) Erarbeitung von Vergleichsdimensionen über die (2) Gruppierung von Fällen und Analyse der empirischen Ausprägung der Dimensionen, die (3) Beschreibung inhaltlicher Sinnzusammenhänge und Typenkonstruktion bis zur (4) genaueren Charakterisierung von Einzeltypen (vgl. Tippelt 2010, S. 115).

berichteten Erlebnisse durch den Befragten, um einen Bezug zwischen den forschungsspezifischen (Theorie-)Konzepten bzw. Thesen und dem (bisher) Erzählten herzustellen. Mit dieser Interviewtechnik ist nach Schütze zugleich eine spezifische Auswertungstechnik der Einzelinterviews verbunden. Es wird davon ausgegangen, dass „zwischen der Art, wie etwas erzählt wird, und der Art, wie etwas erlebt wurde, bzw. welcher biografische Gestaltungsmodus im Handeln vorherrschend sei" (Sackmann 2007, S. 65), ein Zusammenhang besteht. Die Auswertungsphase der Einzelinterviews beginnt demgemäß mit der formalen Analyse und Segmentierung der Binnenstruktur des Interviewmaterials. Daran schließt sich die Operationalisierung relevanter (inhaltlicher) Vergleichsdimensionen sowie ein kontrastiver Vergleich der Interviews an. Dieser mündet schließlich in der Konstruktion eines theoretischen Modells. Bei der Interpretation einzelner Ereignisse können nach Schütze vier biographietheoretische Kategorien für die Ordnungsbildung herangezogen werden (vgl. Schütze 1983, S. 288ff.):

1. Intentionales Handlungsschema (autonome Planung von Handlungsabläufen),

2. Institutionelles Ablauf- und Erwartungsmuster (Abfolge institutionell definierter Lebensstationen),

3. Verlaufskurve (Erleiden übermächtiger, äußerliche Ereignisse),

4. Wandlung (Erweiterung der Handlungsmöglichkeiten durch Wendepunkte).

Diese Prozessstrukturen des Lebensablaufs sind für die biographische Entwicklung charakteristisch. Als analytisches Instrumentarium eignen sie sich im Besonderen, die Verbindung von biographischen und sozialen Prozessen vom Blickwinkel des Individuums aufzuzeigen.

Tiefenstrukturelle Methoden lassen sich von den deskriptiv-typologischen und den theoriebildenden Auswertungskonzepten durch die grundsätzliche Überlegung abgrenzen, dass unterhalb der formalen Ebene und der semantischen Ebene eines Textes, welche gleichsam die subjektiven Intentionen des Biographieträgers zum Ausdruck bringen, eine tiefenstrukturelle Ebene existiert. Hinter dieser Ebene verbergen sich objektive latente Sinnstrukturen, die es herauszuarbeiten gilt.

Hier hat sich innerhalb der erziehungswissenschaftlichen Biographieforschung die Methode der objektiven Hermeneutik von Ulrich Oevermann (auch: strukturale Hermeneutik) besonders bewährt, handelt es sich doch – neben dem bereits skizzierten narrationsstrukturellen Verfahren – um das theoretisch elaborierteste und empirisch am häufigsten erprobte Konzept (vgl. Marotzki 2006, S. 124; Krüger 2006, S. 26f.; Garz/Blömer 2010, S. 578). Im Rahmen dieses Auswertungsverfahrens werden unterschiedliche, „gedankenexperimentell entworfene Kontextbedingungen" an den Text herangetragen, um „Lesarten zu erzeugen" (Marotzki 2006, S. 124). Als Interpretationsfolie fungieren dabei gängige Vorstellungen von Normalität, z. B. Rollenmuster oder Milieuzugehörigkeit. Durch einen Vergleich zwischen Normalitätserwartung und Handlungsablauf des Einzelfalls können Abweichungen ermittelt und interpretiert werden. So lassen sich „objektive, das heißt unabhängig von den subjektiven Intentionen der Beteiligten sich durchsetzende (kollektive) Strukturen" ermitteln (ebd., S. 124).

Als methodologische Gemeinsamkeit aller erziehungswissenschaftlichen Biographiestudien ist die fallrekonstruktive Vorgehensweise anzuführen, welche stets der Binnenperspektive der einzelnen Biographieträger folgt. Hervorzuheben ist in diesem Zusammenhang der retrospektive Charakter dieses Forschungszugangs. Die nachträgliche Konstruktion von Daten über vergangene Lebensereignisse wird durchaus kontrovers diskutiert, da Kritikern zufolge von einer verzerrten Wahrnehmung vergangener Erlebnisse auszugehen ist. Jedoch lässt sich einwenden, dass die Biographieforschung nicht darauf abzielt, Daten über bereits vergangene Sinnstrukturen zu erbringen (vgl. Fuchs-Heinritz 2009, S. 163f.). Vielmehr werden retrospektive Darstellungen lediglich als lebensgeschichtlicher Bezugspunkt für heutige Deutungsmuster und Lebensauffassungen herangezogen.

Kade zufolge ist eine Tendenz auszumachen, Biographieforschung „überhaupt als Sammelbecken qualitativer Forschung in der Erziehungswissenschaft zu begreifen" (Kade 2005, S. 3). Trotz der Dominanz des qualitativen Methodenrepertoires ist aber von einer klaren Abgrenzung oder gar Abspaltung der erziehungswissenschaftlichen Biographieforschung von quantitativen Forschungsmethoden kaum (mehr) die Rede. Noch zu Beginn der 1990er Jahre gab es kaum ein Projekt, „das die Ergebnisstruktur einer qualitativen Studie, eine Typologie etwa, in einem zweiten Schritt in eine quantitative Untersuchung überführt hätte, um über Häufigkeit der qualitativ identifizierten Typen Aussagen treffen zu können" (Fuchs-Heinritz 1990, S. 79). Wenngleich biographische Daten qualitativen Typs und quantitative Lebenslaufdaten nach wie vor selten im Forschungsprozess aufeinander bezogen werden, wird das Verhältnis von quantitativer und qualitativer Sozialforschung seit Mitte der 1990er Jahre doch „generell etwas entspannter gehandhabt", wie Kade feststellt (Kade 2005, S. 3). Eine Vermischung beider Forschungslogiken, z. B. durch eine an quantitativen Quotierungskriterien orientierte Fallauswahl, wird indes eher kritisch gesehen, weil die Gefahr bestehe, weder dem quantitativen noch dem qualitativen Erkenntnisinteresse gerecht werden zu können (vgl. Krüger 2006, S. 25). Das Ziel der Daten- und Methodentriangulation wird nicht in der methodischen „Validierung" sondern vielmehr in der inhaltlichen „Perspektivierung" (Komplementarität) der jeweiligen Befunde gesehen (Marotzki 2006, S. 129). Insofern bleibt das Hauptaugenmerk der erziehungswissenschaftlichen Biographieforschung weiterhin darauf gerichtet, über kontrastive Vergleiche zu einer „theoretischen" anstelle einer „numerischen Verallgemeinerung" zu führen:

> „Vom Einzelfall wird nicht auf eine große Zahl von Fällen oder alle möglichen Fälle geschlossen, sondern zunächst nur auf ‚gleichartige Fälle', die zu einem gemeinsamen Typus gehören." (Schulze 2006, S. 52)

2.1.3 Ausgewählte Forschungsergebnisse und -desiderate

In einem letzten Schritt gilt es nun, Forschungsleistungen und Grenzen der erziehungswissenschaftlichen Biographieforschung mit Blick auf den Gegenstand der vorliegenden Untersuchung zu resümieren. Dies geschieht nachfolgend anhand ausgewählter Befunde aus einschlägigen Studien, die das Schulalter als biographische Lebensphase in den Blick genommen haben. Schwerpunktmäßig werden dementsprechend biographieanalytische Befunde aus dem Bereich der Schulpädagogik und Jugendforschung, insbesondere zum Ende der allgemeinbildenden Schulzeit, präsentiert. Die Darstellung folgt dabei den grundlegenden Einsichten der Biographieforschung zu den folgenden, sich zum Teil überschneidenden Gesichtspunkten:

- zum Einfluss schulischer Sozial- und Leistungsanforderungen auf die Persönlichkeitsentwicklung (Anerkennungsbeziehungen),
- zur generellen Einbettung der Institution Schule in den Erfahrungszusammenhang der Kinder und Jugendlichen (Sinnzuschreibungen),
- zum Zusammenhang von Schulkultur und individueller Orientierung (Passungsverhältnisse) sowie

- zur individuellen Verarbeitung institutionell definierter Schnittstellen (Übergangsbewältigung).

Als „erste Studie zur Schülerbiographie im engeren Sinne" (vgl. Helsper/Bertram 2006, S. 280) kann die Untersuchung von Hurrelmann und Wolf angesehen werden (vgl. Hurrelmann/Wolf 1986). Auf der Basis dreier teilstrukturierter Befragungswellen von Jugendlichen an Hauptschulen und Gymnasien widmeten sie sich der differenziellen Persönlichkeitsentwicklung in Abhängigkeit von der Bewältigung der schulischen Anforderungen. Hurrelmann und Wolf können zum einen „die gravierende biographische Relevanz schulischer Anerkennungsprozesse, von Erfolg, Versagen, Klassenwiederholung oder ‚Schulabstieg' für die Jugendbiographie" herausarbeiten und stoßen zum anderen auf das Problem vieler Jugendlicher, „der Schule einen nicht instrumentellen biographischen Sinn zu verleihen" (Helsper/Bertram 2006, S. 280). Hierbei handelt es sich um einen grundlegenden, weitgehend übereinstimmenden Befund biographischer Studien zur Jugendphase:

> „Die Verschulung der Jugend hat so zwar die Jugendphase der Form nach mehr oder weniger zum Schülerdasein gemacht, solche Identität aber keineswegs für die biographischen Verläufe erreicht, sondern häufig Distanznahme oder Zweckentfremdung (Stichwort Jugendtreff) in Gang gesetzt [...]." (Fuchs-Heinritz 1990, S. 63)

Dieses „instrumentelle Orientierungsmuster gegenüber schulischen Bildungsprozessen" (Krüger 2006, S. 21) wurde bereits Ende der 1970er Jahre durch die ‚Arbeitsgruppe Schulforschung' um Hurrelmann nachgewiesen, die über einen siebenjährigen Zeitraum hinweg qualitative Interviews zu Schullaufbahn, Ausbildungs- und Berufssituation sowie Zukunftsperspektiven von 40 Hauptschülern durchführte. Einen tatsächlichen Subjekt- und Sinnbezug zu den schulischen Inhalten konnte lediglich Kleinespel in einer quantitativen und qualitativen Längsschnittstudie bei den leistungsstarken Schülerinnen und Schülern der Laborschule Bielefeld feststellen (vgl. Kleinespel 1990).

Dem Verhältnis von schulischen Anerkennungsprozessen und Persönlichkeitsentwicklung näherte sich Nittel Anfang der 1990er Jahre mit dem narrationsstrukturellen Verfahren (vgl. Nittel 1992). Es handelt sich insofern um die „erste, anspruchsvollen methodologischen Standards genügende Studie zur Schülerbiographie" (Helsper/Bertram 2006, S. 280f.). In 20 narrativen Interviews widmete sich Nittel der Identitätsentwicklung in gymnasialen Schullaufbahnen unter Rückgriff auf die oben benannten Prozessstrukturen nach Schütze

(Handlungsschema, institutionelles Ablaufmuster, Verlaufskurve und Wandlung).

> „Es kommt zu Eskalationen der Verlaufskurve, der Intensivierung von Erfahrungen des passiven Erleidens, und von außen erfolgender Bestimmungen während der Schulzeit, Erfahrungen, die sich auch nach der Schulzeit in Form von psychischen Verletzungsanfälligkeiten, ständigen Abbrüchen und Wechseln sowie ‚Fluchthandlungsschemata' äußern."
> (Helsper/Bertram 2006, S. 281)

Die institutionell geprägten, schulischen Ablaufmuster, die Auf- und Abstufungen sowie die daran ansetzenden Bewältigungsformen, Handlungs- und Fluchtschemata haben also auch Nittel zufolge langfristige Konsequenzen für die gesamte Biographie. Wiezorek weist in einer jüngeren Untersuchung ebenfalls diese sozialisatorische Bedeutung der Institution Schule nach (vgl. Wiezorek 2005). Ihre „organisierende Kraft für die biographischen Verläufe" entfaltet die Schule über die Ausgestaltung von Anerkennungsbeziehungen auch fernab ihrer institutionellen Grenzen und wird damit laut Wiezorek zur „Instanz der Vergesellschaftung" (Helsper/Bertram 2006, S. 283).

Die bislang genannten Studien folgen maßgeblich der Binnenperspektive der Schülerinnen und Schüler auf die Schule. Die Kehrseite dieser Perspektive ist das bereits angesprochene Problem der Subjektivität bzw. der fallspezifischen Selektivität der jeweiligen Biographie:

> „Hier liegt eine Grenze des biographischen Zugangs, der zwar die fallspezifische Sedimentierung institutioneller Erfahrungen erschließen kann, aber nicht die Rekonstruktion der institutionellen Struktur anhand institutioneller Szenen und Texte ersetzt." (ebd., S. 282)

Diesem, maßgeblich auf die Ebene der einzelnen Bildungseinrichtungen bezogenen Desiderat der Biographieforschung begegnen einige neuere Untersuchungen durch eine zweiseitige Rekonstruktion von Schule als biographischer Lebensphase: Die individuelle Perspektive einzelner Schülerlebensgeschichten wird hierbei mit der institutionellen Analyse einzelschulischer Szenen, Interaktionen und Regeln (‚Schulkultur') verknüpft. So konnte beispielsweise Kramer in einem mehrstufig angelegten rekonstruktiven Strukturvergleich zwischen der schulkulturellen Ordnung eines Gymnasiums und sechs Schülerbiographien ein Strukturmodell der ‚schulbiographischen Passung' entwickeln (vgl. Kramer 2002). Mit Blick auf das (Passungs-)Verhältnis des Schülers zum familiären Entwurf, zum Eintritt in die Grundschule, zum Übergang in das betrachtete

Gymnasium sowie zur weiteren Schullaufbahn wird aufgezeigt, dass sich „scheinbar harmonische Passungen [...] als durchaus spannungsreich [erweisen] und inkonsistente Passungen [...] im Laufe der Schülerbiographie durchaus stimmige Ausprägungen annehmen [können]" (Helsper/Bertram 2006, S. 285). Im Ergebnis unterscheidet Kramer zwischen den drei Typen einer harmonischen, inkonsistenten oder antagonistischen Passung von Schulkultur und Schülerbiographie.

Im Anschluss daran sowie in Anknüpfung an frühere Untersuchungen zu schulischen Anerkennungsprozessen beschäftigt sich eine Forschergruppe um Helsper seit 2005 mit der biographischen Verarbeitung schulischer Selektionsereignisse in einem groß angelegten qualitativen Längsschnitt (vgl. http://www.zsb.uni-halle.de/forschung/projekte/mikroprozesse/schulkarriere/). Ausgangspunkt ist hier die institutionelle Schnittstelle zwischen Primar- und Sekundarbereich, um die biographische Bewältigung des Übergangsprozesses auf die weiterführende Schule nachzeichnen zu können. Dabei werden fünf deutlich verschiedene Einzelschulen im Sinne differenzieller Lern- und Selektionsmilieus kontrastiert.[5] Die offenen und teilstandardisierten Befragungen zu den Übergangserfahrungen an diesen Schulen wurden von der 4. bis zur 9. Jahrgangsstufe mit einer Ausgangsstichprobe von 70 Schülerinnen und Schüler durchgeführt. Helsper und Kollegen identifizierten – in Anlehnung an Bourdieu – vier klar konturierte Habitusfigurationen, die bereits für die 10-Jährigen als individueller Orientierungsrahmen der Kinder gegenüber Schule und Bildung bestimmt werden konnten (vgl. Helsper u. a. 2009): der Habitus der Bildungsexzellenz und -distinktion, der Habitus der Bildungsstrebenden, der Habitus der Bildungskonformität und -notwendigkeit und schließlich der Habitus der Bildungsfremdheit. Zum anderen unterscheiden sie mit Blick auf den Übergang in die weiterführende Schule vier Typen, die aus der Antizipation des Übergangs (positiv/negativ) und der Einlösung der jeweiligen Antizipation (erwartet/unerwartet) gebildet wurden. Ein eindimensionaler Zusammenhang zwischen Habitus und Übergang besteht nicht, das heißt Kinder können trotz identischem individuellen Orientierungsrahmen unterschiedliche Übergangserfah-

---

5   Hierzu zählen ein ‚exklusives', städtisches Gymnasium, mit über 300-jähriger Tradition und eigener Aufnahmeprüfung, ein ‚offeneres' städtisches Gymnasium, eine städtische Integrierte Gesamtschule, eine Sekundarschule in einer Großstadtregion mit sozialen Problemlagen, eine Hauptschule mit hohen Migrationsanteil in einem stark problembelasteten Stadtteil.

rungen machen. Entscheidend sind die jeweilige Schullaufbahnentscheidung und deren Passung zum kindlichen Bildungshabitus:

> „Auch wenn der Bildungshabitus der Kinder den Übergang nicht determiniert, so sind diese grundlegenden Bildungsorientierungen doch die Folie, vor der die Kinder den Übergang deuten. Je deutlicher die neue Schule an diese Orientierungen positiv anschlussfähig ist, desto unproblematischer gestaltet sich der Übergang." (Helsper u. a. 2011, S. 37)

Richtet man den Blick auf das Ende der Schulzeit bzw. die Einmündung in das Ausbildungssystem ist unmittelbar einsichtig, dass auch diese Schnittstelle im Bildungswesen erst durch die besonderen Möglichkeiten des biographischen Ansatzes „prozeßtypologisch greifbar" wird (Fuchs-Heinritz 1990, S. 63). Im Vergleich zu den Übergangsprozessen innerhalb des allgemeinbildenden Schulwesens wurde dieser Themenbereich dennoch von Seiten der erziehungswissenschaftlichen Biographieforschung eher selten erschlossen. Ein Großteil der berufspädagogischen Biographiestudien befasst sich mit Erwerbsverläufen (vgl. Harney/Ebbert 2006). Sofern der Übergang von der Schule in die Berufsausbildung bzw. in den Beruf in der biographischen Jugendforschung einbezogen wurde, standen laut Fuchs-Heinritz die oft mehrfach ansetzenden Optimierungsstrategien im Berufsfindungsprozess im Mittelpunkt:

> „In der Sache stellte sich heraus, daß die Jugendlichen dazu neigen, die jeweils erreichten Möglichkeiten in Ausbildung und Beruf mit ihren Präferenzen und Entwürfen in Einklang zu bringen, bis hin zu einer vollständigen Umwertung bisheriger Berufswünsche in Richtung auf den erreichten Ausbildungsplatz – einschließlich einer Verlängerung dieser Umwertung in die biographische Vergangenheit." (Fuchs-Heinritz 1990, S. 63f.)

Zu ähnlichen Ergebnissen kamen in jüngerer Zeit auch zwei Untersuchungen, die sich explizit mit den Übergangsverläufen von benachteiligten Jugendlichen in Westdeutschland (Kraheck 2004) und Ostdeutschland (Reißig 2005, 2010) befassten. Angesichts der zunehmenden Warteschleifen, Brüche, Um- und Neuorientierungen vieler Jugendlicher (vgl. z. B. Autorengruppe Bildungsberichterstattung 2008, S. 157ff.), wird in diesen Studien dem Erfahrungszusammenhang von Schulbildung, Ausbildung, Arbeit bzw. Arbeitslosigkeit und den darauf bezogenen Orientierungen, Zielen und Handlungsstrategien nachgegangen. Beide Autorinnen führten dazu in hoch verdichteten Stadtgebieten mit einseitiger Sozialstruktur und Infrastrukturdefiziten narrative Interviews mit jungen Frauen und Männern durch, die erwerbsbiographisch bestenfalls Erfahrungen mit kurzfristigen bzw. prekären Beschäftigungsverhältnissen gemacht haben. Als Ausgangspunkt der Verlaufsbetrachtung wird der Austritt aus der Schule fokussiert, wobei Kraheck auch auf das Durchlaufen der schulischen Sozialisation eingeht. Bei allen Befragten zeigte sich nicht nur ein generelles Bewusstsein über den Zusammenhang von Schulnoten bzw. Schulabschlüssen und beruflichen Integrationschancen, viele sahen inzwischen auch ihr damaliges Schulverhalten als problematisch an:

> „Rückblickend bedauern sie mitunter persönliches Fehlverhalten, das zu schlechteren Schulnoten führte, im schlimmsten Fall das Erreichen eines Schulabschlusses verhinderte. Dabei fällt auf, dass sie Fehlverhalten (z. B. Faulheit, Nachlässigkeit, Schulschwänzen) in den Mittelpunkt stellen. Objektive Einschränkungen, etwa Sprachschwierigkeiten der jungen Erwachsenen nichtdeutscher Herkunft, werden zwar als Erklärung für Probleme genannt, sie dienen jedoch nicht als Entschuldigung für unbefriedigende Leistungen." (Kraheck 2004, S. 84)

Die Gruppe der jungen Menschen mit nicht linearen Erwerbsbiographien ist sowohl bei Kraheck als auch bei Reißig sehr heterogen zusammengesetzt. In den Stichproben fanden sich vom Schulabbruch bis zur Hochschulreife alle Varianten, die Schule beendet zu haben. So verdeutlicht auch die Rekonstruktion der einzelnen Übergangsverläufe, dass ein Schulabschluss den Zugang zu einem Ausbildungsplatz teilweise zwar erleichtert, aber weder den Ausbildungserfolg noch den (langfristigen) Zugang zu normaler Erwerbsarbeit sichert. Beide Studien können zunächst eine Orientierung an der ‚Normalbiographie' (Schule – Ausbildungsplatz – Erwerbsarbeit) herausarbeiten. Doch werden „im weiteren biographischen Verlauf bereits Tendenzen sichtbar, sich vom ursprünglich favorisierten Lebensverlaufsmodell – unbedingt in eine Ausbildung zu gelangen – mehr und mehr zu verabschieden" (Reißig 2005, S. 124). Im Ergebnis identifizierte Kraheck drei Verlaufstypen, die allerdings entlang der rein formalen Wege bzw. Brüche im Ausbildungs- und Erwerbsverlauf gebildet wurden und nicht der Persönlichkeitsentwicklung des Einzelfalles folgen (vgl. Kraheck 2004, S. 157ff.). Reißig entwickelte demgegenüber theoriegeleitet eine Typologie, die auf die individuellen Bewältigungsstrategien beim Übergang abhebt (vgl. Reißig 2005, S. 127f.). Unterschieden werden hierbei eine Zielebene und eine Verhaltensebene, die im Fall von Übergangsschwierigkeiten jeweils zwei Handlungsalternativen eröffnen. Auf der Zielebene können entweder die normativen Vorstellungen normaler Erwerbsarbeit beibehalten werden (Assimilation) oder es erfolgt im eigenen normativen Entwurf eine Abkehr vom Ziel der Erwerbsarbeit (Akkomodation). Auf der Verhaltensebene kann auf

Übergangsprobleme entweder durch problemorientierte Bewältigung (Aktivität) oder durch problemvermeidendes Verhalten (Passivität) reagiert werden. In der Verbindung dieser beiden Ebenen ergeben sich vier Formen der Verarbeitung eines nicht linearen Übergangsverlaufs, die sich alle unter den Einzelfällen wiederfinden ließen.

2.1.4 Fazit

Insbesondere die letztgenannten Studien zu Schnittstellen des Bildungswesens verdeutlichen den Mehrwert der erziehungswissenschaftlichen Biographieforschung für die Analyse von Bildungsverläufen. Hier wird explizit untersucht, wie institutionalisierte Übergänge von den Betroffenen im Rahmen ihrer Lebensgeschichte wahrgenommen und gedeutet werden. Das analytische Potential des biographischen Forschungszugangs zu Lern- und Bildungsprozessen liegt insofern an der „Schnittstelle von Subjektivität und gesellschaftlicher Objektivität, von Mikro- und Makroebene" (Krüger/Marotzki 2006, S. 8). Mit der konkreten Anschauung individueller Lebensgeschichten war historisch gesehen vor allem ein Perspektivenwechsel vom pädagogischen Handlungsträger zum Adressaten dieses pädagogischen Handelns verbunden. Dass neben der Seite der ‚Erzieher' und ‚Bildungspolitiker' in der Erziehungswissenschaft nun auch jene der Lernenden deutlicher in Erscheinung getreten ist, wird von Schulze als „systematischer Zugewinn" durch die erziehungswissenschaftliche Biographieforschung angeführt (vgl. Schulze 2006, S. 54). Auf diese Weise lassen sich Bezüge zwischen dem Bildungsverlauf und der Persönlichkeitsentwicklung rekonstruieren, die nur aus der Binnenperspektive der einzelnen Individuen überhaupt sichtbar gemacht werden können. Zugleich lassen sich daran die Grenzen des Forschungszugangs festmachen. Trotz ihrer Öffnung in Richtung quantitativer Forschungsmethoden zielt die erziehungswissenschaftliche Biographieforschung allenfalls auf eine typenbildende und keine statistische Verallgemeinerung ab. Der eigenständige Forschungsbeitrag wird gerade darin gesehen, dass sie keiner pauschalen Generalisierung von sozialstrukturell bestimmten Durchschnittstypen Vorschub leistet (vgl. z. B. Kade 2005, S. 2; Schulze 2006, S. 52; Wiezorek/Fritzsche 2010, S. 127). Als Konsequenz der Einzelfallauslegung von je individuellen Lebensgeschichten hat die erziehungswissenschaftliche Biographieforschung dementsprechend ein breites, wenn auch wenig kohärentes Spektrum an themenspezifischen Deutungsmustern und Bewältigungsstrategien hervorgebracht:

„Gleichgültig, welche Gegenstandsbereiche erforscht wurden – jeweils ergab sich als Hauptergebnis das der Ausdifferenzierung von Verlaufsformen, Deutungsmustern, Verarbeitungen von Statuspassagen usw." (Fuchs-Heinritz 1990, S. 81)

Diese Vielfältigkeit und Ausdifferenzierung der Forschungsresultate ist zwar nicht dem biographischen Zugang allein geschuldet.[6] Doch ist die wechselseitige Anschlussfähigkeit der biographieanalytischen Befunde durch die fallspezifische Selektivität in besonderem Maße eingeschränkt. Weil häufig nicht nur bestimmte Personengruppen (wie z. B. Gymnasiasten, benachteiligte Jugendliche etc.) fokussiert werden, sondern darunter eine forschungspragmatisch begrenzte Fallauswahl stattfindet, ist eine einfache Zuordnung bzw. Gegenprüfung der Forschungsergebnisse aus einzelnen Studien kaum möglich. Daraus ergeben sich für die Analyse von Bildungsverläufen zwei entscheidende Desiderate erziehungswissenschaftlicher Biographieforschung. Erstens lassen sich zumeist keine Aussagen über die Regelhaftigkeit der jeweils beobachteten Phänomene treffen, so dass die Reichweite und Übertragbarkeit der Untersuchungsergebnisse auf den gesamtgesellschaftlichen Kontext nur schwer einzuschätzen sind. Anhand des biographischen Zugangs können mit anderen Worten zwar *Verlaufstypen* aber keine *typischen Verläufe* dokumentiert werden. Ohne eine solche repräsentative Querschnittsverteilung aus systemischer Perspektive fehlt zweitens ein empirischer Ansatzpunkt, um im Zeitverlauf längerfristige Trends in den Bildungsverläufen sichtbar zu machen. Von Interesse wäre z. B. vor dem Hintergrund der rückläufigen demographischen Entwicklung eine Zeitreihenbetrachtung der skizzierten Anpassungs- und Umwertungsprozesse von Jugendlichen bei der Ausbildungs- und Berufswahl. Inwiefern wandeln sich solche Bewältigungsstrategien bei einer Verbesserung der Gelegenheitsstrukturen? Ebenso stellt sich die Frage, ob die aufgezeigte funktionale Sinnzuschreibung von Jugendlichen gegenüber der Schule aufgrund der deutlichen zeitlichen Ausdehnung des Schulbesuchs seit den 1960er Jahren heute noch stärker zum Tragen kommt. Derartige historische Wandlungsprozesse lassen sich aber mit den üblichen Designs biografischer Studien nicht nachzeichnen (vgl. Fuchs-Heinritz 1990, S. 80). Zur Erklärung sozialen Wandels

---

6   Zu einer ähnlichen Differenziertheit der Befunde kommen schließlich auch komplexe quantitative Forschungszugänge, die mehrere Zeitdimensionen und Ebenen sozialer Organisation empirisch zueinander in Beziehung setzen (vgl. Abschnitt 2.2).

und systematischer Veränderungen von Bildungsverläufen im Zeitverlauf bedarf es anderer Forschungszugänge.

2.2 Bildungsverläufe als Gegenstand der soziologischen und pädagogisch-psychologischen Panelforschung

Wie im vorangegangenen Kapitel aufgezeigt wurde, stößt die erziehungswissenschaftliche Biographieforschung dann an ihre Grenzen, wenn Verläufe ganzer gesellschaftlicher Gruppen sowie sozial- und institutionengeschichtliche Veränderungen im Zeitverlauf abgebildet werden sollen. Die „Möglichkeit, gesellschaftliche Strukturen und deren Veränderungen partiell aus individuellen Verläufen zu rekonstruieren" (Mayer 1990, S. 8), eröffnet erst die Erhebung von detaillierten Ereignisdaten zu Lebensverläufen auf repräsentativer Basis. Einen solchen Ansatz verfolgte der US-amerikanische Soziologe und Psychologe Glen Elder im Zuge der in den 1960er Jahren aufkommenden empirischen, mikrosoziologischen Lebenslaufforschung (Sackmann 2007, S. 55ff.). Elder hatte in seinen Arbeiten zum Zusammenhang zwischen sozialem Wandel und menschlicher Entwicklung (etwa am Beispiel der Weltwirtschaftskrise) schon frühzeitig Langzeitstudien Priorität eingeräumt, um Gruppen von Individuen auf ihrem Weg durch die Zeitgeschichte retrospektiv oder prospektiv folgen zu können:

> „Obwohl nur wenige Forscher damals überhaupt den Begriff ‚Lebensverlauf' in ihrer Forschung verwendeten, erforderte die Datenlage des Instituts [Anmerkung: Institute of Human Development, Berkeley] einen Ansatz, der heute als Lebensverlaufsforschung bezeichnet wird, ein Ansatz, der Menschen und Familien im Zeitablauf als dynamischen Prozeß kontextuell untersucht." (Elder/Caspi 1990, S. 53)

Im Sinne eines interdisziplinären Theorie- und Forschungsprogramms konnte dabei – ähnlich wie es bereits für die Biographieforschung beschrieben wurde – an unterschiedliche Forschungsgebiete angeknüpft werden. Mayer zählt hierzu die durch Umfragen eingelöste Lebensverlaufs- und Kohortenperspektive der Soziologie, die rationale Entscheidungstheorie aus der Ökonomie, die Sterbetafelstatistik der Demographie sowie Elemente des kategorialen Bezugsrahmens in der Entwicklungspsychologie der Lebensspanne (vgl. Mayer 1990, S. 9f.). Lebensverlaufsforschung bezieht sich insofern auf Konzepte und Spezialisierungen mit je eigener Forschungstradition, doch war ihre Zusammenfassung unter der Perspektive eines einheitlichen Forschungsprogramms zur damaligen Zeit neu (vgl. Kohli 1978, S. 7). Anstelle der traditionell isoliert betrachteten Altersphasen sollten Lebensverläufe in Langzeituntersuchungen möglichst ganzheitlich in den Blick genommen werden, um sozialstrukturelle Unterschiede im Auftreten verschiedener Lebensereignisse aufzudecken:

> „Der Beobachtungsrahmen bezieht sich auf den Durchstrom von Gesamt-oder Teilbevölkerungen durch institutionell definierte Ereignisse (wie etwa Ausbildungsabschluss, Heirat, Geburt der Kinder, Beginn und Ende von Erwerbstätigkeiten) beziehungsweise auf die relative Verweildauer in bestimmten Aktivitäten und kollektiven Mitgliedschaften (Partnerschaften, Haushalte, Familien, Firmen, regionale Zugehörigkeiten und Kontexte)." (Mayer 1990, S. 9f.)

In Deutschland hat sich dieser Ansatz relativ spät als eigenständige Forschungsrichtung etabliert. Erst Ende der 1970er Jahre wurde durch den Mannheim-Frankfurter Sonderforschungsbereich 3 (‚Mikroanalytische Grundlagen der Gesellschaftspolitik') der Weg für die Durchführung größerer, systematischer Untersuchungen zum Lebensverlauf geebnet (vgl. Brückner 1990, S. 375ff.).[7] Nicht nur in den Sozialwissenschaften im Allgemeinen, sondern auch in der empirischen Bildungsforschung im Besonderen gewannen derartige Langzeitstudien zunehmend an Bedeutung. Denn gerade für die Untersuchung von Bildungsprozessen mit ihrer „ausgeprägt sukzessiven Struktur, bei der Lernpotentiale späterer Etappen von den Lernerfahrungen und Lernergebnissen der früheren Etappen abhängen" (Kristen u. a. 2005, S. 76), bieten längsschnittliche Studiendesigns entscheidende Vorteile. Als Motor dieser Entwicklung wirkten neben der soziologisch orientierten Lebensverlaufsforschung in jüngerer Zeit vor allem die pädagogisch-psychologisch orientierten Arbeiten zur Schülerleistungsentwicklung. Waren die ersten Schulleistungsstudien der International Association for the Evaluation of Educational Achievement (IEA) in den 1960er Jahren noch als einmalige Querschnittsstudien angelegt, so wurden ab den 1990er Jahren bereits so genannte Trendstudien, das heißt replikative Querschnittserhebungen durchgeführt. Anhand wiederholt eingesetzter Leistungstests konnten diese zunächst auf der Ebene von Staaten Entwicklungs-

---

7   Hier hat die ‚Deutsche Lebensverlaufsstudie' unter der Leitung von Karl Ulrich Mayer ihren Ursprung, die ab 1983 am Max-Planck-Institut für Bildungsforschung weitergeführt wurde.

trends in den Schülerleistungen aufzeigen (vgl. Goy u. a. 2010, S. 39ff.). Da jedoch Entwicklungen und Zusammenhänge in den Bildungsverläufen nur auf der Ebene personenbezogener Beobachtungseinheiten erfasst werden können, haben seit Beginn des 21. Jahrhundert auch echte Panelstudien in der Bildungsforschung Konjunktur, in welchen dieselben Personen mehrfach befragt bzw. getestet werden:

> „There is widespread consensus that panel data and the methodological advantages they provide are essential for rigorously addressing the types of questions that drive and are central to life-course-oriented educational research." (Blossfeld/Schneider/Doll 2009, S. 11)

Nachdem Panelstudien zunächst auf ausgewählte Bildungsphasen und einzelne Regionen beschränkt waren (vgl. ebd., S. 18ff.; Goy u. a. 2010, S. 43ff.; Schmidt/Weishaupt 2004, S. 4f.), fand die Entwicklung mit der Etablierung eines Nationalen Bildungspanels im Jahr 2009 ihren vorläufigen Höhepunkt. Die *National Educational Panel Study* (NEPS) ist die aktuell größte nationale Langzeitstudie und zielt explizit auf die Untersuchung von Bildungsverläufen in der Bundesrepublik Deutschland ab, soweit sie über die Lebensspanne hinweg empirisch erfasst werden können (vgl. Blossfeld/Schneider/Doll 2009, S. 23ff.). Bevor allerdings näher auf diesen konkreten Ansatz eingegangen wird, sollen zunächst die grundlegenden theoretischen und empirischen Bezugspunkte der Panelforschung mit Blick auf den Gegenstand dieser Untersuchung – die empirische Abbildung von Bildungsverläufen am Ende der allgemeinbildenden Schulzeit – einer genaueren Betrachtung unterzogen werden.

2.2.1 Grundlegende theoretische und empirische Bezugspunkte

Wie bereits dargelegt wurde, wird in Deutschland der Biographie-Begriff häufig analytisch als subjektiv gedeutete Lebensgeschichte von der objektiven Ereignisgeschichte, dem Lebenslauf, unterschieden. Mit der Einführung des Begriffs *Lebensverlauf* (englisch: life course) versuchte Mayer Ende der 1970er Jahre nicht nur, den Begriff Lebenslauf von seiner alltagssprachlichen Bedeutung einer Kurzbiographie abzusetzen sondern auch „den Struktur- und Verlaufscharakter" zu betonen (Mayer 1990, S. 8). Damit brachte er gleichsam zum Ausdruck, dass Lebensverläufe einen analytischen Zugang zur Sozialstruktur eröffnen. In dem Maße nämlich, in welchem die individuellen Entscheidungen im Lebenslauf an institutionell vorgezeichneten Mustern, z. B. an der Aufteilung nach Schularten, ausgerichtet sind, lassen sich durch ihre Aggregation zugleich Aussagen über die Sozialstruktur treffen.

> „Die Typen und ‚Sinnzusammenhänge' des Lebenslaufes werden hier gewissermaßen von aussen erschlossen, entlang objektivierter, sozialer und institutioneller Markierer und für den vorab definierten Erfolg bzw. Misserfolg im Lebenslauf wird die Stärke des Einflusses unterschiedlicher Faktoren für die Stichprobe ermittelt, die aber nicht auf den Einzelfall übertragen werden kann. Demgegenüber können die biographischen Prozesse und Sinnkonstruktionen nur von ‚innen', aus der Perspektive der Schüler und Schülerinnen erschlossen werden und dabei können sich [...] ganz andere Typenbildungen ergeben." (Helsper/Bertram 2006, S. 278)

Die Blickrichtung einer an Sozialstrukturanalysen orientierten Panelforschung ist also von der Gesellschaft auf das Individuum gerichtet. Das Ziel besteht darin, individuelle Lebenslagen und Lebensereignisse und gesamtgesellschaftliche Prozesse „in einem einheitlichen formalen, kategorialen und empirischen Bezugsrahmen" (Mayer 1990, S. 8) zu erfassen. Elder, der als Pionier dieser Forschungsrichtung gilt, beschreibt dies als „dialektische Perspektive [...], die Gesellschaftsgeschichte und Lebensgeschichte zueinander in Beziehung setzt" (Elder/Caspi 1990, S. 54). Gesellschaftsgeschichte bezieht sich dabei explizit auf historische Veränderungen im Zeitverlauf, wie sie etwa in den Lebensverläufen unterschiedlicher Bevölkerungsgruppen, insbesondere im Vergleich mehrerer Generationen bzw. Kohorten, zutage treten. Die für erziehungswissenschaftliche Biographieforscherinnen und -forscher maßgeblichen „spezifischen Erlebnisqualitäten von Erinnerungen" (Brückner 1990, S. 381) haben hingegen für die Lebensverlaufsforschung allenfalls sekundäre Bedeutung im Sinne einer subjektiven Einbettung von Ereignissen. Ihr geht es vielmehr um „objektiv nachvollziehbare Muster von kohorten- und/oder gruppenspezifischen Lebensabläufen" (ebd., S. 377). Dabei werden unterschiedliche Lebensabschnitte bzw. -bereiche in den Blick genommen, die in der Regel thematisch der Familien- und Haushaltsgeschichte, dem Bildungs- und Ausbildungsweg sowie der Erwerbs- und Berufskarriere zugeordnet werden können. Gerade das Bildungswesen ist für eine Betrachtung in der Perspektive des Lebensverlaufs prototypisch:

> „Die Organisation nach Stufen und Zweigen regelt die Bildungslaufbahnen fast vollständig; die Expansion der weiterführenden Bildung hat es für den einzelnen fast unumgänglich gemacht, mehr als das gesetzlich vorgeschriebene Minimum an Ausbildung zu erwerben; und das Berechtigungswesen verbindet Bildung mit sozialem Status, so daß sie Teil einer

zeitlichen Struktur ist, die über das ganze Leben reicht." (Meulemann 1990, S. 90f.)

In der Theorietradition der Lebensverlaufsforschung spielt das Alter die zentrale Rolle. Bis Anfang der 1960er Jahre wurde im Rahmen der strukturfunktionalistischen Lebenslauftheorie das Konzept des *sozialen Alters* bzw. der *Altersnorm* herangezogen, um in allen Gesellschaften vorfindbare Regelmäßigkeiten der sozialen Strukturierung aufzudecken (vgl. Sackmann 2007, S. 33f.). Es wurde davon ausgegangen, dass im Laufe des Sozialisationsprozesses normative Muster für altersgerechtes Verhalten vermittelt werden, die den Lebensverlauf jedes Einzelnen vorstrukturieren. Hierzu wurden die bislang isoliert betrachteten Altersphasen in der Tradition der psychoanalytisch fundierten Stufenkonzeption erstmals ganzheitlich und verknüpfend in den Blick genommen (vgl. Kohli 1978, S. 11). Erst durch diese längsschnittliche Perspektive jenseits der üblichen Altersspezialisierungen konnte überhaupt von Bildungsverläufen gesprochen werden.

Eine Perspektivenerweiterung stellte das Konzept der *Generation* dar, welches neben Altersfragen auch den Einfluss gesellschaftlicher Zeitumstände auf soziale Lagen und Bewusstseinsformen in Rechnung stellte. Untersucht wurde damit fortan auch, wie sich externe Rahmenbedingungen auf die individuelle Entwicklung auswirken, insbesondere wie sich im Leben zeitlich früher gelagerte negative und positive Lebensumstände auf die weiteren Generationserfahrungen auswirken (vgl. Mayer 2004, S. 202). Die Beobachtung derartiger Generationsphänomene ergänzte die bisherige Fokussierung auf Altersnormen, die entgegen der ursprünglichen Annahme nicht als universelle und zeitkonstante Regeln wirken, sondern einem historischen Wandel unterliegen (vgl. Sackmann 2007, S. 42).

„Alter ist Grundlage geschichtlicher Differenzierung auf der Ebene von Kohorten sowie Grundlage sozialer Differenzierung gemäß altersbestimmten Status- und Rollenzuweisungen." (Elder/Caspi 1990, S. 25)

Der theoretische Ansatz der Generationslage fand schließlich eine Weiterentwicklung durch das Konzept der *Kohorte*. Der ab Mitte der 1960er Jahre von Ryder verfolgte Kohortenansatz ist letztendlich eine Verallgemeinerung des auf den Geburtszeitraum zugeschnittenen Generationenkonzeptes auf andere Kontexte (vgl. Sackmann 2007, S. 44ff.). Demnach gliedert sich der Lebenslauf in die Verläufe unterschiedlicher Lebensbereiche, die jeweils aus einer Abfolge von Ereignissen/Übergängen und Verweildauern in Zuständen bestehen (vgl. ebd., S. 58). Neben dem Geburtszeitpunkt prägen insofern auch weitere Eintrittszeitpunkte und Verweildauern in anderen Lebensbereichen die Entwicklungsbedingungen des Einzelnen in Form unterschiedlicher Gelegenheitsstrukturen (z. B. bei Schulabschlusskohorten).

Diese erweiterte, differenzierte Analyseperspektive auf Zugehörigkeiten zu verschiedenen Ein- oder Austrittskohorten entsprach nicht zuletzt der zunehmenden Pluralisierung und Individualisierung der Lebensverläufe, wie sie für moderne Gesellschaften typisch ist. Mit der „Auflösung der Normalbiographie" kam es zunehmend auch zu einer „Sequentialisierung des Lebensverlaufs in klar definierte und in ihrer Anzahl zunehmende Abschnitte und Übergänge" (Mayer 1990, S. 14). Auch individuelle Bildungsentscheidungen müssen heute vor dem Hintergrund einer gestiegenen Anzahl institutionell vorgegebener Alternativen getroffen werden. Nach dem mikrosoziologischen Ansatz wirkt sich diese Ausdifferenzierung des Bildungssystems allerdings nicht im Sinne eines mechanischen Wirkungszusammenhangs auf Bildungsverläufe aus, sondern die vorfindbaren Gelegenheitsstrukturen werden aktiv verarbeitet. In Elders generellem Theoriemodell tritt zu dem Konzept der Generations- bzw. Kohortenphänomene also noch das Bewältigungsverhalten der Akteure hinzu (vgl. Sackmann 2007, S. 56f.). Von Kohli wurde dies durch eine analytische Unterscheidung zwischen „kohortenspezifischen Variationen im Lebenslauf" und „individuellen Variationen im Lebenslauf" aufgegriffen (Kohli 1978, S. 28). Dies verweist nicht zuletzt auf die Notwendigkeit, den soziologischen Zugang mit dem psychologischen bzw. pädagogischen Zugang zu verknüpfen, wie es bis heute für Lebensverlaufsbetrachtungen charakteristisch ist. Auch das jüngst von Fend/Berger/Grob im Rahmen der LifE-Studie vorgelegte ‚Ressourcenmodell der Lebensbewältigung' spiegelt die Aktualität dieses Ansatzes wider:

> „Im Rahmen dieses Modells gehen wir davon aus, dass die Bewältigung von altersspezifischen Entwicklungsaufgaben im Lebensverlauf das Ergebnis von vielschichtigen Entscheidungsprozessen ist, bei welchen Jugendliche und junge Erwachsene vor dem Hintergrund der historisch und gesellschaftlich gegebenen Opportunitäten sowie ihrer jeweils spezifischen personalen und sozialen Ressourcen ihre Lebensmöglichkeiten ausnutzen und fortlaufend zu optimieren versuchen." (Fend/Berger/Grob 2009, S. 15)

Die daraus resultierende, notwendige Mehrdimensionalität der an Sozialstrukturanalysen orientierten Panelforschung hat Mayer in Form eines analytischen

Bezugsrahmens systematisierend zusammengefasst (vgl. Mayer 1990, S. 11). Er unterscheidet einerseits zwischen mehreren Ebenen sozialer Organisation (Individuen, Familien, Betriebe, ethnische Zugehörigkeiten, Kohorten, Regionen, Ebene des Nationalstaates) und andererseits zwischen verschiedenen Zeitdimensionen (historische Periode, Lebensalter sowie Verweildauer in bestimmten Situationen und Positionen). Forschung über Lebensverläufe muss innerhalb dieses Bezugsrahmens die für die jeweilige Fragestellung relevanten Akteursebenen und Zeitdimensionen berücksichtigen und aufeinander beziehen.

2.2.2 Wesentliche Aspekte zur Datenerhebung und Datenanalyse

Die Untersuchung von individuellen Verläufen und gesamtgesellschaftlichen Prozessen innerhalb eines gemeinsamen empirischen Referenzrahmens erfordert einen methodologischen Zugang, der sich von dem bereits skizzierten Vorgehen der Biographieforschung in folgender Weise unterscheidet (vgl. Brückner 1990, S. 374): An die Stelle kleiner Gruppen oder besonderer Persönlichkeiten müssen erstens repräsentative Stichproben aus einer Gesamtpopulation treten. Die individuellen Lebensgeschichten sind zweitens nicht als subjektive Deutung persönlicher Erlebnisse sondern als objektive Strukturmerkmale eines Lebenslaufrasters zu erfassen. Und drittens sollten diese Ereignisse nicht exemplarisch, sondern als Abfolge gleichwertiger Veränderungsprozesse in ihrer Vollständigkeit behandelt werden. Die Panelforschung ist damit auf repräsentative Datensätze angewiesen, die eine Fülle an relativ formalen aber gleichsam detaillierten Angaben zu Ereignissen in Form von verdichteten Definitionen und Zeitdaten längsschnittlich zusammenführen. Zu diesem Datentyp kann man auf unterschiedlichem Wege gelangen. Der Begriff des ‚Panels‘ hebt streng genommen auf prospektiv erhobene Datensätze ab, bei denen fortlaufend dieselben Personen zu mehreren Messzeitpunkten beobachtet werden. Innerhalb der historischen Entwicklungslinien der Lebensverlaufsforschung überwiegen allerdings Querschnittsuntersuchungen, in denen die Lebensverläufe für einzelne Kohorten rückwirkend erfasst wurden bzw. werden:

„Um Verläufe und Prozesse zu analysieren, werden Personen mehrmals innerhalb von bestimmten Zeitintervallen befragt (Panelerhebung) oder es wird zeitgenau ihr bisheriger Verlauf (Retrospektiverhebung) erhoben.“ (Sackmann 2007, S. 11)

Entscheidend für die empirische Beschreibung von Zustandsänderungen im Zeitverlauf ist insofern nicht die prospektive Datengewinnung sondern der längsschnittliche Informationstyp. Gerade in der empirischen Bildungsforschung existieren viele Querschnittstudien mit retrospektiver Erfassung des schulischen und beruflichen Werdegangs bzw. relevanter Einzelereignisse (vgl. Schmidt/Weishaupt 2004). Querschnittserhebungen, in denen „die Lebenslaufretrospektive eine in sich geschlossene, systematische Rekonstruktion als Fragenkonzept" (Brückner 1990, S. 380) darstellt, sind allerdings eher selten. Häufiger als solche *retrospektiven Querschnittstudien* oder *echte Panelstudien* kommen im letzten Jahrzehnt so genannte *Trendstudien* zum Einsatz, die für die Gewinnung von Längsschnittinformationen spezifischen Typs stehen. Bei Trenderhebungen wie der PISA-Studie handelt es sich um replikative Querschnittserhebungen, bei denen in einem mehrjährigen Zyklus (z. B. alle drei Jahre) Personen einer bestimmten Population (z. B. Fünfzehnjährige) untersucht werden.[8] Da hier nicht dieselbe Schülerkohorte zu mehreren Messzeitpunkten befragt wird, handelt es sich lediglich um quasilängsschnittliche Daten. Sie dienen im Unterschied zu echten Panelstudien der Analyse von systembezogenen Veränderungen der Schülerleistung im Zeitverlauf zumindest auf Aggregatebene einzelner Staaten und Personengruppen:

> „In Untersuchungen z. B. zum Übergang von der Grund- auf die Sekundarschule können individuelle Bildungsentscheidungen am besten in Paneldesigns nachvollzogen werden. Die Implementierung von Reformen auf Systemebene hingegen dauert oft Jahre, und Effekte können sich nur zeitverzögert einstellen. Der Frage nach den Wirkungen einer veränderten Lehrerausbildung auf die Schülerleistung kann somit besser in Trendstudien nachgegangen werden [...]." (ebd., S. 39)

Über solche wiederholenden Querschnittsbetrachtungen lassen sich demnach zum einen System-Zustände im Zeitverlauf beschreiben und zum anderen durch eine multivariate Untersuchung von individuellen, sozialen und institutionellen Einflussfaktoren auch Anhaltspunkte für Bedingungen und Ursachen der Bildungsbeteiligung und -ergebnisse identifizieren. Mit Blick auf eine kausalanalytische Überprüfung der tatsächlichen Wirkungszusammenhänge eröffnen im

---

8   Der Schwerpunkt dieser Untersuchungen liegt auf der Messung von kognitiven Schülerleistungen, doch werden diese in aller Regel um umfangreiche Kontextfragebögen ergänzt, die unter anderem Angaben zur bisherigen Bildungslaufbahn erfassen.

Querschnitt erhobene Datensätze indes nur geringen Spielraum, weil zumeist die bereitgestellten retrospektiven Angaben begrenzt sind (vgl. Schmidt/Weishaupt 2004, S. 4f.; Blossfeld/Schneider/Doll 2009, S. 18ff.; Goy u. a. 2010, S. 43ff.). Eine möglichst vollständige Erfassung der vorangegangenen Bildungsprozesse und -kontexte wäre jedoch nötig, „denn prinzipiell können sich in jedem Abschnitt der schulischen Karriere unterschiedliche Wege auftun und auch institutionelle Regelungen, bildungspolitische Maßnahmen und schulische Einflüsse können zu ganz verschiedenen Zeitpunkten in der Schullaufbahn wirksam werden" (Kristen u. a. 2005, S. 75). Hier liegt der entscheidende Vorzug von echten Paneldaten, die eine kausale Rekonstruktion der Ereignisse bzw. Prozesse gestatten, indem – bestenfalls – alle relevanten Bildungsinvestitionen und Ereignisse zu verschiedenen Zeitpunkten der Bildungslaufbahn registriert werden. Nur auf einer solchen Basis lassen sich die stets zeitgebundenen Wirkungszusammenhänge auch in ihrer tatsächlichen Wirkrichtung, ihrer Stärke sowie ihrer Dauer bzw. Dynamik bestimmen.

„However, German longitudinal studies focusing on competence development or educational decisions are limited in several senses. Nearly all are regionally located, and nearly all concentrate on only one or two stages of the education system." (Blossfeld/Schneider/Doll 2009, S. 30)

Im Vergleich zu dem breiten Spektrum an Längsschnittstudien in anderen Staaten ist in Deutschland ein deutlicher Mangel an Untersuchungen über Bildungsverläufe zu konstatieren (vgl. Kristen u. a. 2005). Inzwischen jedoch wurde mit finanzieller Förderung des BMBF und der DFG für die Bundesrepublik Deutschland eine groß angelegte, prospektive Längsschnittstudie über die verschiedenen Etappen der Bildungslaufbahn unter Einbeziehung von regelmäßigen Kompetenzmessungen auf den Weg gebracht. Dieses Nationale Bildungspanel für Deutschland (National Educational Panel Study, NEPS) soll helfen, aus unterschiedlichen Forschungsperspektiven mehr über Bildungserwerb und seine Folgen für individuelle Lebensverläufe zu erfahren und zentrale Bildungsprozesse und -verläufe über die gesamte Lebensspanne beschreiben und analysieren zu können (vgl. Blossfeld/Schneider/Doll 2009, S. 23ff.). Um diesem Anspruch gerecht zu werden, sind die Lebensverläufe in der Rahmenkonzeption des NEPS einerseits mit besonderem Fokus auf kritische Übergänge in acht Bildungsetappen unterteilt (vom frühkindlichen Bereich bis zur Weiterbildung im Erwachsenenalter). Andererseits werden dazu querliegend fünf theoretische Dimensionen von Bildungsverläufen unterschieden (Kompetenzentwicklung, Lernumwelten, Bildungsentscheidungen, Migrationshintergrund, Bildungsrenditen). Die methodische Anlage entspricht dabei einem Multi-Kohorten-Sequenz-Design: Das Bildungspanel startete 2009 mit einer Zufalls-stichprobe von 23- bis unter 65-Jährigen für den Bereich Weiterbildung. 2010 folgten die vier Startkohorten zur frühkindlichen Betreuung, zu den Sekundar-bereichen I und II sowie zu den Studierenden. Der Aufbau einer Kohorte von Neugeborenen begann im Jahr 2012. Für die Personen in den genannten sechs Startkohorten werden seither mindestens jährliche Erhebungen durchgeführt. Dieses Paneldesign lässt nicht nur bei vergleichsweise kurzer Laufzeit erste Ergebnisse erwarten, sondern zielt gleichermaßen auf Kohortenvergleiche in der Tradition mikrosoziologischer Lebensverlaufsforschung ab:

> „Der zeitversetzte Beginn mehrerer Startstichproben [...] ermöglicht Ko-hortenanalysen zur Erklärung sozialen Wandels und systematischer Ver-änderungen von Bildungsverläufen im Zeitverlauf, die die gesamten Ko-horten betreffen (beispielsweise Effekte von sich ändernden gesellschaft-lichen Kontextbedingungen auf Ebene des Bildungssystems)." (Goy u. a. 2010, S. 59)

Mit der Verfügbarkeit längsschnittlicher Ereignisdaten – insbesondere in der zu erwartenden Komplexität des NEPS – stellen sich auch im Anschluss an die Datengewinnung besondere methodische Herausforderungen. So betont Mayer, dass die Lebensverlaufsforschung insgesamt „nicht nur pro-spektiv oder retro-spektiv erhobene repräsentative Datensätze" erfordert, sondern „vor allem effi-ziente Formen der Datenorganisation und des Datenretrieval sowie geeignete mathematische Modelle und statistische Verfahren" (Mayer 1990, S. 12). Ziel ist dabei stets, für jede befragte Person in einem Datenverarbeitungssystem möglichst kontinuierliche Ereignissequenzen zu erzeugen. Um deren Vollstän-digkeit und Plausibilität zu gewährleisten, bedarf es einer gründlichen Auf- und Nachbereitung, die über die in der empirischen Sozialforschung üblichen Schritte von Eingabe, Vercodung und Konsistenzkontrolle quantitativer Daten hinausgeht:

> „Komplexe Daten, wie sie die Lebensverlaufsdaten darstellen, können leicht ungenau oder fehlerhaft sein. Sie werden daher nach der Erhebung einem aufwändigen Editionsprozess unterzogen. Hierbei werden alle Fälle einzeln auf fehlende oder unplausible Angaben geprüft." (Hillmert 2004, S. 220f.)

Vor dem Hintergrund der verschiedenen Zeitdimensionen von Ereignisdaten (historische Periode, Lebensalter sowie Verweildauer in bestimmten Situationen und Positionen; vgl. Abschnitt 2.2.1) werden die Einzelfallangaben auf einer mehrdimensionalen Zeitachse abgebildet, welche die Ereignisse nicht nur sukzessiv sondern auch simultan in den Zeitverlauf einordnen (vgl. Brückner 1990, S. 382). Sobald sich die chronologisch und thematisch mehrfach verknüpften Ereignisstrukturen im Datensatz widerspruchsfrei zusammenfügen, kann auf eine Reihe an Auswertungsverfahren zurückgegriffen werden, um die Verlaufsgeschichten empirisch zu analysieren. Unter den vielen statistischen Methoden in der Lebensverlaufsforschung wurde dieses Forschungsgebiet vor allem durch die Ereignisanalyse und die Sequenzmusteranalyse vorangebracht. Nachfolgend sollen diese Ansätze – entsprechend der objektiven Hermeneutik und dem narrationsstrukturellen Verfahren in der Biographieforschung – näher vorgestellt werden.

Der Begriff *Ereignisanalyse* (auch: Verlaufsdatenanalyse oder Verweildaueranalyse; vgl. Sackmann 2007, S. 73) steht für eine Reihe statistischer Verfahren, die in den Sozialwissenschaften seit den 1980er Jahren für die Untersuchung von Zeitintervallen zwischen aufeinander folgenden Ereignissen bzw. Zustandswechseln herangezogen werden. Darunter fallen zunächst einige deskriptive Analyseverfahren.[9] Im Zentrum der Ereignisanalyse stehen allerdings multivariate Verfahren, bei denen zumeist ein Übergangsprozess – genauer: die Eintrittswahrscheinlichkeit eines (anderen) Zustands – als abhängige Variable betrachtet wird. Der Fortschritt der Ereignisanalyse gegenüber herkömmlichen Regressionsverfahren liegt in ihrem „Potential für die simultane Modellierung mehrfacher Zeitdimensionen und mehrerer Ebenen sozialer Prozesse" (Mayer 1990, S. 20). Um die Stärke des Einflusses unterschiedlicher unabhängiger Variablen auf den Übergangsprozess zu ermitteln, können zeitkonstante (z. B. Geschlecht) oder zeitveränderliche (z. B. Schulbesuch) Einflussfaktoren angemessen berücksichtigt werden. Durch die Abbildung solcher mehrfachen und gleichzeitigen Zeitabhängigkeiten bleibt die Richtung des Wirkungszusammenhangs nicht mehr allein der theoretischen Setzung vorbe-

---

9   So kann etwa anhand von „Überlebenskurven" der Anteil an Personen, bei denen ein Ereignis (z. B. der Erwerb des Abiturs) eingetreten ist, in Form von Kurvenverläufen für unterschiedliche Personengruppen (z. B. Geburtskohorten) auf einer Zeitachse verortet werden (vgl. Sackmann 2007, S. 78).

halten, sondern es besteht die Möglichkeit, sie anhand der Reihenfolge und Dauer der einzelnen Zustände empirisch zu bestimmen (vgl. Sackmann 2007, S. 73).

Im Rahmen der Ereignisanalyse bleibt die Aufmerksamkeit stets auf einzelne Ereignisse des Lebenslaufs gerichtet, deren Eintreten inferenzstatistisch untersucht wird. Da auf diese Weise immer nur Ausschnitte von Verläufen zum Gegenstand der Analyse gemacht werden können, entwickelten Kritiker in den 1990er Jahren die *Sequenzmusteranalyse* (auch: Sequenzdatenanalyse). Lebensverläufe werden hier nicht als „Verkettung von Ursachen und Wirkungen" konzipiert, sondern ganzheitlich als „Sequenz von Zuständen" (Brüderl/Scherer 2006, S. 345) in ihrer zeitlichen Einbettung betrachtet. In Anlehnung an den ursprünglichen Anwendungsbereich der Sequenzmusteranalyse, dem Abgleich von DNA-Sequenzen, geht es dabei im Kern um die Messung von Ähnlichkeiten – hier um die Gleichartigkeit von Lebensverläufen. Wie bei der Ereignisanalyse gibt es auch hier einige deskriptive Vergleichsanalysen, bei denen z. B. für verschiedene Personengruppen zunächst Zustandsverteilungen über die Zeit bestimmt oder Kennzahlen (durchschnittliche Zeit eines Zustands, durchschnittliche Zahl der Ereignisse) berechnet und in ihrer aggregierten Verteilung betrachtet werden (vgl. ebd., S. 332f.). Häufig geht man bei der Sequenzmusteranalyse allerdings darüber hinaus, indem man Typen von Verläufen bestimmt, z. B. mittels ‚Optimal Matching' (vgl. Sackmann 2007, S. 79). Mit diesem Verfahren werden durch paarweise Vergleiche der Verläufe Ähnlichkeiten bzw. Distanzen zwischen den Sequenzen gemessen. Aufbauend auf einer Ähnlichkeitsmatrix aller Verläufe können dann in einer Clusteranalyse Verlaufstypen gebildet werden. Teilweise werden zudem logistische Regressionsverfahren eingesetzt, um Zusammenhänge zwischen dem Clustertyp und bestimmten erklärenden Variablen aufzudecken. Doch ermöglicht dieses Verfahren im Gegensatz zur Ereignisanalyse keine kausale Interpretation:

> „Sie kann uns zwar verdeutlichen, wie Lebensverläufe typischerweise gestaltet sind, aber warum sie diese Form annehmen, darüber kann man mit ihr keine Aussagen machen." (Brüderl/Scherer 2006, S. 345)

Über die sequenzmuster- und ereignisanalytischen Verfahren der Lebensverlaufsforschung hinaus ist auch die *Kompetenzdiagnostik* seit Ende der 1990er Jahre zu einem unverzichtbaren Bestandteil des Methodeninstrumentariums der Panelforschung im Bildungsbereich geworden. Für die Modellierung und Messung von Schülerkompetenzen setzte insbesondere die erste PISA-Untersuchung im Jahr 2000 grundlegende psychometrische Standards:

„Dazu gehörten theoretisch begründete, domänenspezifische Testkonzepte und eine auf der Item-Response-Theorie beruhende Testskalierung, die nicht nur eine Gradierung der Fähigkeiten, sondern auch eine inhaltliche Verankerung der Metrik erlaubte, durch die Fähigkeitsniveaus anhand kognitiver Operationen inhaltlich beschrieben werden konnten." (Baumert/Maaz 2010, S. 161)

Den erziehungswissenschaftlichen, kognitionspsychologischen und fachdidaktischen Grundlagen, den psychometrischen Modellen sowie den konkreten Technologien zur Messung von Kompetenzen widmet sich seit 2007 auch ein DFG-Schwerpunktprogramm ‚Kompetenzmodelle zur Erfassung individueller Lernergebnisse und zur Bilanzierung von Bildungsprozessen' (Klieme/Leutner/Kenk 2010). Bislang konzentriert sich die Mehrheit der Panelstudien in der empirischen Bildungsforschung auf die Entwicklung von fach- bzw. domänenspezifischen kognitiven Leistungen im Grund- und Sekundarschulalter. Doch auch das bereichsübergreifende Nationale Bildungspanel adressiert schwerpunktmäßig Fragen des Kompetenzerwerbs, z. B. zum Wechselverhältnis zwischen Kompetenzen und Entscheidungsprozessen an kritischen Übergängen der Bildungslaufbahn, zur Abhängigkeit des Kompetenzerwerbs von Lerngelegenheiten in Familie, Gleichaltrigengruppe und Bildungsinstitution oder zur Bedeutung von Kompetenzen für das Erreichen von Bildungsabschlüssen (vgl. Blossfeld/Schneider/Doll 2009, S. 23f.). Insofern liegt in der längsschnittlichen, über den Lebenslauf konsistenten und kohärenten Messung solcher Kompetenzen auch eine zentrale Herausforderung der empirischen Bildungsforschung. Die Entwicklung zeitstabiler Messinstrumente ist dabei nur eine von mehreren substanziellen methodischen Herausforderungen der Panelforschung. Hierzu zählen darüber hinaus der Umgang (vgl. Goy u. a. 2010, S. 64f.)

- mit Panelmortalität, das heißt dem schrittweisen (und systematischen) Rückgang der Teilnahmebereitschaft und damit verbundenen Verzerrungen der Stichprobe,

- mit Gewöhnungseffekten, die bei der Beantwortung von sich wiederholenden Fragen auftreten können, sowie

- mit der Konfundierung von Alters- und Veränderungseffekten, wenn sich im Zeitverlauf personenbezogene Merkmale (z. B. Einstellungen) verändern.

Im Ergebnis können Paneldesigns jedoch insbesondere durch die Möglichkeit multivariater Kausalanalysen vertiefende Einsichten in die Bedingungsfaktoren und Wirkmechanismen von Bildungsverläufen eröffnen.

2.2.3   Ausgewählte Forschungsergebnisse und -desiderate

Entsprechend der skizzierten Forschungslinien lassen sich auch die vielfältigen Studien[10] im Bereich der Panelforschung schwerpunktmäßig entweder der bildungssoziologisch orientierten Lebenslaufforschung oder der pädagogisch-psychologisch fundierten Kompetenzforschung zuordnen. Hinzu kommen jene Untersuchungen, die Fragen zu den Übergangen zwischen Bildungsstufen und -bereichen und Fragen des Kompetenzerwerbs zueinander in Beziehung setzen. Die hierzu vorliegenden Panelstudien fokussieren zwar gegenwärtig (noch) vornehmlich den Schulbereich, doch zeichnet sich mit der Einrichtung des Nationalen Bildungspanels bereits ab, dass es zu einer Ausweitung dieser Forschungsperspektive mit Blick auf die gesamte Lebensspanne kommen wird. Die folgenden Ausführungen zu den einschlägigen Befunden der Panelforschung konzentrieren sich demgemäß auf Erkenntnisse

- zur Entwicklung der Bildungsbeteiligung sowie -abschlüsse im Zeitverlauf (Bildungslaufbahnen),

- zur Entwicklung von Schülerleistungen im Zeitverlauf (Kompetenzentwicklung) und

- zum Zusammenspiel von Gelegenheitsstrukturen, Bildungsentscheidungen und Kompetenzen (Übergangsprozesse).

---

[10] Für einen Überblick über entsprechende längsschnittliche Untersuchungen im Bildungsbereich sei auf Schmidt/Weishaupt (2004) sowie Blossfeld/Schneider/Doll (2009) verwiesen. Im internationalen Vergleich liefern Kristen u. a. (2005) eine solche Bestandsaufnahme. Speziell zum Schulbereich bieten Goy u. a. (2010) eine Aufstellung der Längsschnittstudien zum Sekundarbereich I.

Dabei erfolgt wiederum eine Beschränkung auf ausgewählte Forschungsergebnisse, die über den im weiteren Untersuchungsverlauf betrachteten Lebensabschnitt Aufschluss geben, das heißt über die Abschlusswege und den Verbleib von Schulabsolventen/-abgängern.

Erste Einsichten zum Einfluss von Bildung im Lebenslauf lieferte ab Anfang der 1980er Jahre die ‚Deutsche Lebensverlaufsstudie'. Die Kohortenstudie unter der Leitung von Karl Ulrich Mayer basiert auf einer Reihe einmaliger, teilweise auch mehrmaliger Repräsentativbefragungen von Personen aus ausgewählten Geburtsjahrgängen.[11]

> „Obwohl die Erhebung Querschnittcharakter hatte [...] entspricht das Datendesign einer Lebensverlaufsstudie inhaltlich einer Longitudinalstudie, allerdings nicht als prospektive Beobachtungsstudie oder Panelbefragung, sondern als retrospektive ‚one shot-study'." (Brückner 1990, S. 378)

Dank der retrospektiven Rekonstruktion des gesamten Lebens ließen sich zum ersten Mal Lebensverläufe verschiedener Geburtskohorten und damit gesellschaftlicher Wandel in Deutschland untersuchen. So bestand auch die Möglichkeit, auf Basis aggregierter individueller Ereignisdaten „Verlaufs-, Zeitbudget- und Platzierungsanalysen im Bildungs-, Berufsbildungs- und Erwerbsbereich nach Geburtskohorten" (Solga 2004a, S. 274) durchzuführen. Insbesondere auf Basis der Westdeutschen Lebensverlaufsstudie zu den Geburtskohorten 1964/71 liegen inzwischen differenzierte Ergebnisse über den Erwerb und den Ertrag von Schulabschlüssen vor.

Hillmert untersuchte etwa, inwiefern sich soziale Disparitäten beim Übergang in eine der weiterführenden Schularten des Sekundarbereichs I auch (noch) in der Verteilung der erreichten Schulabschlüsse widerspiegeln (vgl. Hillmert 2008). Er konnte nachweisen, dass die sozialen Differenzen im Abschlusserwerb von jener des Sekundarschulübergangs zum Teil stark abweichen. Seine Ergebnisse unterstreichen dabei vor allem auch die von Mayer hervorgehobene Notwendigkeit, unterschiedliche Zeitdimensionen (hier Alter und Zeitpunkt in der Schullaufbahn) und Ebenen sozialer Organisation (hier

---

[11] Bis heute wurden in jeweils unterschiedlichen Teilstudien folgende Geburtskohorten befragt: 1919–21, 1929–31, 1939–41, 1949–51, 1954–56, 1959–61, 1964 und 1971 (Hillmert 2004, S. 216f.).

Schulart und Bundesland) empirisch aufeinander zu beziehen. Denn im Laufe der Schulzeit entwickeln sich die sozialen Unterschiede Hillmerts Analysen zufolge nicht immer in gleicher Weise (vgl. ebd., S. 80). Während sich die unterschiedlichen Herkunftsgruppen in Bayern z. B. beim Übergang auf die Haupt- und Realschule noch ähnlich verteilen, unterscheiden sich die relativen Chancenverhältnisse bei den Abschlüssen aufgrund von Schulartwechseln, Abbrüchen und nachgeholten Schulabschlüssen jedoch deutlich. Für den Vergleich zwischen Realschul- und Gymnasialbesuch (bzw. Mittlerem Abschluss und Abitur) gilt eher umgekehrt, dass die soziale Selektivität bei den letztlich erworbenen Abschlüssen geringer ist als beim Wechsel nach der Grundschule. Interessanterweise fallen diese zeitbezogenen Unterschiede in Nordrhein-Westfalen weit geringer aus, das heißt der soziale Abstand etwa beim Besuch von Hauptschule und Gymnasium bzw. den entsprechenden Abschlüssen nimmt im Bildungsverlauf nur wenig zu (vgl. Hillmert 2003, S. 9).

Auf Basis der Verlaufsdaten der westdeutschen Geburtskohorte 1971 ging Maaz (2010) der Frage nach, welche Personengruppen von den Angeboten profitieren, Abschlüsse nachzuholen oder aufzuwerten. Der Fokus richtete sich hierbei auf die Dynamik zwischen dem 13. und dem 26. Lebensjahr. Nachdem im Alter von 17 Jahren ca. jeder Zweite einen Schulabschluss erreicht hat, waren es im Alter von 20 Jahren bereits 91%. Unter den 26-Jährigen hat sich der Anteil ohne Schulabschluss gar auf weniger als 1% verringert. Besonders aufschlussreich sind auch in dieser Untersuchung die sozialgruppenspezifischen Ergebnisse (vgl. ebd., S. 411ff.). So gelang es auf der einen Seite Personen aus sozial weniger begünstigten Familien häufig, einen vorangegangenen Schulabbruch zu korrigieren und einen Abschluss zu erwerben. Gerade von späten Nachqualifizierungen im Alter von 22 bis 26 Jahren machten Arbeiterkinder im Gegensatz zu den Kindern aus oberen Sozialgruppen Gebrauch. Letztere verfügten allerdings auf der anderen Seite bereits im Alter von 21 Jahren zu einem großen Prozentsatz über die Hochschulreife. Bis zum Alter von 26 Jahren hatten 80% der Personen aus der höchsten Sozialschicht eine Hochschulzugangsberechtigung erworben, bei den an- und ungelernten Arbeitern waren es 21%. Damit lassen die vorliegenden Ergebnisse letztendlich offen, „ob später erworbene Schulabschlüsse [eher] zu einer Kompensation oder Kumulation sozialer Ungleichheit führen" (ebd., S. 415).

Solga (2004a, 2004b) richtete in ihren Analysen der ‚Deutschen Lebensverlaufsstudie' den Blick nicht nur auf die jüngste Befragungskohorte von 1964/71, sondern untersuchte in Kohortenvergleichen, inwiefern heute häufiger als früher Gelegenheiten in Anspruch genommen werden, einen Schulabschluss nachzuholen oder aufzuwerten. Sie verfolgte dabei primär den Verbleib von Jugendlichen ohne Schulabschluss, aufgrund der Unterrepräsentanz von Personen mit Migrationshintergrund allerdings nur für Deutsche. Demnach hat sich der Anteil an Schulentlassenen ohne Abschluss, die im weiteren Lebensverlauf den Schulabschluss nachholen konnten, mit der Zeit deutlich gesteigert (vgl. Solga 2004a, S. 248). In den Geburtsjahrgängen 1939–41 und 1949–51 lag der Anteil bei gerade 3%. Demgegenüber erwarben aus den Kohorten 1954–56 und 1959–61 bereits 25% der Schulentlassenen ohne Abschluss nachträglich einen Abschluss, bei den Geburtsjahrgängen 1964 und 1971 waren es sogar 30%, das heißt fast jeder dritte. Dies ist nicht zuletzt auf berufsvorbereitende Maßnahmen des so genannten Übergangssystems (Konsortium Bildungsberichterstattung 2006) zurückzuführen, die allerdings in einer langfristigen Perspektive nicht den späteren Ausbildungserfolg oder den Übergang in Erwerbstätigkeit sichern können. Aufgrund dessen sieht Solga im Übergangssystem für Jugendliche ohne Schulabschluss in erster Linie „eine Verlängerung ihrer institutionellen Aussonderung in der Schule" (Solga 2004b, S. 61).

„Hautschüler/-innen, die die Schule ohne Schulabschluss verlassen haben, haben auf Grund ihrer geringeren Ausbildungsabschlussquote und ihrer – wenn vorhanden – eher beschäftigungsinstabilen Ausbildungsberufe ein deutlich höheres Risiko diskontinuierlicher Erwerbskarrieren, bestehend aus einfacher Beschäftigung und perforierter Arbeitslosigkeit, oder einer generellen Ausgrenzung aus dem Arbeitsmarkt." (Solga 2004a, S. 254)

Im Kohortenvergleich ist bei keiner anderen Abschlussgruppe ein solcher Anstieg des durchschnittlichen Alters bei Schulende zu beobachten wie bei den Schulentlassenen ohne Schulabschluss (vgl. ebd., 245f.). Sie besuchen mittlerweile so lange die Schule wie Jugendliche mit Mittlerem Abschluss, das heißt zugleich zehn Monate länger als jene mit Hauptschulabschluss. In den Geburtskohorten vor 1960 haben noch 50% der Personen ohne Schulabschluss bis zu einem Alter von 14,3 Jahren die Schule verlassen, während in den Kohorten 1964/71 auch noch im Alter von 16,5 Jahren 50% die Schule besuchten. Neben der Verlängerung der Hauptschulzeit um ein Jahr ist dies auch auf mehr Zurückstellungen und Klassenwiederholungen sowie einen längeren Schulverbleib mangels Alternativen am Ausbildungsmarkt zurückzuführen. Von diesem Schicksal sind zunehmend auch Jugendliche mit einem (Haupt-)Schulabschluss betroffen, welche ähnlich große Schwierigkeiten haben, eine qualifizierte Ausbildungsstelle bzw. Beschäftigung zu finden (Solga 2004a, S. 254).

Meulemann (1995) untersuchte anhand eines echten Längsschnittdesigns die Lebenslaufmuster von rund 3.000 Gymnasiasten zwischen dem 10. Schuljahr (erste Befragung 1970) und dem 30. Lebensjahr (zweite Befragung 1985). Bereits zur damaligen Zeit führte nur knapp die Hälfte der Verläufe vom Abitur über ein Studium bis in prestigeträchtige Berufe („Normalverlauf"), 14% waren Langzeitstudenten und 7% Studienabbrecher. Weitere 9% der Befragten nahmen erst nachträglich ein Studium auf, während ein Viertel gänzlich ohne Studium blieb.

> „Für diese unterschiedlichen ‚Lebenslauftypen' [...] [wurden] nun die Faktoren und Zusammenhänge berechnet, die auf Erfolg und Misserfolg Einfluss nehmen: soziale Herkunft und familiale Ressourcen, Arbeitsmarkt, Schulleistung, eigene Lebenspläne und Leistungsaspirationen etc." (Helsper/Bertram 2006, S. 278)

Im Unterschied zur Deutschen Lebensverlaufsstudie schließt die Beschränkung auf eine Kohorte zwar eine Betrachtung sozialen Wandels aus, demgegenüber ließen sich jedoch bei der prospektiven Ausgangsbefragung auch Aspekte wie Intelligenz, Persönlichkeit und Einstellungen der Gymnasiasten einbeziehen. So konnte Meulemann unter anderem zeigen, dass sich durch die schulische Aspiration im 10. Schuljahr weder der Übergang in die Oberstufe noch der Abiturerfolg eindeutig vorhersagen lassen (vgl. Meulemann 1990, S. 95ff.). Auf den Studienerfolg wiederum hatte die Höhe der schulischen Aspirationen im 10. Schuljahr – auch unter Kontrolle von Variablen wie Geschlecht, Studienfach und Sozialschicht – einen positiven Effekt. Demnach führen hohe Aspirationen offenbar dazu, das Studium bis zu einem erfolgreichen Abschluss intensiv fortzusetzen. Hervorzuheben sind darüber hinaus einige leistungsbezogene Analysen dieser Studie, die allerdings noch nicht auf psychometrischer Kompetenzmodellierung basierten. Meulemann verglich stattdessen die Prognosekraft der „sozial sichtbaren Leistungsmessung" anhand von Schulnoten mit jener der „sozial verborgenen" Intelligenzmessung (ebd., S. 98). Zwar werden der Übergang ins Gymnasium, in die Oberstufe und auch der Abiturerfolg sowohl von den Noten als auch von der Intelligenz beeinflusst, jedoch verschwindet der Effekt der Intelligenz bei Kontrolle der Herkunftsschicht und der Elternaspirationen, während der Einfluss der Schulnote bestehen bleibt. Meulemann konnte die prognostische Gültigkeit der Gymnasial-Noten auch in ihrer Langfristigkeit für Berufsprestige und Einkommen nachweisen und kontrastierte dies mit der geringen Bedeutung der Intelligenz, die unter Kontrolle der übrigen Faktoren auch auf den Studien- oder Berufserfolg ohne Einfluss blieb.

Einen ähnlichen Forschungsansatz wie Meulemann verfolgte in der LifE-Studie („Lebensverläufe ins frühe Erwachsenenalter") eine Forschergruppe um Fend. Anknüpfend an den Konstanzer Jugendlängsschnitt, mit dem 1979 bis 1983 insgesamt 3.000 Schülerinnen und Schüler aus Hessen sowie deren Eltern und Lehrkräfte befragt wurden, erfasste man im Jahr 2002 für über 1.500 Personen die zwischenzeitlichen Lebensereignisse (Fend/Berger/Grob 2009). Es handelt sich damit um eine der längsten prospektiven Entwicklungsstudien im deutschsprachigen Raum zu beruflichen, sozialen, kulturellen und gesundheitlichen Entwicklungsverläufen vom 12. zum 35. Lebensjahr. Die Daten der LifE-Studie bestätigen mit Blick auf den Erwerb von Schulabschlüssen die Befunde der Deutschen Lebenslaufstudie, dass aus den Schulformzugehörigkeiten nicht von vornherein auf die tatsächlich erreichten Abschlüsse geschlossen werden kann (vgl. Fend 2009, S. 55ff.). Etwa ein Viertel aller Personen erreichte andere Abschlüsse als allein die besuchte Schulform – hier im Alter von 15 Jahren – erwarten ließ. Dabei wurde auch Unterschieden in den Schulstrukturen nachgegangen, indem der Abschlusserwerb im dreigliedrigen Organisationsmodell (Übergänge nach Jahrgangsstufe 4), im Förder- bzw. Orientierungsstufenmodell (Übergänge nach Jahrgangsstufe 6) und im Gesamtschulmodell (Übergänge nach Jahrgangsstufe 9/10) verglichen wurde. Bei den tatsächlich erreichten Schulabschlüssen aller Systeme wurden hohe soziale Disparitäten festgestellt:

> „Die größere Chancengleichheit während der Schulzeit [an Gesamtschulen] verliert sich auf den Etappen der Bildungs- und Ausbildungswege und den Berufspositionen. Die Schulstrukturen zeigten somit keine nachhaltigen Effekte in Bezug auf die Chancengleichheit im Lebenslauf." (vgl. ebd., S. 63)

In inferenzstatistischen Modellen konnte belegt werden, dass unabhängig von der Organisation des Sekundarbereichs die Wege, die im Einzelnen aus den Schulformen heraus eingeschlagen wurden, deutlich schichtabhängig waren. Wie auch bei Hillmert und Maaz werden diese sozialen Disparitäten einem sekundären Herkunftseffekt des Elternhauses zugeschrieben. Die damit angesprochene Unterscheidung in primäre und sekundäre Effekte der Sozialschichtzugehörigkeit auf Bildungsentscheidungen wurde ursprünglich von Boudon eingeführt (Boudon 1974). Primäre Ungleichheiten spiegeln danach den Einfluss der sozialen Herkunft auf die Kompetenzentwicklung wider, während sekundäre Ungleichheiten auf ein unterschiedliches Entscheidungsverhalten je nach sozialer Lage des Elternhauses zurückgehen. Bezogen auf den Erwerb von

Schulabschlüssen ist die naheliegende Interpretation, dass Kinder aus privilegierteren sozialen Schichten tendenziell nicht auf einem niedrigen Qualifikationsniveau verbleiben, sondern sich häufiger noch zu einem späteren Zeitpunkt für das Nachholen bzw. Aufwerten des ursprünglich erworbenen Abschlusses entscheiden. In welchem Maße diese Sozialgruppenunterschiede allerdings auf primäre Leistungsunterschiede zurückzuführen sind, lässt sich nur unter Einbeziehung längsschnittlicher Leistungsmessungen klären, die in Kombination mit Daten zu den erreichten Schulabschlüssen bislang weitgehend fehlten.

Mit dem ersten groß angelegten Längsschnitt unter Einbezug von Leistungsmessungen wurden zwischen 1991 und 2009 am Max-Planck-Institut für Bildungsforschung die „Bildungsverläufe und psychosoziale Entwicklung im Jugend- und jungen Erwachsenenalter" (BIJU) in einem Mehrkohorten-Längsschnitt untersucht (vgl. http://www.biju.mpg.de/biju/index.html). BIJU erbrachte insbesondere mit Blick auf Effekte der Leistungsgruppierung im deutschen Schulsystem einschlägige Befunde (vgl. Köller/Baumert 2008). In einer mehrebenenanalytischen Auswertung der Leistungsverläufe in Mathematik von der 7. bis zu 10. Jahrgangsstufe wurde dem Zusammenspiel zwischen individueller Schülerleistung, durchschnittlicher Schülerleistung auf Schulebene und der Schulartzugehörigkeit nachgegangen. Abgesehen von einem positiven Effekt des individuellen Ausgangsniveaus in Jahrgangsstufe 7 auf die Leistungen am Ende des Sekundarbereichs hatte auch die Schulart einen substanziellen Einfluss. Unter Kontrolle der übrigen Faktoren lagen die Leistungsergebnisse in der 10. Jahrgangsstufe am Gymnasium mehr als eine halbe Standardabweichung über der Hauptschule. Innerhalb der Schularten gab es hingegen nur unbedeutende Unterschiede in der Leistungsentwicklung zwischen stärkeren und schwächeren Einrichtungen. Köller und Baumert folgerten, dass „es offenbar stärker die besondere Instruktionskultur am Gymnasium und weniger die Leistungsgruppierung per se sei, die sich leistungsfördernd auswirken könnte" (Köller/Baumert 2008, S. 751). Ähnliche Fragestellungen verfolgten eine Reihe weiterer Längsschnittstudien wie z. B. LAU („Hamburger Lernausgangslagen-Untersuchung") oder ELEMENT („Erhebung zum Lese- und Mathematikverständnis" in Berlin). Die KESS-Studie („Kompetenzen und Einstellungen von Schülerinnen und Schülern") widmete sich zuletzt der Lernentwicklung eines kompletten Hamburger Schülerjahrgangs ab dem Ende der Grundschulzeit (vgl. Goy u. a. 2010). Hier hatte das Vorwissen aus der 4. Jahrgangsstufe selbst über eine zeitliche Distanz von vier Jahren unabhängig von der Schulform noch großen Einfluss auf die erreichten Kompetenzen in Jahrgangsstufe 8. Zudem wurde wie bereits bei BIJU die Bedeutung der institutionellen Gliederung für die individuelle Leistungsentwicklung deutlich, denn bereits nach dem zweijährigen Besuch des Gymnasiums zeigten diese Schülerinnen und Schüler deutlich höhere Lernstände als jene, die mit gleichen Ausgangsbedingungen auf andere Schularten übergegangen waren.

Im Jahr 2010 legten Maaz u. a. eine methodisch elaborierte Längsschnittanalyse für die Definition, Spezifikation und Quantifizierung primärer und sekundärer Herkunftseffekte vor. Mit dieser Übergangsstudie im Rahmen von TIMSS 2007 („Trends in International Mathematics and Science Study") wurde erstmals länderübergreifend anhand eines prospektiven Designs die Genese von Übergangsentscheidungen am Ende der Grundschulzeit analysiert (Maaz u. a. 2010). Im Ergebnis bestätigte die Übergangsstudie zunächst einschlägige Befunde aus vorangegangenen Schulleistungsstudien, wonach die soziale Herkunft sowohl Einfluss auf die Fachleistungen als auch auf die Schulnote, die Übergangsempfehlung sowie die tatsächliche Übergangsentscheidung ausübt. Die Aufschlüsselung dieser Herkunftsdisparitäten in primäre und sekundäre Effekte verwies allerdings erstmals auf eine in der Chronologie des Übergangsprozesses steigende Bedeutung des sekundären Herkunftseffektes: Während bei der Benotung noch der Anteil des primären Effekts überwog, bei der Grundschulempfehlung dann primäre und sekundäre Effekte etwa gleich groß waren, dominierte bei der Übergangsentscheidung schließlich der sekundäre Effekt.

> „Dies bedeutet, dass auch bei einer vollständigen Ausschaltung sekundärer Effekte der Schülerbeurteilungen durch die Lehrkräfte Schülerinnen und Schüler aus sozial begünstigten Familien auch bei gleichen Schulleistungen nach wie vor höhere Übergangschancen auf ein Gymnasium hätten als Kinder aus sozial weniger begünstigten Familien." (Baumert u. a. 2010, S. 9)

Aufgrund ihrer maßgeblichen Fokussierung auf den Sekundarbereich I blieben in den bislang angeführten Schulleistungsstudien mit Längsschnittdesign die tatsächlich erreichten Abschlüsse weitgehend unbeachtet. Differenzierende Einsichten in die Übergangsprozesse vom allgemeinbildenden Sekundarbereich I in den berufsbildenden Sekundarbereich II brachte die Hamburger Studie ULME („Untersuchung von Leistungen, Motivation und Einstellungen zu Beginn der beruflichen Ausbildung"). Lehmann u. a. zeigten auf, dass sich die Jugendlichen mit den günstigsten Lernausgangslagen und Zugangsberechtigungen (bis hin zur allgemeinen Hochschulreife) in den Bildungsgängen des Dualen Systems sowie teilweise in den vollqualifizierenden Berufsfachschulen wiederfanden (vgl. Lehmann u. a. 2005, S. 125). Schülerinnen und Schüler in teilqualifizierenden Berufsfachschulen zeigten demgegenüber erheblich niedrigere Lernstände und Schulabschlüsse. Diese Differenzen bei der Einmündung in berufliche Schulen sind allerdings nicht allein durch die unterschiedlichen Häufigkeiten bestimmter Schulabschlüsse bestimmt, da sich auch Jugendliche mit gleicher Vorbildung in ihren fachbezogenen Leistungen unterschieden (vgl. ebd., S. 83). Dennoch besaßen die Schulabschlüsse der Jugendlichen im übergreifenden Erklärungsmodell für die Fachleistungsunterschiede zu Beginn der Berufsausbildung die größte Erklärungskraft ($\beta = .35$; vgl. ebd. S. 122). Sie waren damit sogar von größerer Bedeutung für die Lernausgangslage der Jugendlichen als die kognitiven Grundfähigkeiten ($\beta = .31$).

2.2.4   Fazit

Trotz unterschiedlicher Entstehungsgeschichten verdeutlichen sowohl die Forschungsergebnisse aus dem Bereich bildungssoziologischer Lebenslaufforschung als auch jene der stärker psychologisch fundierten Schulleistungsforschung gleichermaßen den grundlegenden Zugewinn des Panel-Zugangs. Weil sich gerade im Bildungsbereich die individuellen Entscheidungen auf weitgehend institutionalisierte Strukturen des Lebenslaufs beziehen, können durch „die Aggregierung der Entscheidungsfolgen über Personen soziale Strukturen [abgebildet werden]" (Meulemann 1990, S. 90). Repräsentative Stichproben der Bevölkerung bzw. ausgewählter Bevölkerungsgruppen ermöglichen dabei, objektiv nachvollziehbare Muster von kohorten- bzw. gruppenspezifischen Bildungsverläufen anstelle der subjektiven Deutungsmuster der biographischen Hermeneutik aufzudecken. Voraussetzung ist allerdings die retrospektive oder prospektive Erhebung detaillierter Längsschnittinformationen über die Lebensereignisse von Einzelpersonen. Eine Abfolge von Querschnittsdaten hingegen wird dem dynamischen, prozessualen Charakter in der Abfolge von Bildungsbeteiligung und -ergebnissen nur näherungsweise gerecht. Paneldesigns indes sind gerade darauf ausgerichtet, Prozesse und nicht Zustände bildungskategorialer Differenzierungen zu erforschen:

> „Sie lenken unser Verständnis auf die Prozesse des ‚Gering-Qualifiziert-Werdens' [...], statt nur auf den Zustand des ‚Gering-Qualifiziert-Seins' abzustellen." (Solga 2004a, S. 227)

Sieht man von experimentellen Designs ab, dann ist eine kausale Rekonstrukti-on der Bedingungen und Ursachen von Bildungsbeteiligung und -ergebnissen nur auf der Basis von personenbezogenen Verlaufsdaten im Längsschnitt mög-lich. Der mit Paneldesigns verbundene methodische Aufwand für Datenerhe-bung, Datenretrieval sowie Datenauswertung ist allerdings so groß, dass Bil-dungsverläufe bislang allenfalls ausschnitthaft untersucht werden konnten.

„Grundsätzliche methodische Probleme, die mit Längsschnittstudien und replikativen Querschnittsstudien verbunden sind, beziehen sich vor allem auf das Erhebungsprogramm sowie die Stichprobengröße." (Avenarius u. a. 2003b, S. 57)

Zumeist erfolgt in vorliegenden Studien eine Konzentration auf einzelne Bil-dungsbereiche bzw. -übergänge, auf bestimmte Regionen und/oder auf ausge-wählte Kohorten bzw. Bevölkerungsgruppen. So konnten bisher zahlenmäßig kleine oder schwer erreichbare Gruppen in vielen Fällen praktisch nicht unter-sucht werden (vgl. Hillmert 2004, S. 229). Hinzu kommt die Schwierigkeit, aus forschungspragmatischen Gründen niemals alle individuellen, sozialen und institutionellen Kontextbedingungen als potenzielle Wirkfaktoren in das Befra-gungsinstrumentarium einbeziehen zu können. Die Konzeption des ‚Nationalen Bildungspanels' markiert in dieser Hinsicht zwar einen Meilenstein der empiri-schen Bildungsforschung. Doch trotz der beachtlichen Stichprobengröße für die einzelnen Startkohorten sowie einem Oversampling kleinerer Gruppen (z. B. Personen mit Migrationshintergrund) werden Datenlücken bestehen bleiben. Insbesondere fehlt es an regionalen Differenzierungsmöglichkeiten. So wird sich der Anspruch repräsentativer Auswertungen der NEPS-Daten allenfalls noch auf der Ebene von Ländergruppen, nicht aber für alle Länder, Kreise oder gar Gemeinden realisieren lassen.

2.3 Bildungsverläufe als Gegenstand sekundäranalytischer Forschung mit Bildungsstatistiken

Neben der erziehungswissenschaftlichen Biographieforschung sowie der bil-dungssoziologischen und pädagogisch-psychologischen Panelforschung gibt es einen dritten Forschungs- und Arbeitskontext für die wissenschaftliche Ausei-nandersetzung mit Bildungsverläufen, dem in Deutschland allerdings lange Zeit nur wenig Aufmerksamkeit gewidmet wurde: Sekundäranalysen auf der Grund-lage amtlicher Bildungsstatistiken.

„In Bildungspolitik und -verwaltung ist selbstverständlich schon immer mit den Methoden der eigenen statistischen Büros die Entwicklung des Bildungssystems beobachtet worden – in ‚Fortschrittsberichten' bereits seit dem 18. Jahrhundert [...]." (Avenarius u. a. 2003b, S. 90)

Während Bildungsstatistiken noch im 19. und 20. Jahrhundert herangezogen wurden, um vornehmlich die Verwaltung und Ressourcenausstattung im Bildungswesen zu regeln, wird ihre heutige Funktion im Rahmen des Bildungsmonitorings auch darin gesehen, Informationen über Qualität und mögliche Problembereiche in den verschiedenen Sektoren des Bildungswesens zu organisieren (vgl. Fend 2008, S. 120). Dominierten lange Zeit globale, aggregierte Rahmendaten über das Bildungswesen, so geht man heute bei der Erfassung der Bildungsstatistiken zu immer tiefer gegliederten Merkmalskombinationen für Bildungsteilnehmerinnen und -teilnehmer, für Bildungseinrichtungen und für das Bildungspersonal über. Dieser Entwicklungsprozess seit den 1950er Jahren lässt sich Köhler zufolge „als verstärkte Differenzierung der Statistiken und gesteigerte Orientierung an bildungspolitisch interessierenden Fragekomplexen" (Köhler 1980, S. 1248) kennzeichnen. Damit verbunden sind gleichermaßen neue Möglichkeiten und neue Erfordernisse für eine intensivierte wissenschaftliche Analyse bildungsstatistischer Informationen (vgl. Weishaupt 2006, S. 48).

Systematische Bestrebungen, eine möglichst einheitliche, überregionale Bildungsstatistik für das Bundesgebiet aufzubauen, gab es aber erst nach dem Zweiten Weltkrieg. Die bildungspolitischen Diskussionen der 1960er Jahre um Themen wie *Bildungskatastrophe*, *Begabungsreserve* und *Chancengleichheit* waren laut Lüttinger und Schimpl-Neimanns zwar bereits von bildungsökonomischen und -soziologischen Untersuchungen mit Daten der amtlichen Statistik ausgegangen (Lüttinger/Schimpl-Neimanns 1992, S. 104). Deren Qualität war jedoch häufig noch mangelhaft, was nicht zuletzt den im vorangegangen Kapitel skizzierten Forschungsschwerpunkten der damaligen Zeit geschuldet war:

„Die Tradition der empirischen Sozialforschung, Untersuchungen mit amtlichen Daten durchzuführen, die mit klassischen Arbeiten von Weber, Durkheim und Geiger ihren Höhepunkt hatte, wurde durch die nationalsozialistische Ära unterbrochen. Dieser Bruch setzte sich nahezu bis in die sechziger Jahre fort, da sich die empirische Sozialforschung der Nachkriegszeit durch die Rezeption überwiegend amerikanischer Soziologie zunächst verstärkt mikrosoziologischen Fragestellungen zuwandte, die mit Umfragedaten bearbeitet wurden." (ebd., S. 104)

Für die Entwicklung einer ausgeprägten amtlichen Sozial- und darin eingebundenen Bildungsstatistik waren van Ackeren zufolge nicht nur der nationale, das heißt innerdeutsche, sondern auch ein steigender internationaler Grundbedarf an bildungsstatistischen Informationen ausschlaggebend (vgl. van Ackeren 2003, S. 9ff.). Unter dem Schlagwort *social indicator movement* wurde die Sammlung und Analyse differenzierter, aktueller Daten zu sozialen Themen wie Bildung seit den 1970er maßgeblich von supranationalen Organisationen wie der OECD oder der Weltbank vorangetrieben. Zu diesem Zeitpunkt war die sekundäranalytische Forschung mit Bildungsstatistiken im Übrigen bereits eng an die Bemühungen unterschiedlicher sozialwissenschaftlicher Forschungsrichtungen geknüpft, Indikatoren zu Fragen der politisch-administrativen Gestaltung des Bildungswesens zu entwickeln:

„To provide decision-makers with the information required to make the right decisions regarding education, it was necessary to produce indicators measuring the influence of education on social well-being." (Bottani 2008, S. 14)

Heute sind amtliche Bildungsdaten für die Beschreibung von Trends und Problemlagen im Bildungswesen nahezu unverzichtbar. Welche theoretischen Bezugs- und empirischen Ansatzpunkte die Bildungsstatistik dabei bisher für die Untersuchung von Bildungsverläufen bietet, sollen die folgenden Ausführungen verdeutlichen.

2.3.1 Grundlegende theoretische und empirische Bezugspunkte

Während die erziehungswissenschaftliche Biographieforschung die subjektive Verarbeitung der Bildungserfahrungen von Individuen in den Mittelpunkt rückt, und die Panelforschung individuelle Bildungsverläufe bereits stärker auf übergeordnete sozialstrukturelle Aspekte rückbezieht, liegt der klassische Fokus des bildungsstatistischen Forschungszugangs gänzlich auf Strukturanalysen des Bildungssystems. Nicht Personen, sondern Institutionen oder Regionen werden schwerpunktmäßig als analytische Bezugseinheiten in den Blick genommen. Diese systemische Perspektive geht maßgeblich darauf zurück, dass in der Bildungsstatistik lange Zeit „die Erfassung der Bestandsmassen im schulischen Bereich und in der Hochschule [überwog]" und dementsprechend eine „Buchführungsperspektive" dominierte (Lüttinger/Schimpl-Neimanns 1992, S. 107f.). Bereits relativ globale Daten zur Zahl der Bildungsteilnehmerinnen und -teilnehmer, der Bildungseinrichtungen sowie des Bildungspersonals erfüllten die Zwecke einer vorausschauenden Bildungsplanung. Sekundäranalysen von Bildungsstatistiken eröffneten damit zwar keinen analytischen Zugang für die Analyse der individuellen Bildungsentscheidungen, doch ließ sich insbesondere im historischen Vergleich die Entwicklung von Strukturen der Bildungsbeteiligung und der Bildungsabschlüsse aus Systemperspektive analysieren. Im Laufe der letzten Jahrzehnte wurden die Erhebungsprogramme der amtlichen Bildungsstatistik durch Abfrage immer differenzierterer Merkmalskombinationen erweitert. Wenngleich dabei die konkreten Tatbestände, das heißt die Erhebungsmerkmale und ihre einzelnen Ausprägungen, gerade im Schulbereich aufgrund der Kulturhoheit der Länder unterschiedlich ausgestaltet sind, baut die Bildungsstatistik doch grundlegend auf einheitlichen theoretisch-konzeptionellen Erhebungskriterien auf.

> „Gegenstand der Statistik sind empirische gewonnene Daten, die sich an einer objektbezogenen Theorie orientieren [...]. Die theoretische Fundierung ist notwendig, um überhaupt zu statistisch messbaren Begriffen zu gelangen, um den Zweck einer Messung zu bestimmen und um so eine eindeutige Interpretation der Daten zu ermöglichen." (Eckert 2010, S. 590)

Auf einer formal-theoretischen Ebene orientieren sich die Inhalte der amtlichen Bildungsstatistik zunächst an den Sektoren des formalen Bildungswesens[12] und deren interner Struktur:

- Angaben zur Kindertagesbetreuung in Kindertageseinrichtungen und öffentlich geförderter Tagespflege werden auf bundesgesetzlicher Grundlage durch die Kinder- und Jugendhilfestatistik des Statistischen Bundesamtes erhoben.

- Angaben zum allgemeinbildenden und zum beruflichen Schulwesen werden auf der Grundlage der Landesgesetze dezentral durch die Statistischen Landesämter, teilweise auch durch die zuständigen Ministerien bzw. Behörden selbst, erfasst.

---

12 In Abgrenzung zu nonformalen und informellen Lernsettings steht der Begriff des formalen Bildungswesens an dieser Stelle für allgemeinbildende und berufsbildende Bildungs- und Ausbildungseinrichtungen, deren Besuch in der Regel zu anerkannten Abschlüssen führt (vgl. Autorengruppe Bildungsberichterstattung 2010, S. VIII).

- Angaben über die (betriebliche) Ausbildung liefert die Berufsbildungsstatistik des Statistischen Bundesamtes auf Basis des Berufsbildungsgesetzes.

- Angaben zum Studium werden auf der Grundlage des Hochschulstatistikgesetzes ebenfalls durch das Statistische Bundesamt erhoben.

- Der Weiterbildungsbereich wird durch keine umfassende amtliche Statistik abgedeckt – lediglich zu den Volkshochschulen sowie zu den von der Bundesanstalt für Arbeit finanzierten beruflichen Fort- und Weiterbildungsmaßnahmen liegen bundesweit statistische Informationen vor.

Wenngleich der Bildungsstatistik teilweise auch weitere amtliche Daten wie z. B. die Bildungsangaben im stichprobenbasierten Mikrozensus zugerechnet werden, ist sie im engeren Sinne begrifflich als Meldestatistik der Bildungseinrichtungen bzw. -anbieter (für die Berufsausbildung die Kammern) zu fassen. Es handelt sich demgemäß um so genannte „Statistiken aus dem Verwaltungsgang (prozessgenerierte Daten)" (Sekretariat der KMK 2009, S. 6), die nicht eigens von oder für die Bildungsforschung erhoben wurden. Bei der Verwendung von Bildungsstatistiken für wissenschaftliche Fragestellungen stößt man insofern auf „typische Probleme der Sekundäranalyse", insbesondere da „die zur Verfügung stehenden Daten [...] nicht immer den konkreten theoretischen Erfordernissen [entsprechen]" (Lüttinger/Schimpl-Neimanns 1992, S. 119). Bildungsstatistiken beziehen sich ausschließlich auf die Organisation und die Abläufe im formalen Bildungswesen. Der amtlicherseits erfasste Merkmalskanon liefert keine Informationen zur sozialen Einbindung der Bildungsteilnehmerinnen und -teilnehmer in anderen Lebensbereichen, sofern diese nicht unmittelbar für das Verwaltungshandeln erforderlich sind (wie z. B. der Migrationshintergrund). Bezüge zu den Sozialisationsprozessen in Familie, Beruf oder Freizeit lassen sich damit nicht ohne zusätzliche Sondererhebungen oder eine systematische Kombination mit anderen Register- oder Befragungsdaten herstellen. Die amtlichen Statistiken der Bildungseinrichtungen sind insofern auch durch eingeschränkte Spezifität sowie Aktualität mit Blick auf Fragen der empirischen Bildungsforschung gekennzeichnet:

„In zeitlicher Hinsicht gerät die amtliche Statistik vor allem auch deshalb in Konkurrenz mit alternativen Arten der statistischen Produktion, weil sie sehr viel langsamer produziert und ihre Produkte in der Regel nicht gezielt ad hoc auf spezielle Fragestellungen ausgerichtet sein können, wie dies zum Beispiel bei kurzfristig zusammengestellten Eckdaten oder eigens erhobenen Stichprobendaten für besondere Zwecke möglich ist." (Köhler 1980, S. 1262)

Trotzdem erweisen sich Bildungsstatistiken als „wichtige Informationsquelle für bildungspolitische und erziehungswissenschaftliche Fragestellungen" (Eckert 2010, S. 591). Denn diejenigen Merkmale, die ins Erhebungsprogramm der Bildungsstatistik aufgenommen werden, ermöglichen aufgrund der Meldung durch alle Bildungseinrichtungen eine – zeitlich wie räumlich – lückenlose Beschreibung des jeweils erfassten Sachverhaltes. Grundlegend für den bildungsstatistischen Zugang zu Bildungsverläufen ist demnach, dass alle Personen, die eine Bildungseinrichtung besuchen, nach diversen Personenmerkmalen (z. B. Geschlecht, Alter) und institutionellen Merkmalen (z. B. Art der Einrichtung, Jahrgangsstufe) bei der zuständigen amtlichen Meldestelle registriert werden. Aussagen zu Übergangen, z. B. zwischen Schularten oder Jahrgangsstufen, lassen sich daher bereits durch eine Beschreibung von Veränderungen des Schülerbestands zwischen mehreren Erhebungszeitpunkten treffen. Solche querschnittlichen Zeitreihenbetrachtungen von globalen Bestandsveränderungen lassen allerdings weitgehend offen, auf welchen Bildungswegen der Zu- und Abstrom zu den einzelnen Einrichtungsarten erfolgt. Einen präziseren Anhaltspunkt für die Untersuchung von Bildungsverläufen liefern Daten zu tatsächlichen Übergängen an institutionellen Schnittstellen, das heißt Angaben zu den Ein- und Austritten der Bildungsteilnehmerinnen und -teilnehmer. So wird seit den 1960er Jahren in den Statistiken der Bildungseinrichtungen neben der aktuellen Zugehörigkeit zu einer Bildungseinrichtung an bestimmten Punkten der Bildungslaufbahn auch der vorherige bzw. anschließende Einrichtungsbesuch retrospektiv bzw. prospektiv miterfasst (vgl. Köhler 1980, S. 1252). Solche Herkunfts- oder Verbleibeinformationen gestatten es, für richtungsweisende Übergange zwischen und innerhalb der institutionellen Teilsysteme die institutionalisierten Bildungswege kumulativ nachzuzeichnen. Die entsprechenden Klassifikationen der amtlichen Bildungsstatistik orientieren sich dabei an dem institutionell vorgezeichneten Parcours des Bildungswesens, der auch in der Panelforschung verfolgt wird. Anhand der Bildungsstatistik lässt sich z. B. bestimmen, wie viele Personen am Ende der Grundschulzeit auf die unterschiedlichen weiterführenden Schularten übergehen, bei wie vielen Personen im Laufe des Sekundarbereichs die ursprüngliche Schulartentscheidung durch einen Wechsel korrigiert wird, oder mit welchem Abschluss die Schülerinnen und Schüler die unterschiedlichen Schularten verlassen.

Die angeführten Informationen beziehen sich jedoch allein auf statistische Angaben zum Schulwesen. Ob und wie lange die Schülerinnen und Schüler zuvor bestimmte Kindertageseinrichtungen besuchten, oder was aus den Schulabsolventen/-abgängern nach der allgemeinbildenden Schulzeit wird, lässt sich aufgrund der bildungsbereichsspezifischen Erfassung durch unterschiedliche amtliche Meldesysteme hingegen nicht rekonstruieren. Ohne (längsschnittliche) Verknüpfung der bislang getrennt erfassten Sachverhalte sind keine Rückschlüsse auf die Dynamik[13] individueller Bildungsverläufe und Werdegänge möglich. Die verfügbaren Herkunfts- bzw. Verbleibinformationen beim Eintritt in jede (weitere) Bildungsepisode gestattet jedoch jahresweise das Nachzeichnen von kumulativen Übergangsmustern. Diese eignen sich zumindest für eine Bestimmung der Größenordnung von Übergangskohorten, um z. B. potenzielle Brüche in der Abfolge der institutionellen Angebote von der Kindertagesstätte bis zur Hochschule einschätzen zu können.

„Dies ermöglicht Handlungsempfehlungen, wo und wie über Veränderungen im institutionellen System ‚Korrekturen' notwendig und möglich sind." (Solga 2004a, S. 229)

Die besondere Stärke der Bildungsstatistik ist folglich ihr institutioneller Bezug. Kann die strukturelle Vielfalt und Ausdifferenzierung der Bildungslandschaft in den meisten Studien der Biographie- und Panelforschung nur unzureichend abgebildet werden, so bieten die amtlichen Daten vertiefende Analysemöglichkeiten selbst auf kleinräumiger Maßstabsebene. Denn selten sind statistische Zusammenhänge, die stichprobenbasiert für größere Gebietseinheiten (z. B. Nationalstaaten) festgestellt werden, für alle Kategorien von Gemeinde- und Regionstypen gültig (vgl. Meusburger 1998, S. 299). Als Ursache sind nicht zuletzt Unterschiede in den kleinräumigen Gelegenheitsstrukturen in Betracht zu ziehen. Die Erforschung von Bildungsverläufen sollte daher nicht bei der Analyse individueller Bildungsentscheidungen stehenbleiben.

---

13 „Im Gegensatz zu institutionellen Bildungswegen sind individuelle Bildungsverläufe, da sie sich auf Individuen beziehen, nicht immer linear, können in der Zielfokussierung wechseln – wenn sich die bildungs- oder abschlussbezogenen Vorstellungen der Schülerinnen und Schüler ändern – was zu Um- oder auch Reorientierungen führen kann." (Bellenberg 2005, S. 1)

„Immer wieder hat es [...] Kritik an den vermeintlich voluntaristischen Grundannahmen entscheidungstheoretischer Erklärungen gegeben [...], die die Frage nach den Gelegenheiten der Entscheidungen – und man könnte hinzufügen: den institutionellen Voraussetzungen – außer Acht lassen." (Hillmert 2008, S. 86)

So verweist auch Maaz im Ausblick seiner Panelanalysen zum (nachgeholten) Erwerb schulischer Zertifikate darauf, dass für theoretische Modelle des Bildungserwerbs „neben den individualtheoretischen Bezügen [...] vor allem die institutionellen Angebotsstrukturen sowie regionale Wettbewerbsbezüge interessant [sind]" (Maaz 2010, S. 416). Zu einer solchen Perspektiverweiterung kann der bildungsstatistische Zugang entscheidende Beiträge leisten.

2.3.2   Wesentliche Aspekte zur Datenerhebung und Datenanalyse

Sekundäranalysen von amtlichen Bildungsstatistiken zählen zu den klassischen nichtreaktiven Forschungsmethoden empirischer Bildungsforschung. Die Daten werden zunächst im Unterschied zur Biographie- und Panelforschung nicht bei den einzelnen Bildungsteilnehmerinnen und -teilnehmern persönlich, sondern im Rahmen von „Anstaltsbefragungen" (Lüttinger/Schimpl-Neimanns 1992, S. 110) erhoben. Bildungsstatistiken werden also auf der Ebene der Bildungseinrichtungen bzw. -anbieter gewonnen, in Form von Vollerhebungen mit Auskunftspflicht durch mindestens jährliche Abfrage. Das Datenmaterial zeichnet sich damit zum einen durch kontinuierliche Verfügbarkeit in Zeitreihe aus. Zum anderen sind Bildungsstatistiken flächendeckend verfügbar und erfassen damit auch präzise die Situation kleinerer Populationen bzw. Regionen. Zudem ist unter den Aspekten des organisatorischen Ablaufes und Datenschutzes auch ihre öffentliche Zugänglichkeit bundes- oder landesgesetzlich geregelt. Für die einzelnen Bildungsbereiche verlaufen Datenerhebung (Erhebungstermin, Erhebungseinheiten, Erhebungsinhalte etc.) und Datenweitergabe (Speicher- und Veröffentlichungswege) jedoch entsprechend der jeweiligen Gesetze auf unterschiedliche Art und Weise. Aus diesem Grund und in Anbetracht des thematischen Schwerpunktes der vorliegenden Untersuchung stehen im Folgenden die Besonderheiten der föderalistisch geprägten Schulstatistik im Mittelpunkt.

   Grundlage der amtlichen Schulstatistik sind Informationen jeder allgemeinbildenden und beruflichen Schule, die sie über ihre Schülerinnen und Schüler, ihre Klassen, die erteilten Unterrichtsstunden, die Absolventen/Abgänger sowie die Lehrkräfte für interne Verwaltungszwecke dokumentiert. Ein Teil dieser Daten wird einige Wochen nach dem Beginn jedes neuen Schuljahres an die zuständige amtliche Meldestelle (Statistisches Landesamt oder Kultusministerium/-behörde) übermittelt. Grundlage sind die Schulgesetze und Datenschutzgesetze in ihrer je landesspezifischen Ausgestaltung.

„Die amtlichen Schulstatistiken der Länder unterscheiden sich [daher] einerseits durch die Erhebungspraxis (wer erhebt die Daten, in welcher Agreggationsstufe wird erhoben, Erhebung per PC oder Papier), andererseits auch in den Merkmalen und insbesondere in deren Kombination." (Avenarius u. a. 2003b, S. 51)

Spätestens seitdem die Kultusministerkonferenz 2003 den so genannten ‚Kerndatensatz (KDS) für schulstatistische Individualdaten' verabschiedete, der fortlaufend aktualisiert wird (vgl. zuletzt Sekretariat der KMK 2008a), zeichnet sich eine größere Vereinheitlichung der Erhebungsmerkmale und der Aufbereitung der Schulstatistiken zwischen den Ländern ab. Dieser abgestimmte Minimalkatalog an individualstatistischen Daten wird allerdings bislang von kaum einem Land vollständig erfüllt.

Eine festgelegte Schnittmenge der landesspezifischen Schulstatistiken wird seit langem in standardisierter und aggregierter, das heißt zumeist auf Kreis- oder Landesebene zusammengefasster Form, an das Statistische Bundesamt sowie an das Sekretariat der Kultusministerkonferenz weitergeleitet. Dort werden die Daten für länderübergreifende Auswertungen und internationale Datenanforderungen nach bundeseinheitlichen Kriterien aufbereitet. Im Ergebnis erscheinen jährlich eine Reihe statistischer Veröffentlichungen, auf welche für länderübergreifende Sekundäranalysen der Schulstatistik zurückgegriffen werden kann (vgl. www.destatis.de; www.kmk.org). Bereits das hier leicht und kostengünstig zugängliche Tabellenmaterial lässt sich sekundäranalytisch in Form von Zeitreihen- oder Regionalvergleichen auswerten, um globale Trends in der Entwicklung des Bildungswesens zu beschreiben. Da die Statistischen Landesämter aber in der Regel über umfassendere Daten verfügen, kann die Wissenschaft für vertiefende Analysen auch Sonderauswertungen größeren Umfangs für Forschungszwecke durchführen bzw. durchführen lassen. Hier wurden 2002 mit der Einrichtung so genannter Forschungsdatenzentren (FDZ) die Zugangsmöglichkeiten der Wissenschaft zum gesamten Informationspotential der amtli-

chen Statistik erweitert (vgl. Zühlke/Zwick/Wende 2003).[14] Die fachlich
zentralisierte Datenbereitstellung durch die FDZ gewinnt insbesondere mit der
zunehmenden Verbreitung der unter besonderen Datenschutzbestimmungen
stehenden schulstatistischen Individualdaten des KDS an Bedeutung (vgl. Abschnitt 3.2.3).

Bislang jedoch dominieren Analysen mit Aggregatdaten der Schulstatistik
(Summendaten), das heißt von den Schulen bereits in Excel-Dateien oder Erhe-
bungsvordrucken zusammengefasste Tabellen, die aufgrund begrenzter Merkmalskombinationen vergleichsweise geringe Möglichkeiten der Datenauswertung bieten. Im Gegensatz zu den häufig hoch komplexen, multiviariaten Analyseverfahren der Panelforschung (vgl. Abschnitt 2.2.2) überwiegen insofern im
Rahmen der bildungsstatistischen Sekundärforschung Methoden der deskriptiven Statistik. Da amtliche Bildungsstatistiken wiederum als Vollerhebungen für
die Grundgesamtheit, also sämtliche Merkmalsträger erfasst werden, bedarf es
allerdings auch keiner inferenzstatistischen Absicherung der Aussagen durch
Fehlerwahrscheinlichkeiten. Die Daten bilden den jeweils statistisch erfassten
Sachverhalt in der Regel vollständig ab. So kommt es vornehmlich darauf an,
das meist umfangreiche Datenmaterial mit Blick auf die Fragestellung zu ordnen und zusammenfassend zu beschreiben. Zur deskriptiven Statistik zählen
dabei einerseits tabellarische oder grafische Darstellungen von Merkmalsvertei-
lungen und andererseits die Ableitung von statistischen Kennziffern wie z. B.
den Lage- oder Streuungsmaßen einer Verteilung (vgl. Bortz 1999, S. 17).

Grundsätzlich sind folgende absoluten Häufigkeiten der mögliche Ausgangspunkt von bildungsstatistischen Sekundäranalysen: die Anzahl der Schulen, der Klassen, der Schülerinnen und Schüler, der Absolventen/Abgänger, der
Unterrichtsstunden oder der Lehrerinnen und Lehrer. Diese Basisdaten liegen je
nach Land in einer mehr oder weniger differenzierten Aufgliederung nach bestimmten Hintergrundvariablen vor, das heißt aufgeschlüsselt nach Personen-
oder institutionellen Merkmalen wie Geschlecht, Staatsangehörigkeit, Geburtsjahr, Schulart oder Jahrgangsstufe. Die tabellarische bzw. grafische Aufbereitung dieser absoluten Werte ermöglicht bereits in vielen Fällen aussagekräftige

---

14   Eckert betont in diesem Zusammenhang, dass „der erleichterte Zugang [...] aber
      nur dann zu einem besseren Wissen über Zustände im eigenen und fremden Bil-
      dungssystemen führen [kann], wenn die Interpretation der Daten und der auf ihnen
      aufbauenden Indices sachgerecht erfolgt", was „keineswegs trivial" sei (Eckert
      2010, S. 605).

Regionen- oder Zeitreihenvergleiche in Form einfacher Häufigkeitsauszählungen. In anderen Fällen sind die Basisdaten nur dann interpretierbar, wenn sie um Referenzdaten ergänzt bzw. zu relativen Kenngrößen transformiert werden.

"Die Wahl der Darstellungsform ist von der jeweiligen Fragestellung und der Art der vorliegenden Daten abhängig. Standardlösungen sind oft problematisch [...]." (Eckert 2010, S. 594)

Die Verfahren der Messwerttransformation reichen dabei von relativen Häufigkeiten (z. B. der Anteil eines Geburtsjahrgangs, der das Abitur erreicht), über Mittelwerte (z. B. das durchschnittliche Alter der Abiturienten) und Indizes (z. B. die Zuwachsrate der Abiturientenquote zwischen mehreren Messzeitpunkten) bis hin zur Ableitung komplexerer statistischer Parameter, die Zusammenhänge zwischen Basisdaten, Referenzdaten und Hintergrundvariablen abbilden (z. B. der Korrelationskoeffizient zwischen alterstypischer Abiturientenquote und Regionstyp). Ditton u. a. verweisen in diesem Zusammenhang auf bestimmte Auswertungsstrategien, die in der empirischen Bildungsforschung inzwischen zu gängigen Standards für die Beschreibung von Häufigkeitsverhältnissen geworden sind.

Ausgehend von einer typischen, bivariaten Schulstatistik, nämlich der Verteilung der Schulabsolventen/-abgänger auf die Abschlussarten (Merkmal 1) in einer Gliederung nach deutscher und nicht deutscher Staatsangehörigkeit (Merkmal 2), sollen hier mögliche Analyseoptionen kurz erläutert werden (vgl. Ditton u. a. 2010, S. 31ff.). Da die Zahl der deutschen Jugendlichen erheblich größer ausfällt als die der Nicht deutschen, ist mit absoluten Messwerten keine direkte Interpretation möglicher herkunftsbedingter Disparitäten möglich. Stattdessen sind Verhältniswerte zu berechnen, welche die Über- oder Unterrepräsentation der einzelnen Personengruppen quantifizieren. Dividiert man die Zahl der Ereignisse in einer Personengruppe (z. B. Abiturerwerb bei Deutschen) durch die Gesamtzahl der Ereignisse dieser Population (alle Deutschen) erhält man als Quotienten die bedingte Wahrscheinlichkeit (auch: Risks). Sie beschreibt zunächst lediglich, wie viele Abiturienten unter den Deutschen waren (Werteskala von 0 bis 1 bzw. 0% bis 100%). Alternativ kann man die Zahl der Ereignisse in einer Personengruppe (wiederum Abiturerwerb bei Deutschen) durch die Zahl der Ereignisse in der Vergleichsgruppe bzw. Referenzkategorie (Abiturerwerb bei nicht Deutschen) dividieren und erhält sogenannte Odds. Diese drücken aus, um welches Vielfache die Zahl der deutschen Abiturienten die Zahl der ausländischen Abiturienten übersteigt bzw. unterschreitet (Werteskala von 0 bis unendlich). Von diesen Werten ausgehend lassen sich nun für die Effektstärke des statistischen Zusammenhangs der Merkmale, hier zwischen erreichtem Schulabschluss und Staatsangehörigkeit, drei verschiedene bivariate Koeffizienten berechnen. Das erste, in der empirischen Bildungsforschung am weitesten verbreitete Assoziationsmaß ist das so genannte *Odds-Ratio* (auch: Chancen-Verhältnis). Es ergibt sich aus dem Quotienten der Odds eines Ereignisses (z. B. Abiturienten) und den Odds eines anderen Ereignisses (z. B. ohne Abschluss). Es gibt an, um wie viel wahrscheinlicher das Auftreten des einen Ereignisses gegenüber dem anderen Ereignis bei Vorhandensein eines zweiten Merkmals im Vergleich zum Nichtvorhandensein dieses Merkmals ist. Damit ließe sich etwa ausdrücken, wie viel höher bzw. niedriger die Wahrscheinlichkeit für ausländische gegenüber deutschen Jugendlichen ist, anstelle des Abiturerwerbs die Schule ohne Hauptschulabschluss zu verlassen. Die zwei anderen Koeffizienten basieren auf den bedingten Wahrscheinlichkeiten und unterscheiden sich wiederum darin, ob die Werte einer Population (z. B. deutsche Abiturienten) auf die Referenzkategorie (nicht deutsche Abiturienten) oder auf die Randverteilung (alle Abiturienten) bezogen werden. Im ersten Fall ermittelt man das so genannte *Relative Risiko* (auch: Relativer-Risiko-Index). Es gibt die Wahrscheinlichkeit des Auftretens eines bestimmten Ereignisses in einer Population gegenüber dem Auftreten dieses Ereignisses in einer anderen Population an. Wie viel wahrscheinlicher ist es also im gewählten Beispiel etwa für Deutsche, im Vergleich zu Ausländern das Abitur zu erwerben? Im zweiten Fall, bei welchem statt der Referenzkategorie die Randverteilung berücksichtigt wird, erhält man den so genannten *Proporzindex*. Damit ließe sich beispielsweise ausdrücken, um welches Vielfache Ausländer in der Gruppe der Abiturienten unterrepräsentiert sind. Dieser Kennwert eignet sich insbesondere für Gruppenvergleiche in Zeitreihe, weil etwaige Strukturverschiebungen in der Verteilung auf die Abschlussarten oder Staatsangehörigkeiten miteinberechnet werden (vgl. Solga/Wagner 2008, S. 203ff.). Ein im Zeitverlauf steigendes Odds Ratio für ausländische Jugendliche mit Abitur muss beispielsweise nicht in jedem Fall ein Indiz für die Zunahme von Disparitäten sein, sondern könnte unter Umständen einen generellen Rückgang des Ausländeranteils in der Grundgesamtheit aller Absolventen/Abgänger verdecken, der sich (zunächst) insbesondere in sinkenden Abiturientenzahlen niederschlägt.

    Nur selten können im Rahmen von Sekundäranalysen mit Bildungsstatistiken weiterführende Analysestrategien verfolgt werden. Es gibt aber eine Reihe weiterführender Methoden, die unmittelbar an die Idee der skizzierten Proportionalitätsmaße anschließen. Dabei wird versucht, auf der Basis des Allgemeinen Linearen Modells eine Gleichung für die Schätzung der Odds (auch: Logits) bzw. Odds-Ratios zu bestimmen (vgl. Ditton u. a. 2010, S. 34ff.). Weite Verbreitung hat in der empirischen Bildungsforschung etwa das Verfahren der logistischen Regression gefunden, welches zu ähnlich anschaulichen Ergebnissen führt wie die im Rahmen von Tabellenanalysen ermittelten Odds-Ratios, Relativen-Risiko-Indizes oder Proporzindizes. Logistische Regressionsverfahren ermöglichen aber zudem die simultane Einbeziehung weiterer Merkmale als unabhängige Variable. Auf diese Weise konnte z. B. anhand der Stichprobendaten des Mikrozensus untersucht werden, inwiefern ausländische Jugendliche selbst bei gleichem Geschlecht, gleichem Bildungshintergrund und gleicher finanzieller Situation des Elternhauses das Abitur seltener erreichen als ihre deutschen Altersgenossen (vgl. Autorengruppe Bildungsberichterstattung 2008, S. 90ff.). Der Einsatz solcher multivariaten Analyseverfahren hängt allerdings neben der Verfügbarkeit der entsprechenden Hintergrundmerkmale auch maßgeblich von der Verfügbarkeit von Individualdaten ab, die eine Kombination sämtlicher Merkmale auf Personenebene gestatten. Beide Prämissen blieben durch die verfügbaren Bildungsstatistiken bislang weitgehend unerfüllt.

2.3.3 Ausgewählte Forschungsergebnisse und -desiderate

Bildungsstatistische Analysen und Prognosen zeichnen sich heute durch ihren ausgeprägten Anwendungsbezug aus. Bis in die 1960er Jahre spielten sie aber laut Köhler für die Entwicklung des Bildungswesens und eine Bearbeitung seiner Probleme in Forschung, Politik und Planung kaum eine Rolle (vgl. Köhler 1980, S. 1235). Die Bedeutung der Bildungsstatistik für Entscheidungsträger in Bildungspolitik und -administration wurde erstmals in einer der einflussreichsten pädagogischen Schriften der Nachkriegszeit sichtbar: Auf der Grundalge amtlicher Bildungsstatistiken ging Georg Picht Mitte der 1960er Jahre der zahlenmäßigen Entwicklung der Schülerschaft, des Lehrpersonals sowie der Hochschulabsolventinnen und -absolventen nach. Angesichts eklatanter Diskrepanzen zwischen dem Bedarf an Lehrkräften und anderen akademischen Professionen sowie dem Angebot an Abiturientinnen und Abiturienten proklamierte er die sprichwörtlich gewordene „deutsche Bildungskatastrophe":

„Dieser Mangel wird in den nächsten Jahren einen Umfang annehmen, von dem man sich kaum eine Vorstellung macht, weil Staat und Wirtschaft noch nicht gelernt haben, die Schulstatistik in ihre Planungen und Berechnungen einzubeziehen." (Picht 1965, S. 51)

Auch später wurden Daten und Analysen der amtlichen Statistik lediglich rudimentär zur Kenntnis genommen, wie noch zu Beginn der 1990er Jahre von Lüttinger/Schimpl-Neimanns beklagt wird (vgl. Lüttinger/Schimpl-Neimanns 1992, S. 105). Eine intensivierte wissenschaftliche Nutzung von Bildungsstatistiken setzte in Deutschland mit der zunehmenden Etablierung moderner Formen des Bildungsmonitorings gegen Ende des 20. Jahrhunderts ein. Inzwischen existiert ein breites Spektrum an bildungsstatistischen Analysen, die von Eckert in einem Überblicksbeitrag zur Bildungsstatistik den folgenden Anwendungsfeldern zugeordnet werden (vgl. Eckert 2010, S. 595):

1. Modellrechnungen, Simulationen und Prognosen,

2. Analysen zur Verteilung von Bildung,

3. Analysen zur Verwendung von Bildung,

4. Bildungsstatistik im Rahmen wissenschaftlicher Studien,

5. Vergleichende Darstellungen auf internationaler Ebene.

Um die bildungsstatistischen Analysemöglichkeiten für die Untersuchung der Bildungsverläufe am Ende der allgemeinbildenden Schulzeit zu veranschaulichen, ist diese Systematik allerdings aufgrund interner Abgrenzungsschwierigkeiten nur begrenzt geeignet. So impliziert die Kategorie der Verwendung von Bildung (Punkt 3) nicht nur ein stark funktionalistisches Bildungsverständnis, sondern ist zudem nicht trennscharf zu Analysen der Verteilung von Bildung (Punkt 2). In beiden Anwendungsfeldern wird bei unterschiedlichen Bevölkerungsgruppen oder Regionen empirisch der Verteilung von Bildungsmerkmalen – wie z. B. dem erreichten Schulabschluss – nachgegangen. Ein Unterschied ließe sich eher daran festmachen, ob Bildung als abhängige Variable oder aber als unabhängige Variable in den Blick genommen wird. Demnach bietet es sich an, zwischen Analysen zum *Bildungserwerb* auf der einen und Analysen zu den *Bildungserträgen* auf der anderen Seite zu differenzieren. Eingedenk des im vorangegangenen Abschnittes skizzierten methodologischen Verständnisses von Sekundärforschung scheint außerdem der gesonderte Ausweis eines Anwendungsfeldes wissenschaftlicher Studien (Punkt 4) nicht zwingend erforderlich. Denn auch in den übrigen Bereichen werden unter Rückgriff auf die Statistik Fragestellungen der empirischen Bildungsforschung mit wissenschaftlichen Methoden untersucht. Dies gilt umso mehr, seit mit der fortschreitenden

Institutionalisierung des Bildungsmonitorings in Deutschland „moderne Formen empirisch fundierter Politiksteuerung" in immer stärkerem Maße auf „empirisch-wissenschaftliche Analysen" (Pahl 2006, S. 22) rekurrieren. Abgrenzungsschwierigkeiten bestehen schließlich ebenso mit Blick auf das von Eckert benannte Anwendungsfeld internationaler Vergleiche (Punkt 5). Darstellungen, wie sie insbesondere von der OECD, der Weltbank, der UNESCO und anderen Organisationen regelmäßig präsentiert werden, zielen schließlich ebenso auf eine Analyse des Bildungserwerbs (Punkt 2) oder der Bildungserträge (Punkt 3). Anstelle unterschiedlicher Bevölkerungsgruppen und intranationaler Regionalisierungen konzentriert sich die vergleichende Analyse lediglich auf internationale Unterschiede zwischen Staaten.

Zweifelsohne aber besitzen international vergleichende Analysen in der sekundäranalytischen Forschung gerade im Vergleich zu den überwiegend auf nationale Bildungskontexte zugeschnittenen Forschungsdesigns der Biographie- sowie der Panelforschung besonderen Stellenwert. Die internationale Ebene war vor allem im Zuge der Entstehung einer bildungsbezogenen Indikatorenforschung ein wesentlicher Motor für das gesamte Forschungsfeld und ist es bis heute geblieben. Bildungsstatistische Sekundäranalysen zu Übergängen am Ende der allgemeinbildenden Schulzeit sind allerdings bislang kaum Gegenstand internationaler Vergleiche geworden. Die verfügbare Schnittmenge der in unterschiedlichen Staaten erhobenen Bildungsstatistiken gestattete bislang lediglich die Untersuchung globaler Aspekte des allgemeinbildenden Qualifikationsniveaus von Jugendlichen bestimmter Altersgruppen.[15] Dementspre-

---

15   Die OECD präsentierte allerdings zuletzt Analysen zur altersspezifischen Bildungsbeteiligung im Sekundarbereich, im postsekundaren nicht tertiären Bereich und im Tertiärbereich, die unter der Bezeichnung „Übergangscharakteristika bei 15- bis 20-Jährigen" eine Annäherung an kumulative Übergangsmuster darstellen (vgl. OECD 2010, S. 333ff.). Der Verlaufsperspektive wird hierbei insofern entsprochen, als verdeutlicht wird, zu welchem Zeitpunkt der Großteil der Menschen den Sekundarbereich verlässt und in weiterführende Bildungseinrichtungen übergeht. In den meisten Staaten erfolgt der stärkste Rückgang der Bildungsbeteiligung nicht am Ende des Schulpflichtalters, sondern nach Abschluss des Sekundarbereichs II. Die Bildungsbeteiligung sinkt gleichwohl fast überall bereits ab dem 16. Lebensjahr – im OECD-Durchschnitt von 92% bei den 16-Jährigen, auf 52% bei den 18- Jährigen und 12% bei den 19-Jährigen. In Deutschland besuchen auch im Alter von 18 Jahren noch 84% eine Schule des Sekundarbereichs. Auf der anderen Seite erfolgt der Übergang ins Studium in Deutschland erst sehr spät, denn die Bildungsbeteiligung im Tertiärbereich liegt hier selbst bei den 20-Jährigen mit

chend kann nachfolgend die Bandbreite der bildungsstatistischen Analysemöglichkeiten für die Untersuchung der Bildungsverläufe am Ende der allgemeinbildenden Schulzeit in drei Anwendungsfeldern beispielhaft veranschaulicht werden:

- Modellrechnungen, Simulationen und Prognosen (Modellierung von Übergangsszenarien),

- Analysen zum Bildungserwerb (Disparitäten auf dem Weg zum Schulabschluss),

- Analysen zu den Bildungserträgen (Disparitäten nach dem Schulabschluss).

Modellrechnungen auf Basis der amtlichen Bildungsstatistik wurden spätestens mit der Proklamation der deutschen Bildungskatastrophe in der Artikelserie von Picht zu einem wichtigen Analyseinstrument. Van Ackeren zufolge leitete sich schon seit Ende des zweiten Weltkrieges „die systematische Datengenerierung [...] vor allem aus der Idee ab, eine vorausschauende Bildungsplanung betreiben zu können, indem zukünftige Bedarfe rechtzeitig erkannt und mit entsprechenden Maßnahmen in ihrer Erreichung gesteuert werden" (van Ackeren 2003, S. 9). Simulationen und Prognosen gehören so in ihren vielfältigen Varianten bereits seit geraumer Zeit zu den zentralen Planungsgrundlagen der Kultusbürokratie für Personal- und Finanzentscheidungen. Exemplarisch soll hier auf einen mit Blick auf Bildungsverläufe methodisch elaborierten Modellansatz mit zugleich hoher Aktualität eingegangen werden, der von der Autorengruppe Bildungsberichterstattung im Rahmen ihres Schwerpunktthemas zu den „Perspektiven des Bildungswesens im demografischen Wandel" vorgelegt wurde (vgl. Autorengruppe Bildungsberichterstattung 2010, S. 151ff.). In diesem Zusammenhang wurden für jeden Bildungsbereich von der Kindertagesbetreuung zu den Hochschulen bereichsspezifische Modelle entwickelt, welche die Übergänge innerhalb sowie zwischen den Bildungsbereichen berücksichtigen. Ausgangspunkt für die Vorausberechnungen in den einzelnen Modulen waren die im Jahr 2008 im jeweiligen Bildungsbereich bildungsstatistisch registrierten Bildungsteilnehmerinnen und Bildungsteilnehmer. Diese wurden mithilfe der empirisch beobachteten Übergangsquoten in die folgenden

---

19% (noch) deutlich unter dem entsprechenden Anteil der meisten Vergleichsstaaten (34% im OECD-Durchschnitt).

Prognosejahre übernommen, vermindert um die Absolventinnen und Absolventen und ergänzt um Anfängerinnen und Anfänger sowie andere Zugänge (vgl. Schräpler/Hetmeier/Schulz 2010). Das integrierte System an Bildungsvorausberechnungen für Deutschland ermöglichte erstmals, eine sowohl länder- als auch bildungsbereichsübergreifende Modellstruktur, um die Zusammenhänge zwischen demografischer Entwicklung, Bildungsbeteiligung und -abschlüssen sowie dem Personal- und Finanzbedarf untersuchen zu können. Für den Bereich der allgemeinbildenden Schulen zeigte sich im Ergebnis, dass die Schülerzahl bis 2025 angesichts der demografischen Entwicklung sowie der Verkürzung der Gymnasialdauer auf acht Schuljahre von 9 Millionen im Jahr 2008 auf 7,3 Millionen zurückgehen wird. Für künftige Übergänge in die weiterführenden Bildungsbereiche zeichnet sich damit folgende Entwicklung ab (vgl. Autorengruppe Bildungsberichterstattung 2010, S. 176ff.). Nach der angewandten Modellprojektion, die für den Übergang in die Berufsausbildung die rückläufige Zahl an Schulabsolventen mit dem Arbeitskräftebedarf kombinierte, werden sich zulasten des heutigen Übergangssystems die Neuzugänge zu den vollqualifizierenden Ausbildungssektoren verschieben. Dabei ist angesichts des expandierenden Fachkräftebedarfs in Gesundheits- und Sozialpflegeberufen von einer tendenziellen Verlagerung vom dualen zum Schulberufssystem auszugehen. Eine Entlastung des Hochschulbereichs zeichnet sich hingegen nicht ab. Noch verstärkt durch die doppelten Abiturientenjahrgänge aus den Jahren 2011 bis 2013 wird die Studienanfängerzahl unter der Annahme gleichbleibender Übergangsquoten von Studienberechtigten an die Hochschule voraussichtlich weiter ansteigen und danach nur langsam zurückgehen.

Im Hinblick auf den *Bildungserwerb* am Ende der allgemeinbildenden Schulzeit wurden anhand amtlicher Schulstatistiken bislang im Wesentlichen drei Dimensionen untersucht (vgl. Kühne 2010, S. 80f.): Umfang und Zusammensetzung von Schulabschlusskohorten, deren schulische Abschlusswege (institutioneller Hintergrund) sowie soziale Disparitäten (personenbezogener Hintergrund). Erstens kann also die Verteilung aller Schulentlassenen auf die unterschiedlich qualifizierenden Abschlussarten betrachtet werden. Die Schulstatistik ermöglicht hier die Aufstellung langer Zeitreihen, welche eine erhebliche Steigerung des schulischen Qualifikationsniveaus, in den vergangenen Jahrzehnten sichtbar machen konnten (vgl. z. B. Solga 2003, S. 710ff.). Noch 1965 verließ in Deutschland jeder fünfte Jugendliche die Schule ohne Abschluss, seit Beginn der 1980er Jahren war es lange Zeit jeder Zehnte und inzwischen ist es nur noch jeder Achtzehnte eines Schulentlassjahrgangs. Der Mittlere Schulab-schluss (früher: Realschulabschluss) hat sich zunehmend als wichtigstes allge-meinbildendes Abschlusszertifikat etabliert – allerdings bei weiter ansteigen-dem Abiturientenanteil. Zu Umfang und Zusammensetzung der Abschlussko-horten konnten bislang neben Zeitreihen- auch regionale Vergleichsanalysen aufschlussreiche Hinweise über die Qualifizierungsfunktion des Schulwesens liefern. Im innerdeutschen Vergleich wurden zuletzt in verschiedenen bildungs-statistisch fundierten Studien große regionale Disparitäten etwa im Anteil der Jugendlichen nachgewiesen, die die Schule verlassen, ohne mindestens den Hauptschulabschluss erreicht zu haben (vgl. Autorengruppe Bildungsberichter-stattung 2010, S. 90f.; Klemm 2010, S. 20ff.; Kühne 2010, S. 84f.). Auf Ge-bietsebene der Kreise reichte die Spannweite der Abgängerquote ohne Haupt-schulabschuss 2008 von 3% bis zu 22% der 15- bis unter 17-jährigen Bevölke-rung eines Kreises. Vor allem städtische Regionen sind von überdurchschnitt-lich hohen Abgängerzahlen ohne Hauptschulabschluss betroffen; zum Teil verlässt jeder fünfte Jugendliche die allgemeinbildende Schule, ohne zumindest über den Hauptschulabschluss zu verfügen. Dies spiegelt sich in einer signifi-kanten Korrelation zwischen der Abgängerquote und der Stadt-/Land-kreiszugehörigkeit wider.

Dieser Zusammenhang ist auch vor dem Hintergrund der schulischen Her-kunft der Abgänger ohne Abschluss zu sehen, womit die zweite Dimension des Bildungserwerbs am Ende der Schulzeit angesprochen ist: Anhand der Zuord-nung der Absolventen-/Abgängerzahlen zu den Bildungseinrichtungen lässt sich aufzeigen, an welchen Schularten welche Schulabschlüsse erreicht worden sind. Jugendliche ohne Hauptschulabschluss werden in der öffentlichen Diskus-sion häufig als Hauptschüler ohne Abschluss wahrgenommen. Mehr als die Hälfte haben jedoch eine Förderschule besucht (vgl. Autorengruppe Bildungs-berichterstattung 2010, S. 90f.). Da sich Förderschulstandorte wiederum nicht flächendeckend, sondern vorwiegend auf städtische Ballungszentren verteilen, könnte dies tendenziell höheren Abgängerzahlen ohne Hauptschulabschluss in den Stadtkreisen nach sich ziehen. Welche Faktoren hier zusammenwirken, ließ sich allerdings aufgrund der eingeschränkten Kombinationsmöglichkeiten der Schulstatistik bislang kaum untersuchen. Insbesondere fehlte es an Analyse-möglichkeiten der Absolventen-/Abgängerkonstellation für diejenigen, die außerhalb von Förderschulen integrativ gefördert werden. Dieses Desiderat ließe sich nur durch eine Abfrage der individuellen Förderschwerpunkte der Absolventen/Abgänger sämtlicher Schularten beheben.

Was die übrigen Abschlussarten anbelangt, haben bildungsstatische Sekundäranalysen vielfach unter dem Schlagwort der „Entkopplung" belegen können, dass allgemeinbildende Abschlusszertifikate längst nicht mehr den Besuch einer ganz bestimmten Einrichtung voraussetzen (vgl. z. B. Avenarius u. a. 2003a, S. 177ff.; Autorengruppe Bildungsberichterstattung 2010, S. 90).

„Trotz der wenig veränderten äußeren Strukturen des Schulsystems hat sich ein als ‚Modernisierungsprozess' beschriebener innerer Auflösungsprozess vollzogen, der sich in der teilweisen Entkopplung von Schulart und Zertifikat äußert." (Schuchardt/Maaz 2007, S. 641)

Abgesehen davon, dass immer mehr Hauptschulabschlüsse an Realschulen und umgekehrt auch mehr Mittlere Abschlüsse an Hauptschulen erworben werden, kam dies vor allem darin zum Ausdruck, dass bei allen Abschlussarten die auf berufliche Schulen entfallenden Anteile, das heißt nachgeholte Schulabschlüsse, in den letzten Jahren gestiegen sind.

Die dritte Dimension des Bildungserwerbs am Ende der allgemeinbildenden Schule – soziale Disparitäten – ließ sich im Unterschied zu den einschlägigen Befunden der im vorangegangenen Kapitel aufgeführten Panelstudien im Rahmen sekundäranalytischer Forschung nur bedingt abbilden. Denn die Abschlussstatistiken werden in den Ländern zwar nach bestimmten Personenmerkmalen aufgeschlüsselt, bundesweite Daten schließen aber lediglich die Differenzierung nach dem Geschlecht und der Staatsangehörigkeit der Absolventen/Abgänger ein. Entsprechende Analysen zeigen zum einen, dass Schülerinnen häufiger höherwertige Schulabschlüsse erreichen als Schüler und auch weniger Mädchen als Jungen die Schule ohne Hauptschulabschluss verlassen (vgl. z. B. Autorengruppe Bildungsberichterstattung 2010, S. 91f.). Zum anderen bleiben sowohl bei den männlichen als auch bei den weiblichen Abgängern doppelt so viele ausländische Jugendliche ohne Hauptschulabschluss und deutsche Absolventen erlangen dreimal so häufig das Abitur. Neuere Untersuchungen auf Basis amtlicher Bildungsstatistiken setzen hier vor allem an, indem sie den ausgeprägten nationalitätenspezifischen Disparitäten innerhalb der nichtdeutschen Schülerschaft unter der Perspektive institutioneller Diskriminierung nachgehen (vgl. Weishaupt/Kemper 2009).

Analysen zu den *Bildungserträgen* beziehen sich mit Blick auf Bildungsverläufe am Ende der allgemeinbildenden Schulzeit insbesondere auf den Verbleib der unterschiedlich vorqualifizierten Schulabsolventen/-abgänger. Eine umfas-

sende Situationsbeschreibung lieferte zuletzt die Autorengruppe Bildungsbe-
richterstattung durch eine Untersuchung der Einmündungsprozesse ins Ausbil-
dungssystem auf Basis der amtlichen Schul- und Berufsbildungsstatistiken (vgl.
Autorengruppe Bildungsberichterstattung 2008, S. 96ff. sowie S. 108ff.). Pro-
blemlagen im Berufsbildungssystem sehen die Autoren insbesondere beim
Übergang aus dem allgemeinbildenden Schulwesen in die Berufsausbildung.
Sie verweisen auf den im letzten Jahrzehnt durchgängig bei ca. 40% liegenden
Anteil des Übergangssystems, welches Jugendliche ohne berufsqualifizierende
Ausbildungsstelle in unterschiedlichen Maßnahmen zur Berufsvorbereitung –
insbesondere zum Nachholen von Schulabschlüssen – aufnimmt. Diese relative
Stabilität des Übergangssystems signalisiere Passungsprobleme, die über die
Marktungleichgewichte hinausgehen. Es wird darüber hinaus aufgezeigt, dass
sich dabei die historisch gewachsenen Entsprechungsmuster zwischen Ausbil-
dungsbereichen – gewerblich-technische Ausbildung in Handwerk und Indus-
trie, Ausbildung im kaufmännischen und mittleren Verwaltungsbereich, Hoch-
schulstudium – und Schulabschlüssen – Hauptschulabschluss, Realschulabschluss, Abitur – zunehmend aufgelöst haben. Die Übergänge in die Ausbildung offenbaren heute eine andere Segmentationsstruktur nach Schulabschlüssen, da sich der Zugang zum obersten Segment selbst für diejenigen mit Mittlerem Schulabschluss erschwert hat. Hier dominieren inzwischen Jugendliche mit
Studienberechtigung, so dass insgesamt große Teile der Berufe für die Absol-
venten/Abgänger mit und ohne Hauptschulabschluss versperrt erscheinen.

Eine vertiefende Studie zu den Übergängen nach Schulabschluss legte
Schuchart auf Basis der Bildungsstatistiken in Bayern und Nordrhein-
Westfalen vor (vgl. Schuchart 2007). In Anknüpfung an die beschriebene Ent-
kopplungstendenz zwischen Schulart und Schulabschluss untersuchte sie den
Signalwert unterschiedlicher Abschlüsse auf dem Ausbildungsmarkt in Abhängigkeit von der Herkunftsschulart. Ihre Ergebnisse verdeutlichen erstens, dass
höher qualifizierte Hauptschüler bessere Chancen auf eine Ausbildungsstelle
haben als Hauptschüler mit (einfachem) Hauptschulabschluss. Zweitens tritt
eine schulartspezifische „Hierarchisierung der mit Mittleren Abschlüssen verbundenen Ausbildungschancen" (ebd., S. 381) zutage, die fraglich erscheinen
lässt, ob die Entkopplung von Schulart und -abschluss tatsächlich mit einer
Erhöhung der Durchlässigkeit einhergeht. So wurde insbesondere für Nordrhein-Westfalen gezeigt, dass von Hauptschulen nur wenige Ausbildungsan-
fänger mit Mittlerem Schulabschluss in eine prestigeträchtige Berufsausbildung
übergehen, doppelt so viele der gleich qualifizierten Realschüler und nochmals
doppelt so viele gleich qualifizierte Gymnasiasten. Statistisch bleibt aber unge-

klärt, welche Faktoren hier für die ungleiche Verteilung auf dem Ausbildungsmarkt trotz gleichem Schulabschluss tatsächlich den Ausschlag gegeben haben.

2.3.4 Fazit

Bildungsstatistiken eröffnen angesichts ihres hoch standardisierten Erhebungs-
prozesses ein breites Spektrum an Analysemöglichkeiten, da sie regelmäßig auf
der Ebene aller Bildungseinrichtungen erfasst werden. Damit steht ein in langen
Zeitreihen vorhandenes (Fortschreibbarkeit), flächendeckendes (Vollerhebung)
Datenmaterial für sekundäranalytische Forschungszwecke zur Verfügung. Früher wurde in erster Linie auf die Informationen aus statistischen Veröffentlichungen ohne weitere Aufbereitung zurückgegriffen. Heute wird das Datenmaterial im Zuge von Sonderauswertungen deutlich häufiger nach theoretischen
Kriterien für statistische Kennziffern bzw. Indikatoren herangezogen oder etwa
für Struktur- oder Zeitreihenanalysen verwendet. Durch statistische Angaben zu
den Ein- und Austritten der Kinder und Jugendlichen in Bildungseinrichtungen
können dabei auch Übergange zwischen und innerhalb der institutionellen Teilsysteme im Bildungswesen zumindest als institutionalisierte Bildungswege
kumulativ nachgezeichnet werden. Da heute in vielen Bereichen – zumindest
aber an den zentralen Schnittstellen im Bildungswesen – auch Angaben zur
schulischen Herkunft bzw. Vorbildung miterfasst werden, sind mit der amtlichen Statistik etwa Auskünfte über den Verbleib der Schulabsolventen mit
bestimmten Abschlüssen möglich. Der Werdegang von Kindern und Jugendlichen, das heißt die umfassende Abbildung typischer Bildungsverläufe, blieb
gleichwohl bislang ein Desiderat. Zum einen werden die Statistiken bereichsspezifisch geführt, was die Kombination von Kindertages-, Schul-, Ausbil-
dungs- und Hochschuldaten unmöglich macht, sofern nicht mit kombatiblen
„zeitlichen Erfassungskriterien" (Solga 2004a, S. 231) und systematischer nach
Herkunft und Verbleib bei jeder weiteren Bildungsepisode gefragt würde. Zum
anderen überwiegt bislang zumindest in der Schulstatistik die Auswertung von
Summendaten, das heißt hoch aggregierter Summenwerte. Bildungsstatistische
Sekundäranalysen sind somit häufig dem Vorwurf des ökologischen Fehl-
schlusses ausgesetzt, da „Beziehungen zwischen Merkmalen von Individuen
(Aussageeinheit) fälschlicherweise aus Daten über Gruppen (Untersuchungs-
einheit) [abgeleitet]" werden (Lüttinger/Schimpl-Neimanns 1992, S. 120).
Aufgrund der summarischen Erhebung sind nicht nur die Kombinationsmög-
lichkeiten der Merkmale stark eingeschränkt, es lassen sich auch grundsätzlich

keine individuellen verlaufsbezogenen Informationen generieren. Insbesondere die Schul- und die Weiterbildungsstatistik lassen bislang eine entsprechende Differenziertheit ihrer Erhebungspraxis vermissen.

2.4 Synopse: Anwendungsmöglichkeiten im Rahmen des Bildungsmonitorings

In modernen, funktional differenzierten Gesellschaften richtet sich an das Bildungssystem die Erwartung, alle Menschen in ihrem Bildungsverlauf so zu unterstützen, dass sie ihre Fähigkeiten optimal entfalten können. Von diesem gesellschaftlichen Anspruch ausgehend widmete sich das vorangegange Kapitel der Frage, auf welchen Wegen in Deutschland wissenschaftliche Erkenntnisse über Bildungsverläufe gewonnen werden können. Alle drei diskutierten Forschungszugänge – erziehungswissenschaftliche Biographieforschung, bildungssoziologische und pädagogisch-psychologische Panelforschung sowie Sekundärforschung mit Bildungsstatistiken – waren nie allein auf die wissenschaftliche Untersuchung von Bildungsverläufen ausgerichtet. Und doch sind sie alle dadurch gekennzeichnet, über punktuelle Beobachtungen hinausgehend einen kumulativen Blickwinkel auf das Bildungsgeschehen im Lebenslauf zu eröffnen.

„Schulische Bildungsverlaufsforschung ist eine wichtige Forschungsrichtung, um beabsichtigte oder nicht beabsichtigte Wirkungen von institutionalisierten Bildungslaufbahnen und etablierter pädagogischer Praxis für das Individuum deutlich zu machen. Damit leistet sie einen wichtigen Beitrag zum Verständnis des Funktionierens unseres Bildungssystems. Dieses Verständnis ist für mögliche Qualitätsverbesserungen ein unerlässlicher Analyseschritt." (Bellenberg 2005, S. 13)

Wenngleich jede der genannten Forschungsrichtungen einen spezifischen Beitrag für die empirische Beschreibung von Bildungslaufbahnen leisten kann, sind sie auf sehr unterschiedliche Weise geeignet, die Erfüllung der oben genannten gesellschaftlichen Ansprüche an das Bildungssystem wissenschaftlich zu prüfen. Dies gilt insbesondere dann, wenn Verläufe im Bildungswesen indikatorengestützt im Rahmen eines Bildungsmonitorings transparent gemacht werden sollen, um auf diese Weise kontinuierlich Entscheidungshandeln in Bildungspolitik und -administration zu unterstützen oder zu begründen. Unter dieser Perspektive wurden in der nachstehenden Tabelle die drei Forschungszugänge in Form einer Synopse gegenübergestellt (vgl. Tab.1). Sie soll die jeweils maßgebende Akzentuierung anhand ausgewählter Vergleichskriterien verdeutlichen.

Hinsichtlich der Ziel- und Fragestellungen der einzelnen Forschungsansätze ist in Analogie zu einer von Klieme ursprünglich für den Vergleich von Praxis, Forschung und Monitoring eingeführten Begriffssystematik (vgl. Klieme 2007) festzuhalten, dass der biographische Zugang auf das *Verstehen* der subjektiven Verarbeitungsprozesse von Bildungserfahrungen abhebt (*Wie* vollziehen sich Bildungsverläufe im Erleben von Personen?), während die Stärke des Panel-Zugangs im *Erklären* der sozialstrukturellen Bedingungen für Bildungsverläufe liegt (*Wodurch* entstehen disparate Bildungsmuster im Lebenslauf?). Der Mehrwert von bildungsstatistischen Sekundäranalysen besteht wiederum vor allem im zusammenfassenden *Beschreiben* von individuellen und gruppenspezifischen Übergangsmustern zwischen den Bildungseinrichtungen in deren jeweiligen regionalen Kontexten (Bei *wem* erfolgt *wo* und *wann welcher* Übergang?). An diese Ziel- und Fragestellungen knüpfen nun jeweils unterschiedliche methodologische Prämissen an, die zugleich über die jeweiligen Anwendungsmöglichkeiten für ein Bildungsmonitoring entscheiden.

Im Unterschied zur vornehmlich qualitativen Ausrichtung der Biographieforschung auf Basis von Einzelfallanalysen, zielen die beiden anderen Zugänge auf eine Quantifizierung verlaufsbezogener Merkmale anhand repräsentativer Stichproben (Panelforschung) oder amtlicher Vollerhebungen (Sekundärforschung). Eine kausal-analytische Prüfung von Abhängigkeiten und Wirkungsketten im Lebenslauf ermöglichen dabei ausschließlich längsschnittliche Ereignisdaten, die bislang nur im Rahmen der Panelforschung entweder prospektiv oder retrospektiv erfasst und multivariat analysiert werden konnten. Sekundäranalysen stützten sich bisher hingegen auf schulstatistische Summendaten, die lediglich bis zur Einzelschulebene disaggregiert und in der Regel mit Methoden der deskriptiven Statistik ausgewertet werden konnten. Nur Bildungsstatistiken ermöglichen allerdings wegen ihrer flächendeckenden Erhebung in Zeitreihe eine regelmäßige Situationsbeschreibung auch für kleinere Populationen bzw. Regionen. Die Kehrseite dieser Vorzüge einer standardisierten Vollerhebung ist indes, dass nur ausgewählte, für die Organisation und Abläufe im formalen Bildungswesen benötigte Merkmale abgedeckt werden. Panelstudien gestatten hingegen auch Aussagen zu anderen Lebenszusammenhängen und können (halb-)offene Fragen zur persönlichen Einordnung der Lebensereignisse einschließen. Den geringsten Grad an Standardisierung weisen gleichwohl die lebensgeschichtlichen Dokumente (z. B. Tagebücher) bzw. offenen Befragungen oder Beobachtungen auf, die im Zentrum der Biographieforschung stehen. Dies eröffnet ein detailliertes Bild auf individuelle Verlaufsgeschichten. Zugleich erschwert es jedoch die Datenfortschreibung über die Zeit sowie die Übertragung von Untersuchungsergebnissen auf den gesamtgesellschaftlichen Kontext.

Tab. 1: Synopse zu den Forschungscharakteristika der Biographieforschung, Panelforschung und Sekundärforschung

Charakteristika	Biographieforschung	Panelforschung	Sekundäranalytische Forschung
Zielsetzung			
Intention	Verstehen	Erklären	Beschreiben
Gegenstand	Biographie (Zusammenhang gelebter Erfahrungen)	Lebenslauf (Zeitliche Abfolge von Lebensereignissen)	Beteiligungs- und Abschlussstrukturen (Institutionelle Bildungswege)
Fragestellung	Wie? (Personenbezogen)	Warum? Wodurch? (Theoriebezogen)	Wer? Wo? Wann? Was? Wie viel? (Problembezogen)
Methodologie			
Methodische Ausrichtung	Überwiegend qualitativ	Überwiegend quantitativ	Quantitativ
Untersuchungseinheiten	Einzelfall	Stichprobe	Vollerhebung
Datentyp	Lebensgeschichtliche Dokumente wie Tagebücher oder Textprotokolle (narrative Interviews, Beobachtungen u.a.)	Angaben zu Ereignissen in Form von verdichteten Definitionen und Zeitdaten aus teilstandardisierten Befragungen	Statistische Angaben der Bildungseinrichtungen aus jährlicher, standardisierter Abfrage durch amtliche
Perspektive der Datenerhebung	Retrospektive Erfassung vergangener Erfahrungen, teilweise prospektiv	Prospektive oder retrospektive Erfassung längsschnittlicher Ereignisabläufe	Periodische Erfassung der jeweils aktuellen Ereignisse
Art der Auswertung	Rekonstruktion von Deutungs- und Verarbeitungsformen konkreter Lern- und Bildungsgeschichten	Auf Hypothesen prüfende Verfahren basierende Analyse der statistischen Verteilung verlaufsrelevanter Merkmale	Zusammenfassende Darstellungen von Merkmalsverteilungen zum Eintritt/ Austritt in/aus Bildungseinrichtungen
Analyseverfahren	Rekonstruktive Interpretationsverfahren (vor allem Narrationsstrukturelles Verfahren, Objektive Hermeneutik)	Deskriptive Statistik und multivariate Analyseverfahren (z. B. Ereignisanalyse, Sequenzmusteranalyse, Pfadanalyse)	Deskriptive Statistik (z. B. tabellarische Auflistung, Lage-, Streuungs- und Assoziationsmaße von Merkmalsverteilungen)
Transfer			
Forschungscharakter	Grundlagenforschung	Grundlagen- und angewandte Forschung	Angewandte Forschung
Steuerungsrelevanz (für Politik und Administration)	Geringer Anwendungsbezug (mangelnde Generalisierbarkeit)	Begrenzter Anwendungsbezug (mangelnde Regionalisierbarkeit und/oder Populationsspezifik)	Hoher Anwendungsbezug (bei mangelnder Detailliertheit der Erhebungskonzepte)

Quelle: eigene Darstellung

Beide Aspekte – Fortschreibbarkeit und Repräsentativität – sind für indikatorengestützte Analysen im Rahmen eines Bildungsmonitorings eine notwendige
Voraussetzung. Aus diesem Grund eröffnen lediglich Ergebnisse der Panelforschung und der bildungsstatistischen Sekundärforschung entsprechende An-
knüpfungspunkte für die Indikatorenentwicklung. Doch auch damit ließen sich
Bildungsverläufe in Deutschland bislang nur näherungsweise darstellen. So
waren einerseits die vorliegenden Panelstudien nicht nur auf ausgewählte Bildungsbereiche bzw. -übergänge, Regionen und Kohorten bzw. Bevölkerungsgruppen beschränkt, sondern sie konnten aus forschungspragmatischen Gründen auch nur wenige individuelle, soziale und institutionelle Kontextbedingungen abdecken. Auch das groß angelegte Nationale Bildungspanel wird in Zukunft eine Reihe von Datenlücken offen lassen, insbesondere in seiner regionalen Differenzierungstiefe. Anderseits ermöglichen auch die herkömmlichen
Bildungsstatistiken keinen hinreichenden Zugang für indikatorengestützte Verlaufsanalysen. Erstens überwiegt vor allem in der Schulstatistik bislang die
Erhebung von Summen- bzw. Aggregatdaten, die es lediglich gestatten, Übergänge als institutionalisierte Bildungswege kumulativ im Querschnitt nachzuzeichnen. Und zweitens wird die Bildungsstatistik bereichsspezifisch geführt,
so dass der Durchlauf durch das Bildungssystem nicht ganzheitlich in den Blick
genommen werden kann.

Als Lösungsansätze für die beschriebenen Desiderate lassen sich verschiedene Strategien verfolgen. Solga unterscheidet dabei zwischen „großen Lösungen" und „kleinen Lösungen" (Solga 2004a, S. 275f.). Zu letzteren ist die Erweiterung der bestehenden Datenquellen in der Panel- bzw. Umfrageforschung
(z. B. die retrospektive Erfassung ganzheitlicher Bildungsgeschichten im Rahmen von Erhebungen wie dem SOEP oder dem Mikrozensus) oder in der amtlichen Bildungsstatistik (z. B. die konsequente Erhebung des Geburtsjahrgangs)
zu zählen. Als große Lösungen bezeichnet Solga zum einen regelmäßige Ko-
hortenstudien mit Paneldesign und retrospektiver Befragung, die inzwischen
durch das Nationale Bildungspanel bereits weitgehend realisiert werden. Zum
anderen verweist sie auf Möglichkeiten, in allen Bildungsinstitutionen personenbezogene Informationen mit einheitlicher Personenkennung zu erfassen,
was die Einführung einer längsschnittlich angelegten Bildungsstatistik nahelegen würde. Zwar sind mittlerweile für den frühkindlichen Bereich, den Hochschulsektor sowie den Berufsbildungsbereich (Duale Ausbildung) sukzessive
Individualdaten eingeführt worden, doch ist eine fallbezogene Zusammenführung der Daten im Zeitverlauf mangels eindeutiger Identifikationsnummern
nicht möglich. Andere Staaten, wie die Niederlande, Österreich, Schweden oder

die Vereinigten Staaten, sind demgegenüber dazu übergangen, auf der Grundlage entsprechender Registerdaten mit Personenkennung Datenbanksysteme aufzubauen, die auch eine Kombination mit vertiefenden Befragungsdaten ausgewählter Stichproben erlauben.

> „Hierüber können die Vorteile der Daten aus Befragungen (Theoriebezug, Messsensibilität, Aktualität der Fragestellungen und des Datenzugangs, multivariate Mikrodatenanalyse) mit den Vorteilen der Daten der amtlichen Statistik (Vollerhebungen bzw. große Stichproben, Kohortenserien, regionale Gliederung, kleine Gruppen, zuverlässige historische Vergleiche, Kontextbezug zu Haushalten, Wohnbezirken, Wohngemeinden, Nutzbarkeit als Hochrechnungsrahmen) verbunden werden." (Kristen u. a. 2005, S. 86)

Grundlegende Voraussetzungen für diese systematische Datenverknüpfung wären aber a) die Erfassung von personenbeziehbaren Individualstatistiken, b) die Vergabe eindeutiger Identifikationsnummern und c) deren Kompatibilität zwischen den Bildungsbereichen und gegebenenfalls anderen Gesellschaftsfeldern (z. B. Arbeitsmarkt). Wie weit Deutschland auf dem Weg zu einer solchen schulstatistischen Datenbasis für Verlaufsanalysen ist, gilt es im nächsten Kapitel am Beispiel der Absolventen/Abgänger allgemeinbildender Schulen näher zu konkretisieren.

3 Methodischer Zugang

Für die Beantwortung der Forschungsfrage nach den Möglichkeiten, mit Summen- oder Individualdaten Verlaufsindikatoren zum Erwerb und zur Verwertbarkeit von Schulabschlüssen zu generieren, sind zunächst begriffliche Klärungen erforderlich. Diese betreffen einerseits das zugrunde liegende *Indikatorenverständnis* (Abschnitt 3.1.1) sowie definitorische Abgrenzungen zwischen unterschiedlichen *Personengruppen mit und ohne Schulabschluss* (Abschnitt 3.1.2). Im Anschluss an diese Begriffsbestimmungen gilt es vertiefend, die schulstatistischen Datengrundlagen vorzustellen, die für Abschlussindikatoren am Ende der allgemeinbildenden Schulzeit herangezogen werden können (Abschnitt 3.2). Das Hauptaugenmerk liegt hierbei auf einer Gegenüberstellung der Erhebungskonzepte von Summendaten und Individualdaten.

3.1 Begrifflich-konzeptionelle Grundlagen

3.1.1 Verständnis und Einordnung von Indikatoren

In Bildungspolitik und Bildungsforschung haben Indikatoren in den zurückliegenden vier Jahrzehnten einen stetigen Bedeutungszuwachs erfahren.[16] Er lässt sich in den breiteren Kontext der neuen Steuerung des Bildungssystems einordnen, die auf den „Umgang mit Maßnahmen der Qualitätssicherung (Prozessgestaltung) sowie die systematische Erfassung von Bildungsergebnissen" abhebt (Böttcher u. a. 2008, S. 8). Bildungsindikatoren sind ein Element dieser neuen Steuerungsphilosophie, welche in Abkehr von der hierarchischen und zentralistischen Steuerungslogik nicht mehr allein Finanzierungs-, Gesetzgebungs- und curriculare Vorgaben fokussiert, sondern auf das Erfassen und Bewerten von Prozessen und Ergebnissen auf den unterschiedlichen Akteursebenen des Bildungswesens abhebt, vom Entscheidungsträger auf der gesamtstaatlichen bis zur einzelschulischen Ebene. Hierzu bedarf es geeigneter Beobachtungsinstrumente, die in den jeweiligen Handlungsfeldern des Bildungswesens den Ent-

---

16 Eine ausführliche Darstellung der wesentlichen Eckdaten zur Indikatorenforschung findet sich bei Avenarius u. a. 2003b, S. 37-41.

wicklungsstand anzeigen. Entsprechend der lateinischen Wortbedeutung dienen Indikatoren im Kontext des modernen Bildungsmonitorings als eben solche Anzeiger eines Zustands.

Nachdem man in den 1970er Jahren zunächst auf internationaler Ebene begann, Bildungsindikatoren für die OECD-Mitgliedstaaten zu entwickeln, entstand nach und nach auch zunehmendes Interesse an Indikatoren der nationalen Ebene, die die spezifischen Besonderheiten und Problemlagen des jeweiligen Bildungssystems besser abbilden können (vgl. Döbert/Dedering 2010). Dies wiederum wird inzwischen in einigen Staaten durch die Anwendung von Indikatoren auf gliedstaatlicher bzw. kleinräumiger Ebene bis hin zur institutionellen Ebene der einzelnen Bildungseinrichtungen komplettiert:

„The last decade the development of (international) educational indicators has been extending in many ways: the number of countries involved, the aspects covered, the impact on educational policy, their attention in the media. Educational indicators are now a hot item. More recent is the attention that is given to the feedback of indicators to individual schools." (van Petegem/Vanhoof 2004, S. 246)

Was genau aber verbirgt sich hinter dem Schlagwort Indikator? Dies zu klären, ist Ziel des nachfolgenden Abschnitts, in dem der Begriff des Indikators im Spannungsfeld statistischer, wissenschaftlicher und politischer Überlegungen verortet wird. Die Ausführungen orientieren sich hierbei am Begriffsverständnis, welches die Autorengruppe[17] Bildungsberichterstattung im Zuge der Aufarbeitung einschlägiger Forschungsliteratur im Rahmen der Indikatorenforschung zur nationalen Bildungsberichterstattung für Deutschland entwickelt hat (vgl. Döbert u. a. 2009; Döbert/Dedering 2010).

INDIKATOREN UNTER STATISTISCHEN GESICHTSPUNKTEN

Wenngleich der Begriff des „indicators" nicht immer so eng wie heute an jenen der „statistics" geknüpft war (vgl. Wyatt 1994, S. 104), so verweisen doch spätestens seit den 1990er Jahren alle gängigen Begriffsbestimmungen auf eine quantitative Datenbasis. Bildungsindikatoren beruhen folglich auf quantifizierbaren Daten und liefern eine Zustandsbeschreibung, die in Form numerischer

---

17   Frühere Bezeichnung (bis 2006). Konsortium Bildungsberichterstattung

Werte ausgedrückt werden kann (z. B. die Anzahl der Abiturienten). Unabhängig vom zu beschreibenden Sachverhalt werden an die Datenbasis eines Indikators eine Reihe statistischer Qualitätskritierien angelegt (vgl. Döbert u. a. 2009, S. 243; van Ackeren/Hovestadt 2003, S. 23; Nuttall 1994a, S. 89f.; Oakes 1986, S. 2). Indikatoren …

- müssen sich auf regelmäßige Datenerhebungen stützen, um Trends und Entwicklungsperspektiven im Zeitverlauf aufzuzeigen (*Fortschreibbarkeit*).

- müssen in Bezug auf die interessierenden Merkmale Rückschlüsse auf die Grundgesamtheit zulassen, das heißt Aussagen über das zu beschreibende System (*Repräsentativität*).

- müssen auf standardisierten Daten basieren, die unter genau definierten, kontrollierten Bedingungen erhoben wurden (*Objektivität*).

- setzen zuverlässige, messgenaue Erhebungsinstrumente voraus, die unter gleichen Rahmenbedingungen zu gleichen Basisdaten führen (*Reliabilität*).

- müssen auf Daten beruhen, die tatsächlich den zu beschreibenden Sachverhalt widerspiegeln und so zu gültigen Aussagen führen (*Validität*).

Ist die Datenqualität entsprechend der vorgenannten Anforderungen gesichert, muss der beobachtete Sachverhalt operational definiert werden, um von den Basisdaten zum eigentlichen Indikator zu gelangen (vgl. hierzu im Detail Konsortium Bildungsberichterstattung 2005b, S. 16ff.). Entscheidend für das hier zugrunde liegende Begriffsverständnis ist, dass über diese statistische Operationalisierung nicht der *Indikator* selbst ermittelt wird, sondern zunächst lediglich die numerische Zielgröße (*Kennziffer*). Umgangssprachlich werden beide Begriffe oft synonym verwendet, und auch einer Reihe von Veröffentlichungen liegt ein solches, auf einzelne statistische Kennziffern reduziertes Indikatorenverständnis zugrunde.[18] In Anlehnung an die Autorengruppe Bildungsberichterstattung wird in dieser Arbeit hingegen davon ausgegangen, dass Indikatoren

---

18 Als „Internationale Bildungsindikatoren im Ländervergleich" werden beispielsweise regelmäßig von den Statistischen Ämtern in Deutschland statistische Kennziffern wie die „Abschlussquoten im Tertiärbereich", die „Jährlichen Ausgaben für Bildungseinrichtungen pro Schüler/Studierenden" oder der „Anteil der frühen Schulabgänger nach Geschlecht und Erwerbsstatus" herausgegeben (vgl. Statistische Ämter des Bundes und der Länder 2012).

weiteren Kriterien genügen müssen, um über den rein deskriptiven Gehalt statistischer Quantitäten hinausgehen zu können (vgl. hierzu die nächsten Abschnitte). Unter statistischen Gesichtspunkten ist insofern lediglich auf die Vielgestaltigkeit möglicher Operationalisierungen hinzuweisen, welche eine notwendige aber nicht hinreichende Bedingung der Indikatorenentwicklung darstellen: Die Bandbreite an Kennziffern reicht von einfachen Häufigkeitsauszählungen (z. B. Bildungsausgaben in absoluten Geldbeträgen) über Mittelwerts- oder Anteilsberechnungen unter Einbeziehung zusätzlicher Referenzdaten (z. B. Abschlussquoten in Bezug zur alterstypischen Bevölkerung) bis hin zur Ableitung komplexer multivariater Indizes (z. B. soziale Gradienten von Testwerten der Lesekompetenz). Im Gegensatz zu anerkannten Beispielen aus anderen Gesellschaftsfeldern – z. B. dem Bruttoinlandsprodukt (BIP) als Maß für die ökonomische Leistung der Volkswirtschaft oder dem Deutschen Aktienindex (DAX) als Leitindex für den deutschen Aktienmarkt – gibt es für den Bildungsbereich nur wenige Versuche, den Zustand des Gesamtsystems in Form eines einzigen Indexes zum Ausdruck zu bringen.[19] Entsprechende Ansätze, die höchst unterschiedliche Sachverhalte im Bildungswesen innerhalb eines numerischen Punktwertes bündeln, sind mit einem besonderem Problem konfrontiert: Für jede einzelne Kennziffer ist das Gewicht zu bestimmen, mit welchem sie in das Gesamtergebnis eingeht. Eine solche Gewichtungsentscheidung lässt sich jedoch anhand statistischer Kriterien nicht legitimieren.

„The transformation of a statistic into an indicator is not primarily achieved through mathematical formalism or some numerical operation, but results from a complex interaction among cognitive and political processes." (Bottani/Tuijnman 1994, S. 32)

Da im Gesamtgefüge des Bildungswesens die „Anzahl der nicht entflechtbaren Wirkungsgrößen unüberschaubar groß ist " (Fend 2003, S. 1), stellt also schon die Auswahl einzelner Kennziffern – ohne den Anspruch einer internen Gewichtung zum Zwecke eines Gesamtindexes – eine Herausforderung dar, bei der Aspekte der Datenverfügbarkeit und -aufbereitung vor wissenschaftlich-

---

19   Als ein solches integrales Maß für die Leistungsfähigkeit des Bildungswesens ist beispielsweise der kanadische „Composite Learning Index" konzipiert (vgl. zuletzt Canadian Council on Learning 2010).

theoretischen und politischen Überlegungen und Argumenten in den Hintergrund treten.

INDIKATOREN UNTER WISSENSCHAFTLICH-THEORETISCHEN GESICHTSPUNKTEN

Der maßgebliche Unterschied zwischen Kennziffern und Indikatoren besteht in ihrer konzeptionellen Verankerung. Indikatoren können nur dann „einen auf einen Blick ablesbaren Querschnitt aktueller Bedingungen" (Nutall 1994b, S. 19) geben, wenn sie als Stellvertretergrößen für das komplexe Gefüge des Bildungswesens wissenschaftlich-theoretisch fundiert worden sind:

> „Die einfachste Form des Wissens ist deskriptiver Natur, wenn es die Zustände im Bildungswesen beschreibt. Wenn dazu Indikatoren herangezogen werden, die als Schlüsselinformationen betrachtet werden, dann wird auch die Deskription anspruchsvoll. Ihr geht dann nämlich eine Theorie über die Bedeutung eines Merkmals für die Qualitätssteigerung im Bildungswesen voraus." (Fend 2008, S. 114)

Anders als Kennziffern informieren Indikatoren also nicht bloß deskriptiv über einen Zustand, sie ordnen ihn zugleich in einen theoretischen Zusammenhang ein. Die Indikatorenentwicklung steht dabei vor dem Problem, dass für viele „Beobachtungsgegenstände in den einschlägigen Bezugswissenschaften (noch) keine schlüssigen und stabilen theoretischen Konzepte vorhanden sind" (Döbert u. a. 2009, S. 220). Dementsprechend können Indikatoren nicht als einzelne Größen unter Verweis auf ihre jeweilige theoretische Fundierung berichtet werden. Der Begründungszusammenhang für die Indikatorenauswahl und -zusammenstellung ergibt sich in aller Regel aus einem übergreifenden konzeptionellen Referenzrahmen. Für eine umfassende und bestenfalls steuernde Sicht auf das Bildungsgeschehen ist ein Indikator stets als integraler Bestandteil eines Indikatorensystems zu verstehen:

> „It is necessary to build a system of indicators – i.e. a coherent set that provides a valid representation of the condition of the education system – and not just a collection of statistics. [...] The policy and interpretative value to be gained from a system of indicators is greater than the sum of its parts." (Wyatt 1994, S. 107)

Im Laufe der Zeit wurde eine Fülle unterschiedlicher Strukturierungsvorschläge für Bildungsindikatoren entwickelt (vgl. die Überblicksdarstellungen in Glas/Scheerens/Thomas 2003; van Herpen 1994). Trotz der terminologischen

Uneinheitlichkeit unterliegt vielen dieser Indikatorensysteme dieselbe Modellannahme über die Funktionsweise des Bildungswesens. So vertreten die meisten Autoren die Auffassung, „that a context-input-process-output model [...] is the best analytical scheme to systemize thinking on education indicators" (Glas/Scheerens/Thomas 2003, S. 208). Ein häufig vorgetragener Kritikpunkt an dieser Heuristik ist der vermeintlich kausal-lineare Zusammenhang zwischen Inputs, Prozessen und Wirkungen. Weiterführende Modellvorstellungen wurden insbesondere im Rahmen der Schuleffektivitätsforschung auf der Basis empirischer Untersuchungsergebnisse über die Bedeutung schulinterner Faktoren für Lernergebnisse entwickelt. Prägend für die Diskussion um Qualität im deutschen Bildungswesen war und ist bis heute das von Ditton entwickelte „Modell zu Qualität und Qualitätssicherung im Bildungsbereich", welches nicht nur einer theoriegeleiteten Beschreibung der Beziehungen zwischen Kontext-, Input-, Prozess- und Output-Faktoren folgt, sondern diese um eine strukturelle Mehrebenensicht auf das Bildungswesen ergänzt (Ditton 2000, vgl. Abb. 1).

In diesem Modell werden gleichermaßen Faktoren der Makro-, Meso- und Mikroebene benannt, die bei der Transformation von Inputs in Outputs eine Rolle spielen. Ditton betont dabei die Bedeutung der unmittelbaren Lehr-Lernsituationen (Interaktionsebene) und den diesbezüglichen Bedingungsrahmen innerhalb der einzelnen Einrichtung (Institutionsebene). Von der Ausgestaltung dieser Prozessdimensionen hängt maßgeblich ab, welche Wirkungen unter den jeweils gegebenen Voraussetzungen erzielt werden. Das Modell ist dabei nicht als einseitig mechanistischer Wirkungspfad konzipiert, sondern verweist gleichsam auf den wechselseitigen Zusammenhang zwischen Rahmenbedingungen, Ausgangslage und Ressourceneinsatz (Voraussetzungen), Lehr-Lern-Umfeld und -aktivitäten (Prozesse) sowie Wirkungen und Erträgen (Ergebnisse). Zwar mag keine endgültige Klarheit über die einzelnen Ursache-Wirkungs-Zusammenhänge innerhalb dieses vielschichtigen Bedingungsgefüges bestehen:

> „Von einer ausgearbeiteten Theorie, die in systematischer Weise ein System von Bildungsindikatoren entfalten kann, ist die einschlägige Forschung noch weit entfernt." (Avenarius u. a. 2003b, S. 103)

Doch ermöglichen es diese Modellannahmen zumindest, zentrale Aspekte von Bildungsqualität unter Rückgriff auf wenige Indikatoren theoretisch geleitet zu beschreiben.

Abb. 1:　Modell zu Qualität und Qualitätssicherung im Bildungsbereich

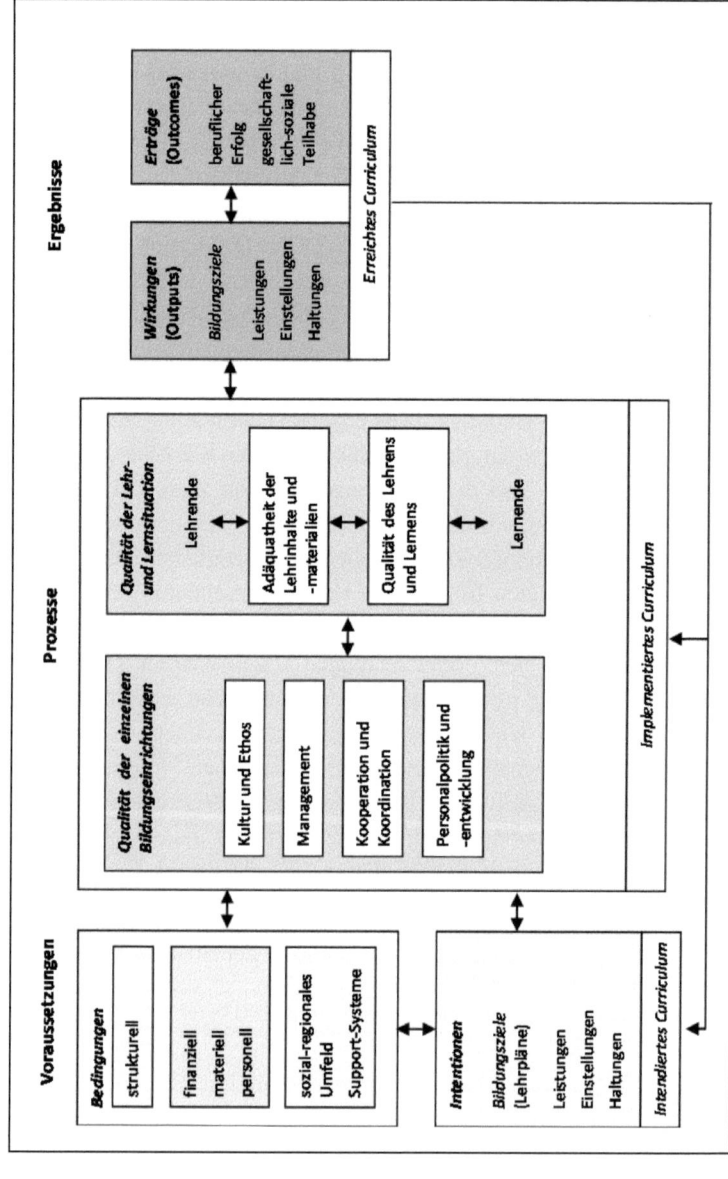

Quelle: in Anlehung an Ditton 2000, S. 17

INDIKATOREN UNTER POLITISCHEN GESICHTSPUNKTEN

In der Literatur ist von Bildungsindikatoren übereinstimmend als „key aspects", „significant features" (Ogawa/Collom 1998, S. 7) oder „essential information" (Oakes 1986, S. 1) die Rede. Die Notwendigkeit, eine überschaubare Anzahl von Indikatoren zu bestimmen, ergibt sich damit nicht allein aus Gründen der Handhabbarkeit des Indikatorensystems, sondern vor allem aus dem Anspruch, über den rein deskriptiven Gehalt statistischer Quantitäten hinausgehen und Bewertungsinformationen über zentrale Aspekte der Bildungsqualität bereitstellen zu können. Aber bei welchen Sachverhalten handelt es sich um Schlüsselaspekte des Bildungsgeschehens und welche sind vernachlässigbare Informationen? Auf diese Frage kann keine pauschale Antwort gegeben werden. Je nach Adressatenkreis bzw. Nutzungsinteresse sind sehr verschiedene Facetten des Bildungsgeschehens abzubilden. Im Vordergrund steht aber immer die Beurteilung von Zustand und Leistungsfähigkeit des betrachteten Systems.

„Dahinter steht bis heute das Ziel, Bildungspolitikern und Unterrichtspraktikern wichtige Monitoring- und Benchmark-Informationen zur Qualität des Schulsystems an die Hand zu geben und darüber hinaus dabei zu helfen, ein Verständnis für mögliche Erklärungen der festgestellten Differenzen zwischen Bildungssystemen zu entwickeln und entsprechende Diskussionsgrundlagen zu liefern sowie Ansatzpunkte für steuernde Maßnahmen zu erkennen." (van Ackeren/Hovestadt 2003, S. 10)

Um diesem evaluativen Anwendungsinteresse entsprechen zu können, bedürfen Indikatoren normativer Bezüge. Es besteht also die Notwendigkeit, Indikatoren auf Zielbereiche von Bildung auszurichten, die von kontinuierlichem Interesse für die Gesellschaft sind. Die Indikatoren der nationalen Bildungsberichterstattung in Deutschland etwa orientieren sich an den Zielkriterien der individuellen Regulationsfähigkeit, der gesellschaftlichen Teilhabe und Chancengleichheit sowie der Humanressourcen (vgl. dazu ausführlich Konsortium Bildungsberichterstattung 2005a, S. 7f. und 2006; Autorengruppe Bildungsberichterstattung 2008, 2010, 2012). Vor dem Hintergrund solcher Zielsysteme erfordert wiederum die Einordnung und Bewertung der einzelnen Indikatorinformation konkrete, numerische Bezugsnormen. Üblicherweise werden drei Bewertungsmaßstäbe unterschieden (vgl. Döbert u. a. 2009, S. 247; Avenarius u. a. 2003b, S. 44f.; Bryk/Hermanson 1994, S. 48):

- Ipsativer bzw. selbstreferentieller Maßstab: Der Wert einer Beobachtungseinheit, z. B. eines Staates oder einer Einrichtung, kann erstens mit früheren Beobachtungswerten in Zeitreihe verglichen werden.

- Sozialer Maßstab: Zweitens können die Werte von verschiedenen Beobachtungseinheiten, z. B. Staaten oder Personengruppen, miteinander verglichen werden.

- Kriterialer bzw. bildungspolitischer Maßstab: Möglich ist drittens auch die Spiegelung der Beobachtungswerte an extern definierten, z. B. politischen Zielvorgaben im Sinne eines Soll-Ist-Vergleichs.

Hervorzuheben ist hinsichtlich der normativen Bezüge von Indikatoren, dass die jeweiligen Wert- und Zielvorstellungen – und damit auch die auszuwählenden Indikatoren selbst – nicht nur auf bildungspolitisches Handeln der nationalen Ebene ausgerichtet sein müssen. Vielmehr geht es im Sinne von von *policy* (nicht *political*) *relevance* um Anwendungsbezüge der Indikatoren für den jeweils adressierten Entscheidungsträger – sei es auf der internationalen, nationalen, kommunalen oder institutionellen Ebene des Bildungswesens. Wie bereits einleitend erwähnt wurde, konzentrierten sich die ersten Indikatorenansätze der 1970er Jahre auf die gesamtstaatliche Ebene von Bildungssystemen. Parallel zur Entwicklung von Indikatoren, die das Gesamtsystem als Analyseeinheit betrachten (Makroebene), haben sich indes im Laufe der Zeit auch Indikatorenansätze für die Meso- und Mikroebene des Bildungswesens herausgebildet (vgl. Fitz-Gibbon/Tymms 2002). Indikatoren, die als Analyseeinheit einzelne Bildungseinrichtungen fokussieren, können wiederum über schulinterne Verwendungszwecke hinausgehend zur Rechenschaftslegung gegenüber externen, übergeordneten Entscheidungsträgern herangezogen werden. So existieren etwa in den Niederlanden und im Vereinigten Königreich auch auf gesamtstaatlicher Ebene Berichtssysteme, die Informationen zur Qualität der Einzelschulen in den Mittelpunkt eines regelmäßigen intranationalen Vergleichs stellen.

Für die Rückmeldung institutionsgenauer Indikatoren, die einen Vergleich von Einzelschulergebnissen vor dem Hintergrund nationaler Durchschnittswerte oder Standards ermöglichen sollen, sind jedoch sehr umfangreiche und differenzierte Datensätze erforderlich. Traditionell rekurrieren Indikatoren jedoch auf „macro-level data" (Glas/Scheerens/Thomas 2003, S. 208). Weil sich solche, häufig stichprobenbasierten Daten nur in eingeschränktem Maße für kleinräumige Regionen oder gar Bildungseinrichtungen herunterbrechen lassen, wird den in der vorliegenden Untersuchung diskutierten statistischen Individualdaten (englisch: individual unit records) in immer mehr Staaten große Bedeutung beigemessen.

> „Unit records provide high data resolution when needed (e.g. for tracking highly mobile students between districts and verifying data submissions), while also allowing for aggregation when analysis and reporting do not require (or permit) individual identification." (National Forum on Education Statistics 2005, S. 5)

Mit Individualdaten wird folglich zum einen für die Entscheidungsträger unterhalb der gesamtstaatlichen Ebene der Anwendungsbezug von Indikatoren, ihre Policy-Relevanz, deutlich verbessert. Zum anderen ergibt sich auch für systembezogene Indikatoren ein breiteres Informationsspektrum jenseits der Erfassung nationaler Trends, denn „disaggregate data allows for examining variation between units [...]; disaggregate data allows for better adjustments and more valid causal inferences" (Glas/Scheerens/Thomas 2003, S. 214).

Individualstatistiken könnten – mit anderen Worten – die Möglichkeit schaffen, Sachverhalte sowohl im Detail als auch innerhalb eines weiteren Kontextes empirisch abzubilden. Gerade die Streuung der Indikatorenwerte (z. B. Abschlussquoten) zwischen einzelnen Beobachtungseinheiten (Personen, Einrichtungen, Gemeinden etc.) und diesbezügliche Zusammenhangsmaße für Hintergrundmerkmale und Kontextbedingungen (wie Migrationshintergrund, Art der Einrichtung, Gebietsfläche) sollten mit Blick auf die Leistungsfähigkeit des Systems eine differenziertere Beschreibung des Zusammenspiels möglicher Einflussfaktoren auf den Abschlusserfolg ermöglichen.

DAS INDIKATORENVERSTÄNDNIS DER VORLIEGENDEN UNTERSUCHUNG

Die vorangegangen Überlegungen kennzeichnen Indikatoren als quantitative Stellvertretergrößen, die Bewertungsinformationen über zentrale Sachverhalte des komplexen Bildungsgeschehens bereitstellen sollen. Die vorliegende Untersuchung orientiert sich somit am Indikatorenkonzept der Autorengruppe Bildungsberichterstattung für Deutschland:

> „Indikatoren sind grundsätzlich konzeptionell begründet, ausdifferenziert und auf empirisch gesicherter Basis – in der Regel als eine bestimmte Kombination statistischer Kennziffern – darzustellen. Über die konzeptionelle Basis hinaus sollen Indikatoren in der Regel Handlungsrelevanz

und Anwendungsbezug haben, indem sie ein Bild aktueller oder möglicher Probleme aufzeigen." (Döbert u. a. 2009, S. 242f.)

Zwar steht dabei die Entwicklung des Systems und der einzelnen Bildungsbereiche im Vordergrund. Doch sind auch Analysen der institutionellen Gegebenheiten und zu individuellen Bildungsverläufen darin inbegriffen. Der konzeptionelle Anspruch liegt also in der Wahrung einer systembezogenen Perspektive
bei gleichzeitiger Erfassung von individuellen Bildungsvoraussetzungen, -akti-
vitäten und -ergebnissen sowie institutionellen und regionalen Kontexten. Voraussetzung hierfür sind einige Vermittlungsschritte, die ausgehend von den
konzeptionell hergeleiteten Kontext-, Input-, Prozess- und Wirkungsdimensio-
nen konkrete statistische Kennziffern operational definieren. Im Rahmen der
nationalen Bildungsberichterstattung wurden aus der Kontext-Input-Prozess-
Output-Heuristik zunächst elf steuerungsrelevante Themenbereiche abgeleitet,
die zentrale Problem- und Handlungsfelder der langfristigen Entwicklung des
Bildungswesens abdecken (Konsortium Bildungsberichterstattung 2005b, S. 7).
Demographie (Kontext); Bildungsausgaben, Personalressourcen, Bildungsan-
gebote/Bildungseinrichtungen und Bildungsbeteiligung/Bildungsteilnehmer
(Input); Umgang mit Bildungszeit, Übergänge und Qualitätssicherung/Eva-
luierung (Prozesse); Kompetenzen, Abschlüsse und Bildungserträge (Wirkungen).[20]
    Diese Themenbereiche können jeweils über ein Set von Indikatoren opera-
tionalisiert, ausdifferenziert und dargestellt werden. Im Folgenden soll diese
empirische Konkretisierung eines Indikators schematisch für das Beispiel der
Abschlusskonstellationen und -wege am Ende der allgemeinbildenden Schulzeit skizziert werden (vgl. Abb. 2). Die Aufstellung ist nicht als chronologische
Abfolge von Arbeitsschritten zur Entwicklung eines Indikators zu verstehen,
sondern sie soll die begrifflichen Zusammenhänge – vom übergeordneten Themenbereich bis hin zu statistischen Einzelmerkmalen – veranschaulichen. In

---

[20]   Inzwischen wurde die Liste dieser elf Themen in der Kontextdimension um die
        Bereiche „Wirtschaftliche Entwicklung und Arbeitsmarkt" sowie „Lebens- und
        Familienformen" erweitert. Zur Ergänzung der Prozessebene um einen neuen
        Themenbereich „Qualität der Lehr-Lern-Prozesse" wurden bislang im Rahmen der
        flankierenden Indikatorenforschung zur nationalen Bildungsberichterstattung erste
        Indikatorenkonstrukte im Schul- und Hochschulbereich erprobt (vgl. Baethge u. a.
        2011).

der Praxis laufen die damit jeweils verbundenen Entscheidungsprozesse in der Regel parallel ab und greifen wechselseitig ineinander:

1. Die bereits vorgestellten *Themenbereiche* der nationalen Bildungsberichterstattung dienen lediglich der übergeordneten Gruppierung von Aspekten der Bildungsqualität mit gleicher bzw. ähnlicher thematischer Ausrichtung. Abschlusskonstellationen und -wege am Ende der allgemeinbildenden Schulzeit z. B. sind unmittelbar mit dem Themenbereich Abschlüsse assoziiert und weisen unter der Perspektive von Bildungsverläufen zugleich starke Bezüge zum Themenbereich Übergänge auf, die es bei der Indikatorendarstellung zu berücksichtigen gilt.

2. Der mehrdimensionale Themenbereich Abschlüsse kann in einzelne *Komponenten bzw. Subdimensionen* zerlegt werden, die jeweils Einblicke in unterschiedliche Aspekte der Abschlusssituation am Ende der allgemeinbildenden Schulzeit gewähren. Hierzu zählen beispielsweise die Größenordnung der unterschiedlichen erreichten Abschlussarten (Abschlussverteilung), die Verteilung der Jugendlichen auf die einzelnen Bildungsgänge (Abschlusswege), der Zeitpunkt des Abschlusses im Lebenslauf (Abschlussalter) oder auch die mit unterschiedlichen Abschlüssen verbundenen Kompetenzen (Abschlusswertigkeit).

3. Bei der Festlegung solcher Subdimensionen ist dem gegenwärtigen Stand der Bildungsforschung, bildungspolitischen Schwerpunktsetzungen wie auch den aktuellen öffentlichen Debatten zur Qualität des Bildungswesens Rechnung zu tragen. Sind jene Aspekte des Themenbereichs bestimmt, die für eine aktuelle Zustandsbeschreibung des betrachteten Bildungsbereichs bzw. der adressierten Problemlage besonders relevant sind, stehen damit die Grundzüge des *Indikators*, das heißt seine konzeptionelle Basis.

4. Für eine quantifizierende Beschreibung der einzelnen Subdimensionen müssen geeignete Datensätze identifiziert und statistische *Kennziffern* ermittelt werden. In Abhängigkeit der Datenverfügbarkeit sind dabei jeweils die Zielpopulation (z. B. ein bestimmter Absolventenjahrgang oder eine Altersgruppe) und Variablen (z. B. Abschlussart, Geburtsjahr) zu definieren, um zunächst zu den Basisdaten zu gelangen. Da es sich hierbei in aller Regel um absolute Häufigkeiten han-

delt (Anzahl an Personen, an Abschlüssen u. ä.), müssen auch statistische Verfahren bestimmt werden, welche die Basisdaten zueinander oder aber zu Referenzdaten in Beziehung setzen (z. B. Berechnung relativer Anteile, Mittelwertbildung, Einteilung in Perzentile oder Größenklassen, Ableitung komplexerer Indizes).

5. Neben jenen Merkmalen, die als Basisdaten für das Messkonstrukt einer Kennziffer unverzichtbar sind, werden weitere *Differenzierungsmerkmale* herangezogen, nach denen die Kennziffern aufgegliedert werden können, um vertiefende Einblicke zu gewinnen. Es sind solche Hintergrundmerkmale (z. B. Geschlecht, soziale Herkunft, Art der Bildungseinrichtung, Trägerschaft der Bildungseinrichtung u. a.), über die bei entsprechender Ausdifferenzierung möglichst vieler Indikatoren unabhängig von Themenbereich und Subdimension die personenbezogenen, institutionellen sowie regionalen Kontexte fortlaufend abgebildet werden können.

Indikatoren, so lässt sich zusammenfassend festhalten, müssen also konzeptionelle Ansprüche hinsichtlich ihrer Anschlussfähigkeit an bildungspolitische Steuerungsfragen sowie an Forschungsbefunde zu Qualitätsaspekten bzw. Problemlagen im Bildungswesen mit empirischen Ansprüchen der Verfügbarkeit und Aussagefähigkeit von Daten in Einklang bringen.

Abb. 2: Beispielhafte Darstellung der Schritte zur empirischen Konkretisierung eines Indikators: „Schulabgänge mit und ohne Abschluss"

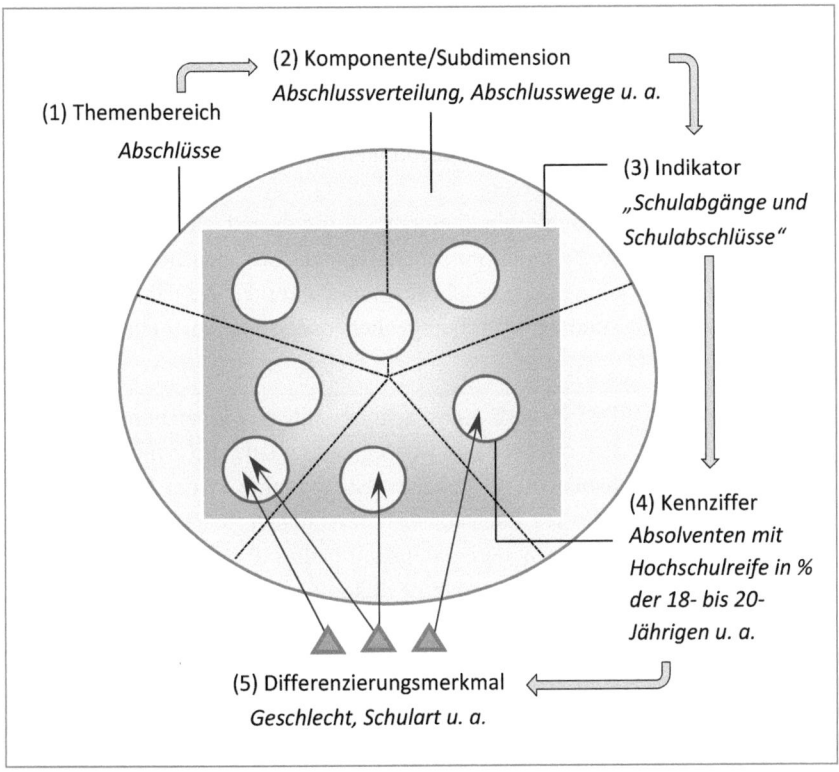

Quelle: eigene Darstellung

3.1.2   Statistische Konzepte zur Abgrenzung von Personen mit und ohne Schulabschluss

Aufgrund zunehmender Vielfalt und Regelmäßigkeit der indikatorengestützten Berichterstattung über das deutsche Bildungswesen bzw. über seine Teilbereiche existiert inzwischen eine Fülle abschlussbezogener Indikatorenansätze. Es könnte vermutet werden, dass sich mithin zentrale Problemkonstellationen beim Erwerb von Schulabschlüssen bereits adäquat beschreiben ließen und damit eine hinreichende Grundlage für Zieldiskussionen und (politische) Entscheidungen vorläge. Allerdings lässt allein der Umfang des Repertoires an

Indikatoren noch keine Schlüsse über den tatsächlichen Informationswert für die Entscheidungsträger zu. Schließlich liegt der Anspruch von indikatorengestützten Analysen gerade in der Auswahl weniger aussagekräftiger Indikatoren anstelle der additiven Aneinanderreihung einer Fülle an quantitativen Einzelinformationen. Jede (zusätzliche) Kennziffer wird durch ihren spezifischen Beitrag zum Gesamtverständnis des adressierten Problembereichs legitimiert. Die Einzelinformationen müssen sich konzeptionell notwendig ergänzen, empirisch sind sie aufeinander abzustimmen.

Die verfügbaren Abschlussindikatoren vermitteln jedoch kein geschlossenes Bild. Unterschiede zwischen Personengruppen, zwischen Institutionen und zwischen Regionen können nur bruchstückhaft abgebildet werden. Die Gründe dafür sind vielfältig und werden maßgeblich durch die verfügbaren Datengrundlagen geprägt:

Zielpopulation	Der Erwerb eines Schulabschlusses kann unmittelbar bei Personen erfasst werden, die gerade die Schule verlassen haben (z. B. Absolventen/Abgänger in der Schulstatistik) oder als höchster bisher erreichter Schulabschlusses von Personen, deren Schulzeit mehr oder weniger weit zurückliegt (z. B. Gesamtbevölkerung im Mikrozensus).
Analyseebene	Die räumlichen Differenzierungsmöglichkeiten sind meist begrenzt. Nur wenige Indikatoren lassen sich gleichermaßen auf internationaler Ebene, auf der Ebene des Bundesgebietes, der Länder, der Kreise bzw. kreisfreien Städte, der Gemeinden und der Schulen (dis)aggregieren.
Differenzierungsmerkmale	Eine Aufschlüsselung von Kennziffern nach einzelnen Hintergrundmerkmalen der Personen, Institutionen und Regionen ist nur eingeschränkt und selten in konsistenter Weise möglich. Zentrale Hintergrundmerkmale einer Person (z. B. deren soziale Herkunft) liegen häufig gar nicht oder in jeweils unterschiedlicher Abgrenzung vor.
Aufbereitung	Die Bestimmung der Bezugsgrößen und Berechnungsformeln für die Ermittlung von Kennziffern folgt keinem einheitlichen Vorgehen. Zum Teil werden selbst für die Beschreibung ein und desselben Sachverhaltes unterschiedliche Operationalisierungen herangezogen (z. B. in Form abweichender Altersabgrenzungen).

Solche Abweichungen zwischen den Indikatoren machen es schwer, die Ergebnisse im Einzelnen sinnvoll aufeinander zu beziehen und in einen Gesamtzusammenhang einzuordnen. Zusätzlich erschwert wird dies durch eine Vielzahl an Begrifflichkeiten, mit denen die Thematik des Erwerbs von Schulabschlüssen bearbeitet wird.

Im öffentlichen Diskurs wird diesbezüglich ein grundlegendes Dilemma sichtbar, das zwei Facetten aufweist: Einesteils werden Begriffe wie *Schulabbrecher* je nach Verwendungszusammenhang empirisch unterschiedlich gefasst. Hier fehlt es oft an begrifflicher Klarheit und Eindeutigkeit. In anderen Fällen bedarf es wiederum einer methodischen Abgrenzung, wenn beispielsweise Begriffe wie *Abgänger ohne Hauptschulabschluss* und *Hauptschüler ohne Abschluss* synonym verwendet werden, obwohl sich eigentlich keine identischen Personengruppen dahinter verbergen. Problematisch werden Abweichungen in der Operationalisierung oder Terminologie spätestens dann, wenn Entscheidungshandeln in Bildungspolitik, -administration oder -praxis begründet werden soll – etwa auf der Basis eines indikatorengestützen Bildungsmonitorings. Bezogen auf das Beispiel der *Abgänger ohne Hauptschulabschluss* und *Hauptschüler ohne Abschluss* – zwei sinnverwandten, aber weder in der Operationalisierung noch im Ergebnis gleichzusetzenden Bezeichnungen – liegt etwa der Trugschluss nahe, es handele sich um ein charakteristisches Problem der Hauptschulen. Entsprechende Interventionen würden jedoch bei ausschließlicher Fokussierung auf die Schulart Hauptschule nicht den tatsächlichen Problemlagen gerecht werden.

Die nächsten Abschnitte widmen sich daher systematisch der Abgrenzung der unterschiedlichen Termini für Personen, die das allgemeinbildende Schulsystem verlassen. Eine solche Bestimmung der definitorischen Grundlagen muss sich nicht zuletzt an den Konzepten orientieren, die in der Bildungsstatistik Anwendung finden.

„Absolventen"

Für Kinder und Jugendliche gibt es in Deutschland entsprechend den landesgesetzlichen Regelungen vom 6. Lebensjahr an eine in der Regel zwölfjährige Schulpflicht (vgl. Avenarius/Füssel 2008, S. 100ff.). Davon entfallen neun oder zehn Jahre (letzteres in Berlin, Brandenburg, Bremen, Nordrhein-Westfalen und Sachsen-Anhalt) auf die Pflicht zum Besuch einer allgemeinbildenden Schule. An diese Vollzeitschulpflicht schließt sich eine Teilzeitschulpflicht (Berufsschulpflicht) an, deren Dauer in den Ländern unterschiedlich geregelt

ist. Einerseits ist die Schulstruktur, das heißt vor allem die Gliederung des Sekundarbereichs I in Schularten mit unterschiedlichen Leistungsanforderungen,
in nahezu jedem Bundesland anders organisiert. Andererseits sind die wichtigs-
ten Schulabschlüsse auf der Basis von KMK-Vereinbarungen weitgehend einheitlich geregelt. In allen Ländern besteht am Ende der 9. Jahrgangsstufe die
Möglichkeit, als ersten allgemeinbildenden Abschluss den Hauptschulabschluss[21] zu erwerben (vgl. Sekretariat der KMK 2010, S. 9ff.). Als höher qualifizierende Abschlüsse werden der Mittlere Schulabschluss[22] (am Ende der 10.
Jahrgangsstufe) sowie die Fachhochschulreife (nach der 12. Jahrgangsstufe)
und die allgemeine Hochschulreife (künftig mit Ausnahme von Rheinland-
Pfalz nach der 12. Jahrgangsstufe) erteilt. Verlassen die Schülerinnen und
Schüler die allgemeinbildende Schule mit Hauptschulabschluss, Mittlerem
Schulabschluss, Fach- oder allgemeiner Hochschulreife, bezeichnet man sie als
Absolventen. Die präsentierte Darstellungsfolge der allgemeinbildenden Abschlusszertifikate spiegelt zugleich die Wertigkeit der einzelnen Abschlussarten
entsprechend ihres Anforderungsniveaus und ihrer Zugangsberechtigungen zu
weiterführenden Bildungsgängen wider. Aufgrund dessen lassen sich Schulabschlüsse   nicht   nur   als   dichotomer   Erfolgsindikator   (Abschluss   er-
reicht/Abschluss nicht erreicht) darstellen, sondern geben darüber hinaus Aufschluss über die Verteilung auf unterschiedliche Niveaustufen. Demgemäß wird
auch der Hauptschulabschluss im Allgemeinen als Minimalqualifikation des
allgemeinbildenden Schulwesens betrachtet. Personen, die die Schule verlassen, ohne zumindest den Hauptschulabschluss erreicht zu haben, können jedoch
nicht per se als Jugendliche ohne Schulabschluss bezeichnet werden. Ein Teil
dieser Jugendlichen hat durchaus ein Abschlusszeugnis erhalten, und zwar
einen spezifischen Abschluss der Förderschule.

---

21   Andere Bezeichnungen für den Hauptschulabschluss sind „Berufsbildungsreife"
      (Berlin, Brandenburg, Bremen) und „Berufsreife" (Mecklenburg-Vorpommern
      und Rheinland-Pfalz). Bei Nachweis besonderer bzw. zusätzlicher Leistungen
      kann in einigen Ländern ein „qualifizierender" oder „erweiterter" Hauptschulab-
      schluss nach der Jahrgangsstufe 9 (Bayern, Hessen, Mecklenburg-Vorpommern,
      Sachsen, Sachsen-Anhalt und Thüringen) oder der Jahrgangsstufe 10 (Berlin,
      Brandenburg, Bremen, Niedersachsen und Nordrhein-Westfalen) zuerkannt wer-
      den (vgl. Sekretariat der KMK 1997; Sekretariat der KMK 2010).

22   Er wird in den meisten Ländern „Realschulabschluss" genannt, zum Teil aber auch
      als „Fachoberschulreife" (Brandenburg und Nordrhein-Westfalen), „Mittlere Rei-
      fe" (Mecklenburg-Vorpommern), „Qualifizierter Sekundarabschluss" (Rheinland-
      Pfalz) oder „Mittlerer Bildungsabschluss" (Saarland) bezeichnet.

„Abgänger"

Schülerinnen und Schülern mit dem sonderpädagogischem Förderschwerpunkt Lernen oder Geistige Entwicklung kann nach erfolgreichem Durchlaufen der Abschlussklasse ein Abschlusszertifikat für den jeweiligen Förderschwerpunkt zuerkannt werden. Obwohl es zu diesen Abschlüssen der Förderschule[23] und den daran geknüpften Berechtigungen keine länderübergreifenden Regelungen der KMK gibt, handelt es sich doch um formale Abschlusszertifikate. Sie sind nicht zuletzt deshalb explizit zu berücksichtigen, weil Förderschülerinnen und -schüler mit Förderschwerpunkt Lernen und Geistige Entwicklung zusammen mehr als die Hälfte der Gesamtschülerzahl an Förderschulen ausmachen und in der Regel nach eigenen Richtlinien unterrichtet werden. Diese zielen nicht immer auf die Vermittlung eines herkömmlichen Schulabschlusses ab: So ist in sechs Ländern[24] die Erteilung eines Hauptschul- oder höher qualifizierenden Abschlusses für Förderschüler im Schwerpunkt Lernen gar nicht vorgesehen; im Förderschwerpunkt Geistige Entwicklung besteht in keinem Bundesland eine solche Möglichkeit.

Vor diesem Hintergrund wird offensichtlich, dass die gebräuchliche Verwendung des Begriffs Jugendliche ohne Schulabschluss im Sinne derjenigen, die nicht über den Hauptschulabschluss verfügen, keine treffende Situationsbeschreibung liefert und mithin zu Fehlinterpretationen führen kann. Schülerinnen und Schüler, die nach Vollendung der Vollzeitschulpflicht ohne (zumindest) den Hauptschulabschluss die Schule verlassen und auf keine andere allgemeinbildende Schule wechseln, sind stattdessen als *Abgänger* zu bezeichnen (vgl. Sekretariat der KMK 2008b, S. 46). Um tatsächlich die Gruppe der Jugendlichen ohne Schulabschluss adäquat beschreiben und quantifizieren zu können, bedarf es einer zusätzlichen, internen Differenzierung der Abgängerpopulation in diejenigen mit formalem Abschluss des Förderschwerpunktes Lernen oder Geistige Entwicklung und diejenigen ohne jeden Qualifikationsnachweis einer allgemeinbildenden Schule.

---

23 Als Förderschulen werden hier gemäß Definition der KMK alle (selbständigen) allgemeinbildenden schulischen Einrichtungen bezeichnet, die „der Förderung und Betreuung körperlich, geistig und emotional benachteiligter sowie sozial gefährdeter Kinder" (Sekretariat der KMK 2008b, S. 13) dienen, das heißt ausschließlich Schülerinnen und Schüler mit sonderpädagogischem Förderbedarf unterrichten.

24 Dabei handelt es sich im Einzelnen um Baden-Württemberg, Bayern, Brandenburg, Hessen, das Saarland und Schleswig-Holstein.

„Abbrecher"

Häufig taucht auch bei Personen, die ohne Hauptschulabschluss von der Schule
abgehen, der Begriff des Schulabbrechers auf. Zwar steht dies auf den ersten
Blick im Einklang mit der Forschungsliteratur zum Thema Schulabbruch (im
Englischen: dropout), denn hier werden zwei Formen des Schulabbruchs unterschieden: „Schulabbruch in der Sekundarschulphase ohne die Schulpflicht
beendet zu haben" und „Schulabbruch ohne qualifizierenden Abschluss für den
Arbeitsmarkt oder für weiterführende Schulen" (Ricking/Schulze/Wittrock
2009, S. 24). Doch für das Phänomen Schulabbruch ist „die Vorzeitigkeit der
Schulbeendigung [...] definitorisch ausschlaggebend" (ebd., S. 24). Wie oben
beschrieben trifft dies nicht für alle Personen ohne Hauptschulabschluss zu.
Eingedenk der skizzierten Abschlussregelungen für die Förderschwerpunkte
Lernen und Geistige Entwicklung beenden viele Förderschüler ohne Haupt-
schulabschluss ihre Schullaufbahn keineswegs vorzeitig, sondern regulär. Hier
greift also der Begriff der Abgänger. Als *Abbrecher* können hingegen nur jene
Personen gelten, die ohne jedes Abschlusszertifikat noch vor Vollendung der
Vollzeitschulpflicht die Schule verlassen.

„Schulentlassene" und „Wechsler"

Um schließlich zu berücksichtigen, dass einige Schülerinnen und Schüler in
einer anderen Einrichtung ihre Schullaufbahn fortsetzen, wird in der Statistik
der Begriff des *Schulentlassenen* von den bisher genannten abgegrenzt. Nur
wer das allgemeinbildende Schulwesen in Richtung Berufsausbildung, Hochschule oder Arbeitsmarkt verlässt – sei es mit oder ohne Abschluss – zählt zu
den Schulentlassenen. Mit dieser Kategorie werden in der Schulstatistik Doppelzählungen von Schülerinnen und Schülern vermieden, die nach dem Verlassen einer Schule im allgemeinbildenden Schulwesen verbleiben, um einen
höherwertigen Abschluss anzustreben. Bei der Absolventenzahl kommt es in
solchen Fällen zu zeitversetzten Doppelzählungen, z. B. bei Jugendlichen mit
Mittlerem Abschluss, die danach in der gymnasialen Oberstufe das Abitur anstreben. Bei diesen Personen handelt es sich genau genommen um *Wechsler*
innerhalb des allgemeinbildenden Schulwesens, die als Absolventen zählen, bei
den Schulentlassenen aber unberücksichtigt bleiben. Ein großes Defizit der
Schulstatistik war bislang, dass der Wechsel von allgemeinbildenden in berufliche Schulen nicht in dieser definitorischen Abgrenzung erfasst wird. Zwar
holen auch immer mehr Jugendliche an beruflichen Schulen einen allgemeinbildenden Schulabschluss nach. Doch können diejenigen, die im Zeitverlauf

mehr als einen Bildungsgang an allgemeinbildenden und beruflichen Schulen absolviert haben, nicht systematisch über die Statistik ermittelt werden.

Die nachstehende Übersicht veranschaulicht die skizzierte begriffliche Systematik in komprimierter Form.

Abb. 3: Schematische Darstellung zur definitorischen Abgrenzung der Personengruppen beim Verlassen allgemeinbildender Schulen

	Abschluss	Schulpflicht	Verbleib	
Absolvent	Mit (Fach-) Hochschulreife, Mittlerem Abschluss oder Hauptschulabschluss	Vollendung der Vollzeitschulpflicht	Kein Wechsel in andere allgemeinbildende Schulart	Wechsel in andere allgemeinbildende Schulart
Abgänger	Mit Abschluss der Förderschule im Schwerpunkt Lernen/Geistige Entwicklung oder ohne Abschluss	Vollendung der Vollzeitschulpflicht	Kein Wechsel in andere allgemeinbildende Schulart	(Wechsel in andere allgemeinbildende Schulart)
darunter: **Abbrecher**	Ohne Abschluss	Ohne Vollendung der Vollzeitschulpflicht		

(rechts vertikal: Wechsler)

Quelle: eigene Darstellung

3.2 Datengrundlagen: Von Summendaten zu Individualdaten

In Anknüpfung an die Ausführungen zur Bildungsstatistik im Allgemeinen (vgl. Abschnitt 2.3) soll nun ein systematischerer Überblick über die schulstatistischen Grundlagen für Verlaufsanalysen am Ende der allgemeinbildenden Schulzeit gegeben werden. Damit sollen in methodischer Hinsicht die Hintergründe der Umstellung von Summen- auf Individualstatistiken dargelegt werden, die zu einer Steigerung des Potentials amtlicher Schulstatistiken für die Entwicklung von Verlaufsindikatoren geführt haben. Die Darstellung der Datenstrukturen und der Datenströme basiert im Wesentlichen auf standardisierten Umfragen und ergänzenden Recherchen in den Statistischen Landesämtern und Kultusministerien der Länder.

3.2.1   Das Datensegment der Absolventen/Abgänger

Die Abfrage von schulstatistischen Daten bei den Einzelschulen erfolgt zu Beginn eines jeden Schuljahres in Form verschiedener Datensegmente. Unterschieden werden üblicherweise Angaben zu

- Schulen,
- Klassen,
- Schülerinnen und Schülern,
- Absolventen/Abgängern,
- Lehrkräften und
- Unterrichtseinheiten/-stunden.

Die Unterscheidung in Schülerinnen und Schüler auf der einen und Absolventen/Abgänger auf der anderen Seite ist bedeutsam, da sie Auswirkungen auf die denkbaren Analyseperspektiven einer Sekundärforschung hat: Als Schülerinnen und Schüler werden Personen statistisch gemeldet, wenn sie im laufenden Schuljahr eine Schule besuchen (*Schülerbestand*), während als Absolventen/Abgänger jene Personen erfasst werden, die im vergangenen Schuljahr von der Schule abgegangen sind (*Schülerbewegungen*). Weil niemand zugleich als Schülerin bzw. Schüler *und* als Absolvent/Abgänger in die Statistik eines Schuljahres eingeht, bestimmte Variablen aber nur im Schülerdatensatz erfasst werden, ist der fehlende Personenbezug zwischen diesen beiden Datensegmenten besonders zu beklagen.

Die Schulstatistik – und nur diese – liefert über das Datensegment der Absolventen/Abgänger Angaben zu allen Personen, die im Erhebungsjahr eine Schule verlassen und dabei ein Abschlusszertifikat erlangt bzw. nicht erlangt haben. Darin unterscheiden sich die schulstatistischen Abschlussdaten von jenen aus anderen groß angelegten Erhebungen. So wird der Schulabschluss im Mikrozensus, im Sozio-Oekonomischen Panel und anderen stichprobenbasierten

Haushalts- und Personenbefragungen als höchstes bisher erreichtes Qualifikationsniveau unabhängig vom Zeitpunkt des Abschlusserwerbs bei einzelnen Personen erfragt. Es handelt sich nicht um Absolventen-/Ab-gängerdaten im eigentlichen Sinne. In der Schulstatistik hingegen steht die Abschlussinformation tatsächlich für die Beendigung eines Bildungsgangs, sobald eine Person eine Einrichtung verlässt. Auf diese Weise lassen sich für jedes einzelne Schuljahr Aussagen über die komplette Abschlusskohorte treffen.

Obwohl es in der Bezeichnung nicht zum Ausdruck kommt, werden über das Datensegment der Absolventen/Abgänger sämtliche zuvor genannten Personengruppen – Absolventen, Abgänger, Abbrecher, Schulentlassene und Wechsler – ermittelt.[25] Welcher Sachverhalt jeweils vorliegt, wenn eine Person eine Schule verlässt, ergibt sich entsprechend der Ausführungen im letzten Abschnitt aus der Art des erreichten bzw. nicht erreichten Abschlusses sowie dem Verbleib der betreffenden Person (vgl. Abschnitt 3.1.2). In den einzelnen Ländern werden dazu unterschiedliche Systematiken der Abschlussarten herangezogen, die jeweils die landesspezifische Ausgestaltung der übergreifenden KMK-Abschlussregelungen (Sekretariat der KMK 2010) widerspiegeln. Durch Umfragen und Recherchen bei den Statistischen Landesämtern konnte eine umfassende Dokumentation erstellt werden, die die Zuordnungen der Landesklassifikationen zu den fünf Oberkategorien des Statistischen Bundesamts und der KMK verdeutlicht (ohne Hauptschulabschluss, mit Hauptschulabschluss, mit Mittlerem Schulabschluss, mit Fachhochschulreife, mit allgemeiner Hochschulreife). Diese Zusammenstellung verweist auf eine große Heterogenität in der Differenziertheit der Daten.

- So gibt es erstens in den Ländern, die neben dem ‚einfachen' Hauptschulabschluss bei Nachweis besonderer Leistungen einen ‚qualifizierenden' (auch: qualifizierten, erweiterten) Hauptschulabschluss vergeben, auch eine entsprechende statistische Unterscheidung (Bayern, Berlin, Brandenburg, Bremen, Hessen, Mecklenburg-Vorpommern, Nordrhein-Westfalen, Sachsen, Sachsen-Anhalt und Thüringen).

- Zweitens differenzieren sechs Länder beim Mittleren Schulabschluss zwischen Schulentlassenen und Versetzten mit Übergangsberechtigung

---

25 Daher werden Absolventen, Abgänger, Abbrecher, Schulentlassene und Wechsler auch oftmals statistisch unter dem angemesseneren Begriff der *Schülerbewegungen* subsumiert.

in die gymnasiale Oberstufe (Baden-Württemberg, Bayern, Berlin, Brandenburg, Hessen, Niedersachsen).

- Und drittens wird in fünf Ländern nicht die Fachhochschulreife ausgewiesen, da dieser Abschluss an allgemeinbildenden Schulen nicht erworben werden kann (Berlin, Bremen, Hessen, Sachsen und Thüringen).

Als Gemeinsamkeit der Landesstatistiken sind Differenzierungen auch unterhalb des Qualifikationsniveaus eines Hauptschulabschlusses hervorzuheben. Da mit Ausnahme Hamburgs in allen Ländern Abgänger ohne jeden Abschluss von jenen mit einem spezifischen Zertifikat der Förderschule unterschieden werden können, lässt sich innerhalb der Abgängerpopulation auch Schulabbruch im oben beschriebenen Sinne abbilden.

Anhand der Absolventen-/Abgängerzahlen in ihrer Aufteilung nach Abschlussarten lässt sich bestimmen, wie viele Schülerinnen und Schüler im Erhebungsjahr die Schule mit bzw. ohne einen der genannten Abschlüsse verlassen haben. Bis auf Analysemöglichkeiten in Zeitreihe hat diese Zahl der erreichten Schulabschlüsse für sich genommen allerdings nur geringen Informationswert, gibt sie doch keinerlei Aufschlüsse über den Hintergrund der Schulen oder der Schülerinnen und Schüler. Entscheidend für eine Kontextualisierung ist, in welcher tiefer gehenden Untergliederung die Daten vorliegen. Über die grundlegende Unterscheidung nach Abschlussarten hinausgehend umfasst das Datensegment der Absolventen/Abgänger deswegen in allen Ländern weitere Hintergrundmerkmale, die eine vertiefende Aufschlüsselung nach Personen- oder institutionellen Merkmalen wie z. B. Geschlecht, Staatsangehörigkeit, Jahrgangsstufe oder Schulart gestatten. Umfang und Kombinationsmöglichkeiten solcher Hintergrundmerkmale variieren wiederum zwischen den Ländern. Ausschlaggebend ist vor allem, welche Erhebungsmethodik der jeweiligen Schulstatistik zugrunde liegt.

3.2.2 Das „Strichlisten-Prinzip" der Summenstatistik

ERHEBUNG

Organisatorisch und technisch wird die Schulstatistik traditionell in Form von Summendaten erhoben. Nach diesem Prinzip werden von jeder Schule auf Basis ihrer internen Verwaltungsunterlagen statistische Fragebögen bzw. elektronische Tabellen mit Angaben über die oben genannten Datensegmente ausgefüllt. Hierzu wurden die Informationen bis in die 1990er Jahre anhand von Karteikarten und dann zunehmend über elektronische Verzeichnisse im Sinne einer Strichliste summarisch zusammengestellt. Dieses Prinzip bestimmte bis vor wenigen Jahren die gesamte Schulstatistik, inzwischen gilt dies nur noch für wenige Länder und Datensegmente.

Zusammengefasste, auf Schulebene aggregierte Angaben zur Zahl der Absolventen/Abgänger in einer Unterscheidung nach Abschlussarten und Geschlecht genügten lange Zeit für Zwecke der Bildungsplanung, um z. B. zu beantworten, wie viele Schüler in den einzelnen Regionen eine Schule mit Hauptschulabschluss verlassen haben. Über diese summarischen Basisdaten gingen alle Länder in jeweils unterschiedlicher Differenzierungstiefe hinaus, indem unter anderem das Geschlecht und der Ausländerstatus der Absolventen/Abgänger abgefragt wurden. Mit jedem zusätzlichem Differenzierungsmerkmal erhöht sich allerdings die tabellarische Komplexität einer Summenabfrage und damit auch der Aufwand und die Fehleranfälligkeit jeder Datenzusammenstellung für die jährliche Meldung durch die Schulen. Um dies zu vermeiden, stellte man nicht nur für jedes Datensegment sondern auch für einzelne Merkmalskombinationen innerhalb der Datensegmente separate Tabellenanforderungen. Der nachstehende Auszug eines statistischen Fragebogens für Berliner Hauptschulen veranschaulicht diese Erhebungsmethodik am konkreten Beispiel des Schülerbestands am Ende des Schuljahres 2007/08 (vgl. Abb.4). Um zu den Summenwerten der Absolventen, der Abgänger, der Abbrecher, der Schulentlassenen und der Wechsler zu gelangen, meldet jede Schule ihre aggregierten Informationen zu (1) Schülerbewegungen während des Schuljahres, (2) zum Schülerbestand am Ende des Schuljahres, (3) zu den Versetzungsergebnissen, (4) zum Verbleib am Ende des Schuljahres sowie (5 und 6) zu den erworbenen Abschlüssen. Diese Merkmalsbereiche stehen in direktem Bezug zueinander, da unterschiedliche Teilmengen desselben Schülerbestands ausgewiesen werden (z. B. Punkte 3.1 bis 3.4 sowie Punkte 4.1 bis 4.3 als Unterpositionen von Punkt 2). Die schrittweise Erhebung in Form getrennter Zeilenblöcke macht allerdings eine empirische Verknüpfung der jeweils erfassten Merkmalsausprägungen unmöglich. Mit Blick etwa auf die Versetzungsergebnisse auf der einen und den weiteren Verbleib der Schülerinnen und Schüler auf der anderen Seite kann so z. B. nicht die Zahl der nicht versetzten Schülerinnen und Schüler (Punkt 3.2 und 3.3) unter den Schulentlassenen (Punkt 4.3) ermittelt werden.

Abb. 4: Auszug aus einem statistischen Fragebogen der Berliner Senatsverwaltung (Hauptschulen: Schülerbestand am Ende des Schuljahres 2007/08)

	Schüler insgesamt	Schüler nichtdeutscher Herkunftssprache	Ausländische Schüler

1. Schülerbewegung im Laufe des Schuljahres 2007/08

1.1 **Übergänger** auf eine andere allgemein bildende Schule — insgesamt / insgesamt

a) andere Hauptschule .... 502 ☐   512 ☐

b) Realschule .... 503 ☐   513 ☐

c) Gymnasium .... 504 ☐   514 ☐

d) Gesamtschule bzw. Freie Waldorfschule .... 505 ☐   515 ☐

e) Schule mit sonderpädagogischem Förderschwerpunkt .... 506 ☐   516 ☐

	männlich	weiblich		männlich	weiblich

1.2 **Abgänger** .... 033 ☐ 035 ☐   238 ☐   248 ☐ 249 ☐
(ohne Übergänger auf andere allgemein bildende Schulen)

2. Bestand am Ende des Schuljahres 2007/08 .... 036 ☐ 037 ☐   236 ☐   246 ☐ 247 ☐

3. Versetzungsergebnis
unter Einbeziehung der Schüler, die die Schule verlassen — männlich / weiblich

3.1 **Versetzte** (ohne Schüler gemäß Punkte 3.2 und 3.4) .... 042 ☐ 047 ☐
· *(Schüler, die das Klassenziel erreicht haben)*

darunter mit **bestandener** Nachversetzung .... 045 ☐ 050 ☐

3.2 **Freiwillige Wiederholer** .... 043 ☐ 048 ☐
(Versetzte , die die Jahrgangsstufe freiwillig wiederholen)

3.3 **Nicht Versetzte** .... 044 ☐ 049 ☐
(Schüler, die das Klassenziel nicht erreicht haben)

darunter mit **nicht bestandener** Nachversetzung .... 046 ☐ 051 ☐

3.4 **Zieldifferent** Unterrichtete .... 055 ☐ 056 ☐
Die Summe der Punkte 3.1 bis 3.4 muss mit Punkt 2. übereinstimmen.

4. Verbleib nach Beendigung des Schuljahres — männlich / weiblich / insgesamt / männlich / weiblich

4.1 **Verbleib** in der **Mittelstufe** insgesamt .... 060 ☐ 061 ☐   446 ☐   456 ☐ 457 ☐
darunter **Schulwechsler** auf ein(e) — insgesamt

a) andere Hauptschule .... 522 ☐   532 ☐

b) Realschule .... 523 ☐   533 ☐

c) Gymnasium .... 524 ☐   534 ☐

d) Gesamtschule bzw. Freie Waldorfschule .... 525 ☐   535 ☐

e) Schule mit sonderpädagogischem Förderschwerpunkt .... 526 ☐   536 ☐

	männlich	weiblich		männlich	weiblich

4.2 **Übergänger** in die **(gymnasiale) Oberstufe** .... 402 ☐ 403 ☐   406 ☐   410 ☐ 411 ☐
einschl. berufliches Gymnasium

4.3 **Abgänger** .... 066 ☐ 067 ☐   462 ☐   472 ☐ 473 ☐
(ohne Übergänger auf andere allgemein bildende Schulen)
Die Summe der Punkte 4.1 bis 4.3 muss mit Punkt 2. übereinstimmen.

5. Abgänger insgesamt .... ☐   ☐   ☐   ☐ ☐
Die Summe der Punkte 1.2 und 4.3 muss mit Punkt 5. übereinstimmen.
Unter Punkt 6. sind diese Angaben nach dem erreichten Abschluss aufzugliedern.

Quelle: Statistisches Landesamt Berlin-Brandenburg

Um zu den Summenwerten der Absolventen, der Abgänger, der Abbrecher, der Schulentlassenen und der Wechsler zu gelangen, meldet jede Schule ihre aggregierten Informationen zu (1) Schülerbewegungen während des Schuljahres, (2) zum Schülerbestand am Ende des Schuljahres, (3) zu den Versetzungsergebnissen, (4) zum Verbleib am Ende des Schuljahres sowie (5 und 6) zu den erworbenen Abschlüssen. Diese Merkmalsbereiche stehen in direktem Bezug zueinander, da unterschiedliche Teilmengen desselben Schülerbestands ausgewiesen werden (z. B. Punkte 3.1 bis 3.4 sowie Punkte 4.1 bis 4.3 als Unterpositionen von Punkt 2). Die schrittweise Erhebung in Form getrennter Zeilenblöcke macht allerdings eine empirische Verknüpfung der jeweils erfassten Merkmalsausprägungen unmöglich. Mit Blick etwa auf die Versetzungsergebnisse auf der einen und den weiteren Verbleib der Schülerinnen und Schüler auf der anderen Seite kann so z. B. nicht die Zahl der Nicht-Versetzten (Punkt 3.2 und 3.3) unter den Schulentlassenen (Punkt 4.3) ermittelt werden.

Innerhalb der sechs Zeilenblöcke werden im Beispielfragebogen als zusätzliche Informationen die drei Personenmerkmale Geschlecht, Herkunftssprache und Ausländerstatus spaltenweise miterhoben. Aufgrund der summarischen Abfrage ist auch hier die Verknüpfbarkeit deutlich eingeschränkt. Lediglich für Geschlecht und Ausländerstatus ist eine durchgängig kombinierte Abfrage vorgesehen. Hingegen ist weder eine Kombination von Herkunftssprache und Ausländerstatus möglich, noch lassen sich Angaben zur Herkunftssprache nach Geschlecht differenzieren. Es kann somit z. B. nicht ermittelt werden, wie viele Muttersprachler eine ausländische Staatsangehörigkeit besitzen und männlich sind. Geschlechtsspezifische Disparitäten im Erwerb von Schulabschlüssen lassen sich auf dieser Datengrundlage lediglich zwischen deutschen und ausländischen Absolventen/Abgängern abbilden.

AUFBEREITUNG

Die auf dem skizzierten Weg gewonnenen Absolventen-/Abgängersummen wurden bzw. werden von den Schulen an das zuständige Statistische Landesamt oder Ministerium weitergeleitet und dort zu schulübergreifenden Datensätzen zusammengeführt. Die Art der Aufbereitung soll am Beispiel eines vom Landesamt Rheinland-Pfalz zur Verfügung gestellten Summendatensatzes der Absolventen/Abgänger 2004 illustriert werden (vgl. Abb. 5).

Damit lässt sich unter der Perspektive von Bildungsverläufen am Ende der allgemeinbildenden Schulzeit nicht nur die Art sondern auch der Zeitpunkt des Abschlusses/Abganges bestimmen. So haben beispielsweise an der ersten Schule im Beispieldatensatz (Zeilen 1 und 2) die meisten Abgänger ohne Hauptschulabschluss bereits in den Jahrgangsstufen 6 bis 8 die Schule verlassen. Die Hintergründe dieses frühzeitigen Abgangs bleiben der Statistik jedoch verborgen. Ob die Jugendlichen z. B. vorzeitig die Schule abgebrochen oder aufgrund von Klassenwiederholungen die Vollzeitschulpflicht bereits erfüllt haben, kann nicht aus den Daten abgeleitet werden. Dazu bedürfte es zusätzlicher Differenzierungen nach verlaufsbezogenen Merkmalen wie Geburtsjahr, Einschulungsjahr oder Klassenwiederholung. Dieses Defizit weist weit über das hier gewählte Beispiel hinaus. So konstatieren Avenarius u. a. im Ergebnis einer länderübergreifenden Analyse des schulstatistischen Datenangebotes im Jahr 2003 die größten Datenlücken mit Blick auf das Geburtsjahr der Absolventen/Abgänger in ihrer Verteilung auf die Jahrgangsstufen (Avenarius u. a. 2003b, S. 47ff.). Abschlüsse wurden zum Zeitpunkt der damaligen Analyse nicht flächendeckend in Verknüpfung dieser beiden Merkmale erhoben.

> „Das Geburtsjahr der Schüler wird in fünf Ländern nicht jährlich oder nicht in Verbindung mit der Klassenstufe erhoben, was den Sinn einer Erhebung überhaupt in Frage stellt. Insbesondere lassen sich ohne die Verbindung zur Klassenstufe kaum ,überalterte' Schüler (verspätete Einschulung und/oder Wiederholung einer oder mehrerer Klassenstufen) identifizieren. Da aber Längsschnittanalysen von Bildungsverläufen mit der amtlichen Schulstatistik nicht möglich sind [...], ist das Alter der Schüler ein wichtiger Hinweis auf gehäufte schulische Misserfolgskarrieren." (ebd. 2003b, S. 50)

Die Lücken im Angebot schulstatistischer Summendaten betreffen also nicht zuletzt auch solche Angaben, deren Kombination zumindest eine Annäherung an Verlaufsindikatoren gestatten würde. Trotz der durchaus hohen Komplexität im Aufbau des exemplarisch vorgestellten Summendatensatzes ist auch hier ein solcher analytischer Ansatzpunkt aufgrund fehlender retrospektiver Informationen nicht gegeben.

Abb. 5: Auszug aus einem Summendatensatz zu Absolventen/Abgängern allgemeinbildender Schulen 2004)

SF	Kreis	RS text	SNR	KURZ	Nation	Sex	ohneHSbis5	ohneHSbis6	ohneHSbis7	ohneHSbis8	ohneHSbis9	ohneHSbis1d	mitHS9
12	13300	Öffentliche	#####	......	insgesamt	männlich	0	1	1	7	1	0	4
12	13300	Öffentliche	#####	......	insgesamt	weiblich	0	1	1	2	3	0	4
12	13300	Öffentliche	#####		insgesamt	weiblich	0	0	1	1	4	0	2
12	13300	Öffentliche	#####	......	insgesamt	männlich	0	0	0	1	4	0	3
12	13302	Öffentliche	#####		insgesamt	weiblich	0	0	1	0	0	0	1
12	13302	Öffentliche	#####		insgesamt	männlich	0	0	1	2	0	0	2
12	13304	Öffentliche	#####		insgesamt	weiblich	0	0	0	0	1	0	1
12	13304	Öffentliche	#####	......	insgesamt	männlich	0	0	0	2	0	0	2
12	13306	Private Sch	#####		insgesamt	weiblich	0	0	0	1	1	0	2
12	13306	Private Sch	#####	......	insgesamt	weiblich	0	0	0	0	0	0	2
12	13306	Öffentliche	#####		insgesamt	weiblich	0	0	0	0	0	0	1
12	13306	Öffentliche	#####		insgesamt	männlich	0	0	0	0	0	0	3
12	13307	Öffentliche	#####		insgesamt	männlich	0	0	2	2	0	0	3
12	13307	Öffentliche	#####	......	insgesamt	weiblich	0	0	1	1	0	0	1
12	13400	Öffentliche	#####		insgesamt	weiblich	0	0	0	0	3	0	1
12	13400	Öffentliche	#####		insgesamt	männlich	0	0	0	0	2	0	1
12	13400	Öffentliche	#####		insgesamt	weiblich	0	0	0	0	1	0	1
12	13400	Öffentliche	#####		insgesamt	männlich	0	0	2	2	0	0	1
12	13400	Öffentliche	#####		insgesamt	weiblich	0	0	0	1	0	0	1
12	13400	Öffentliche	#####	......	insgesamt	männlich	0	0	0	3	2	0	1
12	13402	Öffentliche	#####		insgesamt	weiblich	0	0	0	8	5	0	1
12	13402	Öffentliche	#####		insgesamt	männlich	0	0	0	7	2	0	1
12	13500	Öffentliche	#####		insgesamt	männlich	0	0	0	1	0	0	2
12	13503	Öffentliche	#####		insgesamt	weiblich	0	0	0	1	0	0	2
12	13503	Öffentliche	#####		insgesamt	weiblich	0	0	0	0	0	0	0

Absolventen insgesamt | Absolventen Ausländer | Absolventen Förderschulen | Absolventen FOES Ausländer

Getrennte Datenblätter für Ausländer und Förderschulen

Absolventen FOES Ausländer

Quelle: Statistisches Landesamt Rheinland-Pfalz

Es besteht ein gewichtiger Unterschied zwischen der Verfügbarkeit der um-
fangreichen einzelschulbezogenen Schulstatistik und der Veröffentlichung
dieses Datenmaterials. Welche der Informationen den geschützten, amtlichen
Bereich verlassen dürfen, hängt von datenschutzgesetzlichen Gesichtspunkten
ab.

> „Auch ein indirekter Personenbezug eines Evaluations- oder Inspektions-
> berichtes hat zur Folge, dass das Datenschutzrecht zu berücksichtigen
> ist." (Dix 2011, S. 35)

Ein solcher Personenbezug ist auch im vorliegenden Beispieldatensatz rekon-
struierbar, und zwar dann, wenn es trotz Summenbildung zum Ausweis einzelner Fälle in den Zellen kommt. Insofern handelt es sich selbst beim Gemeinde-
schlüssel, der Schul-Identifikationsnummer und dem Schulnamen, um sensible
Merkmale. Denn unter Einschluss dieser Schlüsselmerkmale wäre z. B. ables-
bar, an welcher konkreten Hauptschule sowohl ein Junge als auch ein Mädchen
nach der 6. Jahrgansstufe ohne Hauptschulabschluss von der Schule gingen
(Zeilen 1 und 2 der Abb. 5). Mit Blick auf die ausländischen Absolventen-
/Abgängerzahlen in ihrer summarischen Aufschlüsselung nach einzelnen Nationalitäten sind Einzelfälle sogar eher die Regel als die Ausnahme (ohne Abbildung). Angesichts des daraus entstehenden Risikos, einzelne, reale Personen
zurückverfolgen zu können, sind schulstatistische Originaldaten nicht für eine
Veröffentlichung vorgesehen.

Für die Öffentlichkeit werden stattdessen in den Landesämtern bzw.
-behörden die komplexen Datentabellen weiter aggregiert und auszugsweise
über statistische Publikationsreihen zur Verfügung gestellt. Bevor amtliche
Schulstatistiken publik gemacht werden, kommt es damit zu zusätzlichen Einschränkungen der Auswertungsoptionen. Der Rückbezug zu den Einzelschulen
wird ausgeschlossen, indem mindestens Summen auf Gemeindeebene gebildet
werden. In aller Regel handelt es sich um knappe tabellarische Zusammenstel-
lungen von Struktur- und Basisdaten, das heißt wenigen zentralen Merkmalskombinationen zu den einzelnen schulstatistischen Datensegmenten. Parallel zu
der landesspezifischen Veröffentlichungspraxis wird eine festgelegte Schnittmenge aller Landesdaten an das Statistische Bundesamt und an das Sekretariat
der Kultusministerkonferenz weitergeleitet. Dort werden die Daten für bundesweite Auswertungen überschneidungsfrei, nach einheitlichen Methoden zusammengefasst. Auch hier erscheinen im Ergebnis jährlich eine Reihe statisti-

scher Veröffentlichungen mit Summentabellen, auf welche für länderübergreifende Sekundäranalysen zurückgegriffen werden kann.[26]

Neben dem Datenschutz ist es auch dem Gebot der Übersichtlichkeit sowie
dem eingeschränkten Umfang der genannten statistischen Publikationen geschuldet, dass eine nochmalige Informationsreduktion erfolgt. In der Regel
gestattet ein überschaubarer Tabellenaufbau allenfalls noch eine Differenzierung der Absolventen-/Abgängerzahlen nach zwei bis drei Merkmalen (z. B.
Abschlussart, Geschlecht und Schulart), je nach Anzahl der einzelnen Merkmalsausprägungen aber mitunter auch deutlich weniger. Mehrere Seiten kann
etwa bereits eine univariate Tabelle zu den Schulabschlüssen nach einzelnen
Nationalitäten beanspruchen. Im Vergleich dazu umfasst der exemplarische
Summendatensatz aus Rheinland-Pfalz neben der Nationalität immerhin sechs
weitere, uneingeschränkt verknüpfbare Merkmale (Schulart, Kreis/Gemeinde
des Schulstandortes, Rechtsstatus der Schule, Geschlecht, Abschlussart, und
Jahrgangsstufe; vgl. Abb. 5).

Um an differenzierte Merkmalskombinationen zu gelangen, die nicht zum
Standardprogramm amtlicher Veröffentlichungen gehören, bedarf es einer
Sonderauswertung der betreffenden Datenbestände. Dies gilt in besonderer
Weise für die Nutzung der vollständigen Datensätze mit Einzelschulangaben,
wie sie für Rheinland-Pfalz vorgestellt wurden. Über die Infrastruktur der 2002
gegründeten Forschungsdatenzentren der Statistischen Ämter (FDZ) können
aber auch solche Mikrodaten für Forschungszwecke beantragt werden. Je nach
Anonymität der Daten und geplanter Auswertungsstrategie stehen bei einer
Bewilligung des Forschungsvorhabens als Zugangswege Gastwissenschaftler-
arbeitsplätze in den FDZ, eine kontrollierte Datenfernverarbeitung oder die
Bereitstellung so genannter Use-Files außerhalb der FDZ zur Verfügung (vgl.
www.forschungsdatenzentrum.de). Aber auch hier gilt: Eine Veröffentlichung
der mit den Mikrodaten erzielten Analyseergebnisse steht unter dem Vorbehalt,

---

26 Statistisches Bundesamt: „Allgemeinbildende Schulen" (Fachserie 11, Reihe 1);
    „Private Schulen" (Fachserie 11 Reihe 1.1) /Statistische Ämter des Bundes und
    der Länder: „Internationale Bildungsindikatoren im Ländervergleich"; „Statistik
    regional – Daten für die Kreise und kreisfreien Städte Deutschlands" /Sekretariat
    der Kultusministerkonferenz: „Schüler, Klassen, Lehrer und Absolventen der
    Schulen"; „Sonderpädagogische Förderung in Schulen"; „Allgemeinbildende
    Schulen in Ganztagsform in den Ländern in der Bundesrepublik Deutschland"
    (vgl. www.destatis.de, www.kmk.org).

einer statistischen Geheimhaltungsprüfung standzuhalten. Einzelschulische Absolventen-/Abgängerdaten wie etwa ein Vergleich der Abbrecherquoten verschiedener Schulen würden in einigen Ländern bislang nicht für die Öffentlichkeit freigegeben. Hier sind vom Datennutzer alternative Analysestrategien zu entwickeln, z. B. durch die Bestimmung von Perzentilen, die Einteilung in Größenklassen, die Clusterung nach Typen oder sonstige Verfahren der Datenaggregation.

Der erste Überblick über Struktur und Prozessablauf der Summenstatistik zeichnet ein ausgesprochen eingeschränktes Bild für die Untersuchung von Bildungsverläufen am Ende der allgemeinbildenden Schulzeit. Das traditionelle Erhebungsprinzip eröffnet lediglich geringfügige Verknüpfungsmöglichkeiten für eine beschränkte Anzahl an Merkmalen. Für eine indikatorengestützte Bildungsberichterstattung ist dies problematisch, denn ihr „analytisches Potential [...] beruht im Wesentlichen darauf, dass statistische Größen verknüpft werden (connectivity)" (Klieme u. a. 2006, S. 143). Bevor anhand charakteristischer Auswertungen die Befundlage der Sekundärforschung mit Summendaten beschrieben wird, soll zunächst das Bild der schulstatistischen Datenstrukturen und Datenströme mit Blick auf aktuelle Entwicklungen vervollständigt werden. Wie bereits mehrfach angesprochen wurde, zeichnet sich unter dem Schlagwort *Individualdaten* im Laufe des letzten Jahrzehnts eine grundlegende Modernisierung der amtlichen Schulstatistik ab. Im nachfolgenden Abschnitt wird der Frage nachgegangen, was genau sich dahinter verbirgt und zugleich dokumentiert, wie weit diese Entwicklung in der Bundesrepublik Deutschland fortgeschritten ist.

3.2.3   Der Übergang zur Individualstatistik

HINTERGRUND – ZUM KERNDATENSATZ SCHULSTATISTISCHER INDIVIDUALDATEN

Mit der seit den 1960er Jahren voranschreitenden Verbreitung moderner Informations- und Kommunikationstechnologien kam es auch in den Schulen und der Bildungsadministration allmählich zu einem Wandel der Verwaltungsabläufe. Anstelle der herkömmlichen Karteikarten und Dokumentenordner wurden Informationen zunehmend mit elektronischer Verwaltungssoftware dokumentiert und archiviert. In immer mehr Ländern verfügen die Schulen inzwischen selbst über elektronisch gespeicherte Daten zu Schülerinnen und Schülern, Lehrkräften und Unterricht. Im Vergleich zu der schriftlichen Beantwortung statistischer Fragebögen bedeutet dies eine deutliche Vereinfachung für die Sammlung von schulstatistisch benötigten Daten. Insbesondere bieten die elektronischen Speichermedien weit mehr Möglichkeiten, bislang getrennt erfasste Aspekte nunmehr in Verknüpfung zu erfassen und die daraus entstehenden komplexeren Datenstrukturen auf Knopfdruck an die amtlichen Meldestellen zu übermitteln. Aufwand und Fehleranfälligkeit einer vorhergehenden Zusammenfassung der Angaben zu Summen erübrigen sich mit dem Einsatz elektronischer Datenverarbeitung. Sie eröffnet die Möglichkeit, die Informationen in Form von Einzeldatensätzen – so genannte Individualdaten – abzulegen. Nachdem bereits für den Kinder- und Jugendhilfebereich, den Hochschulsektor sowie den Berufsbildungsbereich (Duale Ausbildung) sukzessive Individualdaten eingeführt worden sind, schließt Deutschland nunmehr auch bei der Schulstatistik an internationale Entwicklungen an:

> „In recent years, however, many state education agencies have also moved to a data model that benefits from maintaining individual unit records for students and staff." (National Forum on Education Statistics 2005, S. 5)

Es gab bereits Ende 1960er Jahre erste Versuche individuelle Schülerdateien aufzubauen (vgl. Köhler 1980, S. 1253ff.). Umsetzungshindernisse waren damals zum einen, dass in das komplizierte Zusammenspiel des gesamten Apparates der Schulstatistik eingegriffen werden musste, ohne die Kontinuität des laufenden Statistikbetriebes zu beeinträchtigen. Zum anderen gab es politische Vorbehalte in den Ländern, da eine Abstimmung in Zuordnungs- und Definitionsfragen mit einer bildungspolitischen Vereinheitlichung des Systems selbst assoziiert wurde. Heute wird der Diskurs um Individualdaten von Argumenten des Datenschutzes und der informationellen Selbstbestimmung dominiert (vgl. u. a. von Bose 2007; Brameshuber 2007). Im Jahr 2000 mündeten zunächst die Koordinierungsbemühungen von KMK und den Statistischen Ämtern des Bundes und der Länder in einen Merkmalskatalog, der jährlich in allen Ländern für Ländervergleiche sowie für den internationalen Grundbedarf einheitlich erhoben werden sollte (vgl. Avenarius u. a. 2003b, S. 63ff.). Drei Jahre später folgte der Beschluss der KMK, für die Länderstatistiken künftig anonymisierte Einzeldatensätze nach einem gemeinsamen Kerndatensatz einzuführen (im Folgenden: KDS; vgl. Abb. 6).

Abb. 6: Das Datensegment der Absolventen/Abgänger im Kerndatensatz der Länder für schulstatistische Individualdaten (KDS)

5.	5. Merkmalssatz zu Schulabgängern und Absolventen	ABS	BBS
5.1	Berichtszeitraum: Abgangsjahr	x	x
5.2	Schulstandort: Land	x	x
5.3	Schule als Verwaltungs- und Organisationseinheit: Schulnummer/Identnummer	x	x
5.4	Schulart/-typ im Sinne der schulartspezifischen Einrichtung	x	x
5.5	Pseudonym des Absolventen/der Absolventin	x	x
5.6	Nichtschülerprüfung (NSP) (Schüler keiner Schule in Deutschland)	x	x
5.7	Zuletzt besuchte Klassen-/Jahrgangsstufe/Schuljahrgang des/r Abgängers/Absolventen (nicht für NSP)	x	x
5.8	Geschlecht (auch für NSP)	x	x
5.9	Geburtsmonat/-jahr (auch für NSP)	x	x
5.10	Geburtsland (Staat) (auch für NSP)	x	x
5.11	Bei nichtdeutschem Geburtsland: Jahr des Zuzugs nach Deutschland (auch für	x	x
5.12	Staatsangehörigkeit (auch für NSP)	x	x
5.13	Bei überwiegend nichtdeutscher Verkehrssprache in der Familie: Sprache bzw. Sprachengruppe (auch für NSP)	x	x
5.14	Schulische Vorbildung (allgemein bildender Abschluss) (auch 2. Bildungsweg, auch für NSP)	x	x
5.15	Schulische Vorbildung (berufsbezogener Abschluss) (auch 2. Bildungsweg, auch für NSP)	x	x
5.16	Zeitform des Unterrichts (nicht für NSP)		x
5.17	Fachrichtung (nicht für NSP)		x
5.18	neu erworbener allgemein bildender Abschluss (auch für NSP)	x	x
5.19	neu erworbener berufsbezogener Abschluss (auch für NSP)		x
5.20	Abiturnote	x	x
5.21	Förderschwerpunkt	x	x
5.22	Jahr der Ersteinschulung (auch für NSP)	x	x
5.23	Schulentlassene/r (verbleibt nicht im ABS)	x	

ABS   Allgemeinbildende Schule   BBS   Berufsbildende Schule

Quelle: Sekretariat der KMK 2008a, S. 4

Dieser „Kerndatensatz der Länder für schulstatistische Individualdaten" wurde inzwischen in einer dritten Fassung konkretisiert und aktualisiert (Sekretariat der KMK 2008a). Für die Umstellung der allgemeinbildenden und beruflichen Schulstatistik von Summen- auf Individualdaten bildet der KDS die Grundlage.

UMSTELLUNGSPROZESS – INDIVIDUALSTATISTIKEN DER LÄNDER

Im Unterschied zur traditionellen Summenstatistik ist mit dem Begriff Individualdaten zunächst lediglich eine technologiebasierte Erhebung von verknüpften Merkmalen in Form anonymisierter Einzeldatensätze gemeint. Entgegen einer durchaus nahe liegenden Auslegung dieses Begriffs sind Individualdaten nicht per se mit der Speicherung individueller Verlaufsdaten von einzelnen Kindern und Jugendlichen gleichzusetzen. Gegenüber einem solchen Register mit personenbeziehbaren Daten aller Personen haben die Datenschutzbeauftrag-

ten von Bund und Ländern nachdrücklich ihre Bedenken artikuliert: Bei einer
Verknüpfung einzelner Lebensdaten im Zeitverlauf bestünde die Gefahr, der
„Erstellung von Persönlichkeitsprofilen" (Brameshuber 2007, S. 368) Vorschub
zu leisten. Die Entscheidung, ob in der Individualstatistik längsschnittliche
Bezüge zwischen den Einzelfällen strukturell angelegt sind, obliegt den einzel-
nen Ländern. Ausschlaggebend für die Einführung der Individualstatistik waren
vornehmlich die multidimensionalen Merkmalskombinationen im Querschnitt.
Handlungsleitend war mit anderen Worten nicht das Interesse, wie einzelne
Schülerinnen und Schüler ihre Schullaufbahn durchlaufen. Im Vordergrund
stand vielmehr die Möglichkeit, anonymisierte Informationen zum gleichzeitigen Auftreten mehrerer Ereignisse und Sachverhalte (z. B. sonderpädagogische
Förderung, Ganztagsbetreuung, Klassenwiederholung, Geburtsjahr, Migrationshintergrund) generieren zu können, welche aus der Systemperspektive übergreifende Strukturen und Prozesse in den Schülerströmen sichtbar machen. So
ist der KDS auch nicht auf Schülerangaben im Besonderen zugeschnitten, sondern er erstreckt sich auf alle Datensegmente der Schulstatistik. Merkmale der
Schulen, der Klassen, der Unterrichtseinheiten, der Absolventen/Abgänger und
der Lehrkräfte werden ebenfalls als Einzeldatensätze erhoben. Organisatorisch
bleiben dabei die Datensegmente weiterhin getrennte Erhebungsmodule. Bei
Bedarf können sie allerdings über Zuordnungsvariablen (Schul-ID oder Klas-
sen-ID) miteinander verknüpft werden.

Ursprünglich war für die flächendeckende Umsetzung des KDS ein Zeit-
fenster bis zum Jahr 2008 vorgesehen. Für das Datensegment der hier im Zentrum stehenden Absolventen/Abgänger allgemeinbildender Schulen lagen aber
auch 2009 lediglich in der Hälfte der Länder Individualdaten vor (vgl. Tab. 2).

Die Schaffung der rechtlichen und sächlichen Voraussetzungen für den
Implementationsprozess erwies sich als zeitaufwändiger als anfänglich erwar-
tet. Für die Einführung, Übermittlung, Speicherung und Nutzung von Individualdaten müssen jeweils landesgesetzliche Regelungen erarbeitet, abgestimmt
und verabschiedet werden (vgl. Autorengruppe Bildungsberichterstattung 2007,
S. 18). Vorbehalte gab es insbesondere auf Seiten der Datenschutzbeauftragten
des Bundes und der Länder:

> „Das Vorhaben wurde letztlich zunächst beschlossen, in den Ländern ge-
> startet (Gesetze und IT), und nun wird geprüft, inwieweit es national
> durchführbar ist, rechtlich im Hinblick auf den Bedarf und Umfang wie
> tatsächlich etwa im Hinblick auf technische Schutzmaßnahmen." (von
> Bose 2007, S. 1)

Tab. 2:   **Umstellung von Summen- auf Individualdatensätze im Datensegment der Absolventen/Abgänger nach Ländern (Stand Schuljahr 2008/09)**

Erhebungstyp	BW	BY	BE	BB	HB	HH	HE	MV	NI	NW	RP	SL	SN	ST	SH	TH
Summendaten	•	•	•					•	•		•	•	•			
Individualdaten	•			•	•	•	•		•						•	•

Auf besonderen Widerstand stießen die Vorschläge zur Zusammenführung der personenbezogenen Datensegmente durch ein einheitliches Kennzeichen („Schüler-ID") in einem zentralen Datenpool auf Bundesebene.[27] Eine bundeseinheitliche, über die Zeit konstante Schüler-Identifikationsnummer wurde jedoch nur in den ersten Konzeptentwürfen der KMK erwogen, als die konkrete Umsetzung noch nicht im Dialog mit den Datenschützern geprüft worden war. Grundsätzlich wird für die Datenverarbeitung eine ID lediglich im Sinne einer technischen Schlüsselvariable benötigt, um Personen innerhalb der Datensätze unterscheiden zu können. Als ein solches Hilfsmerkmal kommt neben einer laufenden Ordnungsnummer, welche die Schülerinnen und Schüler in jedem Erhebungsjahr von 1 bis X neu durchnummeriert, auch die so genannte Einwegverschlüsselung der Individualdaten infrage (vgl. Autorengruppe Bildungsberichterstattung 2007, S. 18). Bei dieser Variante der Pseudonymisierung wird in jedem Erhebungsjahr nach einem identischen Algorithmus aus einer eindeutigen Personenkennung[28] ein Pseudonym gebildet, ohne dass es umgekehrt möglich ist, von der Kennung auf die reale Person zurückschließen zu können (Hashcode).

Insgesamt konnte bis zum gegenwärtigen Zeitpunkt in der Mehrzahl der Länder ein organisatorisch-technisches Konzept für die Übermittlung, Speicherung und Nutzung von Individualdaten entwickelt werden, so dass inzwischen mehrere Erhebungswellen landesspezifischer Individualdaten vorliegen. Die

---

27   Das Problem besteht insbesondere darin, das Verwaltungsdaten der Schulen strikt von Statistikdaten zu trennen sind: Durch rechtliche Regelungen wird in den Ländern sichergestellt, dass für statistische Zwecke erfasste Daten nicht mehr im Verwaltungsvollzug verwendet werden dürfen.

28   Neben der Vergabe einer zufälligen, laufenden Bildungsnummer kann eine solche Personenkennung aus zeitkonstanten Merkmalen wie z. B. dem Geburtsdatum, dem Geschlecht, der Familiensprache oder dem Jahr der Ersteinschulung der Schülerinnen und Schüler generiert werden.

inhaltlichen und technischen Veränderungen wurden allerdings von den einzelnen Landesämtern zu unterschiedlichen Zeitpunkten, auf unterschiedlichem Wege und in verschiedenen Bereichen der Schulstatistik in Angriff genommen. Die Ursachen dafür sind vielfältig und betreffen neben den rechtlichen Vorkehrungen auch die grundsätzliche personelle und technische Ausstattung, die Stellung der Landesämter in der Bildungsverwaltung, die Verfügbarkeit hochwertiger Schulverwaltungssoftware für die Schulen und die Entwicklung der notwendigen Verarbeitungs- oder Übermittlungsprogramme. So verläuft der Umstellungsprozess weder zeitlich noch inhaltlich synchron. Während er in einigen Ländern bereits in den meisten Datensegmenten realisiert wurde oder mittelfristig abgeschlossen sein wird, ist dies für Sachsen – mit Ausnahme des bereits individualstatistisch erfassten Datensegmentes der Lehrkräfte – noch gänzlich offen. Es ist nicht absehbar, wann Individualdaten für die Schulsysteme aller Länder verfügbar sein werden. Dass datenschutzrechtliche Probleme im Dialog mit allen Beteiligten und durch Schaffung entsprechender Rechtsgrundlagen selbst für die Implementation einer Schüler-ID gelöst werden können, zeigen die Beispiele Bremens, Hessens und Schleswig-Holsteins.

PERSPEKTIVEN – AUFWAND UND NUTZEN DER INDIVIDUALSTATISTIK

Von dem Koordinierungs- und Abstimmungsbedarf im Vorfeld der Individualdatenerhebung abgesehen könnte man auch bei den Schulen einen beträchtlichen Zusatzaufwand je Schuljahr erwarten. Doch ist das Gegenteil der Fall. Zunächst müssen die Angaben nicht mehr manuell aus Verwaltungsunterlagen oder -dateien extrahiert und in Form komplexer Tabellen eigens aufbereitet werden. Die Schulverwaltungssoftware ermöglicht es den Schulen stattdessen sogar neben der Statistikmeldung auch ihre internen Arbeitsabläufe und -planungen digital zu verwalten. Die einmal angelegten Datenbestände lassen sich zudem deutlich einfacher fortschreiben als bisher, wie am Beispiel von Rheinland-Pfalz aufgezeigt werden kann (vgl. Abb. 7). Hat die Schule ihre internen Schüler-, Lehrer- und Unterrichtsdaten im eigenen Schulverwaltungsprogramm aktualisiert, müssen diese zum Statistikstichtag exportiert und in ein webbasiertes Programm („@Schule.rlp") importiert werden. Diese Schnittstelle fungiert als Filter mit hinterlegten Plausibilitätsprüfungen, bevor dann die Einzelschule ihre Daten an das Statistische Landesamt übermittelt. In Rheinland-Pfalz bricht der individuelle Personenbezug in den Einzeldatensätzen der Schule mit dem Datentransfer ans Statistische Landesamt ab, da keine zeitkonstante

Schüler-Identifikationsnummer generiert wird. In Hessen hingegen bleibt der Personenbezug zwischen den Daten unterschiedlicher Erhebungsjahre erhalten, indem die ursprüngliche Datensatzkennung mittels eines asymmetrischen Verschlüsselungsverfahrens durch einen als Fallnummer bezeichneten Hashcode ersetzt wird, welches nicht recodiert werden kann.

Abb. 7: Auszug aus der Erhebungs- und Transfersoftware für schulstatistische Individualdaten in Rheinland-Pfalz (@Schule.rlp 2011)

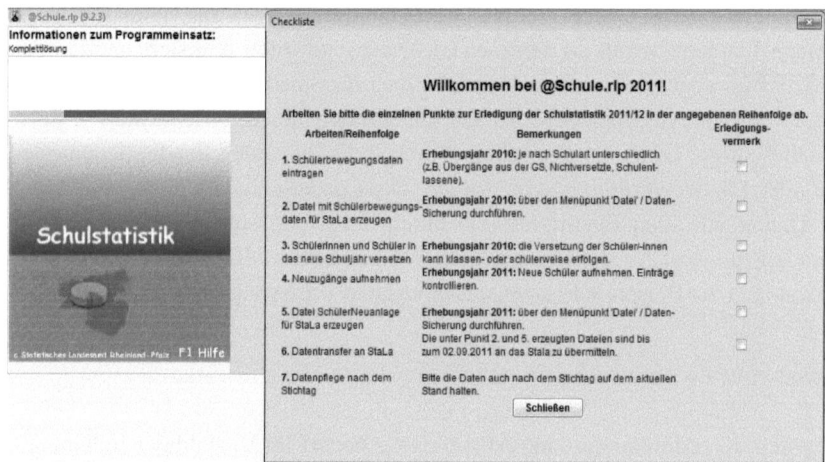

Quelle: http://egs.bildung-rp.de/schulstatistik/stat-landesamt.html

Auch mit Blick auf den Umfang der Individualdatenmeldung entsteht in den Schulen allenfalls ein geringfügiger Zusatzaufwand. Zum einen werden die Schulen über das skizzierte Datenbankverfahren um eine wiederholte Meldung zeitkonstanter Merkmale entlastet, was eine Konzentration auf veränderliche

Merkmale, das heißt Veränderungen der Bestandszahlen, gestattet. Zum anderen benennt der KDS zwar sehr viele Merkmale, die in den Ländern bei der Umstellung auf Individualdaten zu berücksichtigen sind. Doch zeigt ein Blick in die bisherigen Summensatzerhebungen, dass etwa 95% dieser Merkmale bereits seit langem von den Schulen – summarisch und nicht bundeseinheitlich – gemeldet werden (vgl. auch Sekretariat der KMK 2009, S. 8). Insofern vergrößert sich weniger das jährliche Daten*volumen* als die Optionen für die Daten*verarbeitung*. Individualdaten machen letztlich einen langjährig erfassten Datenbestand, der aus erhebungsstrukturellen Gründen bislang weitgehend brach lag, für vertiefende Auswertungen fruchtbar. Bisherige Restriktionen bei der Datenverknüpfung zwischen Personen-, Institutions-, Regional- und Systeminformationen werden so überwunden.

Betrachtet man die konkreten Inhalte des KDS (vgl. auch Abb. 6), so berühren die wenigen dort vereinbarten Neuerungen bei den Absolventen-/Abgängerdaten allesamt besonders steuerungsrelevante Fragen:

(a) Für eine differenziertere Erfassung des *Migrationshintergrunds* ist vorgesehen, neben der Staatsangehörigkeit die Merkmale Geburtsstaat, Zuzugsjahr und Nichtdeutsche Verkehrssprache in der Familie zu erfassen. Da der überwiegende Teil der Zuwanderer die gesamte Schulzeit im deutschen Schulsystem absolviert, kann eine Identifikation jener Migrationskonstellationen, unter denen der Erwerb eines Schulabschlusses stark gefährdet ist, wichtige Steuerungsinformationen für zielgerechte Fördermaßnahmen liefern.

(b) Zudem verspricht die Erfassung des *Förderschwerpunktes* für alle Absolventen/Abgänger vertiefende Einsichten im Bereich der sonderpädagogischen Förderung, insbesondere zum Zusammenhang zwischen Schulbesuch (einschließlich der integrativen sonderpädagogischen Förderung in Regelschulen) und Abschlusserwerb (einschließlich der spezifischen Förderschulabschlüsse).

(c) Besonders hervorzuheben sind schließlich neue Erkenntnisse, die bezüglich des Umgangs mit Bildungszeit zu erwarten sind. Zum einen lässt sich bei systematischer Erfassung des *Geburtsmonats/-jahres*, die tatsächliche Altersverteilung der Absolventen/Abgänger aus verschiedenen Schularten darstellen. Zudem wird es damit möglich sein, für einzelne Geburtskohorten die erworbenen Abschlüsse im Zeitverlauf mit zu verfolgen, um so die Größenordnung von Personen mit mehrfachem Abschlusserwerb ermitteln zu können. Erstmalig möglich werden zum anderen auch Aussagen zur durchschnittlichen Dauer der Schullaufbahn, da das *Jahr der Ersteinschulung* ebenfalls personenbezogen erfragt wird. Beide Merkmale sind in Ihrer bildungspolitischen Bedeutung nicht zu unterschätzen, können sie doch im Zeitverlauf zeigen, ob eingeleitete Reformmaßnahmen wie die Vorverlegung des Einschulungsalters oder die Verkürzung der Gymnasialdauer Wirkung zeitigen.

Da diese Aufstellung vernachlässigt, dass sich die hier getrennt aufgeführten sowie alle anderen Absolventen-/Abgängermerkmale zueinander in Beziehung setzen lassen, sei es an dieser Stelle nochmals explizit hervorgehoben. So ließe sich beispielsweise analysieren, ob die Disparitäten im Abschlusserwerb der einheimischen und zugewanderten Absolventen/Abgänger größer oder kleiner ausfallen als jene, die sich allein nach Staatsangehörigkeit beobachten ließen, welche Rolle hierfür das Zuzugsalter spielt bzw. ob spät Zugewanderte durchschnittlich länger im deutschen Schulsystem verbleiben, oder ob sich migrationsspezifische Unterschiede bei Jugendlichen mit integrativer sonderpädagogischer Förderung zeigen. Jede dieser neuen Informationen kann wiederum auf den verschiedenen Aggregationsstufen des Schulsystems aufgeschlüsselt bzw. gebündelt werden. Für ein abgestimmtes Bildungsmonitoring auf den verschiedenen Steuerungsebenen des Schulwesens – von der Einzelschule über die Kommunen und Länder bis zum Gesamtstaat – sind diese Potentiale einer (Dis-)Aggregation der Schulstatistik ein dritter, bemerkenswerter Fortschritt.

Ein letzter entscheidender Gewinn schulstatistischer Individualdaten liegt in ihrem Potential, Bildungsverläufe rekonstruieren zu können. Gemeint sind damit nicht die Werdegänge einzelner Schülerinnen und Schüler, sondern typische Schullaufbahnen. Das Datensegment der Absolventen/Abgänger umfasst nach den Vereinbarungen im KDS einige retrospektive Personenmerkmale wie das Jahr der Ersteinschulung und die schulische Vorbildung (höchster bisher erreichter Abschluss). Diese ermöglichen im Unterschied zu Summendaten bereits eine näherungsweise Rekonstruktion der Schullaufbahnen aus kumulativer Perspektive. Die Aussagen sind hier allerdings auf das jeweilige Erhebungsjahr, das heißt auf einzelne Abschlusskohorten, beschränkt. Auch mit diesen retrospektiven Merkmalen bleibt ohne längsschnittlichen Bezug zu den Daten der darauffolgenden Schuljahre offen, wie viele Personen mit wie vielen Anläufen die verschiedenen Bildungseinrichtungen insgesamt erfolgreich durchlaufen haben. Eine Rekonstruktion solcher Bildungsverläufe über größere

Zeiträume hängt vom jährlichen Pseudonymisierungskonzept der Individualdaten ab. Erst durch unveränderliche Datensatzkennungen, wie sie am Beispiel Schulstatistik Hessens oben beschrieben wurden, lassen sich tatsächliche Werdegänge von Absolventen/Abgänger nachzeichnen, um übergreifende Strukturen in den Schülerströmen abzubilden – z. B. zu der Frage, wie viele Abgänger ohne Abschluss welche und wie viele Anschlussbildungsgänge besuchen, bis sie einen Abschluss nachholen.

Als zentrale Nutzenaspekte der Individualdaten lassen sich somit zusammenfassen:

- die Sicherung standardisierter Schüler-, Unterrichts- und Lehrerdaten auf Landesebene als zentral und aktuell gehaltener Datenbestand für Planungszwecke
  (Schulverwaltung)

- die digitale Pflege und Verwaltung von Bestandsdaten und Arbeitsabläufen im Schulalltag
  (Schulmanagement)

- die Verknüpfungsmöglichkeiten zwischen schulstatistischen Daten verschiedener Aggregationsstufen
  (Bildungsforschung und -planung)

- die Verfügbarkeit personenbezogener Merkmalskombinationen in Einzeldatensätzen
  (Bildungsforschung und -planung)

- das Potential, Schülerströme mit pseudonymisierten Einzeldaten längsschnittlich nachzuzeichnen
  (Bildungsforschung und -planung)

Neben der Servicefunktion für Schulverwaltung und Schulmanagement eröffnet dies gleichsam erweiterte Anwendungsbezüge für das Bildungsmonitoring. Die Einführung der Individualstatistik bedeutet „nichts weniger als einen Quantensprung für die Statistik [...], einen Quantensprung in der Frage, welche Anliegen der Bildungsberichterstattung zukünftig bedienbar sind" (Jacobi 2007, S. 5).

3.3   Durchführung

Für eine abschließende Bewertung der Individualstatistik mit Blick auf die
eingangs formulierte Forschungsfrage bedarf es nun einer empirischen Konkretisierung von Indikatorenansätzen, die Aufschluss über den Erwerb und die
Verwertbarkeit von Schulabschlüssen geben. Aus der Verfügbarkeit schulstatistischer Individualdaten allein lässt sich nicht automatisch die Schließung bisheriger Informationslücken ableiten. So bestehen selbst in jenen Ländern, in denen der Umstellungsprozess bereits vollzogen wurde, weiterhin Datenlücken,
allein weil der jeweils erfasste Merkmalskranz der Absolventen/Abgänger von
den im KDS vereinbarten Merkmalen (vgl. Abschnitt 3.2.3: Abb. 6) abweicht.
Welche Daten tatsächlich in den Ländern der Bundesrepublik zum Erhebungsprogramm der Absolventen/Abgänger gehören, wird in den folgenden Über-
sichten konkretisiert (vgl. Tab. 3). Zu unterscheiden sind dabei auf der einen
Seite die Länder, welche nach wie vor getrennte Merkmalskombinationen als
Summendatensätze erfassen (a), und auf der anderen Seite jene Länder, in denen alle Merkmale bereits verknüpft in Form von Einzeldatensätzen vorliegen
(b).

Bereits auf den ersten Blick vermittelt die Tabelle der Absolventen-
/Abgängerinformationen in Summensatzform ein deutlich heterogenes Bild als
jene in Form von Einzeldatensätzen. Die Länder mit Summendaten erfassen bis
zu drei getrennte Merkmalskombinationen, die zudem mit landesspezifischen
Einschränkungen oder abweichenden Erhebungskategorien und Merkmalsausprägungen erfasst werden. Dies zeigt sich gerade beim Migrationshintergrund
der Absolventen/Abgänger. Dieser wird nicht nur unterschiedlich differenziert
bestimmt, sondern in der Regel auch nur mit wenigen anderen Merkmalen
kombiniert. Aufgrund der Einzeldatenstruktur ergibt sich für jene Länder mit
Individualstatistik sowohl ein geschlosseneres als auch umfassenderes Bild der
Absolventen-/Abgängerinformationen. Dennoch finden bislang in keinem Land
alle Merkmale des KDS Berücksichtigung. In vielen Ländern fehlen gegenwärtig noch die Angaben zu Geburtsstaat, Zuzugsjahr und Familiensprache, so dass
für migrationsspezifische Analysen hier nach wie vor auf das Ausländerkonzept
zurückzugreifen ist. Und selbst in den Ländern mit dem breitesten Merkmalskranz vermisst man zentrale Aspekte des KDS: In Rheinland-Pfalz und
Schleswig-Holstein wird noch nicht die Information über die schulische Vorbildung der Absolventen/Abgänger erhoben (höchster bisher erreichter Schulabschluss), ohne die nachgeholte bzw. zusätzlich erworbene Abschlüsse an
allgemeinbildenden Schulen nicht nachweisbar sind. Aussagen zu Anschluss-

bildungsgängen in Abhängigkeit der schulischen Vorbildung können daher weiterhin nur bei Eintritt ins berufliche Schulwesen getroffen werden, da dort der höchste allgemeinbildende Abschluss bei den Neuzugängen in die Ausbildung retrospektiv erfasst wird. Nur in Mecklenburg-Vorpommern liegt die Angabe zur schulischen Vorbildung sowohl für allgemeinbildende als auch berufliche Schulen vor. Dort ist wiederum das Jahr der Ersteinschulung noch nicht Bestandteil der Individualstatistik.

Tab. 3: **Verfügbare Merkmalskombinationen zu Absolventen/Abgängern allgemeinbildender Schulen nach Ländern mit Summen- oder Individualdatenerhebung (Stand Schuljahr 2008/09)**

a) Länder mit Summendaten

Merkmal	Land							
	BW[1]	BE[2]	BB	NI	NW	SL	SN	ST
Abschlussart	•	•	•	•	•	•	•	•
Schulart	–	•	•	•	•	•	–	•
Jahrgangsstufe	•	–	–	–	•	•	•	–
Geschlecht	•	–	•	•	•	•[6]	•	•
Ausländerstatus	–	•	•[4]	–	•	•	•[7]	•[8]
Staatsangehörigkeit	–	•[3]	–	–	–	–	•	–
Alter/Geburtsjahr	–	–	–	•[5]	–	–	•	–

1) BW: Ausnahme Abendrealschulen, -gymnasien und Kollegs (keine Angabe zu Jahrgangsstufe und Ausländerstatus)
2) BE: Zusätzlich Bildungsgangempfehlung von Absolventen/Abgängern nach Abschluss- und Schularten
3) BW: Nur für 9. und 10. Jahrgangsstufe der Hauptschule ausgewählte Nationalitäten
4) BE: Ausländische Schüler und/oder Schüler nichtdeutscher Herkunftssprache
5) BE: Nur für die Jahrgangsstufen 11 bis 13
6) NI: Schuljahrgang für Absolventen/Abgänger des Sekundarbereichs I
7) NW: Deutsche, Ausländer, Aussiedler
8) SN: Migrationshintergrund (falls Staatsbürgerschaft /Geburtsland /Verkehrssprache in der Familie nicht deutsch)

Fortsetzung auf nachfolgender Seite

b) Länder mit Individualdaten

Merkmal	Land							
	BY	HB	HH	HE	MV	RP	SH	TH
Geburtsjahr und -monat	•	•	•	•[1]	•	•	•	•
Geschlecht	•	•	•	•	•	•	•	•
Ausländerstatus	•	•	•	•	•	•	•	•
Staatsangehörigkeit	•	•	•	•	•	•	•	•
Geburtsstaat	–	–	–	–	•	•	•	–
Zuzugsjahr	–	–	–	–	•	•	•	–
Familiensprache	–	–	–	–	•	•	•	–
Jahr der Ersteinschulung	–	–	–	–	–	•	•	–
Klassen-/Jahrgangsstufe (lfd. Jahr)	•	•	•	•	•	•	•	•
Schulart (lfd. Jahr)	•	•	•	•	•	•	•	•
Sonderpädagogischer Förderschwerpunkt	•[2]	•	–	–	•	•	•	•
Vorbildung: höchster allg. bild. Abschluss	–	–	–	–	•	–	–	–
Art des erworbenen Abschlusses (lfd. Jahr)	•	•	•	•	•	•	•	•
Übertritt/Abgang an andere Schulart	•	•	–	–	•	–	–	•
Sonstige								
Konfession							•	
Migrantenstatus			•[3]					•[4]
Schulübergangsempfehlung							•	
Bildungsgang (lfd. Jahr)								•
Schulart (Vorjahr)			•		•			
Klassen-/Jahrgangsstufe (Vorjahr)			•		•			

1) HE: nur Geburtsjahr
2) BY: nur für Volksschulen zur sonderpädagogischen Förderung
3) HH: Aussiedlerstatus
4) SH: falls Ausländer/Aussiedler/mindestens ein Elternteil nichtdeutscher Hekunft/Angehörige
              nationaler Minderheiten/Flüchtlinge/Eingebürgerte

Quelle: eigene Darstellung

Welche Art von indikatorengestützten Analysen zu Abschlusskonstellationen und -wegen ergeben sich aus der Einführung des Kerndatensatzes? Wird die Sinnhaftigkeit der Einführung der Individualstatistik angesichts der noch bestehenden Datenlücken per se in Frage gestellt? Dies gilt es, im empirischen Teil dieser Arbeit durch eine praktische Überprüfung der Analysemöglichkeiten zu konkretisieren, um den eigenständigen Beitrag der Individualdaten für die Beantwortung verlaufsbezogener Fragestellungen einschätzen zu können. Die empirischen Ergebnisse werden nach einer Systematik vorgestellt, die zwischen Indikatorenansätzen der Systemebene, der Regionalebene, der Institutionenebene und der Personenebene unterscheidet. Die Darstellung erfolgt mit anderen Worten entlang verschiedener Ebenen der Indikatorisierung.

Auf der *Ebene des Gesamtsystems* wird zunächst erörtert, welche statistischen Kennziffern als grundlegende Messkonstrukte für die indikatorengestützte Beschreibung von Abschlusskonstellationen bislang infrage kommen. Da selbst international etablierte Indikatorenansätze methodische Schwächen aufweisen, sollen mögliche alternative Operationalisierungen auf Basis des KDS für schulstatistische Individualdaten entwickelt werden.

Unterhalb der Systemebene bieten Summendaten kaum Ansatzpunkte, um Abschlusskonstellationen zwischen Personengruppen, Einrichtungen oder Landesteilen indikatorengestützt zu vergleichen. Ausschlaggebend ist die einzelschulische Aggregation der Absolventen-/Abgängerdaten im Zuge der Erhebung, wodurch die Kombinationsmöglichkeiten der ohnehin begrenzten Schülermerkmale weiter eingeschränkt werden (vgl. Abschnitt 3.2.2). Im Anschluss an die Auseinandersetzung mit den basalen Messkonstrukten auf Systemebene, sollen daher unter Rückgriff auf die ersten Erhebungswellen der Individualstatistik in Rheinland-Pfalz und Hessen weiterführende Analysestrategien unter Einbezug personenbezogener, schulischer und regionaler Differenzierungsvariablen aufgezeigt werden. An die neu zu entwickelnden Kennziffern ist die Erwartung geknüpft, Schulabschlüsse und -abgänge im Rahmen eines indikatorengestützten Bildungsmonitorings nicht mehr als singuläres, isoliertes Ereignis der Bildungsbiographie zu beschreiben, sondern in einen Zusammenhang mit verschiedenen Bedingungsfaktoren der individuellen, institutionellen und regionalen Ebene stellen zu können:

Auf *regionaler Ebene* kann durch eine zusätzliche Einbindung sozialstatistischer Kennziffern geprüft werden, in welcher Beziehung die Abschlusskonstellationen zu Merkmalen des Sozialraumes stehen (z. B. Anteil der SGB-II-Bedarfsempfänger, Arbeitslosenquote, Ausländeranteil).

Analog dazu gilt es auf der *institutionellen Ebene* zu klären, welches Bild der Schulabschlüsse und -abgänge sich unter bestimmten schulischen Rahmenbedingungen zeigt. Hierfür sollen individualstatistische Merkmale aus den Einzeldatensätzen der Absolventen/Abgänger (z. B. sonderpädagogischer

Förderschwerpunkt) mit jenen der Lehrkräfte (z. B. Unterrichtsumfang) und der Einzelschulen (z. B. Ganztagsbetrieb) verknüpft werden.

Im letzten Schritt wird auf der *individuellen Ebene* den Unterschieden zwischen einzelnen Absolventen-/Abgängergruppen nachgegangen. Neben einer Aufschlüsselung der Abschlusskonstellationen nach bislang nicht verfügbaren Personenmerkmalen (z. B. Geburtsstaat, Zuzugsjahr) schließt dies auch gänzlich neue Operationalisierungen ein, die nur mit Individualdaten gebildet werden können. Unterschieden wird dabei zwischen Indikatorenansätzen auf Basis retrospektiver Merkmale (z. B. dem Einschulungsjahr für die Bestimmung der Dauer der Schullaufbahn bis zum Abschluss/Abgang) und Indikatorenansätzen auf Basis längsschnittlicher Personenkennungen (z. B. Verbleibsquoten nach dem Abschluss/Abgang).

4 Empirische Analysen zur Indikatorisierung der Abschlusskonstellationen im Schulwesen

4.1 Zur Bestimmung der Größenordnung von Schulabgängen und Schulabschlüssen

Zu den grundlegenden Informationsbedarfen von Entscheidungsträgern im Bildungswesen zählen empirisch gesicherte Angaben darüber, wie viele Jugendliche je Schuljahr mit einem bestimmten Abschluss das Schulwesen verlassen. Solche jährlichen Abschlusskonstellationen dienen zum einen der Einschätzung der Leistungsfähigkeit des Schulwesens hinsichtlich der von ihm wahrzunehmenden Qualifizierungsfunktion. Zum anderen geben sie den Anschlusssystemen – von der beruflichen Ausbildung über das Hochschulwesen bis hin zum Arbeitsmarkt – Hinweise auf Größenordnung und formalen Bildungsstand der zu erwartenden Neuzugänge. Angesichts der rückläufigen demografischen Entwicklung und den gestiegenen Qualifikationsanforderungen am Arbeitsmarkt wurde in den letzten Jahren eine Steigerung der Absolventenzahl mit hochqualifizierenden Abschlüssen sowie eine Reduzierung der Zahl von Jugendlichen ohne Abschluss zu einem zentralen Anliegen der bildungspolitischen Bemühungen. So sehen auf internationaler Ebene die im Rahmen des Lissabon-Prozesses entwickelten Benchmarks unter anderem vor, bis 2020 den Prozentsatz so genannter „early school leavers" im EU-Durchschnitt unter 10% zu senken (vgl. Commission of the European Union 2009). Auf nationaler Ebene verabredeten die Regierungschefs von Bund und Ländern 2008 in ihrer Qualifizierungsinitiative für Deutschland das Ziel einer Halbierung der Zahl der „Schulabbrecher" (vgl. Bundesregierung/Regierungschefs der Länder 2008, S. 8); im Frühjahr 2010 ging dies in die Förderstrategie für leistungsschwächere Schülerinnen und Schüler der KMK ein (Ständige Konferenz der Kultusminister 2010, S.10).

Diese Zielvorgaben unterstreichen nicht nur die Bedeutung, welche den Abschlusskonstellationen seitens der Bildungspolitik beigemessen wird. Sie machen zugleich deutlich, auf welch unterschiedliche Art und Weise die Größenordnung der Schulabgänge mit und ohne Abschluss bestimmt werden kann: Von der Europäischen Kommission werden Personen, die über keinen Abschluss des Sekundarbereichs II verfügen und gegenwärtig keine Bildungseinrichtung besuchen (kurz: „early school leavers") als Anteil an der 18- bis 24-

jährigen Bevölkerung operationalsiert. Auf nationaler Ebene der Regierungschefs von Bund und Ländern werden hingegen der Anteil an Jugendlichen ohne
Berufsabschluss sowie der Anteil an Schulabgängen ohne Schulabschluss in
den Blick genommen. Dementsprechend werden je nach betrachteter Zielpopulation unterschiedliche Basisdaten und Referenzdaten herangezogen. Legt man
das zuvor skizzierte Indikatorenverständnis dieser Untersuchung zugrunde (vgl.
Abschnitt 3.1.1), betreffen solche abweichenden Operationalisierungen der
grundlegenden Messkonstrukte eines Indikators die Ebene der statistischen
Kennziffern. Im Folgenden sollen auf dieser zentralen Ebene der Indikatorisierung zunächst die Möglichkeiten und Grenzen von herkömmlichen Ansätzen
der Quantifizierung von Schulabgängen und Schulabschlüssen auf Basis schulstatistischer Summendaten beleuchtet werden (Abschnitt 4.1.1). In einem zweiten Schritt gilt es dann, aus den neuen Merkmalskombinationen des Kerndatensatzes für schulstatistische Individualdaten innovative Kennziffern abzuleiten,
die eine verbesserte indikatorengestützte Darstellung ermöglichen (Abschnitt
4.1.2). Erst nach dieser systematischen Auseinandersetzung mit verschiedenar-
tigen Messkonstrukten, die letztlich das empirische Kernstück eines Indikators
bilden, können weiterführende Analysestrategien für eine umfassendere Kontextualisierung der beobachteten Abschlusskonstellationen entwickelt werden.
Dies geschieht durch den Einbezug zusätzlicher Differenzierungsvariablen, die
Disparitäten in einer regionalen, einer institutioneller und einer individueller
Perspektive transparent machen (Abschnitt 4.2).

4.1.1   Herkömmliche Ansätze zur Darstellung der Abschlusskonstellationen

Ausgangspunkt jeder empirischen Analyse von Abschlusskonstellationen sind
Basisdaten über die erreichten Abschlüsse einzelner Personen. Die Schulstatistik erfasst diese Angaben in jedem Schuljahr für alle Personen, die das allgemeinbildende Schulsystem verlassen haben (vgl. Abschnitt 3.2.1). Ein basaler
Ansatz für die Einschätzung der Größenordnung von Schulabgängen und
-abschlüssen ist daher die Darstellung dieser absoluten Häufigkeiten. Im Zeitverlauf spiegelt die *Anzahl von Absolventen/Abgängern mit oder ohne
einen bestimmten Abschluss* allgemeine Entwicklungstrends in den Abschlusskonstellationen der einzelnen Kohorten von Schulentlassenen wider
(vgl. Abb. 8): In den vergangenen beiden Jahrzehnten manifestiert sich darin
der Trend zu höherwertigen Schulabschlüssen. Immer mehr Jugendliche been-
deten die Schule mit Mittlerem Schulabschluss oder Hochschulreife, die Zahl

derjenigen mit oder ohne Hauptschulabschluss ist seit einigen Jahren rückläu-
fig. Der Anstieg von ca. 186.000 auf 268.000 Abiturienten zwischen 1992 und
2010 entspricht einer prozentualen Steigerungsrate von 44%, während die Zahl
der Jugendlichen mit höchstens Hauptschulabschluss im gleichen Zeitraum um
15% von 273.000 auf 233.000 gesunken ist.

**Abb. 8: Absolventen/Abgänger der allgemeinbildenden Schulen 1992 bis 2010
nach Abschlussarten (Anzahl in Tsd.)**

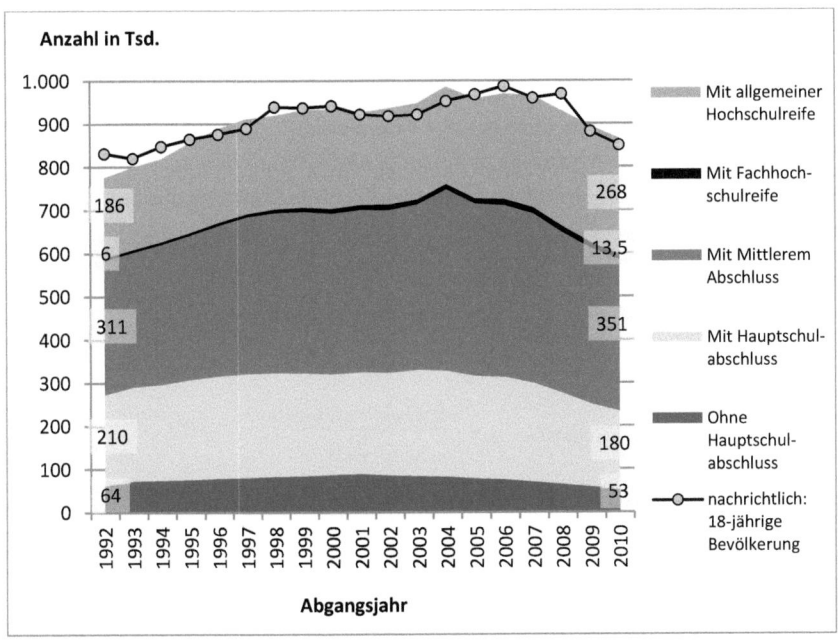

Quelle: Statistisches Bundesamt, Schulstatistik und Bevölkerungsstatistik

Absolute Häufigkeiten haben den Vorteil, dass die quantitativen Dimensionen
der einzelnen Absolventen-/Abgängerkohorten über die Jahre unmittelbar verglichen werden können, was insbesondere mit Blick auf Kapazitätsplanungen
in weiterführenden Bildungseinrichtungen als wichtige Planungsgrundlage
dienen kann. Jedoch werden die Relationen zwischen den Abschlussarten nur
grob widergegeben, denn im Vergleich mehrerer Beobachtungswerte – seien es
verschiedene Zeitpunkte, Regionen, Institutionen oder Personengruppen –
hängt die Zahl der erreichten Abschlüsse von der Größe der Grundgesamtheit
aller Absolventen/Abgänger ab. Diese kann insbesondere demographischen

Schwankungen unterliegen. Zur Illustration wurde im Diagramm die Bevölkerungszahl im Alter von 18 Jahren abgetragen (vgl. Punkte-Kurve in Abb. 8).
Sie folgt im Vergleichszeitraum weitgehend der zahlenmäßigen Entwicklung
der einzelnen Absolventen-/Abgängerkohorten. Zu welchem Grad die konstatierte Steigerung der Zahl von Mittleren Abschluss- und Hochschulreifezeug-
nissen der demographischen Entwicklung bis 2006 geschuldet war, lässt sich
mithilfe der absoluten Häufigkeiten allein nicht beurteilen. Um die Zahl der
Jugendlichen mit Mittlerem Abschluss über mehrere Jahre vergleichbar darzustellen, bedarf es einer relationalen Betrachtung, die das Gewicht einzelner
Abschlussarten quantifiziert.

Der einfachste Weg, die zahlenmäßige Relation zwischen den unterschiedlichen Abschlussarten zu bestimmen, ist eine Verhältnisgleichung zwischen der
Zahl der Absolventen/Abgänger a mit oder ohne einen bestimmten Schulabschluss und der Grundgesamtheit aller Absolventen/Abgänger im betrachteten
Erhebungsjahr:

$$X_{Ohne\ Hauptschulabschluss} = \frac{a_{Ohne\ Hauptschulabschluss}}{\sum a} * 100$$

$$X_{Hauptschulabschluss} = \frac{a_{Hauptschulabschluss}}{\sum a} * 100$$

$$X_{Mittlerer\ Abschluss} = \frac{a_{Mittlerer\ Abschluss}}{\sum a} * 100$$

$$X_{Fachhochschulreife} = \frac{a_{Fachhochschulreife}}{\sum a} * 100$$

$$X_{Allgemeine\ Hochschulreife} = \frac{a_{Allgemeine\ Hochschulreife}}{\sum a} * 100$$

Berechnet man solche *Abschlussquoten in Prozent aller Absolven-
ten/Abgänger* im Vergleich der Abschlussarten, bestätigt sich, dass höher
qualifizierende Abschlüsse in den letzten Jahren mit jeder Absolventen-
/Abgängerkohorte auch an relativer Bedeutung gewonnen haben (vgl. Abb. 9).
Während der Personenanteil mit höchstens Hauptschulabschluss zwischen 1996
und 2010 von 36 auf 27% zurückging, erhöhte sich der Wert für die Fach- bzw.
allgemeinen Hochschulreife von 25 auf 33% aller Absolventen/Abgänger. Das

zahlenmäßige Verhältnis zwischen diesen beiden Absolventen-/Abgänger-gruppen hat sich damit umgekehrt. Obwohl die absoluten Zahlen tendenziell auch einen Bedeutungszuwachs des Mittleren Abschlusses vermuten ließen, zeigt die Anteilsentwicklung im Beobachtungszeitraum nur geringfügige Änderungen. Die weitgehende Stabilität der Abschlussquote verweist somit eher darauf, dass sich der Mittlere Abschluss als wichtigster allgemeinbildender Schulabschluss auf einem Niveau von ca. 40% aller Absolventen/Abgänger etabliert hat.

Abb. 9: Abschlussquoten für Absolventen/Abgänger von allgemeinbildenden Schulen 1996 bis 2010 nach Abschlussarten (in % aller Absolventen/ Abgänger)

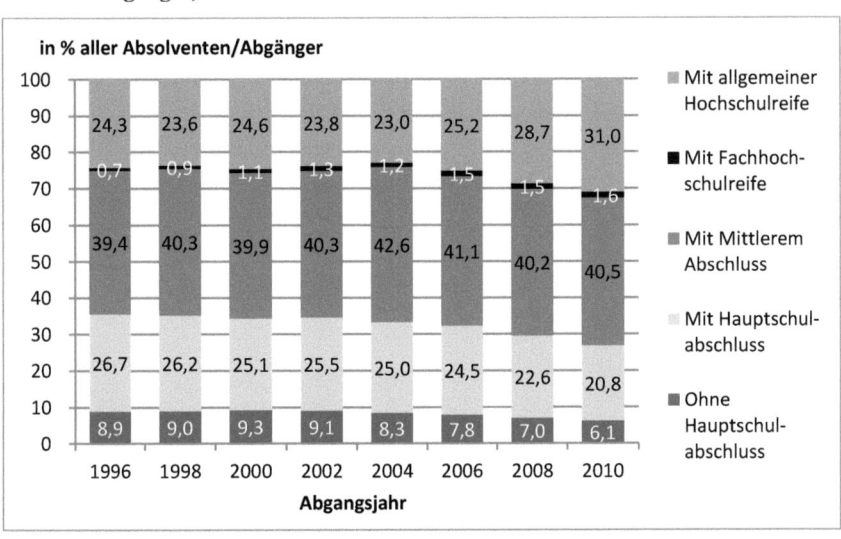

Quelle: Statistisches Bundesamt, Schulstatistik und Bevölkerungsstatistik, eigene Berechnungen

Obwohl diese Kennziffer gegenüber absoluten Häufigkeiten eine bessere Vergleichbarkeit der Abschlusskonstellationen für verschiedene Zeitpunkte, Regionen, Institutionen oder Personengruppen gewährleistet, können Verzerrungen aufgrund demographischer Schwankungen nicht ausgeschlossen werden. Da die Abschlussquoten nach dem skizzierten Berechnungsverfahren lediglich an der Summe aller Absolventen/Abgänger eines Jahres normiert werden, wird demographischen Verschiebungen nur insoweit Rechnung getragen, wie sie sich in der Gesamtzahl der Absolventen-/Abgängerkohorte, nicht aber in den einzelnen Abschlusskategorien niederschlagen. Unter dem Blickwinkel von Bildungsverläufen indes ist entscheidend, dass die Schullaufbahn zu ganz unterschiedlichen Zeitpunkten im Lebenslauf enden kann. Sowohl zwischen als auch innerhalb der Personengruppen ohne Hauptschulabschluss, mit Hauptschulabschluss, mit Mittlerem Abschluss, mit Fachhochschulreife und mit allgemeiner Hochschulreife variiert das Abschlussalter teilweise erheblich. Somit verteilen sich die Jugendlichen aus einer Absolventen-/Abgängerkohorte auf höchst unterschiedliche Geburtsjahrgänge, für die demographische Schwankungen zeitversetzt wirksam werden.

In einer Differenzierung nach Altersjahren offenbart die Entwicklung der Einwohnerzahlen in Deutschland die – insbesondere in den ostdeutschen Ländern – drastischen Auswirkungen des Geburtenrückgangs im Jahr 1991 und die seitdem rückläufige demographische Entwicklung (vgl. Abb. 10). Nach einer langen Zeit tendenziell steigender Einwohnerzahlen ist 2006 zunächst der Altersjahrgang der 15-Jährigen vom Rückgang betroffen, in der Folgezeit wird Jahr für Jahr ein weiterer Altersjahrgang von der demographischen Wellenbewegung erfasst. Noch nicht von dieser Entwicklung betroffen waren bis 2010 die 20-Jährigen.

Abb. 10: Entwicklung der Bevölkerungszahl 1996 bis 2010 nach Altersjahren

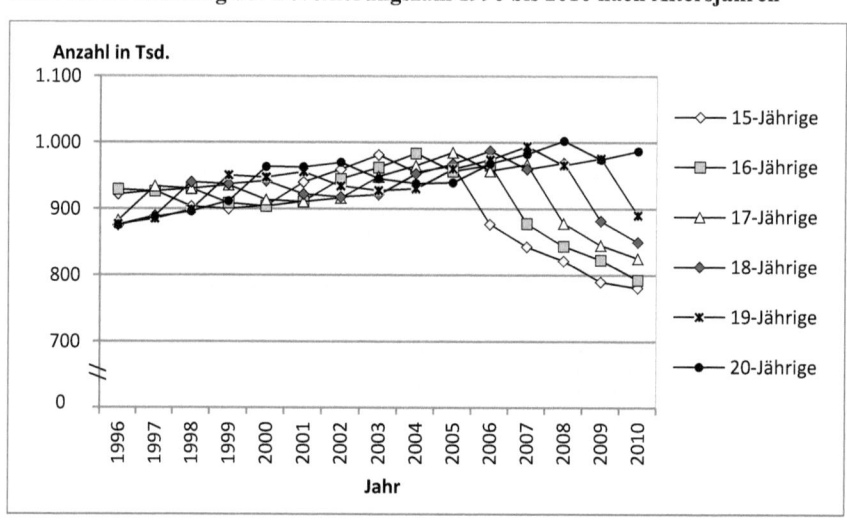

Quelle: Statistisches Bundesamt, Bevölkerungsstatistik

Sinkende oder steigende Geburtenzahlen schlagen sich insofern zunächst bei den in aller Regel jüngeren Personen mit und ohne Hauptschulabschluss nieder, wirken sich hingegen bei den Absolventen mit allgemeiner Hochschulreife aufgrund der längeren Schulbesuchsdauer erst in späteren Jahren aus. Für die Aussagekraft von Abschlussquoten in Prozent aller Absolventen/Abgänger bedeutet dies, dass ein steigender Absolventenanteil mit allgemeiner Hochschulreife nicht zwangsläufig den zunehmenden Erwerb des Abiturs indizieren muss, sondern auf schwächer besetzte Geburtsjahrgänge unter den Personen mit und ohne Hauptschulabschluss zurückzuführen sein könnte.

Um diesem Problem zu begegnen, bedarf es alternativer Wege der Indikatorisierung von Schulabgängen und Schulabschlüssen. Bei dem am weitesten verbreiteten Berechnungsansatz wird die Zahl der erreichten Abschlüsse nicht an der Gesamtzahl der Absolventen/Abgänger relativiert, sondern ins Verhältnis zu der Wohnbevölkerung im so genannten typischen Abschlussalter gesetzt. Damit etwaige Schwankungen in der Besetzungsstärke aufeinanderfolgender Geburtskohorten ausgeglichen werden können, rekurrieren diese *Abschlussquoten in Prozent der alterstypischen Bevölkerung* je nach Abschlussart auf unterschiedliche Alters- bzw. Geburtsjahrgänge. Im Rahmen der nationalen Bildungsberichterstattung sind dies länderübergreifend die 15- bis unter 17-Jährigen für die Gruppe ohne und mit Hauptschulabschluss, die 16- bis unter 18-Jährigen für die Gruppe mit Mittlerem Abschluss und die 18- bis unter 21-Jährigen für die Gruppe mit Fach- und mit allgemeiner Hochschulreife.[29]

Für diese jeweils typischen Altersjahrgänge ist entsprechend des jeweiligen Abgangsjahres der betrachteten Absolventen/Abgänger a der Durchschnittswert $\bar{b}$ der Wohnbevölkerung am 31.12. des Vorjahres zu ermitteln. Dieser ergibt sich aus dem arithmetischen Mittelwert der Einwohnerzahl in den korrespondierenden Altersjahrgängen t.

$$\bar{b}_{\text{Mit/Ohne Hauptschulabschluss}} = \frac{1}{2} \sum_{i=15}^{16} b_i = \frac{(b_{t15} + b_{t16})}{2}$$

---

29 In Veröffentlichungen der KMK werden je nach Land unterschiedliche Altersjahrgänge zugrunde gelegt, die sich an den jeweiligen landesspezifischen Vorgaben zur Dauer der Bildungsgänge orientieren (vgl. Sekretariat der KMK 2008b, S. 50f.).

$$\bar{b}_{\text{Mittlerer Abschluss}} = \frac{1}{2}\sum_{i=16}^{17} b_i = \frac{(b_{t16} + b_{t17})}{2}$$

$$\bar{b}_{\text{Fach-/Allgemeine Hochschulreife}} = \frac{1}{3}\sum_{i=18}^{20} b_i = \frac{(b_{t18} + b_{t19} + b_{t20})}{3}$$

Anschließend wird die Zahl der jeweiligen Schulabgänge bzw. Schulabschlüsse auf die entsprechende durchschnittliche Bevölkerungszahl $\bar{b}$ bezogen.

$$f(a,b) = \frac{a}{b} * 100$$

Ein Vergleich solcher alterstypischen Abschlussquoten (vgl. Abb. 11) mit den auf alle Absolventen/Abgänger bezogenen Anteilen (vgl. Abb. 9) verweist darauf, dass die Abschlusskonstellationen der letzten Jahre erheblich von der demographischen Entwicklung beeinflusst worden sind.

Abb. 11: Abschlussquoten für Absolventen/Abgänger von allgemeinbildenden Schulen 1996 bis 2010 nach Abschlussarten (in % der alterstypischen Wohnbevölkerung*)

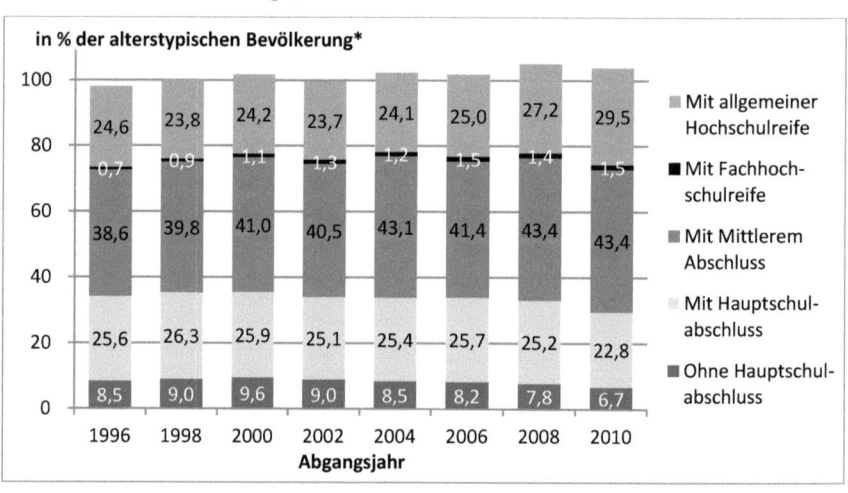

*   Hauptschulabschluss: 15 bis unter 17 Jahre; Mittlerer Abschluss: 16 bis unter 18 Jahre; Fachhochschulreife und allgemeine Hochschulreife: 18 bis unter 21 Jahre

Quelle: Statistisches Bundesamt, Schulstatistik und Bevölkerungsstatistik, eigene Berechnungen

Bezogen auf die 15- bis unter 17-Jährigen fällt der Rückgang von Jugendlichen mit Hauptschulabschluss (–2,8 Prozentpunkte) und ohne Hauptschulabschluss (–1,8 Prozentpunkte) deutlich moderater aus als beim Anteil an allen Absolventen/Abgängern (–6,0 und –2,7 Prozentpunkte). Hauptschulabschlüsse wurden mit anderen Worten auch deshalb seltener, weil die jüngeren Geburtskohorten sukzessive schrumpften, während die älteren noch stärker besetzt waren. Umgekehrt verhält es sich dementsprechend mit der Steigerung bei Fach- und allgemeiner Hochschulreife, die gemessen an der Referenzgruppe der 18- bis unter 21-Jährigen weniger deutlich ausfällt als im Verhältnis zur Gesamtzahl aller Absolventen/Abgänger (+5,6 gegenüber +7,5 Prozentpunkten). In der Tat schlägt sich folglich die sukzessive demographische Verschiebung von Geburtsjahrgang zu Geburtsjahrgang zeitversetzt in der relativen Größenordnung der einzelnen Abschlussarten nieder. Dies unterstreicht die eingeschränkte Reliabilität von Abschlussquoten in Prozent der Gesamtzahl aller Absolventen/Abgänger. Eine indikatorengestützte Beschreibung der Abschlusskonstellationen wird damit kaum ermöglicht. Alterstypische Abschlussquoten bieten demgegenüber aufgrund des Bevölkerungsbezugs eine Möglichkeit, demographische Schwankungen bis zu einem bestimmten Grad auszugleichen.

Ihre Grenzen liegen jedoch im Rückgriff auf bevölkerungsstatistische Referenzdaten (Geburtskohorten), welche unabhängig von den Basisdaten der Schulstatistik (Absolventen/Abgänger) erfasst worden sind. Das Geburtsjahr der einzelnen Absolventen/Abgänger war lange Zeit eines der größten Desiderate der Schulstatistik. So blieb nur die Möglichkeit, Bevölkerungszahlen heranzuziehen, von denen zwar angenommen wird, es handele sich um die typischen Altersjahrgänge, die aber nicht in jedem Fall dem tatsächlichen Abschlussalter der einzelnen Personen entsprechen. Besonders deutlich trat dieses Problem im Zuge der Erarbeitung des nationalen Bildungsberichts 2010 zutage (vgl. Autorengruppe Bildungsberichterstattung 2010, S. 90f.). Bei der Berechnung der alterstypischen Abgängerquote ohne Hauptschulabschluss ergab sich zwischen 2006 und 2008 für Westdeutschland ein Rückgang, während in allen ostdeutschen Ländern die Werte gestiegen sind (vgl. Abb. 12).

Ob sich hier tatsächlich ein Negativtrend abzeichnete, musste bezweifelt werden. Es ließ sich allerdings nicht anhand der verfügbaren Daten empirisch fundieren, da altersgenaue Absolventen-/Abgängerdaten im Ländervergleich

nicht verfügbar waren.[30] Eine genauere Betrachtung der bevölkerungsstatisti-
schen Bezugsjahrgänge zeigt, dass im Jahr 2008 die Zahl der 15- bis unter 17-
Jährigen unmittelbar den dramatischen Einbruch der ostdeutschen Geburtenzahlen wiederspiegelt. Die zugrunde gelegten Bevölkerungszahlen der Geburtsjahrgänge 1991 und 1992 waren in Ostdeutschland um 30% schwächer besetzt
als in den Vorjahren. Geht man aber davon aus, dass ein Teil der Schulabgänge
ohne Hauptschulabschluss 2008 aus den geburtenstärkeren Jahren 1990 und
früher stammt, kommt es zwangsläufig zu einer statistischen Überschätzung der
Abgängerquote.

**Abb. 12: Abgängerinnen und Abgänger ohne Hauptschulabschluss von allgemein-
bildenden Schulen 2008 nach Ländern (in % der 15- bis unter 17-jährigen
Wohnbevölkerung)**

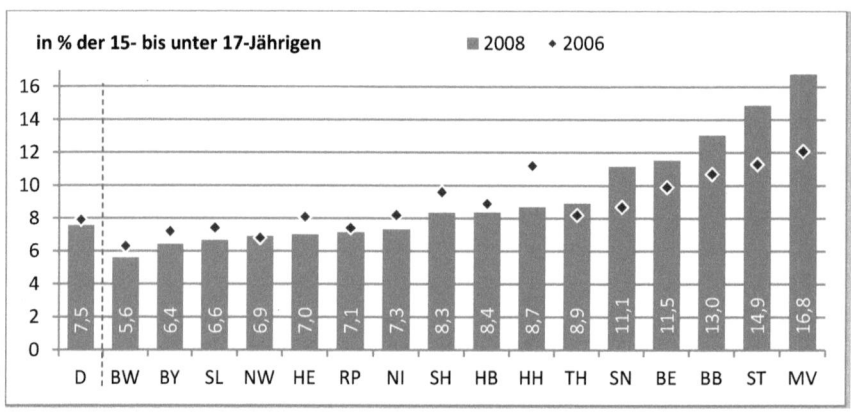

*Quelle: Statistisches Bundesamt, Schulstatistik und Bevölkerungsstatistik 2008/09, eigene Berech-
nungen*

Die Ungenauigkeit alterstypischer Abschlussquoten vergrößert sich auf Seiten
der Absolventinnen und Absolventen zusätzlich dadurch, dass in den letzten
Jahren immer mehr Jugendliche später noch einen anderen Bildungsgang absolvieren, um einen nicht erreichten bzw. höherwertigen Schulabschluss nachzuholen. Diese Jugendlichen gehören nicht nur zu höheren Altersjahrgängen,
die in der Abschlussquote nicht berücksichtigt werden. Zugleich treten Verzer-

---

30   In der Schulstatistik einiger Länder fehlen nach wie vor Angaben zu den Geburts-
     jahrgängen bzw. den Altersjahren der Absolventen/Abgänger (vgl. Abschnitt 3.3).

rungen aufgrund der zeitversetzten Mehrfacherfassung dieser Personen in der Schulstatistik zur demographischen Verzerrung hinzu. So summieren sich auch die Quoten aller Abschlussarten nicht insgesamt auf 100%. Der Anstieg in der Summe aller alterstypischen Abschlussquoten von 98% im Jahr 1996 auf 104% im Jahr 2010 etwa (vgl. Abb. 11) ist nicht allein mit der Bevölkerungsentwicklung in den verschiedenen Altersjahrgängen zu begründen. Er verdeutlicht auch die zunehmende Tendenz nachgeholter Schulabschlüsse, die sich im Laufe der Erhebungsjahre als Mehrfacherfassung von Jugendlichen in der Statistik niederschlagen. Noch offensichtlicher tritt dieses Problem unter Einbezug der beruflichen Schulen zutage (vgl. Abb. 13). Je mehr Jugendliche einen Abschluss in Anschlussbildungsgängen des allgemeinbildenden oder des beruflichen Schulwesens nachträglich erwerben, desto problematischer wird der Bezug zu typischen Altersjahrgängen und desto problematischer wird jeder Interpretationsversuch der alterstypischen Abschlussquoten.

Abb. 13: Absolventinnen und Absolventen allgemeinbildender und beruflicher Schulen 2004 und 2008 nach Abschlussarten (in % der alterstypischen Wohnbevölkerung*)

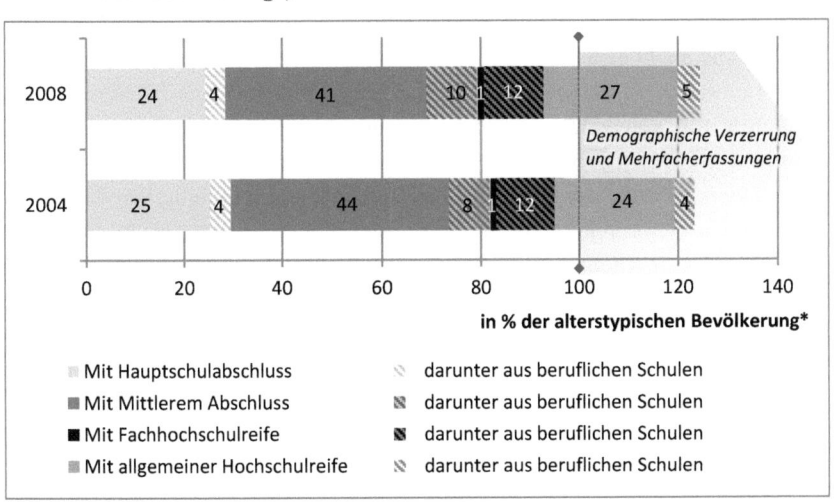

*   Typische Altersjahrgänge: Mit/Ohne Hauptschulabschluss: 15 bis unter 17 Jahre; Mittlerer Abschluss: 16 bis unter 18 Jahre; Fach-/allgemeine Hochschulreife: 18 bis unter 21 Jahre

Quelle: Statistisches Bundesamt, Schulstatistik und Bevölkerungsstatistik 2004/05 und 2008/09, eigene Berechnungen

Zusammenfassend lässt sich somit festhalten, dass die Größenordnung von Schulabgängen und Schulabschlüssen in Deutschland bislang nicht mit der notwendigen Exaktheit bestimmt werden konnte. Dabei kommen zwei unabhängige, sich aber gegenseitig verstärkende Methodeneffekte zum Tragen:

- *Demographischer Effekt* – Sinkende oder steigende Geburtenzahlen können das Ergebnis insbesondere in Zeitreihe maßgeblich verzerren. Dies gilt auf der einen Seite für die Entwicklung der absoluten Absolventen-/Abgängerzahl sowie der Abschlussquoten in Prozent aller Absolventen/Abgänger, da sich demographische Schwankungen auf die Größenordnung der unterschiedlichen Abschlussarten zeitversetzt niederschlagen – vom Hauptschulabschluss bis zur allgemeinen Hochschulreife. Dies gilt auf der anderen Seite aber auch für die Abschlussquoten in Prozent alterstypischer Bevölkerungsjahrgänge. Obwohl dieses Messkonstrukt dem demographischen Effekt gerade entgegenwirken soll, kommt es aufgrund der fehlenden Kongruenz zwischen angenommenen typischen Altersjahrgängen und dem tatsächlichen Alter der Absolventen/Abgänger gleichwohl zu Verzerrungen der wahren Größenordnung.

- *Kumulationseffekt* – Holen Jugendliche in späteren Jahren einen zunächst nicht erreichten oder höher qualifizierenden Schulabschluss nach, kommt es zu zeitversetzten Mehrfachzählungen dieser Personen in der Statistik. Die fehlende Unterscheidung zwischen Erstabschlüssen und Zweit- (oder Dritt-)Abschlüssen führt zu einer nicht näher bestimmbaren Überschätzung der Quoten. Diese spiegeln somit lediglich die kumulative Größenordnung von erreichten Abschlüssen je Jahr wider, nicht aber den jeweils (höchsten) erreichten Bildungsstand von Personen. Dass die Referenzbevölkerung für alterstypische Quoten zudem wegen des Fehlens von Altersangaben zu den Absolventinnen und Absolventen auf einer formalistischen Definition vermeintlich „typischer" Altersjahrgänge beruht, macht selbst die Ermittlung des Prozentsatzes der Mehrfachabschlüsse unmöglich.

4.1.2 Annäherung an kohortenspezifische Abschlussverläufe über das Geburtsjahr

Eingedenk der methodischen Schwächen der üblichen Messkonstrukte für Abschluss-/Abgängerquoten ist zu begrüßen, dass die Länder inzwischen auf der Basis des KMK-Kerndatensatzes mehrheitlich das Geburtsjahr der Absolventen/Abgänger in ihre amtliche Schulstatistik eingeführt haben. Die Verfügbarkeit dieses Merkmals ist dabei nicht von der Umstellung auf schulstatistische Individualdaten abhängig. Das Geburtsjahr hat auch in einigen Ländern ohne Individualstatistik Eingang in die Summendatensätze gefunden (vgl. Abschnitt 3.2.3), ohne dass sich daraus allerdings weiterführende Kombinationsmöglichkeiten mit anderen Merkmalen ergäben. Für die Bestimmung der Größenordnung von Schulabgängen mit und ohne Abschluss bietet das Merkmal des Geburtsjahres – unabhängig von summen- oder individualstatistischer Datenstruktur – einen entscheidenden Vorzug, der nachfolgend anhand weiterentwickelter Indikatorenansätze veranschaulicht werden soll.

Für Absolventinnen und Absolventen des Hochschulbereichs kommt bereits seit vielen Jahren ein Berechnungsverfahren zur Anwendung, bei welchem die Abschlussquoten altersgenau für einzelne Geburtsjahrgänge der Wohnbevölkerung bestimmt und anschließend kumuliert werden. Im Schulbereich konnte dieses sogenannte *Quotensummenverfahren* erstmals für die Absolventen/Abgänger aus dem Jahre 2010 angewendet werden, da die Länder zu diesem Zeitpunkt erstmals Daten mit Bezug zur gleichaltrigen anstelle der alterstypischen Bevölkerung bereitstellen konnten (Sekretariat der KMK 2012). Die OECD berichtet solche Quotensummen seit vielen Jahren unter dem Begriff der „net rates" (Nettoquoten) für Staaten, die über entsprechende altersgenaue Daten verfügen (Abb. 14).

Abb. 14: OECD-Darstellung von Abschlussquoten des Sekundarbereichs II

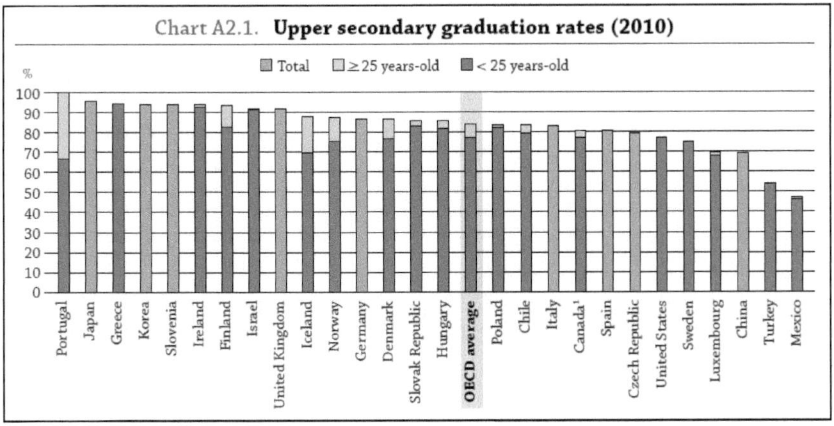

Chart A2.1. **Upper secondary graduation rates (2010)**

Quelle: OECD 2012a, S. 40

Da Deutschland bislang nicht dazu zählte, musste auf „gross rates" (Bruttoquoten) zurückgegriffen werden, welche wiederum dem alterstypischen Berechnungsansatz folgen (OECD 2012b, S. 23ff.). Aufgrund der aufgezeigten Problematik demographischer Verzerrungen sowie Mehrfachzählungen ist auch die Vergleichbarkeit mit Staaten eingeschränkt, die zwischen „first-time graduates" (Erstabschluss) und „second-chance graduates" (Mehrfachabschluss) differenzieren können. Streng genommen weichen hier die Messkonstrukte so stark voneinander ab, dass die Validität und Reliabilität der Indikatorendarstellung stark eingeschränkt ist. Hinzu kommt, dass auch die nach dem Quotensummenverfahren ermittelten „net rates" formale Schwächen im methodischen Ansatz aufweisen. Diese gilt es, im Folgenden näher zu bestimmen.

Beim Quotensummenverfahren erfolgt auf der Grundlage der Anzahl an Absolventen/Abgängern a aus den Geburtskohorten t, t+1, t+2, ... bis n zunächst die getrennte Berechnung der Abschluss-/Abgängerquoten x_t bis x_n im Verhältnis zur Wohnbevölkerung b der entsprechenden, einzelnen Altersjahrgänge b_t bis b_n.

$$x_t = \frac{a_t}{b_t} * 100$$

$$x_{t+1} = \frac{a_{t+1}}{b_{t+1}} * 100$$

$$x_{t+2} = \frac{a_{t+2}}{b_{t+2}} * 100$$

$$...$$

$$x_n = \frac{a_n}{b_n} * 100$$

Für die Ermittlung der Gesamtquote werden anschließend die jahrgangsspezifischen Werte x_t bis x_n aufsummiert.

$$f(a,b) = \left(\frac{a_t}{b_t} * 100\right) + \left(\frac{a_{t+1}}{b_{t+1}} * 100\right) + \left(\frac{a_{t+2}}{b_{t+2}} * 100\right) + \cdots + \left(\frac{a_n}{b_n} * 100\right)$$

$$= \sum_{k=t}^{n} \frac{a_k}{b_k}$$

Eine exemplarische Betrachtung anhand geburtsjahrgangsspezifischer Summendaten aus Sachsen verdeutlicht die Auswirkungen des Quotensummenverfahrens auf die Abgängerquote ohne Hauptschulabschluss (vgl. Block (b) in Tab. 4).

Tab. 4:   **Gegenüberstellung der Abgängerquote ohne Hauptschulabschluss (a) in Prozent der *alterstypischen* Bevölkerung und (b) in Prozent der *einzelnen Geburtsjahrgänge* sowie (c) in Prozent der *gewichteten gleichaltrigen* Bevölkerung (Beispiel Sachsen, 2008)**

Geburts-jahr	Alter (von ... bis unter ... Jahren)	Ohne Hauptschulabschluss (2008)		Bevölkerung (31.12.2007)		Abgängerquote ohne Hauptschulabschluss
				Anzahl		
		Anzahl	in %	Insgesamt	Durch-schnitt	in %
(a) Quotenverfahren mit alterstypischen Bevölkerungszahlen						
1992	15 - 16	●	●	25.375	X	●
1991	16 - 17	●	●	30.892	X	●
Insgesamt		3.134	100	56.267	28.134	**11,1**
(b) Quotensummenverfahren mit Bevölkerungszahlen der einzelnen Geburtsjahrgänge						
1993	14 - 15	309	X	23.636	X	1,3
1992	15 - 16	1.300	X	25.375	X	5,1
1991	16 - 17	831	X	30.892	X	2,7
1990	17 - 18	269	X	47.594	X	0,6
1989	18 - 19	238	X	50.892	X	0,5
1988	19 - 20	147	X	53.610	X	0,3
1987	20 - 21	34	X	55.649	X	0,1
1986	21 - 22	6	X	54.736	X	0,0
Insgesamt		3.134	100	342.384	X	**10,5**
(c) Gewichtetes Quotenverfahren mit gleichaltrigen Bevölkerungszahlen						
1993	14 - 15	309	9,9	23.636	2.330	X
1992	15 - 16	1.300	41,5	25.375	10.526	X
1991	16 - 17	831	26,5	30.892	8.191	X
1990	17 - 18	269	8,6	47.594	4.085	X
1989	18 - 19	238	7,6	50.892	3.865	X
1988	19 - 20	147	4,7	53.610	2.515	X
1987	20 - 21	34	1,1	55.649	604	X
1986	21 - 22	6	0,2	54.736	105	X
Insgesamt		3.134	100	342.384	32.220	**9,7**

Quelle: Statistisches Landesamt im Freistaat Sachsen, Schulstatistik und Bevölkerungsstatistik 2008/09, eigene Berechnungen

Die Auswertung nach Geburtsjahren zeigt, dass die Jugendlichen, welche 2008 in Sachsen die Schule ohne Hauptschulabschluss verlassen hatten, zwischen 14 und 21 Jahren alt waren. Die Bevölkerungszahl dieser beiden Altersjahrgänge spiegelt die dramatischen demographischen Verluste der Nachwendezeit wieder: Der Geburtsjahrgang 1993 (14-Jährige) war mit ca. 23.600 Personen weniger als halb so stark besetzt wie jener der 1986 Geborenen (21-Jährige) mit 54.700 Personen. In der alterstypischen Abgängerquote von 11,1% bleiben diese Veränderungen wegen des alleinigen Bezugs auf die 15- bis unter 17-Jährigen unberücksichtigt. Demgegenüber ergibt sich durch die Kumulation der tatsächlichen Altersjahrgänge nach dem Quotensummenverfahren eine niedrigere Abgängerquote von 10,5%. Diese vermittelt ein realistischeres Bild der Größenordnung, weil die Abgängerinnen und Abgänger mit steigendem Alter auf die tatsächliche Bevölkerungszahl der noch stärker besetzten Geburtskohorten bezogen werden.

Der Nachteil der Quotensumme liegt in ihrem kumulativen Berechnungsansatz. Da die Quoten einzelner Jahrgänge gleichgewichtig aufsummiert werden, erhöht sich der Wert der Gesamtquote mit zunehmender Anzahl an Altersjahrgängen, aus denen die Abgängerinnen und Abgänger stammen. Dies scheint zunächst unproblematisch, da die Altersverteilung der Jugendlichen in der Regel einer logarithmischen Normalverteilung folgt, das heißt die Abgängerzahlen im mittleren Altersbereich (hier z. B. 15 und 16 Jahre) besonders hoch sind und an den Rändern der Altersverteilung (< 15 Jahre; > 16 Jahre) immer kleiner werden. Je jünger bzw. älter die Jugendlichen also sind, desto kleiner ist der prozentuale Zuwachs der Quotensumme. Zu welch unplausiblen Ergebnissen das Quotensummenverfahren aber unter formalen Gesichtspunkten führen kann, lässt sich anhand einer einfachen Simulationsrechnung illustrieren, die von folgenden drastisch sinkenden Abgänger- und Bevölkerungszahlen ausgeht:

Schulabgänge im Alter von …		Gesamtbevölkerung im Alter von …	
14 Jahren	n = 1.000	14 Jahren	n = 5.000
15 Jahren	n = 5.000	15 Jahren	n = 25.000
16 Jahren	n = 10.000	16 Jahren	n = 50.000

Für alle drei Geburtskohorten dieses Beispiels ergibt sich eine Abgängerquote von je 20% des Altersjahrgangs. In ihrer Kumulation erreicht die entsprechende Quotensumme folglich einen Wert von 60%. Angesichts eines nominellen Zahlenverhältnisses von 16.000 Abgängerinnen und Abgängern gegenüber

80.000 Einwohnern gleichen Alters ist jedoch die Aussage, dass 60% der gleichaltrigen Bevölkerung ohne Abschluss die Schule verlassen haben, kaum vermittelbar. Der bloßen Aufsummierung jahrgangsspezifischer Quoten wäre daher ein Verfahren vorzuziehen, welches der Altersverteilung der Absolventen/Abgänger durch entsprechende Gewichtungsfaktoren Rechnung trägt.

Das nachfolgend vorgeschlagene *Quotenverfahren auf Basis gewichteter Geburtsjahrgänge* orientiert sich hierzu am prinzipiellen Berechnungsansatz der alterstypischen Abschlussquoten (vgl. Abschnitt 4.1.1), bei dem zunächst die durchschnittliche Jahrgangsstärke von Geburtskohorten als Referenzgröße für die Absolventen-/Abgängerzahl ermittelt wurde. Im Unterschied zur alterstypischen Berechnungsvariante sind aber in diesen Durchschnitt nicht ausgewählte (typische) Geburtsjahrgänge gleichgewichtig einzubeziehen, sondern anhand der beobachteten Altersverteilung der Absolventen/Abgänger gehen die einzelnen Geburtsjahrgänge entsprechend ihres tatsächlichen Gewichts ein:

Ausgehend von der Zahl der Absolventen/Abgänger a mit oder ohne einen bestimmten Abschluss aus den Geburtsjahrgängen t, $t+1$, $t+2$, ... bis n wird zunächst das Gewicht W jedes einzelnen Geburtsjahrgangs an der Gesamtpersonenzahl mit bzw. ohne den betrachteten Abschluss bestimmt.

$$W_t = \frac{a_t}{\sum_{k=t}^{n} a_k}$$

$$W_{t+1} = \frac{a_{t+1}}{\sum_{k=t}^{n} a_k}$$

$$W_{t+2} = \frac{a_{t+2}}{\sum_{k=t}^{n} a_k}$$

...

$$W_n = \frac{a_n}{\sum_{k=t}^{n} a_k}$$

Diese Werte geben Auskunft darüber, zu welchen Anteilen unter den Absolventen/Abgängern jeweils 13-, 14-, 15- bis n-Jährige repräsentiert sind. Auf dieser Basis wird nun die durchschnittliche Bevölkerungszahl in diesen Geburtsjahrgängen als Referenzpopulation der Abschluss-/Abgängerquote ermittelt. In den

Durchschnittswert gehen die einzelnen Geburtskohorten (t, $t+1$, $t+2$, ... bis n) entsprechend ihres jeweiligen, zuvor an der tatsächlichen Altersverteilung bestimmten Gewichts ein.

$$b = \left(\frac{a_t}{\sum_{k=t}^{n} a_k} * b_t \right) + \left(\frac{a_{t+1}}{\sum_{k=t}^{n} a_k} * b_{t+1} \right) + \left(\frac{a_{t+2}}{\sum_{k=t}^{n} a_k} * b_{t+2} \right) + \dots + \left(\frac{a_n}{\sum_{k=t}^{n} a_k} * b_n \right)$$

$$= (W_t * b_t) + (W_{t+1} * b_{t+1}) + (W_{t+2} * b_{t+2}) + \dots + (W_n * b_n)$$

$$= \sum_{k=t}^{n} W_k b_k$$

Für die Gesamtquote wird abschließend die Zahl der Absolventen/Abgänger a der betrachteten Abschlussart ins Verhältnis zu der ermittelten Summe der gewichteten, gleichaltrigen Wohnbevölkerung b gesetzt.

$$f(a, b) = \frac{(a_t + a_{t+1} + a_{t+2} + \dots + a_n)}{\sum_{k=t}^{n} W_k b_k}$$

$$= \frac{a}{b}$$

Gegenüber dem Quotensummenverfahren ergibt sich auf diesem Wege für das zuvor eingeführte Beispiel der Schulabgänge ohne Hauptschulabschluss in Sachsen 2008 eine nochmalige Verringerung der Abgängerquote von 10,5 auf 9,7% der gleichaltrigen Bevölkerung (vgl. Block (c) in Tab. 4). Ausschlaggebend ist hierfür, dass die Geburtsjahrgänge ab 1990 mit ihren niedrigen Abgängerquoten von jeweils unter 1% aufgrund der größeren Kohortenstärke mit relativ höherem Gewicht in die Gesamtquote eingehen, als es beim Quotensummenverfahren ohne Gewichtung der Fall ist.

Überträgt man diesen methodischen Ansatz auch auf die übrigen Abschlusskategorien, also alle Absolventinnen und Absolventen aus allgemein- und berufsbildenden Schulen in Sachsen, so kommt es im Vergleich zu den alterstypischen Abschluss-/Abgängerquoten zu teils erheblichen Verschiebungen innerhalb der Abschlusskonstellationen (vgl. Abb. 15).

Abb. 15: Absolventen/Abgänger von allgemeinbildenden und beruflichen Schulen in Sachsen 2008 nach Abschlussarten (in % der Wohnbevölkerung im jeweils typischen Abschlussalter* sowie in % der gleichaltrigen Wohnbevölkerung**)

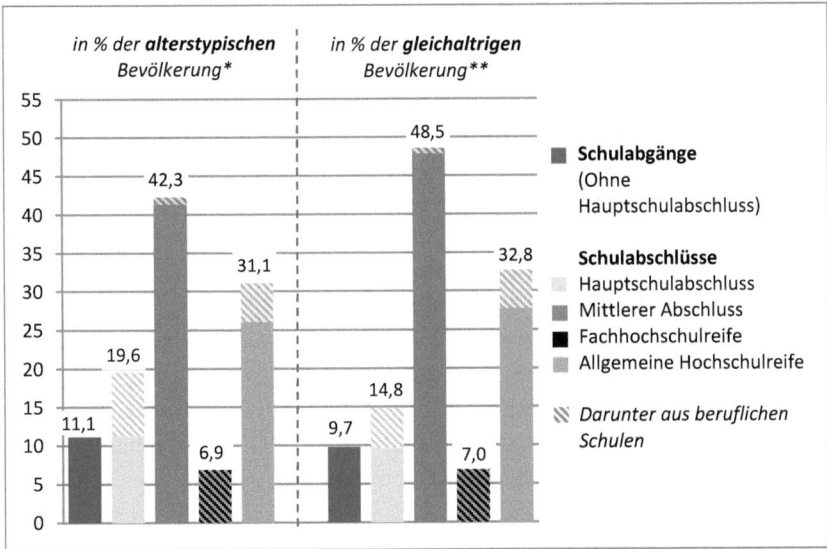

* Die Absolventen-/Abgängerzahl wird auf die durchschnittliche Bevölkerungszahl in typischen Altersjahrgängen bezogen – Mit/Ohne Hauptschulabschluss: 15 bis unter 17 Jahre; Mittlerer Abschluss: 16 bis unter 18 Jahre; Fach-/allgemeine Hochschulreife: 18 bis unter 21 Jahre.

** Die Absolventen-/Abgängerzahl wird auf die durchschnittliche Bevölkerungszahl der tatsächlichen Geburtsjahrgänge bezogen, wobei jeder Geburtsjahrgang entsprechend seines Gewichts in der beobachteten Altersverteilung der Absolventen/Abgänger einbezogen wird.

Quelle: Statistisches Landesamt im Freistaat Sachsen, Schulstatistik und Bevölkerungsstatistik 2008/09, eigene Berechnungen

Während die Größenordnung der Jugendlichen mit Hauptschulabschluss nach dem vorgeschlagenen Berechnungsverfahren gegenüber der alterstypischen Hauptschulabschlussquote deutlich kleiner ausfällt, verhält es sich beim Mittleren Schulabschluss umgekehrt. Mit 49% der gleichaltrigen Bevölkerung liegt die gewichtete Quote des Mittleren Abschlusses weit über dem alterstypischen Wert von 42% der 16- bis unter 18-jährigen Bevölkerung. Die zahlenmäßige Bedeutung des Mittleren Abschlusses wird nach dem herkömmlichen Verfahren unterschätzt, da mehr als ein Viertel dieser Absolventinnen und Absolventen 2008 aus den geburtenschwächeren Altersjahrgängen der 14- und 15-Jährigen stammte. So erhöht sich die Abschlussquote unter Einbezug dieser

Geburtskohorten entsprechend ihres tatsächlichen Gewichts. Berücksichtigt man, dass der Mittlere Abschluss in Sachsen fast ausschließlich an allgemeinbildenden Schulen erworben wird, handelt es sich um das mit Abstand wichtigste Abschlusszertifikat am Ende der allgemeinbildenden Schulzeit. Der Hauptschulabschluss wird hingegen von nur 15% der gleichaltrigen Bevölkerung erworben. Ein Drittel davon entfällt auf nachgeholte Abschlüsse an beruflichen Schulen und fast die Hälfte der Jugendlichen mit Hauptschulabschluss ist daher 17 Jahre und älter. Insofern überschätzt die alterstypische Abschlussquote von 20% der 15- bis unter 17-Jährigen die realen Gegebenheiten, weil die älteren, geburtenstärkeren Kohorten dort ausgeklammert bleiben. Keine nennenswerten Unterschiede werden mit Blick auf die Abschlussquoten für Absolventinnen und Absolventen mit Fach- oder allgemeiner Hochschulreife sichtbar. Dies liegt zum einen an der vergleichsweise guten Passung zwischen alterstypischen Jahrgängen (18 bis unter 21 Jahre) und tatsächlicher, gleichaltriger Bevölkerung. Zum anderen waren die Personen, die 2008 mit Hochschulreife die Schule verließen, noch nicht vom demographischen Rückgang betroffen, der sich erst in den Geburtskohorten ab 1990 (17 Jahre und jünger) niederschlägt. In den kommenden Jahren werden jedoch auch Abiturienten von den sinkenden Bevölkerungszahlen erfasst. Die herkömmliche Berechnung von Abschlussquoten an der alterstypischen Bevölkerung wäre – wie für den Mittleren Abschluss aufgezeigt – mit erheblichen statistischen Verzerrungen verbunden. Aufgrund einer systematischen Unterschätzung würde sich ein negativer Trend der Abiturientenquote abzeichnen, obgleich von keiner rückläufigen Entwicklung des Abschlussniveaus auszugehen ist.

Sowohl gegenüber dem alterstypischen Quotenverfahren („gross rates" bei der OECD) als auch gegenüber dem Quotensummenverfahren („net rates") liefert der hier skizzierte Ansatz, die Abgänger-/Absolventenzahlen an der beobachteten Altersverteilung zu gewichten, robustere Ergebnisse für die tatsächliche Größenordnung von Schulabgängen und Schulabschlüssen. Mit dieser Methodik werden nicht nur demographische Schwankungen, sondern auch Verschiebungen in der (Normal-)Verteilung der Abgänger/Absolventen auf die Altersjahrgänge kontrolliert. Eingedenk des Anspruchs an die Fortschreibbarkeit von Indikatoren werden so die Befunde in Zeitreihe besser untereinander vergleichbar. Man gelangt zu verlässlichen Aussagen über die Abschlusskonstellationen einer Absolventen-/Abgängerkohorte zu einem bestimmten Zeitpunkt.

Der Bildungsverlauf der betroffenen Jugendlichen indes lässt sich aufgrund der punktuellen Betrachtung eines Schuljahres mit keinem der bisher vorgestellten Verfahren abbilden. Wie aber sähe eine umgekehrte Auswertungsstrategie aus, bei der nicht die Verteilung aller Geburtskohorten in einem einzelnen Schuljahr in den Blick genommen, sondern eine Geburtskohorte über mehrere Jahre hinweg verfolgt wird?

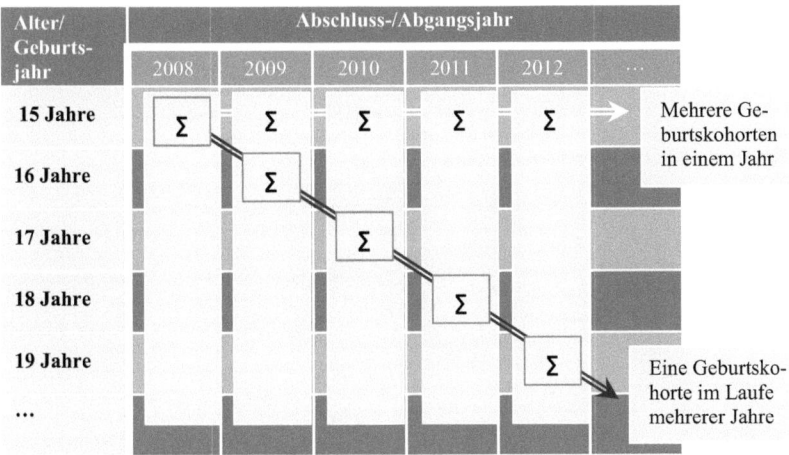

Ein solcher Quasi-Längsschnitt kann auch mit querschnittlich erfassten Summendaten aufgebaut werden. Dies zeigen Analysen zum relativen Schulbesuch, die die Entwicklung der Bildungsbeteiligung für einzelne Geburtsjahrgänge verfolgen, um zu bestimmen, wie hoch der Anteil eines Altersjahrgangs ist, der bestimmte Schulen und Hochschulen besucht (vgl. Köhler 1990, 1978; Weishaupt/Kühne 2011). Auch für den Erwerb von Schulabschlüssen kommt dieser empirische Zugang in Betracht, sofern auch das Geburtsjahr von Absolventen/Abgängern für mehrere Erhebungswellen schulstatistisch erfasst wurde. Im Zeitverlauf ließe sich nachzeichnen, welcher Anteil eines Geburtsjahrgangs in einem bestimmten Jahr – und damit in einem bestimmten Alter – mit oder ohne Schulabschluss das Schulwesen verlassen hat. Darüber hinaus ergäbe sich in der Kumulation dieser Anteile über die Jahre ein vollständiges Bild der erreichten Abschlüsse. Unter der Perspektive von Bildung im Lebenslauf verspricht diese Kennziffer eine erstmalige Annäherung an kohortenspezifische Abschlussverläufe auf Basis flächendeckender Schulstatistiken.

Ähnlich dem Verfahren zur Bestimmung der Abschlussquoten in Prozent aller Absolventen/Abgänger (vgl. Abschnitt 4.1.1) sind hierzu die Absolventen/Abgänger in ihrer Verteilung auf alle Abschlusskategorien heranzuziehen. Als Basisdaten dienen allerdings nicht sämtliche Absolventen/Abgänger A eines Jahres, sondern lediglich jene aus einer bestimmten Geburtskohorte t. Zunächst ist für eine Reihe aufeinanderfolgender Erhebungsjahre e bis n der jährliche Anteil der Schulabgänge und -abschlüsse a_t an der korrespondierenden Wohnbevölkerung b_t des betrachteten Geburtsjahrgangs zu berechnen.

$$x_e = \frac{a_{te}}{b_{te}} * 100$$

$$x_{e+1} = \frac{a_{te+1}}{b_{te+1}} * 100$$

$$x_{e+2} = \frac{a_{te+2}}{b_{te+2}} * 100$$

$$...$$

$$x_n = \frac{a_{tn}}{b_{tn}} * 100$$

Diese Werte geben den jährlichen Zugewinn an Schulabschlüssen über die Zeit in Prozentpunkten wieder. Um zugleich den Gesamtanteil an Jugendlichen dieser Geburtskohorte abzubilden, die im Laufe der Jahre mit und ohne Abschluss die Schule verlassen haben, werden für alle Erhebungsjahre e bis n die Anteile kumuliert.

$$f\,(a,\,b) = \left(\frac{a_{te}}{b_{te}} + \frac{a_{te+1}}{b_{te+1}} + \frac{a_{te+2}}{b_{te+2}} + ... + \frac{a_{tn}}{b_{tn}} \right)$$

$$= \sum_{k=e}^{n} \frac{a_{tk}}{b_{tk}} * 100$$

Im Ergebnis zeigt sich – wiederum unter Rückgriff auf die schulstatistischen Summendaten Sachsens – ein deutlich differenzierteres Bild des Erwerbs von Schulabschlüssen als es die zuvor dargestellten, punktuellen Abschluss-/Abgängerquoten je Schuljahr vermitteln konnten. In einer Aufschlüsselung nach

Altersjahren, nach Abschlussarten sowie nach allgemeinbildenden und beruflichen Schulen kann für den Geburtsjahrgang 1989 aufgezeigt werden, zu welchem Zeitpunkt im Lebenslauf die unterschiedlichen Schulabschlüsse schwerpunktmäßig erworben wurden (vgl. Abb. 16):

Bereits im Alter von 16 Jahren verfügt mit 57% die Mehrheit der Geburtskohorte über einen Hauptschul- oder Mittleren Abschluss. Weitere 8% sind in
diesem Alter bereits von der Schule abgegangen, ohne (zumindest) den Hauptschulabschluss erreicht zu haben. Dieser Anteil steigt bis zum 20. Lebensjahr
nur noch geringfügig auf 9,4% der Geburtskohorte und liegt damit relativ dicht
an jenem Wert, der nach dem gewichteten Quotenverfahren im Jahr 2008 9,7%
der gleichaltrigen Bevölkerung betrug. Bemerkenswert ist auch, dass der Mittlere Schulabschluss bis zum Alter von 21 Jahren von 51% des Geburtsjahrgangs erreicht wurde, wobei nach dem 16. Lebensjahr keine großen Zugewinne
mehr zu beobachten sind. Auch dieser Wert liegt nahe am Ergebnis des gewichteten Quotenverfahrens von 48,5%. Das Abitur wird demgegenüber schwerpunktmäßig im Alter von 18 Jahren erworben, wenngleich 9% der Kohorte
schon als 17-Jährige darüber verfügen. Gerade für die Abiturientinnen und
Abiturienten zeichnet diese Verlaufsdarstellung allerdings noch kein vollständiges Bild, da auch im Alter von über 21 Jahren noch ein nennenswerter Anteil
mit Fach- oder allgemeiner Hochschulreife eine Schule verlässt. In den Jahren
nach 2010 kann somit vor allem mit Blick auf diese Absolventinnen und Absolventen – vornehmlich aus beruflichen Schulen und Schulen des Zweiten
Bildungsweges (Abendschulen und Kollegs) – von weiteren Anteilssteigerun-
gen ausgegangen werden.

Da in der hier gewählten Darstellungsform die Abgänge (ohne Hauptschulabschluss) auf der linken und die Abschlüsse auf der rechten Seite der Y-Achse
kumulativ abgetragen wurden, lässt sich auch die Gesamtzahl der im Zeitverlauf erreichten Mehrfachabschlüsse ablesen. Insgesamt beläuft sich die Summe
bis zum 21. Lebensjahr auf 105% der Personenzahl aus der Geburtskohorte
1989. Bezogen auf die Zahl gleichaltriger Einwohner wurde mit anderen Worten in mindestens 5% der Fälle mehr als ein Abschluss erworben. Hinzu kommen jene 9% des Jahrgangs, die die Schule ohne Abschluss verlassen haben
(links). Wie viele dieser Personen im Laufe der Jahre einen Abschluss nachholen konnten und damit auf der Seite der Absolventinnen und Absolventen
(rechts) wieder auftauchen, lässt sich jedoch nicht rekonstruieren. Da sich der
Anteil der an beruflichen Schulen erworbenen Hauptschulabschlüsse unter den

Abb. 16: Schulabgänge mit und ohne Abschluss 2004 bis 2011 für die Kohorte der 1989 Geborenen in Sachsen (in % der gleichaltrigen Wohnbevölkerung*)

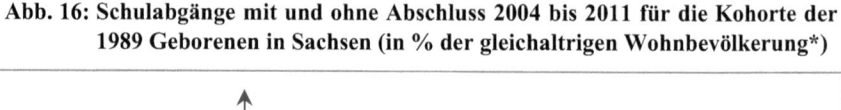

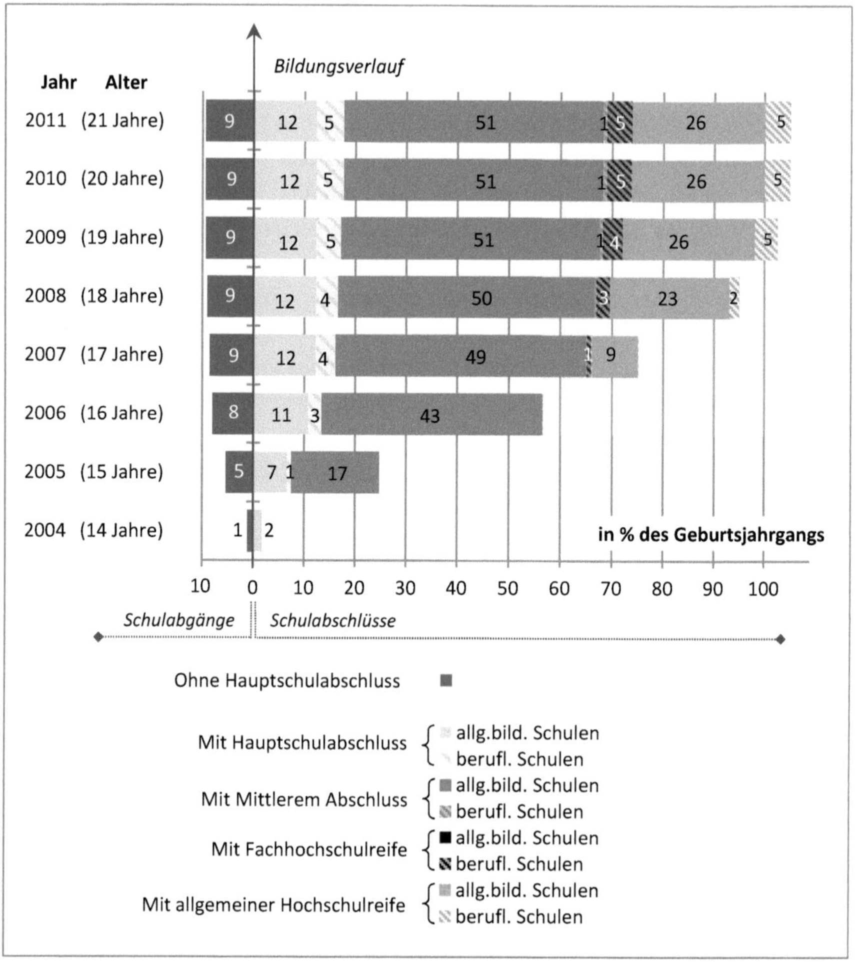

Jahr	Alter	Bildungsverlauf
2011	(21 Jahre)	9 12 5 51 1 26 5
2010	(20 Jahre)	9 12 5 51 1 26 5
2009	(19 Jahre)	9 12 5 51 26 5
2008	(18 Jahre)	9 12 4 50 3 23 2
2007	(17 Jahre)	9 12 4 49 9
2006	(16 Jahre)	8 11 3 43
2005	(15 Jahre)	5 7 1 17
2004	(14 Jahre)	1 2

in % des Geburtsjahrgangs

10   0   10   20   30   40   50   60   70   80   90   100

Schulabgänge   *Schulabschlüsse*

Ohne Hauptschulabschluss ■

Mit Hauptschulabschluss { allg.bild. Schulen / berufl. Schulen

Mit Mittlerem Abschluss { allg.bild. Schulen / berufl. Schulen

Mit Fachhochschulreife { ■ allg.bild. Schulen / berufl. Schulen

Mit allgemeiner Hochschulreife { allg.bild. Schulen / berufl. Schulen

*   Die Absolventen-/Abgängerzahl wird für jedes Beobachtungsjahr auf die Bevölkerung desselben Geburtsjahrgangs (1989) bezogen. Über die Jahre kumuliert beinhalten die Quoten jeweils alle Absolventen/Abgänger der Vorjahre (einschließlich Mehrfacherfassungen).

Quelle: Statistisches Landesamt im Freistaat Sachsen, Schulstatistik und Bevölkerungsstatistik, eigene Berechnungen

21-Jährigen auf 5% beläuft, ist zu vermuten, dass es sich hierbei um vormalige Abgänge ohne Hauptschulabschluss handelt, die z. B. in Maßnahmen des Übergangssystems einen Abschluss nachgeholt haben. Es bliebe ein Restanteil von 4% der Geburtskohorte, der auch im Alter von 21 Jahren nicht wenigstens einen Hauptschulabschluss vorweisen kann. Aufgrund der querschnittlichen Kumulation ohne Personenbezug bleibt dies aber eine Vermutung.

Für eine Absicherung solcher Aussagen über das Nachholen nicht erreichter bzw. höherqualifizierender Abschlüsse fehlt es an Angaben zum bisherigen Bildungsverlauf. Diese wären entweder über das retrospektive Merkmal des höchsten bisher erreichten Schulabschlusses oder über eine einheitliche, zeitkonstante Personenkennung („Schüler-ID") zu ermitteln. Schulstatistische Summendaten eröffnen keine der beiden Optionen. Sie werden für allgemeinbildende und berufliche Schulen getrennt erfasst, ohne dass ein Bezug zwischen den Absolventen-/Abgängerzahlen der unterschiedlichen Erhebungsjahre möglich wäre. Wenngleich also die Verfügbarkeit des Geburtsjahres eine Annäherung an verlaufsbezogene Indikatorenansätze gestattet, ist das Problem der Mehrfacherfassungen damit noch nicht behoben. Wie viele Personen mit welcher schulischen Vorbildung zu welchem Zeitpunkt welchen Anschlussbildungsgang absolvieren, kann nicht nachverfolgt werden. Darüber hinaus lassen die aufgezeigten Summendaten in ihrer alleinigen Aufschlüsselung nach Abschlussarten und Geburtsjahren offen, welche Personengruppen sich im Einzelnen hinter den für das sächsische Schulwesen insgesamt ermittelten Abschluss-/Abgängerquoten verbergen. Es bleibt bei einer pauschalen Betrachtung ohne Einblick in Bildungswege, konkrete Lebenslagen und sonstige Rahmenbedingungen institutioneller oder regionaler Art. Erreichen Schülerinnen und Schüler mit einem bestimmten familiären Hintergrund höher qualifizierende Abschlüsse als andere? Haben Schülerinnen und Schüler in Abhängigkeit von institutionellen Merkmalen ihrer Einzelschule größere Erfolgsaussichten? Führen Schulen in günstiger sozioökonomischer Lage mehr Schülerinnen und Schüler zum Abschluss?

Im nächsten Kapitel werden die entsprechenden Möglichkeiten von schulstatistischen Summendaten und Individualdaten für vertiefende Gruppenvergleiche zwischen Personen, Institutionen und Regionen erörtert.

4.2   Indikatorengestützte Analysen zu Disparitäten auf regionaler, institutioneller und individueller Ebene

Alle zuvor beschriebenen Ansätze, die Größenordnung von Schulabgängen und Schulabschlüssen anhand verschiedener Messkonstrukte zu bestimmen, stellen lediglich die grundlegende Informationsbasis eines Indikators dar. Für sich genommen haben absolute und relative Häufigkeiten der erreichten Schulabschlüsse nur geringen Informationswert, geben sie doch keinerlei Aufschluss über die Hintergründe ihres Zustandekommens. Es bedarf einer möglichst umfassenden Kontextualisierung, um etwa der Fehlinterpretation zu begegnen, hohe Abgängerquoten ohne Abschluss ließen sich als schulisches Versagen einzelner Schülerinnen und Schüler deuten. Zur Beschreibung von Kontexten und möglichen Zusammenhängen kann die indikatorengestützte Analyse von Basiskennziffern (z. B. einer Abgängerquote) durch Einbeziehung zusätzlicher Variablen schrittweise um weiterführende statistische Auswertungen ergänzt werden. Genau genommen ist das bereits wiederholt einbezogene Merkmal der besuchten Schulart eine solche Erweiterung der Basiskennziffer.

Entscheidend für die Indikatorisierung ist insofern, nach welcher tieferen Untergliederung die Daten aufgeschlüsselt werden können. Bezugnehmend auf das Indikatorenverständnis der vorliegenden Untersuchung ist damit im Folgenden die Ebene der *Differenzierungsmerkmale* angesprochen (vgl. Abschnitt 3.1.1). Über Hintergrundvariablen können bei entsprechender Ausdifferenzierung möglichst vieler Kennziffern die personenbezogenen, institutionellen sowie regionalen Kontexte über verschiedene Indikatoren und Themenbereiche hinweg abgebildet werden (z. B. Geschlecht, Art der Bildungseinrichtung, Einzugsbereiche u. a.). Die Schulstatistik eröffnet zum einen aufgrund der einzelschulischen Vollerhebung Differenzierungsmöglichkeiten regionaler sowie institutioneller Art. Für die Abschlusskonstellationen unterschiedlicher Einrichtungen und Regionen lassen sich auf diesem Wege Gruppenvergleiche durchführen. Nicht zu vernachlässigen ist dabei die Einbeziehung von Sekundärdaten der Bevölkerungs-, Wirtschafts- und Sozialstatistik. Zum anderen ermöglicht die schulstatistische Erhebung von ausgewählten Variablen zum individuellen Hintergrund der Absolventen/Abgänger eine Auswertung nach Personenmerkmalen wie etwa dem Ausländerstatus.

4.2.1 Regionale Aspekte

AUFSCHLÜSSELUNG DER ABSCHLUSSKONSTELLATIONEN FÜR LÄNDER UND KOMMUNEN

Auf die Notwendigkeit, unterhalb der Systemebene regionalen Disparitäten beim Erwerb von Schulabschlüssen nachzugehen, machte bereits auf nationaler Ebene der Ländervergleich der alterstypischen Abgängerquote ohne Hauptschulabschluss aufmerksam (vgl. Abb. 12). Die landesspezifischen Werte streuen zwischen 6% in Baden-Württemberg und 17% in Mecklenburg-Vorpommern. Die methodischen Schwächen, die mit dem skizzierten alterstypischen Quotenverfahren verbunden sind, können nicht darüber hinwegtäuschen, dass sich die Schulsysteme der einzelnen Länder erheblich darin unterscheiden, wie viele Jugendliche ohne (zumindest) Hauptschulabschluss von der Schule abgehen. Bevor diese regionalen Disparitäten auf kleinräumigerer Ebene weiter aufgeschlüsselt werden, soll zunächst der Blick auf die länderspezifischen Abschlusskonstellationen vervollständigt werden, indem auch auf die Absolventinnen und Absolventen der übrigen Abschlusskategorien im Ländervergleich eingegangen wird. Die Basis bilden die zum Untersuchungszeitpunkt in allen Ländern vorliegenden Abschluss-/Abgängerquoten 2008 in Prozent der alterstypischen Bevölkerung. Für alle Länder bestätigt sich der bundesweite Befund, dass der Mittlere Schulabschluss das größte Gewicht unter den Absolventen/Abgängern hat (vgl. Abb. 17).

Die entsprechende Abschlussquote an der 16- bis unter 18-jährigen Bevölkerung variiert allerdings zwischen 68% in Niedersachsen und 38% in Berlin. Berlin und die anderen Stadtstaaten weisen wiederum bei der allgemeinen Hochschulreife die höchsten Abschlussquoten auf. In Bayern und im Saarland sind es lediglich 24 bzw. 27% der 18- unter 21-Jährigen, die mit allgemeiner Hochschulreife die Schule verlassen. In beiden Ländern geht dies mit hohen Hauptschulabschlussquoten von gut einem Drittel der 15- bis unter 17-Jährigen einher. Es handelt sich jedoch um kein länderübergreifendes Muster, wonach jene Länder mit größeren Anteilen an höherqualifizierenden Abschlüssen zwangsläufig geringere Quoten bei den niedrigeren Abschlüssen aufweisen. So fallen die Abschlussquoten in Baden-Württemberg, Berlin und Schleswig-Holstein sowohl beim Hauptschulabschluss als auch bei der Hochschulreife vergleichsweise hoch aus.

Abb. 17: Abschlussquoten für Absolventinnen und Absolventen von allgemeinbildenden und beruflichen Schulen 2008 nach Abschlussarten und Ländern (in % der Wohnbevölkerung im jeweils typischen Abschlussalter*)

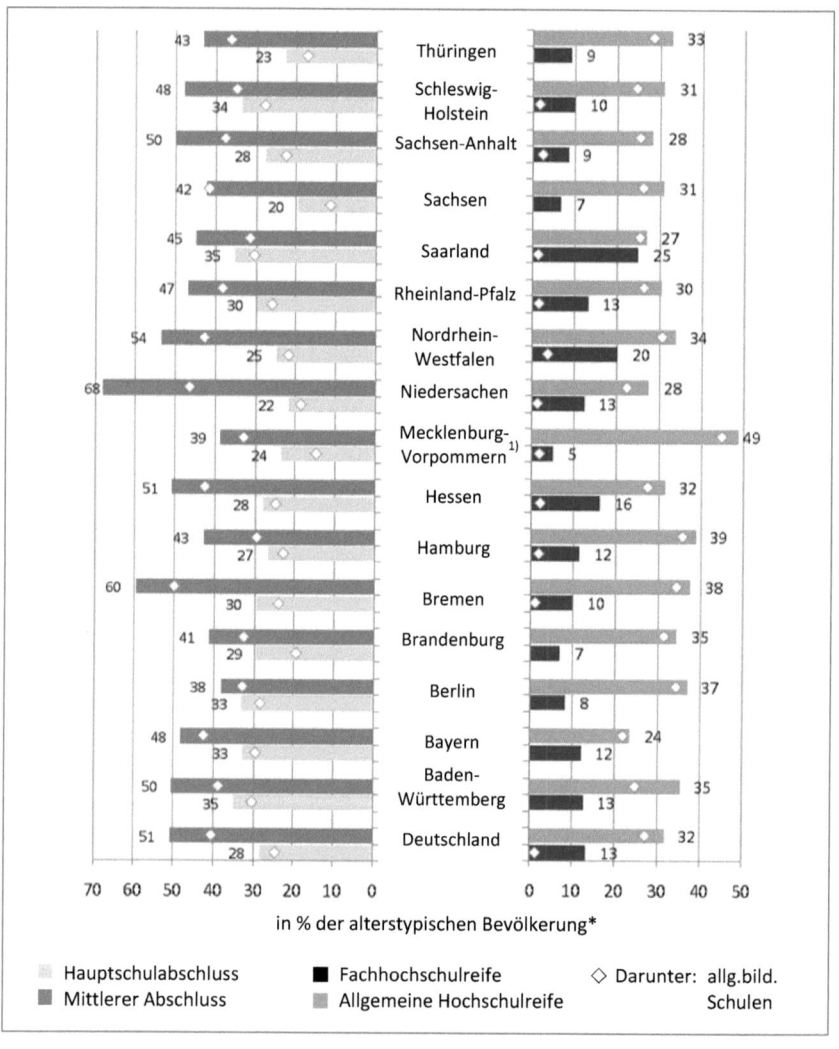

*   Hauptschulabschluss: 15 bis unter 17 Jahre; Mittlerer Abschluss: 16 bis unter 18 Jahre; Fachhochschulreife und allgemeine Hochschulreife: 18 bis unter 21 Jahre

1)   Für Mecklenburg-Vorpommern ergibt sich 2008 ein doppelter Abiturjahrgang aus der 12. und 13. Jahrgangsstufe (Absolventen aus G8- sowie G9-Gymnasien).

Quelle: Statistisches Bundesamt, Schulstatistik und Bevölkerungsstatistik 2008/09, eigene Berechnungen

Für vertiefende Einsichten in die Hintergründe der aufgezeigten Abschlusskonstellationen liefert die regelmäßig aktualisierte Regionaldatenbank der Statistischen Ämter des Bundes und der Länder erste Anhaltspunkte (vgl.
https://www.regionalstatistik.de/genesis/online/logon). Hier werden für die
Landkreise und kreisfreien Städte Deutschlands Basistabellen zu ausgewählten
Gesellschaftsfeldern einschließlich des Bildungsbereichs bereitgestellt. Dazu
zählen unter anderem die Absolventen-/Abgängerzahlen sowie altersspezifische
Bevölkerungszahlen. Auf dieser Datengrundlage kann somit eine Regionalisierung der Absolventen-/Abgängerquoten nach dem alterstypischen Quotenverfahren vorgenommen werden.

　　Die Ergebnisse verweisen dabei auf beachtliche kleinräumige Disparitäten,
welche sogar noch größer ausfallen als im Vergleich der vorgenannten aggregierten Landeswerte. Betrachtet man die alterstypische Abgängerquote ohne
Hauptschulabschluss 2008 auf kommunaler Ebene (vgl. Abb. 18), so streuen
zwar knapp drei Viertel der Kreise und kreisfreien Städte mit +/- 3 Prozentpunkten relativ dicht um den Bundesdurchschnitt von 7,5%. Die Spannweite
insgesamt reicht jedoch von 3 bis zu 22% der 15- bis unter 17-jährigen Bevölkerung eines Kreises. In manchen Regionen wird damit die für das gesamte
Bundesgebiet ermittelte Abgängerquote um das Dreifache überschritten. Dort
verlässt also jeder fünfte Jugendliche die allgemeinbildende Schule, ohne zumindest über den Hauptschulabschluss zu verfügen. Innerhalb der einzelnen
Länder sind es vor allem die kreisfreien Städte, die überdurchschnittlich hohe
Abgängerquoten ohne Hauptschulabschluss aufweisen. So besteht zwischen der
Höhe der Abgängerquote und der Stadt-/Land-kreiszugehörigkeit auch ein
signifikanter Zusammenhang (vgl. Anhang: Tab. 11). Dieses Stadt-Land-
Gefälle ist in den westdeutschen Flächenländern bei einem Korrelationskoeffi-
zienten von $r = .596^{**}$ ($p < 0.01$) stärker ausgeprägt als in Ostdeutschland
($r = .274^{*}$, $p < 0.05$).

**Abb. 18: Abgängerinnen und Abgänger ohne Hauptschulabschluss von allgemein-
bildenden Schulen 2008 in den Landkreisen und kreisfreien Städten (in %
der 15- bis unter 17-jährigen Wohnbevölkerung)**

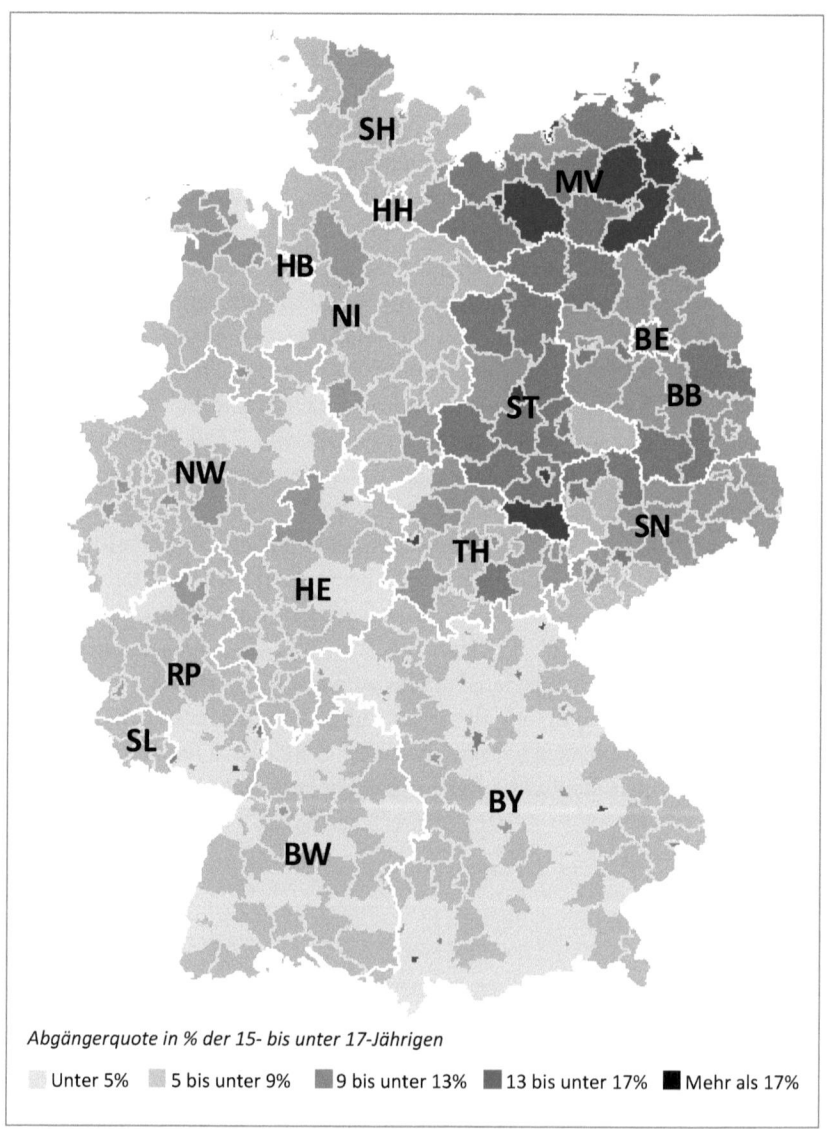

Abgängerquote in % der 15- bis unter 17-Jährigen

Unter 5%   5 bis unter 9%   9 bis unter 13%   13 bis unter 17%   Mehr als 17%

*Quelle: Statistisches Bundesamt, Schulstatistik und Bevölkerungsstatistik 2008/09, eigene Berech-
nungen*

SOZIALRÄUMLICHE KONTEXTFAKTOREN DER ABSCHLUSSKONSTELLATIONEN

Mit der aufgezeigten regionalen Aufschlüsselung von Abschluss-/Abgängerquoten wird die Größenordnung der Schulabgänge mit und ohne Abschluss in ihrer regionalen Spreizung sichtbar. So lässt sich zwar verdeutlichen, in welchen Regionen besonders großer Handlungs*bedarf* besteht. Um jedoch Handlungs*perspektiven* für die Entscheidungsträger im Bildungswesen aufzuzeigen, sind zusätzliche Variable in den Prozess der Indikatorisierung einzubeziehen. Für die Deskription regionaler Verbreitungsmuster erweist es sich bereits als hilfreich, den Blick auf die kleinräumigen Kontextbedingungen zu lenken, unter denen die Schülerinnen und Schüler ihre Schullaufbahn absolviert haben. Diese Analyseperspektive stand lange Zeit nicht im Fokus indikatorengestützter Bildungsberichte. Die internationalen Arbeiten der OECD, der Europäischen Kommission sowie der UNESCO konzentrieren sich seit jeher auf Nationalstaaten. Häufiger finden sich bereits Auswertungen zu regionalen Besonderheiten im Rahmen der Bildungsberichterstattung innerhalb einzelner Staaten – zumeist aber lediglich auf gliedstaatlicher Ebene unterhalb des Nationalstaates, z. B. für die Länder in Deutschland, die Départments in Frankreich, die Provinzen in Kanada oder die Bundesstaaten in den USA. Mit der zunehmenden Verbreitung von Landes- und kommunalen Bildungsberichten in Deutschland finden inzwischen auch indikatorengestützte Analysen auf kleinräumiger Ebene weite Verbreitung. Dies hat auch Konsequenzen für die Anschlussfähigkeit der nationalen Bildungsberichterstattung. Gänzlich entkoppelte, in ihrer Vielgestaltigkeit zunehmende Berichtssysteme würden der zentralen Funktion des modernen Bildungsmonitorings nicht gerecht, systematische Grundlagen für eine evidenzbasierte Qualitätsverbesserung zu schaffen.

> „Der nationale Bildungsbericht [...] muss mit kommunalen Berichten und Länderberichten verknüpft sein, weil hier tatsächliche Steuerung stattfindet. [...] Gleichermaßen muss der Bildungsbericht aber auch der Leitbericht für alle anderen Expertenberichte sein [...]. Wird diese Verknüpfung nicht vorgenommen, werden parallele Indikatoriken aufgebaut, die zu Doppelarbeit, Missverständnissen und Intransparenz führen." (Allmendinger 2010, S. 43)

Die von Allmendinger eingeforderte Kongruenz der Berichtssysteme kann aber nicht bedeuten, dass nationale Indikatoren per se regional heruntergebrochen werden oder umgekehrt landes- und kommunalspezifische Ansätze in der nationalen Bildungsberichterstattung zusammengeführt werden. Denn Indikatoren

müssen auf die spezifischen Belange und Zuständigkeiten der Entscheidungsträger auf der jeweils adressierten Ebene des Bildungswesens zugeschnitten
sein (vgl. Abschnitt 3.1.1). Es entsteht vielmehr ein erhöhter Bedarf an Aus-
tausch und Abstimmung, um regionalen und gesamtstaatlichen Entwicklungen
mit vergleichbaren konzeptionellen und empirischen Grundlagen zu begegnen.
Die nationale Bildungsberichterstattung kann zwar die regionalspezifischen
Besonderheiten und Problemlagen einzelner Kommunen nicht differenziert
abbilden, und sie soll es auch nicht. Raumwissenschaftliche Untersuchungen
zeigen allerdings, dass selbst auf der Makroebene größerer Gebietseinheiten
Einflussfaktoren für Bildungsbeteiligung und -ergebnisse bestimmt werden
können.[31] Entsprechende regional vergleichende Analysen für das gesamte
Bundesgebiet können insofern wertvolle Hinweise auf übergreifende Trends
und Problembereiche geben und darüber wiederum die Handlungskoordination
mit den Akteursebenen unterhalb der nationalstaatlichen Ebene fördern.

Vor dem Hintergrund des starken Zusammenhangs zwischen Bildungserfolg und sozialer Herkunft der Kinder und Jugendlichen, der durch nationale
und internationale Schulleistungsstudien wie PISA immer wieder ins Bewusstsein gerückt wird, haben vor allem Analysen an Bedeutung gewonnen, die die
soziale Situation in und um die Bildungseinrichtungen abbilden können. Regionaldaten dienen in diesem Zusammenhang nicht allein dem Zweck, weiterführende Hinweise auf Kontextbedingungen zu erlangen, die die Bildungsprozesse
an verschiedenen Standorten begünstigen oder Restriktionen darauf ausüben.
Vielmehr bieten regionale Kontexte in der Regel den einzigen Ansatzpunkt, um
soziale Unterschiede überhaupt unterhalb der Landesebene thematisieren zu
können:

> „Da Bildungsdaten zumeist nicht mit sozioökonomischen Differenzie-
> rungsmerkmalen im Rahmen der amtlichen Statistik erhoben werden,
> müssen Schätzgrößen aus anderen Statistiken entnommen werden, die mit
> demselben Raumbezug wie entsprechende Bildungsdaten erhoben wur-
> den." (Siepke 2013, S. 12)

Die Verknüpfung von regionalisierten Bildungs- und anderen sozialstatistischen amtlichen Daten ermöglicht insofern die Annäherung an sozialstrukturelle Gegebenheiten vor Ort, die andernfalls eine aufwändige und kostspielige

---

31 Für eine umfassende Aufarbeitung entsprechender Forschungsansätze und
    -ergebnisse der Bildungsgeographie vgl. Meusburger 1998.

Erhebung des sozialen Hintergrundes an Schulen durch Befragung von Eltern, Schülerinnen und Schülern, Lehrkräften oder Schulleitungen erfordern würde.[32] Zudem bieten amtliche Regionaldaten aufgrund ihrer flächendeckenden Erhebung einen Vorteil gegenüber stichprobenbasierten Mikrodaten der sozialen Herkunft einzelner Schülerinnen und Schüler, wie sie z. B. bei PISA oder im Mikrozensus erfasst werden. Denn sie können durch entsprechende Aggregationsverfahren von der kommunalen bis zur Nationalebene standardisiert ausgewertet werden. Nachteil der Sozialstatistiken ist wiederum ihre Aggregation nach definierten statistischen Raumabgrenzungen (z. B. Kreis, Gemeinde, Stadtbezirk), die nicht den tatsächlichen Einzugsbereichen von Bildungseinrichtungen entsprechen. Die soziale Zusammensetzung der Schülerschaft einer einzelnen Schule lässt sich damit immer nur näherungsweise widerspiegeln.

„Dennoch sind sozialraumanalytische Ansätze, die sich auf das sozioökonomische Umfeld von Bildungseinrichtungen beziehen, für die Interpretation von Bildungsdisparitäten unverzichtbar." (Bonsen u. a. 2010, S. 9)

Eine Reihe von Kennziffern hat sich inzwischen für Sozialraumanalysen als besonders aussagekräftig etabliert. Unter Verweis auf stadtsoziologische Forschungsergebnisse werden häufig als *sozioökonomische* Aspekte die regionale Arbeitslosenquote und der Anteil von Sozialhilfeempfängern genannt, welchen auch durch jüngere Studien der empirischen Bildungsforschung ein signifikanter Einfluss auf die Schulleistungen nachgewiesen werden konnte (vgl. ebd., S. 10). Gleiches gilt für den Anteil der Wohnbevölkerung mit Migrationshintergrund, der als *soziodemographisches* Maß ebenfalls Leistungsunterschiede in Abhängigkeit der ethnischen Zusammensetzung einer Region erklären konnte. Mit Blick auf die *familienstrukturelle* Situation wird in einigen Studien auf den regionalen Jugendquotienten oder den Altenquotienten zurückgegriffen, die das Verhältnis jüngerer und älterer Bevölkerungsgruppen beschreiben (vgl. Terpoorten 2007). Andere Untersuchungen greifen stattdessen auf den Anteil an Einfamilienhäusern in einer Region zurück, um sozialräumliche Unterschiede abzubilden (vgl. Bonsen u. a. 2010, S. 8). Und schließlich

---

32 Ein solcher, auf Befragungsdaten basierender Schulsozialindex wurde beispielsweise im Rahmen der Schulleistungsstudie KESS 4 an Hamburger Grundschulen entwickelt, um Einschätzungen zu den sozialen und familiären Ressourcen der Schülerinnen und Schüler einzelner Schulen zu erhalten (vgl. Bos u. a. 2006).

wird auch der zunehmenden Heterogenität familiärer Haushaltskonstellationen in sozialräumlichen Analysen Rechnung getragen. Hier richtet sich der Fokus zumeist auf alleinerziehende Eltern, deren Kindern es überdurchschnittlich häufig an finanzieller und sozialer Sicherheit bzw. Unterstützung mangelt (vgl. Autorengruppe Bildungsberichterstattung 2012, S. 26f.).

Für das Bildungsmonitoring ist der Einbezug solcher Kontextbedingungen von zunehmender Bedeutung. Eine Analyse aktueller kommunaler Bildungsberichte zeigt etwa, dass eine sozialräumliche Typisierung als Hintergrundfolie für kleinräumige Bildungsindikatoren weit verbreitet ist (vgl. Siepke 2013, S. 12). Unter diesem Blickwinkel soll nun exemplarisch untersucht werden, welche Sozialraumaspekte für die Abgängerquote ohne Hauptschulabschluss in den Landkreisen und kreisfreien Städten Deutschlands besonders aussagekräftig sind. Im Einzelnen sollen die korrelativen Zusammenhänge für die folgenden sechs Kennziffern auf kommunaler Ebene dargestellt werden:

- Für die regionale Arbeitsmarkt- und Beschäftigungslage ist die *Arbeitslosenquote* eine der bedeutendsten Kennziffern. Sie ergibt sich aus dem Quotienten zwischen der Anzahl der registrierten Arbeitslosen und dem Arbeitskräftepotential insgesamt (Zivile Erwerbspersonen zuzüglich Arbeitslose). Mit der hier gewählten Zuschneidung auf die unter 25-jährige Bevölkerung werden regionale Unterschiede in der Jugendarbeitslosigkeit, das heißt die Arbeitsmarktaussichten für junge Erwachsene, fokussiert.

- Da der Migrationshintergrund der Bevölkerung nicht flächendeckend erfasst wird, kann lediglich auf das Merkmal nicht deutscher Staatsangehörigkeit zurückgegriffen werden. Um nicht die ethnischen Unterschiede in der gesamten Bevölkerungsstruktur abzubilden, wird im Besonderen der *Anteil ausländischer Schülerinnen und Schüler an allgemeinbildenden Schulen* betrachtet.

- Als weiterer bevölkerungsstruktureller Kennwert wird der *Jugendquotient* einbezogen. Dieser gibt darüber Auskunft, wie viele Jugendliche unter 18 Jahren auf 100 Personen im Alter von 18 bis unter 65 Jahren kommen. Je höher dieser Quotient ausfällt, desto stärker ist eine Region durch familiäre Lebensgemeinschaften geprägt.

- Der *Anteil von Einfamilienhäusern* in Prozent aller Wohngebäude beschreibt nicht nur die regionale Bebauungsstruktur, sondern kann zugleich als Maß für die sozioökonomische Lebens- und Haushaltsituation interpretiert werden. Hohe Werte verweisen im Sinne eines Wohlstandsindikators auf eine günstigere Einkommenssituation der Wohnbevölkerung.

- Ein zunehmend verwendeter Prädiktor für den sozioökonomischen Kontext einer Region ist der Leistungsbezug nach dem Zweiten Sozialgesetzbuch (SGB II). Da statistisch nicht nur die bedürftigen Erwachsenen sondern alle Personen erfasst werden, die in Bedarfsgemeinschaften leben, lässt sich auch der *Anteil an Kindern mit SGB-II-Bezug* kleinräumig ermitteln. Je mehr Kinder von Sozialtransferleistungen abhängig sind, desto ungünstiger sind die Aufwachsensbedingungen in einer Region einzuschätzen.

- Eine zusätzliche Akzentuierung wird schließlich auf jene Kinder mit SGB-II-Bedarf gelegt, die als besondere Risikogruppe für Bildungsbenachteiligungen gelten. Anhand des *Anteils der Kinder von Alleinerziehenden mit SGB-II-Bezug* gilt es zu prüfen, ob das Aufwachsen bei nur einem Elternteil einen zusätzlichen Erklärungsbeitrag für regionale Unterschiede in der Abgängerquote ohne Hauptschulabschluss leisten kann.

Untersucht man die vorgenannten Kontextmerkmale auf der Ebene der Landkreise und kreisfreien Städte in Deutschland anhand einer Korrelationsmatrix, so ergeben sich zur Abgängerquote ohne Hauptschulabschluss durchgehend signifikante Zusammenhänge ($p < 0.01$; vgl. Tab. 5).

Am höchsten ist mit $r = .743**$ ($p < 0.01$) der Anteil an Kindern alleinerziehender Eltern in SGB-II-Bedarfsgemeinschaften mit der Abgängerquote korreliert. In Kreisen, wo besonders viele Kinder im SGB-II-Bezug bei nur einem Elternteil aufwachsen, verlassen also Jugendliche überproportional häufig die Schule, ohne zumindest den Hauptschulabschluss erreicht zu haben. Bemerkenswert ist jedoch, dass der Bezug von Sozialleistungen auch ohne Berücksichtigung der familiären Haushaltskonstellation (hier: Alleinerziehende) fast genauso eng mit der Abgängerquote zusammenhängt ($r = .718**$; $p < 0.01$). Mit anderen Worten scheint die Zugehörigkeit zu einer Bedarfsgemeinschaft – weitgehend unabhängig davon, ob die Kinder bei verheirateten, unverheirateten oder alleinerziehenden Eltern groß werden – die bedeutsamste Risikolage für den Erwerb eines Schulabschlusses zu sein.

Tab. 5: Korrelationen zwischen der Abgängerquote ohne Hauptschulabschluss und ausgewählten Sozialraummerkmalen 2008 auf Ebene der Landkreise und kreisfreien Städte*

Korrelationen[1]	Abgängerquote ohne Hauptschulabschluss[2]	Arbeitslosenquote unter 25-Jähriger	Ausländeranteil in allgemeinbildenden Schulen	Jugendquotient[3]	Anteil der Einfamilienhäuser an allen Wohngebäuden	Kinder in SGB-II-Bedarfsgemeinschaften[4]	Darunter Kinder Alleinerziehender[5]
Abgängerquote ohne Hauptschulabschluss[2]	1	.642**	-.141**	-.641**	-.177**	.718**	.743**
Arbeitslosenquote unter 25-Jähriger	.642**	1	-.064	-.661**	-.204**	.908**	.882**
Ausländeranteil in allgemeinbildenden Schulen	-.141**	-.063	1	.116*	-.537**	.073	-.006
Jugendquotient[3]	-.641**	-.661**	.116*	1	.408**	-.745**	-.774**
Anteil der Einfamilienhäuser	-.177**	-.204**	-.537**	.408**	1	-.376**	-.374**
Kinder in SGB-II-Bedarfsgemeinschaften[4]	.718**	.908**	.073	-.745**	-.376**	1	.982**
Darunter: Kinder Alleinerziehender[5]	.743**	.882**	-.006	-.774**	-.374**	.982**	1

* Deutschland ohne die Stadtstaaten Berlin, Bremen und Hamburg

1) Korrelationskoeffizient nach Pearson auf kommunaler Ebene; *p < 0.05; **p < 0.01 (2-seitiger Test auf Signifikanz)

2) Abgänger ohne Hauptschulabschluss im Verhältnis zur Zahl der 15- bis unter 17-jährigen Bevölkerung

3) Verhältnis der Bevölkerung im Alter von unter 18 Jahren gegenüber der Bevölkerung zwischen 18 und 65 Jahren

4) Anteil der unter 18-Jährigen, die Sozialleistungen nach Sozialgesetzbuch II beziehen, in Prozent aller unter 18-Jährigen; wegen lückenhafter Datenlage 2008 Daten vom März 2009

5) Anteil der unter 18-jährigen Kinder von Alleinerziehenden, die Sozialleistungen nach Sozialgesetzbuch II beziehen, in Prozent aller unter 18-Jährigen; Daten vom März 2009 wegen lückenhafter Datenlage im Jahr 2008

Quelle: *Statistische Ämter des Bundes und der Länder, Statistik Regional; Bundesagentur für Arbeit, Arbeitsmarktstatistik der Arbeitsverwaltung und -vermittlung, eigene Berechnungen*

Ein ebenfalls starker Zusammenhang besteht mit $r = .641**$ ($p < 0.01$) zwischen Abgängerquote und Jugendquotient. Je geringer also der Anteil an unter 18-Jährigen in einem Kreis war, desto mehr Jugendliche haben 2008 die Schule ohne zumindest Hauptschulabschluss verlassen. Als Erklärungsmuster könnten einerseits unterschiedliche Prioritäten in der lokalen Daseinsvorsorge angeführt werden, wonach bei größerer Einwohnerzahl im schulpflichtigen Alter auch die Investitionen in das lokale Schulangebot höher ausfallen. Andererseits könnte ein niedriger Jugendquotient auch auf das Abwandern von zumeist gut ausgebildeten, jungen Familien aus strukturschwachen Regionen in Richtung der Ballungszentren mit besseren Arbeitsmarktaussichten zurückführbar sein. Diese Annahme deckt sich zumindest mit dem ebenfalls hohen Korrelationskoeffizienten zwischen Arbeitslosenquote und Abgängerquote ohne Hauptschulabschluss ($r = .642**$; $p < 0.01$). Anhand querschnittlicher Korrelationen lässt sich allerdings nicht kausalanalytisch prüfen, ob die Beschäftigungslage aufgrund des hohen Anteils gering qualifizierter Jugendlicher besonders ungünstig ausfällt, oder aber umgekehrt die mangelnden lokalen Beschäftigungsperspektiven den Schulerfolg der Jugendlichen in motivationaler Hinsicht beeinträchtigt haben. Fest steht lediglich, dass in Kreisen mit hoher Jugendarbeitslosigkeit signifikant weniger Jugendliche ihre Schullaufbahn erfolgreich mit mindestens dem Hauptschulabschluss beenden. Die Abgängerquote scheint hingegen nur geringfügig mit der Einfamilienhaus-Dichte und mit dem Ausländeranteil in Schulen zusammenzuhängen. Erklärungsbedürftig ist hierbei insbesondere, dass mit steigendem Anteil ausländischer Schülerinnen und Schüler tendenziell sogar weniger Jugendliche ohne Hauptschulabschluss von der Schule abgehen ($r = -.141**$; $p < 0.01$).

Zu berücksichtigen ist, dass es sich um eine vergleichende Analyse für alle Landkreise und kreisfreie Städte in Deutschland handelt. Hierdurch werden zum einen alle Disparitäten auf Gemeinde- oder Stadtteilebene nivelliert. Zum anderen muss von systematischen Kontextunterschieden zwischen den einzelnen Ländern ausgegangen werden, die bei einer bundesweiten Betrachtung verborgen bleiben. Vor diesem Hintergrund gilt es nun, die Ergebnisse in einer länderspezifischen Aufschlüsselung eingehender zu prüfen (vgl. Tab. 6).

Bezugnehmend auf den erwartungswidrigen Befund, dass ein höherer Ausländeranteil mit einer geringeren Abgängerquote einhergeht, verdeutlichen die entsprechenden Landeswerte, dass die Bevölkerungszusammensetzung in der Tat so stark zwischen den Ländern variiert, dass die bundesweite Korrelationsanalyse nicht nur bedeutsame Disparitäten verdeckt, sondern der Zusammenhang sogar in die entgegengesetzte Richtung weist. Auf Landesebene bestehen überwiegend positive Zusammenhänge – das heißt, in der Mehrzahl der Länder weisen Regionen mit höherem Ausländeranteil tendenziell mehr Abgänge ohne Hauptschulabschluss auf. Statistisch bedeutsam sind diese Disparitäten in Baden-Württemberg, Bayern, Hessen, Nordrhein-Westfalen und Sachsen. Ebenso fällt auch der Zusammenhang zwischen der Abgängerquote und dem Anteil an Einfamilienhäusern bei länderspezifischer Betrachtung größer aus. Mit Ausnahme von Brandenburg, Niedersachsen, Sachsen und Thüringen ist in allen Ländern die Dichte der Einfamilienhäuser in jenen Kreisen signifikant geringer, in denen viele Jugendliche keinen Hauptschulabschluss erreichen.

Konträr zur Unterschätzung der Bedeutung des Ausländeranteils wird der Einfluss des Jugendquotienten in der bundesweiten Analyse offenbar überschätzt. Die hohe Korrelation mit der Abgängerquote scheint vornehmlich bevölkerungsstrukturelle Unterschiede zwischen den Ländern widerzuspiegeln, während innerhalb der Länder nur geringere Zusammenhänge bestehen. Statistisch bedeutsam sind die Korrelationen auf kommunaler Ebene unter anderem in den ostdeutschen Flächenländern Brandenburg und Mecklenburg-Vorpommern, die seit der deutschen Wiedervereinigung in besonderer Weise von Abwanderungs- wie auch Binnenwanderungsprozessen in Regionen mit besserer Arbeitsmarktlage geprägt waren. Insofern scheinen vertiefende Untersuchungen lohnenswert, die der Frage nachgehen, welchen Einfluss das selektive Wanderungsverhalten von zumeist gut ausgebildeten, jungen Familien auf den Bildungserfolg der verbleibenden Kinder und Jugendlichen hat.

Hervorzuheben ist schließlich, dass sich die bereits über alle Kreise hinweg konstatierte, enge Beziehung zwischen der Abgängerquote und dem Anteil an Kindern in SGB-II-Bedarfsgemeinschaften in 13 von 16 Ländern als bedeutsamster Zusammenhang unter den hier betrachteten Sozialraumfaktoren erweist. Je mehr Kinder von Sozialtransfers abhängig sind, desto mehr Jugendliche verlassen also auch bei länderspezifischer Betrachtung die Schule ohne Hauptschulabschluss. Eine nennenswerte Erhöhung dieser Korrelationen ist bei alleiniger Betrachtung der Kinder von Alleinerziehenden in keinem Land zu beobachten, zum Teil schwächt sich der Zusammenhang unter Berücksichtigung des Alleinerziehenden-Status sogar eher ab (Baden-Württemberg, Brandenburg, Sachsen-Anhalt). Besonders eng ist der Zusammenhang zwischen der kommunalen SGB-II-Quote unter 18-Jähriger und der Abgängerquote ohne Ab-

Tab. 6: **Länderspezifische Korrelationen der Abgängerquote ohne Hauptschulabschluss für ausgewählte Sozialraummerkmale 2008 auf Ebene der Landkreise und kreisfreien Städte***

Land	Korrelation[1] zwischen Abgängerquote ohne Hauptschulabschluss[2] und ...					
	Arbeitslosenquote unter 25-Jähriger	Ausländeranteil in allgemeinbildenden Schulen	Jugendquotient[3]	Anteil der Einfamilien-häuser an allen Wohngebäuden	Kinder in SGB-II-Bedarfsgemein-schaften[4]	Darunter Kinder Alleinerziehender[5]
BW	.463**	.390**	-.285	-.369*	.545**	.529**
BY	.616**	.353**	-.623**	-.470**	.755**	.768**
BB	.549*	-.072	-.502*	-.275	.748**	.665**
HE	.652**	.437*	-.332	-.481*	.675**	.680**
MV	.338	.333	-.597**	-.551*	.488*	.514*
NI	.185	-.079	-.161	-.140	.310*	.307*
NW	.554**	.653**	-.407**	-.626**	.699**	.706**
RP	.280	.233	-.371*	-.445**	.482**	.503**
SL	.654	.402	-.725	-.854*	.725	.718
SN	.672*	.665*	-.46	-.227	.804**	.805**
ST	.430	-.408	-.125	-.643*	.694**	.663*
SH	.770**	.361	-.287	-.550*	.760**	.792**
TH	.264	.089	-.157	-.383	.511*	.566**

* Deutschland ohne die Stadtstaaten Berlin, Bremen und Hamburg
1) Korrelationskoeffizient nach Pearson auf kommunaler Ebene; * p < 0.05; ** p < 0.01 (2-seitiger Test auf Signifikanz)
2) Abgänger ohne Hauptschulabschluss im Verhältnis zur Zahl der 15- bis unter 17-jährigen Bevölkerung
3) Verhältnis der Bevölkerung im Alter von unter 18 Jahren gegenüber der Bevölkerung zwischen 18 und 65 Jahren
4) Anteil der unter 18-Jährigen, die Sozialleistungen nach Sozialgesetzbuch II beziehen, in Prozent aller unter 18-Jährigen; Daten vom März 2009 wegen lückenhafter Datenlage im Jahr 2008
5) Anteil der unter 18-jährigen Kinder von Alleinerziehenden, die Sozialleistungen nach Sozialgesetzbuch II beziehen, in Prozent aller unter 18-Jährigen; Daten vom März 2009 wegen lückenhafter Datenlage im Jahr 2008

Quelle: Statistisches Ämter des Bundes und der Länder, Statistik Regional; Bundesagentur für Arbeit, Arbeitsmarktstatistik der Arbeitsverwaltung und -vermittlung, eigene Berechnungen

schluss in Bayern (r = .755**; p < 0.01), Brandenburg (r = .748**; p < 0.01), Sachsen (r = .804**; p < 0.01) und Schleswig-Holstein (r = .760**; p < 0.01).

Die Ergebnisse zur Abgängerquote ohne Hauptschulabschluss verdeutlichen exemplarisch, dass raumbezogene Vergleiche unter zusätzlicher Einbeziehung von Variablen des Regionalkontextes dazu beitragen können, kleinräumige Kontexte in der Bildungslandschaft nachzuzeichnen. Als entscheidend erweist sich dabei, dass statistische Zusammenhänge, die für Analyseeinheiten auf hohem Aggregationsniveau (z. B. nationale Ebene) ermittelt werden, nicht für alle untergeordneten Gebietseinheiten (z. B. Länder) gültig sein müssen. Insofern wäre auch den landesspezifischen Korrelationsergebnissen für die hier betrachtete Kreisebene weiter im Rahmen der indikatorengestützten Bildungsberichterstattung einzelner Kommunen nachzugehen. Diese Perspektive wird im weiteren Verlauf der Untersuchung nochmals am Beispiel der Schulsitzgemeinden in Rheinland-Pfalz aufgegriffen (vgl. Abschnitt 4.2.2).

4.2.2   Institutionelle Aspekte

SCHULISCHE HERKUNFT DER ABSOLVENTEN/ABGÄNGER

Die institutionell vorgegebenen Wege zum Erreichen eines Schulabschlusses sind unter der Perspektive von Bildungsverläufen als bedeutsames, strukturgebendes Kriterium zu betrachten. Hillmert zufolge lassen entscheidungstheoretische Erklärungsversuche für individuelles Bildungsverhalten häufig die Frage nach den Gelegenheiten für entsprechende Entscheidungen außer Acht (vgl. Hillmert 2008, S. 86). Wenngleich als zentrale Einflussgrößen auf den Bildungserfolg die individuellen Fähigkeiten und Anstrengungen der einzelnen Schülerinnen und Schüler gelten können, wird sich dieses Potential nur dann entfalten, wenn entsprechende institutionelle Lerngelegenheiten überhaupt vorhanden sind (vgl. Becker 2009c, S. 492; Ditton 2007, S. 90ff.; Meusburger 1998, S. 291; Radtke 2004, S. 152ff.).

> „Bildungschancen sind demnach Ergebnisse individueller, sozial bestimmter Bildungsentscheidungen und institutioneller Mechanismen des Bildungsübergangs, die vom Bildungswesen vorgegeben sind." (Becker 2009b, S. 102)

Die Angebotsperspektive ist umso bedeutsamer, je mehr Bildungsgänge es gibt, die zu unterschiedlichen Abschlüssen führen. Denn in stark gegliederten Schulsystemen sind die Voraussetzungen für die Errichtung bestimmter Schularten nicht in allen Regionen gleichermaßen gegeben (Meusburger 1998, S. 291). Dementsprechend hängen die Gelegenheitsstrukturen für den Erwerb bestimmter Abschlüsse auch vom administrativ bereitgestellten Schulartangebot bzw. dessen Erreichbarkeit und Aufnahmekapazität ab. In Deutschland waren Schulabschlüsse lange Zeit eng an den Besuch bestimmter Schularten gekoppelt (vgl. Avenarius u. a. 2003a, S. 176). Entsprechend der traditionellen, dreigliedrigen Schulstruktur führte die Volksschule (heute: Hauptschule) zum Hauptschulabschluss, die Realschule zum Realschulabschluss (heute: Mittlerer Schulabschluss) und das Gymnasium zum Abitur (heute: allgemeine Hochschulreife). Seit den 1970er Jahren und der im Zuge der Wiedervereinigung neu belebten Diskussion um die schulstrukturelle Ausgestaltung des Sekundarbereichs haben sich allerdings die Wege zu den unterschiedlichen Abschlüssen immer weiter ausdifferenziert (vgl. Autorengruppe Bildungsberichterstattung 2012).

Diese Angebotsperspektive ist im Rahmen indikatorengestützter Analysen aufzugreifen, indem die Absolventen-/Abgängerzahlen nach den besuchten Einrichtungsarten aufgeschlüsselt werden. Hierzu kann die prozentuale Verteilung auf die Schularten $s1, s2 \ldots$ bis sn wie folgt bestimmt werden:

$$X_{s1} = \frac{A_{s1}}{\sum A} * 100$$

$$X_{s2} = \frac{A_{s2}}{\sum A} * 100$$

$$\ldots$$

$$X_{sn} = \frac{A_{sn}}{\sum A} * 100$$

Folgt man diesem Vorgehen in einem Vergleich der Abgängerkohorten von allgemeinbildenden Schulen aus den Jahren 1970 und 2010, wird die angesprochene Ausdifferenzierung der Bildungswege offensichtlich (vgl. Abb. 19). 1970 wurden noch 94% der Hauptschulabschlüsse an Hauptschulen, 78% der Mittleren Abschlüsse an Realschulen und 96% der allgemeinen Hochschulreifezeugnisse an Gymnasien erworben. Inzwischen ist die schulstrukturelle Vielfalt der

Abb. 19: Absolventinnen und Absolventen mit Hauptschulabschluss, Mittlerem Abschluss und allgemeiner Hochschulreife 1970 und 2010 nach allgemeinbildenden Schularten (in % der jeweiligen Abschlussart)

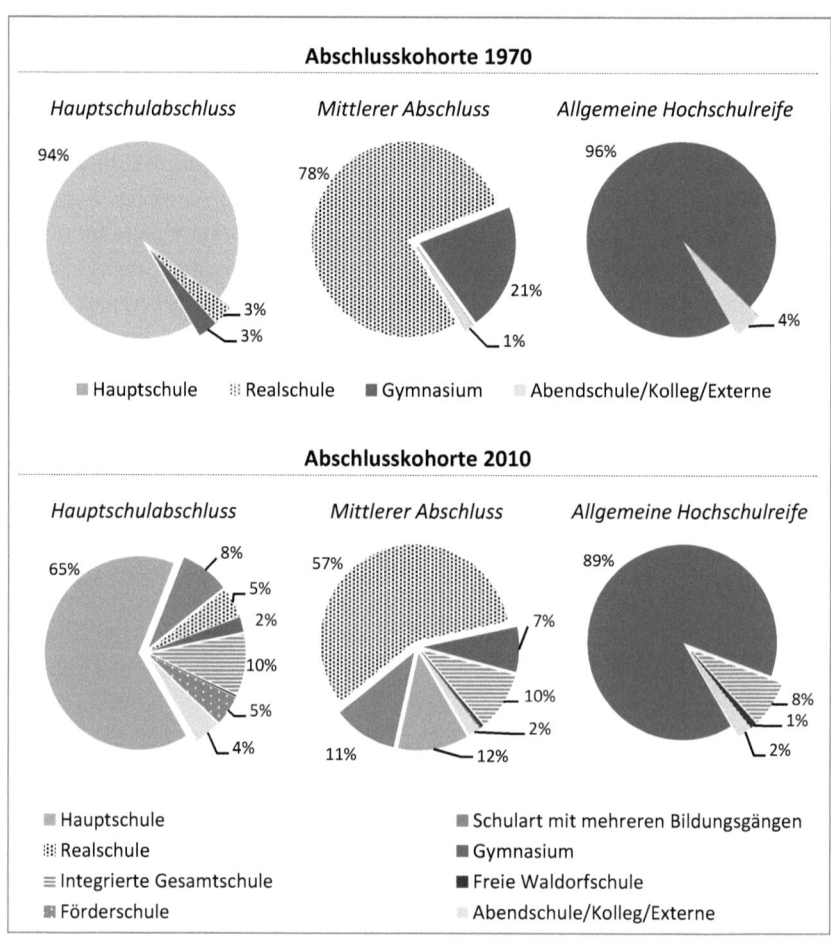

Quelle: Statistisches Bundesamt, Schulstatistik, eigene Berechnungen

Länder und die damit einhergehende Flexibilisierung der Wege zum Erreichen von Schulabschlüssen so weit fortgeschritten, dass 2010 nur noch 65% der Hauptschulabschlüsse an Hauptschulen und 57% der Mittleren Abschlüsse an Realschulen erreicht wurden. Diese Zahlen beziehen noch nicht einmal die an beruflichen Schulen nachträglich erworbenen allgemeinbildenden Abschlüsse ein (vgl. hierzu Abb. 20), sondern sind zunächst auf das allgemeinbildende Schulwesen beschränkt.

Für das Verständnis dieser langfristigen Entwicklung ist es unverzichtbar, die Strukturveränderungen, die in den letzten Jahrzehnten in den Schulsystemen der Länder stattgefunden haben, knapp zu skizzieren:

Ab Ende der 1960er Jahre ist in Westdeutschland zunächst die Integrierte Gesamtschule – anfänglich im Rahmen eines Versuchsprogramms, ab 1982 auch als Regelschule formal akzeptiert – zum ergänzenden Bestandteil des dreigliedrigen Schulangebots geworden. Als Alternative zum Nebeneinander von Haupt-, Realschule und Gymnasium führt die Gesamtschule alle drei Bildungsgänge des gegliederten Sekundarbereichs I schulorganisatorisch zusammen. Da oftmals auch eine eigene gymnasiale Oberstufe angegliedert ist, stellte die Gesamtschule abgesehen von der Erreichbarkeit sowohl des Haupt- als auch des Mittleren Schulabschlusses auch eine institutionelle Erweiterung des Zugangs zur Fach- und allgemeinen Hochschulreife dar.

Ein zweiter einschneidender Entwicklungstrend geht darauf zurück, dass die ostdeutschen Länder nach der Wiedervereinigung weder das Einheitsschulsystem der DDR beibehielten, noch das dreigliedrige Schulwesen einfach übernahmen. Nicht zuletzt angesichts der sich abzeichnenden, rückläufigen demographischen Entwicklung entstanden in den ostdeutschen Ländern Anfang der 1990er Jahre (in Brandenburg 2005/06) neben den Gymnasien so genannte Schularten mit mehreren Bildungsgängen, die sowohl zum Haupt- als auch zum Mittleren Schulabschluss führen. Im letzten Jahrzehnt kam es auch in westdeutschen Ländern durch das Zusammenspiel unterschiedlicher Faktoren wie der demographischen Entwicklung, der jeweiligen bildungspolitischen Ziele, der sinkenden Akzeptanz der Hauptschule, der defizitären Finanzsituation der öffentlichen Haushalte oder den erschwerten Rahmenbedingungen für die Qualitätssicherung an der Einzelschule, zu strukturellen Anpassungsprozessen. So haben Berlin, Bremen, Hamburg, Rheinland-Pfalz, das Saarland und Schleswig-Holstein mittlerweile ebenfalls die Zusammenlegung ihrer bisherigen Haupt- und Realschulen – teilweise unter Einschluss der Integrierten Gesamtschulen – in einer Schulart mit mehreren Bildungsgängen eingeleitet. Und auch in Baden-Württemberg, Bayern, Hessen, Niedersachsen und Nordrhein-Westfalen wurde die Einführung von Schularten, die den Haupt- und Realschulbildungsgang kombinieren, inzwischen beschlossen – allerdings nicht flächendeckend.

Hervorzuheben ist hierbei, dass insbesondere die in jüngerer Zeit eingeführten Schularten mit mehreren Bildungsgängen[33] abgesehen vom Haupt- und Mittleren Schulabschluss ebenfalls einen Gymnasialzweig anbieten. Sie eröffnen somit wie Integrierte Gesamtschulen das vollständige Angebot an Schulabschlüssen. In der Mehrzahl der Länder ist damit ein Trend zu einem „Zwei-Säulen-Modell" beobachtbar, das neben dem Gymnasium (mit dem Abitur nach 12 Schuljahren, G8) nur noch eine Schulart mit mehreren Bildungsgängen (zum Teil mit dem Abitur nach 13 Jahren) bzw. Integrierte Gesamtschulen (überwiegend mit dem Abitur nach 13 Jahren) beinhaltet.

Die als „Entkopplung" (Avenarius u. a. 2003a, S. 170; Ditton 2007, S. 10; Maaz 2010, S. 405; Schuchart/Maaz 2007, S. 641) bezeichnete Ausdifferenzierung der Wege zum Erreichen der verschiedenen Schulabschlüsse ist nicht auf das allgemeinbildende Schulwesen begrenzt. Wie bereits unter Verweis auf die Mehrfachzählungen von Erst- und Zweitabschlüssen beschrieben wurde, müssen indikatorengestützte Analysen der Tatsache Rechnung tragen, dass immer mehr Jugendliche in Anschlussbildungsgängen an beruflichen Schulen allgemeinbildende Abschlüsse nachholen. Insgesamt hat die Entkopplung von Schulart und Schulabschluss dazu geführt, dass im Jahre 2010 nur noch 54% der Hauptschulabschlüsse an Hauptschulen und 45% der Mittleren Abschlüsse an Realschulen erworben wurden (vgl. Abb. 20).

Durch länderspezifische Anerkennungsregelungen erwerben immer mehr Jugendliche nachträglich in Bildungsgängen der beruflichen Schulen einen allgemeinbildenden Abschluss. Allein zwischen 2004 und 2010 stiegen die auf berufliche Schulen entfallenden Anteile von 15 auf 18% aller Hauptschulabschlüsse und von 16 auf 21% aller Mittleren Abschlüsse (vgl. Autorengruppe Bildungsberichterstattung 2012, S. 96). Vergleichsweise stabil ist dagegen im Zeitverlauf die schulische Herkunft der Absolventinnen und Absolventen mit allgemeiner Hochschulreife geblieben. Mit gut drei Vierteln aller Abiturzeugnisse, bleibt das Gymnasium weiterhin der Königsweg zur allgemeinen Hochschulreife. Eingedenk der angesprochenen Verbreitung von Schularten mit mehreren Bildungsgängen, die teilweise ebenfalls zur Hochschulreife führen, gilt es aber zu beobachten, ob die achtjährigen Gymnasien (G8) Schülerinnen und Schüler mit Abiturwunsch an diese kombinierten Schularten mit neunjähri-

---

33   Integrierte Sekundarschule (Berlin), Oberschule (Brandenburg, Bremen und teilweise Niedersachsen), Stadtteilschule (Hamburg) sowie Gemeinschaftsschule (Saarland, Schleswig-Holstein, Thüringen und künftig Baden-Württemberg)

gem Gymnasialbildungsgang verlieren werden. Noch können solche Auswirkungen der jüngsten Strukturreformen auf das Schulwahlverhalten der Kinder bzw. der Eltern nicht empirisch beobachtet werden.

Abb. 20: Absolventinnen und Absolventen von allgemeinbildenden und beruflichen Schulen 2010 nach Schularten (in % der jeweiligen Abschlussart)

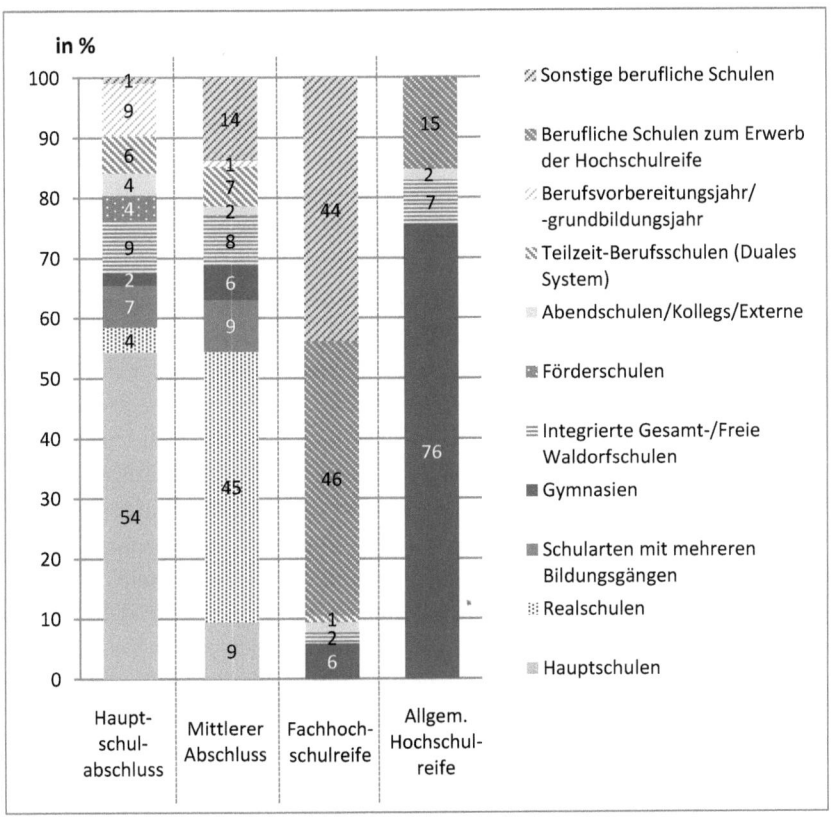

Quelle: *Statistisches Bundesamt, Schulstatistik 2010/11, eigene Berechnungen*

Einer gesonderten Analyse sind die Schulabgänge ohne Hauptschulabschluss zu unterziehen. Sie werden in der öffentlichen Diskussion häufig als Hauptschüler ohne Abschluss wahrgenommen. Teilweise werden die Begriffe „Abgänger ohne Hauptschulabschluss" und „Hauptschüler ohne Abschluss" gar synonym verwendet, obgleich die Hauptschule in sechs Ländern nicht Teil des landesspezifischen Schulartangebots ist. Insofern ist an dieser Stelle eine Kombination von institutioneller und regionaler Aufschlüsselung der Schulabgänge ohne Hauptschulabschluss geboten (vgl. Abb. 21). Im Bundesdurchschnitt stammte 2010 mit 57% die Mehrzahl dieser Jugendlichen nicht aus der Haupt- sondern aus der Förderschule. Nur in Berlin entfällt mit 39% der größte Anteil auf Hauptschulen, während 28% auf eine Förderschule gingen. Mehr als 70% waren es in Sachsen-Anhalt und Mecklenburg-Vorpommern, zwei Länder mit überdurchschnittlich hohen Besuchsquoten der Förderschule. Die Problematik der Förderschulabgänge ohne Hauptschulabschluss wird besonders deutlich, wenn man die Abschlusskonstellationen der Förderschulen für sich betrachtet: Von allen Absolventen/Abgängern aus Förderschulen haben im Jahr 2010 bun- desweit 78% die Schule ohne einen Hauptschul- oder höher qualifizierenden Abschluss verlassen. Drei von vier Jugendlichen gingen also von der Förder- schule ab, ohne zumindest den Hauptschulabschluss erreicht zu haben. Dies gilt es etwas differenzierter zu betrachten.

Schülerinnen und Schüler, die integrativ in den sonstigen allgemeinbilden- den Schulen gefördert werden, haben generell die Möglichkeit, einen der übli- chen Schulabschlüsse zu erwerben. Für Schülerinnen und Schüler an Förder- schulen stellt sich die Situation jedoch anders dar: Der Lehrplan in den Förder- schwerpunkten Lernen und Geistige Entwicklung ist nicht an den Unterrichts- inhalten, Leistungsanforderungen und Abschlusszertifikaten der übrigen allge- meinbildenden Schulen ausgerichtet. Im Förderschwerpunkt Geistige Entwick- lung, der etwa ein Fünftel der Schülerschaft an Förderschulen ausmacht, ist ein solcher Abschluss in keinem Land vorgesehen. Im Förderschwerpunkt Lernen, in dem rund die Hälfte aller Förderschülerinnen und -schüler unterrichtet wird, besteht in Baden-Württemberg, Bayern, Brandenburg, Hessen, im Saarland und in Schleswig-Holstein nicht die Möglichkeit, den Hauptschul- oder einen höher qualifizierenden Abschluss an der Förderschule zu erwerben. Nach erfolgrei- chem Besuch der neunten, zehnten oder zwölften Jahrgangsstufe kann den Schülerinnen und Schülern indes ein eigenständiges Abschlusszertifikat zuer- kannt werden – beim Förderschwerpunkt Lernen in jedem Land, im Bereich Geistige Entwicklung in fast allen Ländern. Dies trifft auch für den Großteil der Förderschulabgänge ohne Hauptschulabschluss zu. So erreichte von allen Ju- gendlichen ohne Hauptschulabschluss 2010 mit 47% knapp die Hälfte einen solchen spezifischen Förderabschluss (vgl. Abb. 21).

Abb. 21: Schulabgänge ohne Hauptschulabschluss von allgemeinbildenden Schulen 2010 nach Schularten sowie Abgängeranteil mit spezifischem Abschlusszertifikat der Förderschule (in % aller Schulabgänge ohne Hauptschulabschluss)

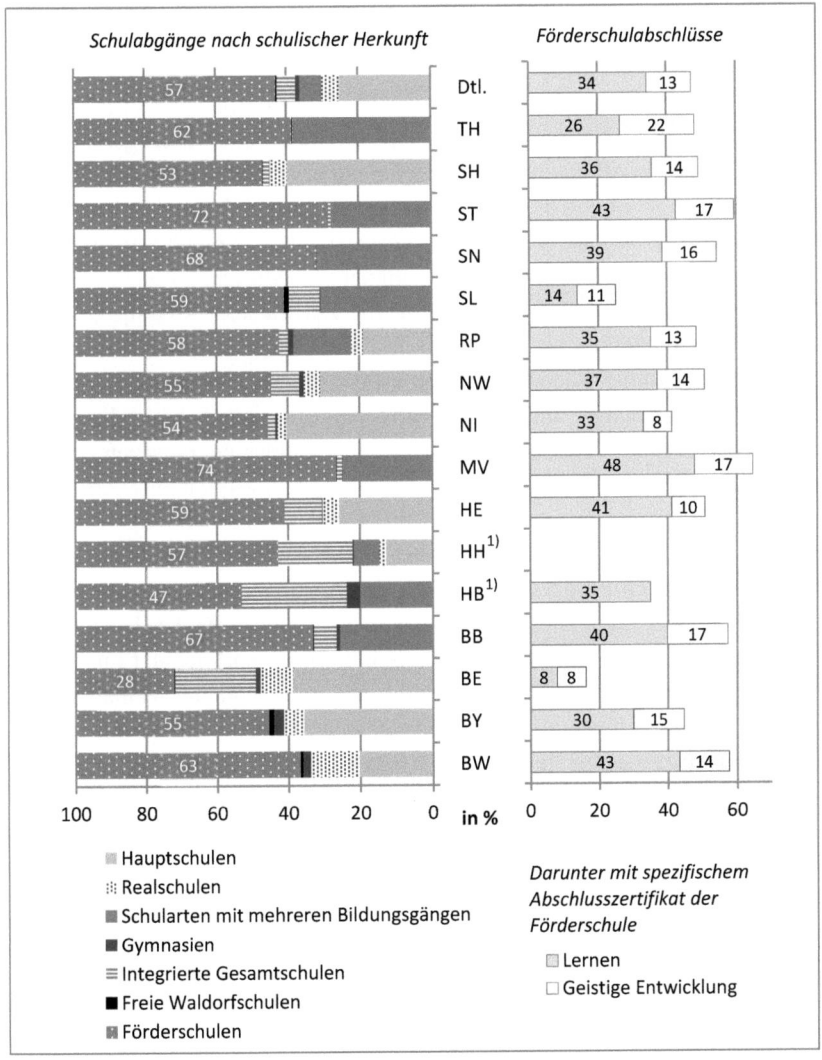

*   Für Hamburg und Bremen sind keine Daten zu den Schulabgängen mit Abschlusszertifikat des Förderschwerpunktes Lernen bzw. geistige Entwicklung verfügbar.

Quelle: Statistisches Bundesamt, Schulstatistik 2010/11, eigene Berechnungen

Auch im Ländervergleich wird – mit Ausnahme des Saarlands – deutlich, dass die Größenordnung der Förderschulabgänge ohne Hauptschulabschluss weitgehend dem jeweiligen Anteil der Jugendlichen entspricht, die ein spezifisches Abschlusszertifikat der Förderschule erhalten haben. Es bleibt jedoch gerade für den Bereich der Lernbehinderung eher fraglich, welche Perspektiven ein solcher Abschluss für den weiteren Lebensweg der betroffenen Jugendlichen eröffnet. Ohne längsschnittlich angelegte Individualdaten kann bislang keine Aussage zum weiteren Verbleib der Abgängerinnen und Abgänger mit oder ohne Förderschulzertifikat getroffen werden. Aber auch mit Blick auf die querschnittliche Beschreibung des institutionellen Hintergrunds einer Absolventen-/Abgängerkohorte machen die Daten zu Förderschülerinnen und Förderschülern auf ein Defizit schulstatistischer Summendaten aufmerksam:

Während das Statistische Bundesamt die Zertifikate ausweist, die in den Förderschwerpunkten Lernen und Geistige Entwicklung vergeben werden, aber keine Angaben zum Förderschwerpunkt erfasst, verhält es sich bei den Veröffentlichungen der KMK umgekehrt. Deren Statistik enthält nicht die spezifischen Förderschulabschlüsse und unterscheidet stattdessen zwischen den Förderschwerpunkten (Förderschulklassen mit den Schwerpunkten Lernen und Geistige Entwicklung gegenüber sonstigen Förderschwerpunkten). Damit lassen sich bisher keine kreuztabellarischen Analysen durchführen, die sowohl Abschlüsse als auch Förderschwerpunkte der Absolventen/Abgänger von Förderschulen einbeziehen. Selbst eine Zusammenführung beider Datenquellen könnte die Abschlusskonstellationen für Schülerinnen und Schüler mit sonderpädagogischer Förderung nicht vollständig abbilden. Welche Schulabschlüsse nämlich diejenigen Jugendlichen mit Förderbedarf erwerben, die außerhalb des Förderschulwesens als so genannte Integrationsschüler in sonstigen allgemeinbildenden Schulen unterrichtet werden, wird mit Summendaten nirgends erfasst. Die Abschlüsse dieser Jugendlichen sind eine Teilmenge der herkömmlichen Absolventen-/Abgängerdaten allgemeinbildender Schulen, können jedoch nicht gesondert ausgewiesen werden. Hierzu müsste der individuelle Förderschwerpunkt jedes Absolventen/Abgängers für alle Schularten erfasst werden, wie es im KDS für schulstatistische Individualdaten auch vereinbart wurde. Welchen konkreten Mehrwert eine solche Erhebung des Förderschwerpunktes in den Einzeldatensätzen der Absolventen/Abgänger bedeutet, wird im Folgenden anhand individualstatistischer Analysen exemplarisch für Rheinland-Pfalz aufgezeigt.

Rheinland-Pfalz zählt zu jenen Ländern, in denen bislang nur wenige Kinder und Jugendliche integrativ, also außerhalb der Förderschulen, unterrichtet wurden (vgl. Autorengruppe Bildungsberichterstattung 2012, S. 50f.). Dies veranschaulicht auch die Statistik der Absolventen/Abgänger. Im Jahr 2008 haben insgesamt 2.505 Jugendliche mit sonderpädagogischem Förderbedarf in Rheinland-Pfalz das allgemeinbildende Schulsystem verlassen. Darunter weist die Individualstatistik lediglich 86 Schülerinnen und Schüler aus, die nicht die Förder-, sondern eine sonstige allgemeinbildende Schule besucht hatten. Anhand dieser Individualdaten lassen sich nun die Abschlusskonstellationen der Schülerinnen und Schüler mit integrativer Förderung gegenüber jenen mit segregativer Förderung ermitteln (vgl. Abb. 22).

Unterscheidet man nach den jeweiligen Förderschwerpunkten der Jugendlichen, so besuchte die überwiegende Mehrheit der Absolventen/Abgänger mit sonderpädagogischem Förderbedarf eine Förderschulklasse im Schwerpunkt Lernen. Mit 23% erreichte lediglich jeder vierte dieser Schülerinnen und Schüler einen Hauptschul- oder höher qualifizierenden Abschluss. 61% gingen mit Abschlusszertifikat des Förderschwerpunkts Lernen von der Schule, weitere 16% ohne jeden Abschluss. Die Abschlussverteilung der Integrationsschülerinnen und -schüler mit gleichem Förderschwerpunkt unterscheidet sich davon deutlich. Immerhin die Hälfte von ihnen hatte mindestens den Hauptschulabschluss erlangt. Allerdings ist auch der Anteil ohne jeden Abschluss mit 34% doppelt so hoch wie unter den Förderschulabgängen. Dies deutet darauf hin, dass der Förderschulunterricht im Schwerpunkt Lernen in erster Linie auf den Erwerb des spezifischen Abschlusszeugnisses der Förderschule ausgerichtet ist, während sich die integrative Förderung stärker an den Unterrichtszielen der Mitschülerinnen und Mitschüler ohne Förderbedarf orientiert. Sieht man von Jugendlichen mit geistigen Entwicklungsstörungen ab, welche unabhängig vom Förderort zu 100% das Abschlusszeugnis ihres Förderschwerpunktes erwerben, so führt die integrative Förderung auch in den übrigen Förderschwerpunkten häufiger als der Förderschulbesuch zu einem regulären Schulabschluss. 84% der Integrationsschüler aber nur 42% der Förderschüler erwarben 2008 in sonstigen Förderschwerpunkten einen Hauptschul- oder höher qualifizierenden Abschluss.

Abb. 22: Schulabschlüsse und -abgänge von Jugendlichen mit sonderpädagogischem Förderbedarf in Rheinland-Pfalz 2008 nach Förderschwerpunkt* und Förderort (Förderschulen gegenüber Regelschulen)

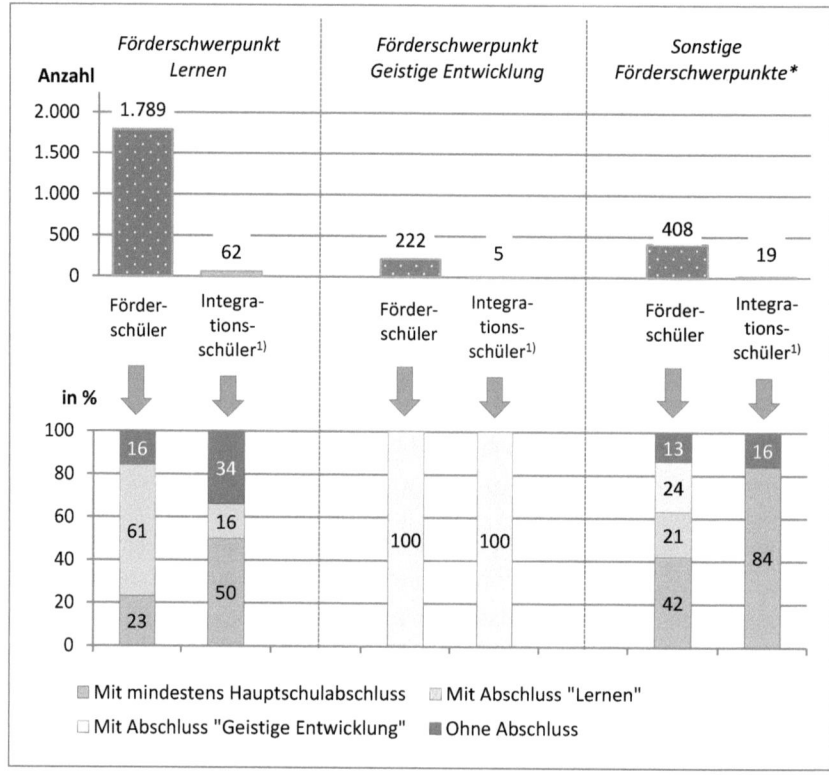

* Aus Datenschutzgründen wurden Förderschwerpunkte mit geringen Fallzahlen zusammengefasst.

1)   Absolventen/Abgänger mit sonderpädagogischem Förderbedarf, die integrativ an sonstigen allgemeinbildenden Schulen unterrichtet wurden

Quelle: Forschungsdatenzentren der Statistischen Ämter des Bundes und der Länder, Schulstatistische Individualdaten Rheinland-Pfalz 2008/09, eigene Berechnungen

Aus der geringeren Erfolgsquote kann jedoch nicht per se auf eine höhere Effektivität der integrativen gegenüber der segregativen Beschulung geschlossen werden. Vielmehr muss davon ausgegangen werden, dass im Zuge der sonderpädagogischen Diagnose- und Zuweisungsverfahren leistungsselektiv Entscheidungen über den Förderort getroffen werden. Je nach Ausmaß der festgestellten Entwicklungs- bzw. Lernbeeinträchtigung ist eine Überweisung zur Förderschule wahrscheinlicher als die Integration in eine Regelklasse. Die

Schülerinnen und Schüler mit Förderbedarf verteilen sich dementsprechend nicht zufällig auf die Förderorte. So ist zwar die Überweisung an eine Förderschule für die meisten Schülerinnen und Schüler mit einem niedrigeren formalen Schulabschluss verbunden. Über die Erfolgsaussichten, die Integrationsschülerinnen und -schüler in Förderschulen bzw. Förderschülerinnen und Förderschüler in sonstigen allgemeinbildenden Schulen gehabt hätten, lässt sich aber nur spekulieren.

Nichtsdestoweniger hat der dargestellte Ansatz, die Abschlusskonstellationen nach sonderpädagogischen Fördertypen aufzuschlüsseln, im Zeitverlauf zunehmende politische Entscheidungsrelevanz. Die Länder intensivieren in den letzten Jahren ihre Anstrengungen, die integrative Förderung auszubauen. Hierfür hat auch die im Jahr 2009 in Kraft getretene UN-Konvention über die Rechte von Menschen mit Behinderungen neue Impulse gesetzt. Nur mit einer Individualstatistik lässt sich künftig in hinreichender empirischer Differenzierung verfolgen, ob und für welche Schülergruppen sich im Zuge der aktuellen Inklusionsbemühungen die Erfolgsaussichten auf einen herkömmlichen Schulabschluss erhöhen. Eine entsprechende Dauerbeobachtung der Bildungserfolge sonderpädagogisch geförderter Schülerinnen und Schüler dürfte insbesondere für jene sechs Länder steuerungsrelevant sein, die in Förderschulklassen mit Schwerpunkt Lernen bislang keine Möglichkeit vorsehen, einen Hauptschul- oder höher qualifizierenden Abschluss zu erwerben.

SCHULABGÄNGE AUF DER EINZELSCHULEBENE

Mit der traditionellen Schulstatistik ging in den meisten Ländern eine institutionelle Auswertungsperspektive auf die Abschlusskonstellationen nicht über Vergleiche nach Schulart und Rechtsstatus (private gegenüber öffentlichen Schulen) hinaus. Obwohl es sich um einrichtungsbezogene Informationen handelt, spiegeln doch beide Merkmale eher systembezogene Aspekte der Stratifikation des Schulwesens wider. Diese sagen – für sich genommen – noch nichts über unterschiedliche institutionelle Lehr- und Lernbedingungen aus, die für den Schulerfolg ausschlaggebend sein könnten. Spätestens seit Beginn der 1980er Jahre, als Coleman erstmals der Frage nachging, ob Leistungsunterschiede durch schulische *Selektion* oder schulische *Sozialisation* bedingt sind, wird die Einzelschule als bedeutsame organisatorische Einheit betrachtet, die die Entwicklungschancen von Individuen ebenso befördern oder beeinträchtigen kann wie schulstrukturelle Gelegenheitsstrukturen (vgl. Becker 2009c).

Im deutschsprachigen Raum waren es vor allem Fend und Mitarbeiter, die im Zuge der Gesamtschulforschung aufzeigen konnten, dass das selektive Schulsystem für die Schülerleistungen von weitaus geringerer Bedeutung war als die spezifische Situation in den Einrichtungen (Fend u. a. 1980). Mit 6 bis 8% aufgeklärter Varianz hatte der Faktor Einzelschule annähernd gleiches Gewicht wie die individuelle Intelligenz der Schülerinnen und Schüler, die ca. 10 bis 11% der Leistungsunterschiede erklärte. Mangels Daten, die den Kriterien der Repräsentativität und Fortschreibbarkeit genügen, konnten allerdings diese Befunde zur Bedeutsamkeit einzelschulischer Disparitäten kaum durch die Indikatorenforschung aufgegriffen werden. Gebräuchliche Kennziffern wie Schulgröße, Klassengröße oder Lehrer-Schüler-Relation lassen sich zwar im Rahmen des Bildungsmonitorings noch am ehesten diesem institutionellen Erkenntnisinteresse zuordnen. In der Regel verbleiben die Analysen aber auf einem höheren Aggregationsniveau, indem beispielsweise die Lehrer-Schüler-Relation über alle Schulen einer Schulart hinweg betrachtet wird. Die Heterogenität der Ausgangslagen auf Einzelschulebene kann auf diesem Wege ebenso wenig abgebildet werden wie mögliche Wirkungszusammenhänge mit Aspekten der Bildungsbeteiligung oder -ergebnisse. Schulstatistische Individualdaten eröffnen hier weiterführende Perspektiven, da sie nicht nur eine Betrachtung jeder Schule als spezifischen ‚Einzelfall' ermöglichen, sondern da sie zugleich auf dieser Aggregationsebene eine Verknüpfung sämtlicher Merkmale der Schule, der Schülerschaft und der Lehrerschaft erlauben.

Um die prinzipiellen Möglichkeiten aufzuzeigen, institutionellen Unterschieden in den Abschlusskonstellationen indikatorengestützt nachzugehen, wird nachfolgend auf der Basis der Individualstatistik für Rheinland-Pfalz beispielhaft die Gruppe jener Schülerinnen und Schüler in den Blick genommen, die ohne jeden Abschluss die Schullaufbahn beenden.[34] Für diese Jugendlichen stellt sich in besonderem Maße die Frage, welche Schulen sie durchlaufen. Über die Identifikationsnummer jeder Einrichtung (Schul-ID) bietet der Datenzugang der Individualstatistik hierfür einen innovativen Ansatzpunkt, weil eine institutionsgenaue Zuordnung jedes Absolventen/Abgängers zum Merkmalssatz der entsprechenden Abgangsschule hergestellt werden kann. Möglich wird

---

34 Entsprechend der vorgestellten Systematik zur definitorischen Abgrenzung von Personen mit und ohne Schulabschluss (vgl. Abschnitt 3.1.2) handelt es sich um die Unterkategorie der Abgängerpopulation, die weder einen Hauptschulabschluss noch ein Förderschulabschlusszertifikat vorweisen kann.

damit eine indikatorengestützte Betrachtung einzelner Schulen im Vergleich zu anderen: Zum einen lassen sich auf diese Weise für alle Einzelschulen Abschluss-/Abgängerquoten ermitteln. Zu diesen Abschlusskonstellationen können zum anderen Individualmerkmale aus dem Schülerdatensatz sowie dem Lehrerdatensatz hinzugespielt werden, um Zusammenhänge mit dem jeweiligen institutionellen Kontext zu untersuchen.

Exemplarisch soll hier die Größenordnung der Schulabgänge ohne Abschluss vor dem Hintergrund folgender einzelschulischer Rahmenbedingungen betrachtet werden:

- Eine regionale Darstellung der Abgängerquoten für alle *Schulstandorte auf Gemeindeebene* kann zunächst darüber Aufschluss geben, ob sich in bestimmten Gebieten überdurchschnittlich viele Schulen mit niedrigen bzw. hohen Abgängerzahlen ohne Abschluss konzentrieren.

- Die *Schulgröße* wird als Proxy für organisationsstrukturelle Unterschiede zwischen den Einzelschulen herangezogen. Die Annahme ist dabei, dass in kleinen Organisationen möglicherweise sozialen Konflikten eher entgegengewirkt und Verantwortungsübernahme stärker gefördert werden kann. Ein besseres schulisches Sozial- und Lernklima sollte sich auch im Schulerfolg widerspiegeln.

- Die in den vergangenen Jahren ausgebauten *Ganztagsangebote* schaffen an den Schulen breitere Gelegenheitsstrukturen für Bildungsprozesse, die gerade bildungsbenachteiligten Kindern zugutekommen sollen. Inwiefern die veränderten Rahmenbedingungen in Ganztagsschulen zu besseren Ergebnissen führen als an Schulen ohne Ganztagsbetrieb, ist eine hochaktuelle Frage. Da die Teilnahme am Ganztagsangebot zwar im Individualdatensatz der Schülerinnen und Schüler, nicht aber im Datensegment der Absolventen/Abgänger erfasst wird, kann lediglich auf eine Unterscheidung zwischen Schulen mit und ohne Ganztagsbetrieb sowie auf den Gesamtanteil der Ganztagsschülerinnen und -schüler je Schule zurückgegriffen werden.

- Neben den genannten institutionellen Faktoren ist davon auszugehen, dass auch kompositionelle Aspekte je nach Zusammensetzung der Schülerschaft unterschiedliche sozial anregende Lernumgebungen in einer Schule schaffen (vgl. Ditton 2007, S. 199). Ob herkunftsbezogene Segregationstendenzen zusätzliche Chancenungleichheiten hervorrufen, wird anhand der einzelschulischen *Abgängeranteile mit Migrations-hintergrund* untersucht.

- Als eine Grundvoraussetzung für die erfolgreiche Gestaltung von Lehr-und Lernprozessen ist schließlich die *personelle Ausstattung* in den Blick zu nehmen. Einzelschulische Unterschiede in den Abschlusskonstellationen könnten mit Unterschieden in den Personalressourcen im Zusammenhang stehen. Als Maß für die Lehrerausstattung kann die durchschnittliche Zahl der Lehrerstunden je Schüler ermittelt werden, indem für jede Schule der Individualdatensatz der Lehrkräfte (Unterrichtsdeputat in Stunden) mit jenem der Schülerschaft (Schülerzahl) verknüpft wird.

Als Ausgangspunkt der weiteren Analysen gilt es zunächst, die grundlegende Verteilung der Schulabgänge ohne Abschluss auf die insgesamt 648 Abgangsschulen in Rheinland-Pfalz zu quantifizieren. Um aufzuzeigen, in welchem Ausmaß sich die einzelnen Schulen überhaupt in ihren Abgangskonstellationen unterscheiden, bedarf es einer neuen, institutionell orientierten Indikatorisierung. Denn im Unterschied zu den geburts- bzw. altersbezogenen Messkonstrukten auf der Systemebene – Bundesgebiet, Länder, Kommunen – ist für die Institutionen das zahlenmäßige Verhältnis zwischen Absolventen/Abgängern und Bevölkerung nicht sinnvoll bestimmbar. Selbst ohne lokale Pendlerbewegungen zwischen Wohn- und Schulort wäre eine Abgrenzung von Einzugsbereichen, auf deren Wohnbevölkerung sich die Absolventen/Abgänger aus verschiedenen Schulen beziehen ließen, methodisch problematisch. Stattdessen liegt es hier nahe, eine statistische Referenzgröße zu wählen, die mit der analytischen Bezugseinheit – der Einrichtung – korrespondiert: Aussagen über Einzelschulen sollten mit anderen Worten nicht auf die Population eines Gebietes, sondern auf die Population einzelner Einrichtungen bezogen sein. Wünschenswert wäre der Bezug zur Zahl der Schülerinnen und Schüler, die im Vorjahr in eine der Abschlussklassen an der betrachteten Schule eingetreten sind. Das Verhältnis zwischen jenen Schülern, die im darauffolgenden Jahr mit Abschluss die Schule verlassen und denen, die ohne Abschluss abgehen oder wiederholen, wäre eine tatsächliche Annäherung an Erfolgsquoten der Einzelschulen. Allerdings fehlt in der Individualstatistik ein solcher statistischer Hinweis auf die Zugehörigkeit zu einer Abschlussklasse. Über die Jahrgangsstufen allein lässt sich dies nicht eindeutig rekonstruieren. Zurückgegriffen werden kann stattdessen auf die zahlenmäßige Relation der Abgänge ohne Abschluss zur Gesamtzahl aller Absolventen/Abgänger dieser Schule im entsprechenden Jahr.

Hierzu wird die Formel zur Berechnung von Abschlussquoten in Prozent aller Absolventen/Abgänger (vgl. Abschnitt 4.1.1) auf jede Einzelschule angewendet, die im betrachteten Erhebungsjahr Absolventen/Abgänger gemeldet hat.

$$X_{Ohne\ Abschluss} = \frac{A_{Ohne\ Abschluss}}{\sum A} * 100$$

Im Ergebnis zeigt sich zwischen den einzelnen Einrichtungen in Rheinland-Pfalz eine bemerkenswerte Streuung im Anteil der Abgängerinnen und Abgänger, die im Jahr 2008 ihre Schule ohne Hauptschul- und Förderschulabschluss verlassen haben. Die Spannbreite reicht von 0% bis zu einer Abgängerquote von 100%[35], umfasst also den gesamten theoretisch möglichen Wertebereich. In den meisten Einrichtungen ist Schulabbruch allerdings eher die Ausnahme (vgl. Abb. 23).

Abb. 23: Verteilung der Schulabgänge ohne Abschluss* auf Ebene der Einzelschulen in Rheinland-Pfalz 2008 (in %)

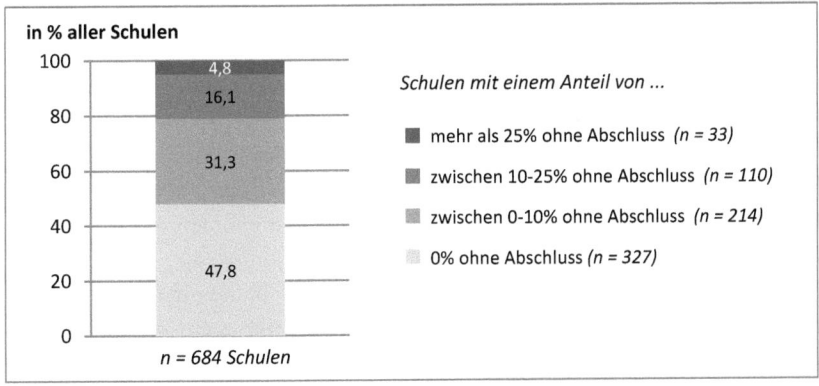

* Personen ohne Hauptschulabschluss und ohne spezifisches Förderschulzertifikat

Quelle: Forschungsdatenzentren der Statistischen Ämter des Bundes und der Länder, Schulstatistische Individualdaten Rheinland-Pfalz 2008/09, eigene Berechnungen

---

35   Hierbei handelt es sich um eine Schule, die im Jahr 2008 nur drei Absolventen/Abgänger meldete. Keiner dieser drei Jugendlichen erwarb einen Schulabschluss.

In jeder zweiten Schule erreichten alle Jugendlichen einen Abschluss, in weiteren 31% der Schulen blieben weniger als 10% ohne Abschluss. Mehr als 10% Schulabgänge ohne Abschluss verzeichneten 143 Schulen, darunter 33 mit über 25% ohne Abschluss. Es gibt also eine nennenswerte Anzahl an Schulen, in denen 2008 mehr als jeder vierte Absolvent/Abgänger ohne irgendein Abschlusszertifikat entlassen wurde. Damit wird die Frage aufgeworfen, worin sich diese Schulen von den „erfolgreicheren" Schulen unterscheiden. Zur Beantwortung dieser Frage gilt es nun, die Abgängerquoten vor dem Hintergrund der einzelschulischen Rahmenbedingungen weitergehend aufzuschlüsseln.

SCHULSTANDORTE MIT DEN HÖCHSTEN UND NIEDRIGSTEN ABGÄNGERQUOTEN

In einem ersten Schritt soll ein möglichst kleinräumiger Blick auf die Verteilung der Abgängerinnen und Abgänger ohne Abschluss in den Einzelschulen eröffnet werden. Dahinter steht die Überlegung, dass sich möglicherweise nicht nur die Jugendlichen ohne Abschluss in bestimmten Schulen konzentrieren (vgl. Abb. 24), sondern diese Schulen darüber hinaus auch in bestimmten Landesteilen liegen. Derartige regionale Klumpungseffekte sollten ausgeschlossen werden, da sie eine Regionalisierung aller weiterführenden Analysen zum institutionellen Kontext (z. B. nach dem Ganztagsbetrieb oder der Lehrerausstattung der Einzelschulen) nahelegen würden.

Im Unterschied zur bisher angewandten Form der regionalen Datenaggregation, bei der die Absolventen-/Abgängerzahlen auf der Ebene des Bundes, der Länder oder der Kommunen zusammengefasst wurden (vgl. Abschnitt 4.2.1), bleibt in dieser regionalen Analyse die Institution die analytische Bezugseinheit. Die für jede Einzelschule aggregierten Quoten der Schulabgänge ohne Abschluss werden kartografisch in ihrer Verteilung auf die Schulsitzgemeinden in Rheinland-Pfalz analysiert. Jeder Datenpunkt repräsentiert also eine Schule, deren Abgängerquote innerhalb des gemeindespezifischen Kontextes verortet werden kann. Im Interesse der Übersichtlichkeit werden nicht sämtliche Schulen in die Analyse einbezogen, sondern es erfolgt eine Gegenüberstellung jener Schulen mit den geringsten Abgängerquoten (0% bzw. keine Schulabgänge ohne Abschluss) auf der einen und den Schulen mit den höchsten Anteilen (mehr als 25% Schulabgänge ohne Abschluss) auf der anderen Seite.

Relativ gleichmäßig verteilen sich die 327 Schulen, von denen im Jahr 2008 kein Schüler ohne Abschluss abging, über die Gemeinden in Rheinland-Pfalz (vgl. Abb. 24). Lediglich in den Kernstädten ist ihre Zahl aufgrund der insgesamt höheren Schuldichte erwartungsgemäß höher als im ländlichen Umland. Weniger eindeutig stellt sich die Situation bei den 33 Schulen mit den höchsten Abgängerquoten dar. Zwar liegen auch hier in einigen Ballungsräumen Konzentrationspunkte (Koblenz, Trier, Ludwigshafen, Pirmasens). Auffällig ist aber, dass in anderen Gemeinden mit ähnlich dichtem Schulnetz (Kaiserslautern, Mainz, Landau, Speyer) nur einzelne oder gar keine Schulen eine Abgängerquote von mehr als 25% aufweisen. So korreliert auch die Anzahl der Schulen mit 0% Abgängern ohne Abschluss über die Gemeinden hinweg (nur) mittelstark mit der Anzahl der Schulen mit mehr als 25% (r = .580**; p < 0.01).

Abb. 24: Standortgemeinden der Schulen mit den niedrigsten und den höchsten Abgängerquoten* 2008 in Rheinland-Pfalz nach Förderschuldichte der Gemeinden

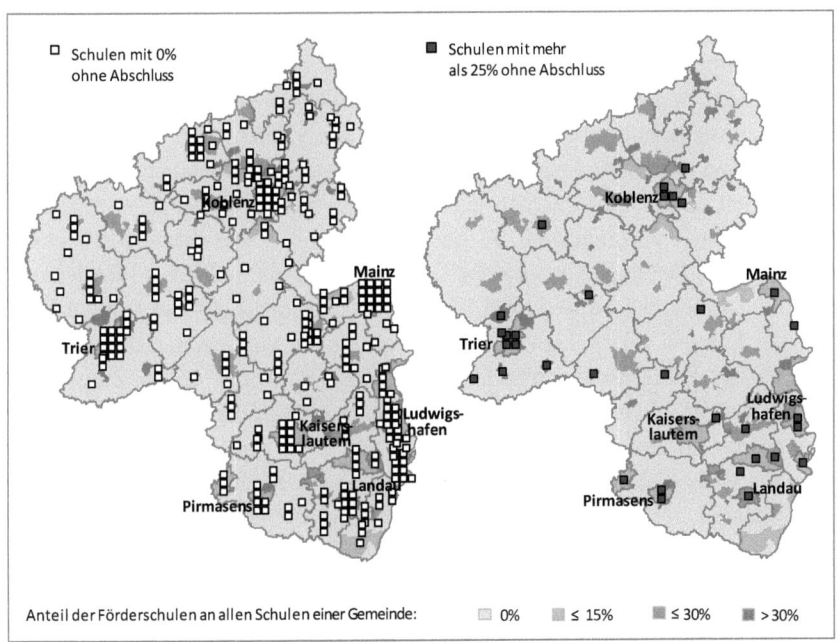

*   Anteil der Schulabgänge ohne Hauptschulabschluss und ohne spezifisches Förderschulzertifikat in Prozent aller Absolventen/Abgänger der jeweiligen Schule

Quelle: Forschungsdatenzentren der Statistischen Ämter des Bundes und der Länder, Schulstatistische Individualdaten Rheinland-Pfalz 2008/09, eigene Berechnungen

Dass es insbesondere im Norden ganze Landkreise gibt, in denen alle Schulen unterhalb der 25%-Schwelle liegen, deckt sich mit den ländervergleichenden Analysen zu den kommunalen Abgängerquoten ohne Hauptschulabschluss.

Hier zeigte sich für Rheinland-Pfalz in den Landkreisen eine signifikant niedrigere Abgängerquote als in den kreisfreien Städten ($r = -.630^{**}$; $p < 0.01$). Erklärungsbedürftig bleibt aber, warum dies nicht für alle Städte in gleicher Weise gilt.

Da Schulabgänge ohne Abschluss überwiegend ein Problem niedriger qualifizierenden Schularten – insbesondere der Förderschulen – sind, liegt es nahe, sie auch mit der schulischen Infrastruktur in den Gemeinden in Verbindung zu bringen. Überdurchschnittlich viele Abgänger ohne Hauptschulabschluss müssten danach jene Kreise verzeichnen, die ein besonders dichtes Standortnetz an Förderschulen vorhalten. Verfolgt man diesen Zusammenhang auf kleinräumiger Ebene, bestätigt sich die Vermutung, dass sich in Gemeinden mit breiterem Förderschulangebot in der Tendenz auch mehr Schulen mit hohen Abgängerquoten ohne Abschluss befinden (vgl. Abb. 24). So haben Mainz und Kaiserslautern in Rheinland-Pfalz mit unter 6% den geringsten Förderschulanteil unter den größeren Städten, und zugleich wird die Abgängerquote von 25% nur von einer Mainzer Schule überschritten und in Kaiserslautern von keiner Schule. Für Trier und Pirmasens hingegen fällt nicht nur der Förderschulanteil mit 11% fast doppelt so hoch aus, es gab auch mehr Schulen, die über 25% Abgänge ohne Abschluss verzeichneten. In beiden Gemeinden war dies jeder sechste Schulstandort. Dennoch gibt es keine lineare, kausal interpretierbare Beziehung über alle Gemeinden hinweg. Das Förderschulangebot ist etwa in Koblenz mit 7% aller Schulen relativ klein, und dennoch gingen von vielen Schulen mehr als 25% der Schüler ohne Abschluss ab (3 Schulen bzw. 15%). Umgekehrt verhält es sich in Landau, wo trotz des hohen Förderschulanteils von 17% aller Schulen nur an einem Schulstandort mehr als 25% ohne Abschluss blieben. Auch die Mehrzahl der in Landkreisen gelegenen Gemeinden mit hohem Förderschulanteil verzeichnen nur geringe Abgängerquoten (vgl. Abb. 24). Der Zusammenhang zwischen dem Förderschulanteil und dem Anteil der Schulen mit Abgängerquoten über 25% ist folglich auch über alle Gemeinden hinweg nur schwach ausgeprägt ($r = .196^{**}$; $p < 0.01$).

Angesichts der Tatsache, dass die Verteilung von erfolgreichen und weniger erfolgreichen Schulen im Wesentlichen der Siedlungsdichte der Gemeinden folgt, können sonstige systematische Klumpungseffekte ausgeschlossen werden. Anschließend an diese kleinräumige Verortung der Einzelschulen kann der Blick somit nun auf die institutionellen Rahmenbedingungen in den Einrichtungen gerichtet werden.

UNTERSCHIEDE IN DER SCHULGRÖßE

Anhand der *Schulgröße* wird üblicherweise aufgezeigt, inwiefern die Gesamtzahl der Schülerinnen und Schüler zwischen den Einrichtungen variiert. Mit
Blick auf die Zielpopulation dieser Untersuchung basiert die Schulgröße im
Folgenden jedoch nicht auf der Schülerzahl, sondern auf der Anzahl der Absol-
venten/Abgänger je Schule. Hiermit soll etwaigen Unterschieden zwischen
jüngeren und älteren Schülerjahrgängen (Klassenstufen) in den Schulen Rechnung getragen werden. Deren Besetzungsstärke kann über die Zeit durch die
demographische Entwicklung oder das Schulwahlverhalten beeinflusst sein.
Unterschiede in der Schulgröße könnten z. B. einen Schülerzahlenrückgang in
den unteren Klassenstufen wiederspiegeln, obwohl der Abschlussjahrgang
(noch) stark besetzt ist.

Abb. 25: Schulabgänge ohne Abschluss in Rheinland-Pfalz 2008 nach Schulgröße*
(in %)

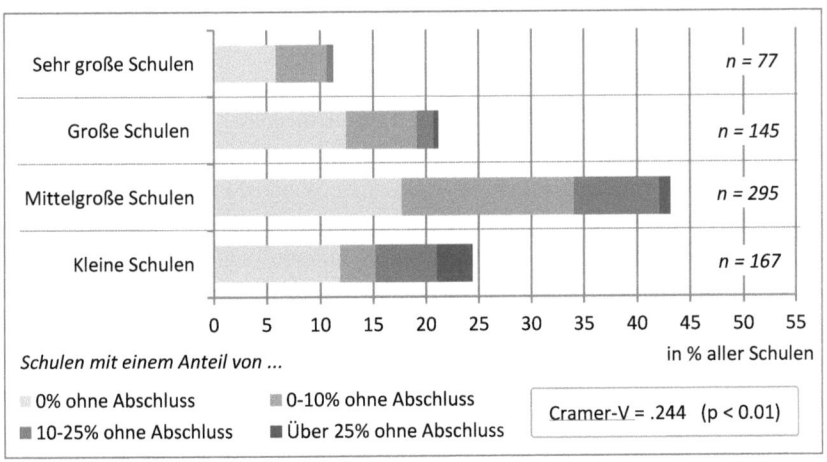

*   Die Schulgröße wurde anhand der Gesamtzahl der Absolventen/Abgänger je Einrichtung
       bestimmt: Kleine Schulen = < 30; Mittelgroße Schulen = 30 bis 90; Große Schulen = 90 bis
       120; Sehr große Schulen = > 120

*Quelle: Forschungsdatenzentren der Statistischen Ämter des Bundes und der Länder, Schulstatisti-
sche Individualdaten Rheinland-Pfalz 2008/09, eigene Berechnungen*

Gruppiert man die Schulen in Rheinland-Pfalz nach der Anzahl an Absolven-
ten/Abgängern je Einrichtung in vier Kategorien der Schulgröße, sind deutliche

Unterschiede im Anteil der Schulabgänge ohne Abschluss zu konstatieren (vgl. Abb. 25)Abb. 25:. Auf den ersten Blick sprechen die Ergebnisse allerdings gegen die eingangs formulierte Hypothese, dass in kleinen Schulen die Chance auf einen Schulabschluss höher ist. Das Gegenteil ist der Fall: Bei den meisten Einrichtungen mit einer Abgängerquote ohne Abschluss von mehr als 25% handelt es sich um Schulen, die insgesamt weniger als 30 Personen je Abschlussjahrgang verzeichnen. Mit zunehmender Schulgröße verringert sich die Abgängerquote ohne Abschluss ($r = -.299**$; $p < 0.01$). Sehr große Schulen mit mehr als 120 Absolventen/Abgängern bleiben durchgängig unterhalb einer Abgängerquote von 25%, in nur vier Fällen wird überhaupt die 10%-Schwelle überschritten. Als Erklärungszusammenhang für diesen zunächst erwartungswidrigen Befund sind systematische Größenunterschiede zwischen den Schularten anzuführen. Ein Großteil der Abgängerinnen und Abgänger ohne Abschluss stammt von Förderschulen, unter denen es keine Einrichtung mit mehr als 90 Absolventen/Abgängern gibt. 113 von 134 Förderschulen sind nach der hier gewählten Kategorisierung kleine Schulen. Umgekehrt gilt, dass nur 3 von insgesamt 139 Gymnasien zu den kleinen Schulen zählen, diese Schulart aber die wenigsten Schulabgänge ohne Abschluss aufweist.

Ein statistisch bedeutsamer Zusammenhang zwischen Schulgröße und Abgängerquote, der über diesen Schularteffekt hinausgeht, lässt sich weder für Förderschulen ($r = .147$; $p > 0.05$) noch für Gymnasien feststellen ($r = .166$; $p > 0.05$). Allerdings zeigt sich bei den Freien Waldorfschulen sowie bei den Dualen Oberschulen, die als Schulart mit mehreren Bildungsgängen den Hauptschul- und den Realschulbildungsgang kombinieren, ein schulartspezifischer Effekt der Schulgröße auf den Anteil der Schulabgänge ohne Abschluss. Unter den 14 Dualen Oberschulen schneiden die größeren Einrichtungen besser ab als die kleinen ($r = -.781**$; $p < 0.01$), bei den 6 Freien Waldorfschulen verhält es sich umgekehrt ($r = .958**$; $p < 0.01$).

UNTERSCHIEDE ZWISCHEN HALB- UND GANZTAGSSCHULEN

Analog zu den Abgängerkonstellationen an Schulen unterschiedlicher Größe zeigen sich auch hinsichtlich des *Ganztagsbetriebs* differenzielle Unterschiede nach Schularten. Insgesamt war 2008 jede zweite allgemeinbildende Schule in Rheinland-Pfalz eine Ganztagsschule[36]. Entgegen der ursprünglichen Annahme gingen von diesen Ganztagsschulen nicht weniger, sondern mehr Jugendliche ohne Abschluss ab als von den übrigen Einrichtungen ohne Ganztagsbetrieb (vgl. Abb. 26). Unter Berücksichtigung der Schulartverteilung indes offenbart sich erneut eine breite Streuung. Auch hier können Förder- und Hauptschulen, die überwiegend im Ganztagsbetrieb arbeiten, deutlich von den höher qualifizierenden Schularten wie Realschulen und Gymnasien abgegrenzt werden, da dort die meisten Einrichtungen Halbtagsschulen sind.

Stellt man nun innerhalb der einzelnen Schularten Schulen mit und ohne Ganztagsbetrieb gegenüber, so ergeben sich einige nennenswerte Unterschiede. Für den Abschlusserfolg von Förderschülerinnen und Förderschülern scheint der Ganztagsbetrieb eine entscheidende Rolle zu spielen. In fast jeder zweiten Förderschule mit Ganztagsangebot erreichten alle Schülerinnen und Schüler einen Schulabschluss, bei den Halbtagsschulen trifft dies lediglich auf jede siebte Einrichtung zu. Bei 30% der Halbtagsschulen lag dagegen die Abgängerquote ohne Abschluss über 25%, mehr als doppelt so häufig wie an Förderschulen mit Ganztagsbetrieb. Berechnet man auf der Basis der Individualdaten der einzelnen Schülerinnen und Schüler den Schüleranteil im Ganztagsbetrieb für jede Schule, lassen sich zusätzlich Unterschiede in der Schülerbeteiligung innerhalb der Ganztagsschulen berücksichtigen. Der so ermittelte Ganztagsschüleranteil je Förderschule steht in einem negativen Zusammenhang mit der Abgängerquote ohne Abschluss ($r = -.355$; $p < 0.01$). Je weniger Schülerinnen und Schüler an den Ganztagsangeboten ihrer Förderschule teilnehmen, desto mehr Abgängerinnen und Abgänger verlassen diese Schule ohne Abschluss. An den Hauptschulen lässt sich diese Tendenz nicht beobachten ($r = .092$; $p > 0.05$). Bemerkenswert sind abermals die Ergebnisse der Dualen Oberschulen. Konträr zu den aufgezeigten Abgängerkonstellationen an Förderschulen schneiden jene Dualen Oberschulen besser ab, die keine Ganztagsangebote machen. Unter Berücksichtigung der Beteiligungsunterschiede innerhalb der einzelnen Ganztagsschulen ergibt sich zwischen der Abgängerquote ohne Ab-

---

36 Gemäß KMK-Definition werden Schulen statistisch als Ganztagsschule erfasst, wenn an mindestens drei Tagen in der Woche ein mindestens sieben Zeitstunden umfassendes Angebot existiert, bei welchem Unterricht und außerunterrichtliche Angebote in einem konzeptionellen Zusammenhang stehen und ein Mittagessen bereitgestellt wird.

schluss und dem Schüleranteil im Ganztagsbetrieb ein starker positiv gerichteter Zusammenhang von r = .914** (p < 0.01).

Abb. 26: Schulabgänge ohne Abschluss in Rheinland-Pfalz 2008 nach Ganztagsbetrieb und Schularten* (in %)

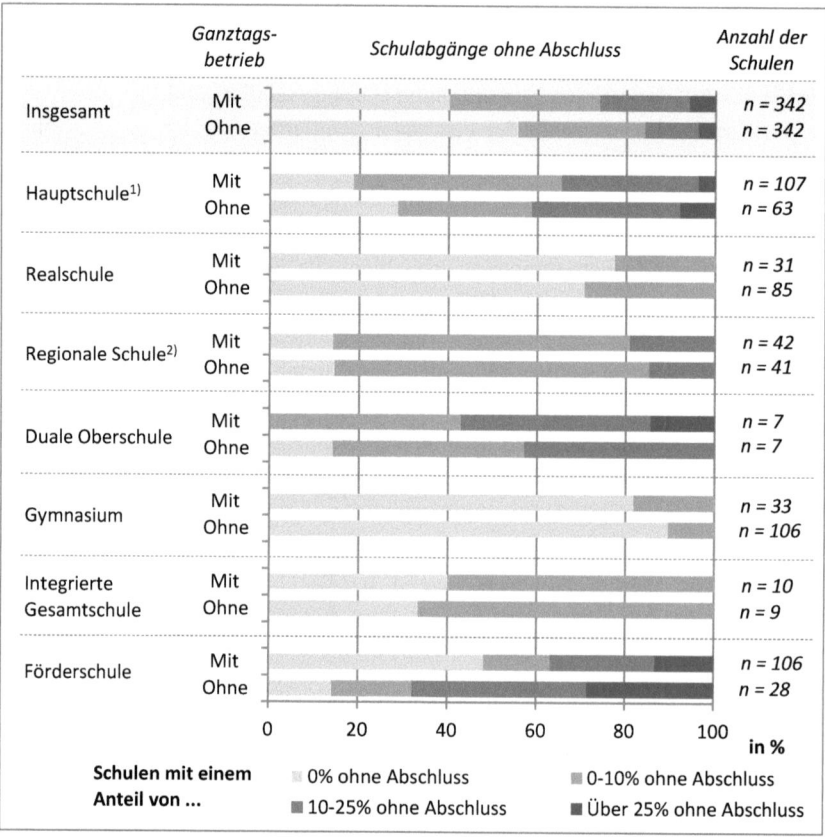

*   Ohne gesonderten Ausweis von Freien Waldorfschulen (100% Ganztagsbetrieb) und Kollegs/Abendgymnasien (0% Ganztagsbetrieb) | „Insgesamt" einschließlich dieser Schularten
1)   Einschließlich organisatorisch verbundener Grund- und Hauptschulen
2)   Einschließlich organisatorisch verbundener Grund- und Regionaler Schulen

Quelle: Forschungsdatenzentren der Statistischen Ämter des Bundes und der Länder, Schulstatistische Individualdaten Rheinland-Pfalz 2008/09, eigene Berechnungen

UNTERSCHIEDE NACH DEM SCHÜLERANTEIL MIT MIGRATIONSHINTERGRUND

Neben schulorganisatorischen Aspekten wie der Schulgröße und den Ganztags-angeboten können die Lernbedingungen an den Einzelschulen auch durch die Zusammensetzung der Schülerschaft beeinflusst sein. Hier stehen in Deutsch-land nachweislich der Schulbesuch, die soziale Herkunft der Schülerinnen und Schüler und ihre ethnische Zusammensetzung in einem Zusammenhang, der sich auch in den Lernergebnissen niederschlägt (vgl. Konsortium Bildungsbe-richterstattung 2006, S. 161ff.). Zur sozialen Herkunft liegen keine statistischen Informationen vor, da hierfür Angaben über die Eltern der Schülerinnen und Schüler erforderlich wären. Anhand der Individualdaten lässt sich jedoch für jeden Absolventen/Abgänger über mehrere Merkmale bestimmen, ob eine Per-son einen Migrationshintergrund hat oder nicht. Neben der (nicht deutschen) Staatsangehörigkeit, die seit langem Bestandteil der summarischen Schulstatis-tikerhebung ist, wird in Rheinland-Pfalz individualstatistisch zusätzlich der Geburtsort sowie die Verkehrssprache in der Familie erfasst. Dies ermöglicht es nicht nur, die Abschlusskonstellationen verschiedener Migrationsgruppen zu vergleichen.[37] Unter institutioneller Perspektive eröffnet dies zudem die Mög-lichkeit, Segregationstendenzen zwischen Einzelschulen nachzugehen. So lässt sich aufzeigen, wie sich Schülerinnen und Schüler mit und ohne Migrationshin-tergrund auf die einzelnen Einrichtungen verteilen, und ob dies mit Disparitäten im Erwerb von Schulabschlüssen einhergeht. Zu diesem Zweck werden nach-folgend die allgemeinbildenden Schulen in Rheinland-Pfalz danach kategori-siert, wie hoch im Jahr 2008 der Anteil von Absolventen/Abgängern war, bei denen entweder eine nicht deutsche Staatsangehörigkeit, ein nicht deutscher Geburtsort oder eine nicht deutsche Familiensprache vorlag. Vor dem Hinter-grund dieses Migrationsanteils wird zwischen den Einzelschulen ein deutliches Gefälle der Abgängerquoten sichtbar (vgl. Abb. 27).

Tendenziell haben umso mehr Jugendliche keinen Schulabschluss erreicht, je höher der Absolventen-/Abgängeranteil mit Migrationshintergrund war. Unter den Schulen, die nur von Jugendlichen ohne Migrationshintergrund besucht wurden, verzeichnen drei Viertel gar keine Schulabgänge ohne Abschluss. Bei

---

37 Für differenzierte Merkmalsanalysen auf Individualebene der Absolven-ten/Abgänger vgl. Abschnitt 4.2.3.

den Einrichtungen mit einem Migrationsanteil von mehr als 50% war dies zwar immerhin noch jede vierte Schule, genauso viele Schulen lagen allerdings über einer Abgängerquote von 25%. Auch hier sind schulstrukturelle Effekte in Rechnung zu stellen. Erstens sind fast alle Einrichtungen, in denen die Mehrheit der Jugendlichen einen Migrationshintergrund aufweist, Haupt- oder Förderschulen. Und selbst unter jenen 77 Schulen mit 0% Migrationsanteil waren es zweitens nur sieben Förderschulen und eine Hauptschule, von denen mehr als 25% ohne Abschluss abgingen.

Abb. 27: Schulabgänge ohne Abschluss in Rheinland-Pfalz 2008 nach Anteil der Absolventen/Abgänger mit Migrationshintergrund* je Schule (in %)

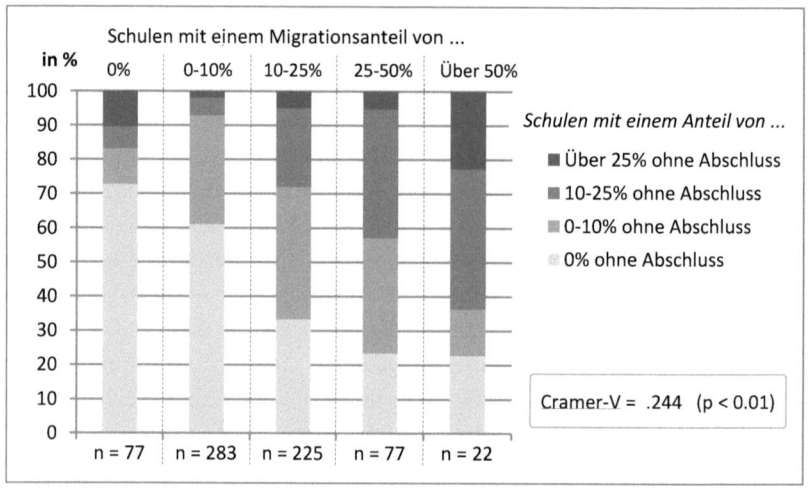

*   Der Migrationshintergrund wurde Personen zugewiesen, bei denen mindestens eines der folgenden Merkmale nicht deutsch ausgeprägt war: (a) Staatsangehörigkeit | (b) Geburtsort | (c) Verkehrssprache in der Familie

Quelle: Forschungsdatenzentren der Statistischen Ämter des Bundes und der Länder, Schulstatistische Individualdaten Rheinland-Pfalz 2008/09, eigene Berechnungen

UNTERSCHIEDE IN DER LEHRERAUSSTATTUNG

Als letztes Kontextmerkmal sollen die Personalressourcen der Einzelschulen in den Blick genommen werden. Um zu überprüfen, inwiefern sich die Abgängerquoten ohne Abschluss in Abhängigkeit von der Lehrerausstattung unterscheiden, reicht allerdings der Rückgriff auf die Anzahl der Lehrkräfte je Schule nicht aus. Hierdurch würden sowohl Unterschiede im Beschäftigungsumfang der einzelnen Lehrkräfte als auch die bereits aufgezeigten Unterschiede in der Schulgröße ausgeblendet. Die Individualstatistik Rheinland-Pfalz schließt allerdings für alle Lehrerinnen und Lehrer auch Angaben zum wöchentlichen Unterrichtsvolumen ein, welches auf Schulebene aggregiert und zur Anzahl der Schülerinnen und Schüler in Beziehung gesetzt werden kann. Auf diese Weise lässt sich für jede Schule die durchschnittliche Zahl der Lehrerstunden je Schüler ermitteln. Hierzu bedarf es der Verknüpfung sämtlicher individualstatistischen Datensegmente, indem Individualdaten der Lehrkräfte (Unterrichtsstunden), der Schülerschaft (Personenzahl) sowie der Absolventen/Abgänger (Anzahl der Abschlüsse) innerhalb des Schuldatensatzes (Schul-ID) zusammengeführt werden.

Im Ergebnis zeigt sich, dass eine bessere Personalausstattung keineswegs mit einer geringeren Zahl an Schulabgängen ohne Abschluss verbunden ist (vgl. Abb. 28). Es sind gerade die Schulen mit der geringsten Anzahl an wöchentlichen Lehrerstunden je Schüler, die auch die geringsten Abgängerquoten ohne Schulabschluss aufweisen. In der Hälfte der Schulen, in denen durchschnittlich höchstens 2 Lehrerstunden pro Woche auf jeden Schüler entfielen, erreichten alle einen Abschluss. Mehr als 25% Schulabgänge ohne Abschluss verzeichneten dagegen überproportional viele Schulen, in denen wöchentlich mehr als 4 Lehrerstunden je Schüler zur Verfügung standen. Eine solch günstige Personalausstattung weisen aber wiederum ausschließlich die Förderschulen und Hauptschulen auf. Den insgesamt positiven Zusammenhang zwischen der wöchentlichen Zahl an Lehrerstunden je Schüler und der Abgängerquote von $r = .450^{**}$ ($p < 0.01$) gilt es daher, schulartspezifisch zu überprüfen. Im Gegensatz zu den übrigen Schularten lassen sich für die Haupt- als auch die Förderschulen in der Tat systematische Unterschiede im Anteil der Schulabgänge ohne Abschluss in Abhängigkeit des durchschnittlichen Personalschlüssels nachweisen. Für beide Schularten ergibt sich mit $r = .298^{**}$ ($p < 0.01$) ein schwacher positiver Korrelationskoeffizient. Das heißt, selbst im internen Vergleich der Hauptschulen bzw. der Förderschulen fielen die Abgängerquoten tendenziell dort höher aus, wo mehr Lehrerstunden investiert wurden.

Abb. 28: Schulabgänge ohne Abschluss in Rheinland-Pfalz 2008 nach dem durchschnittlichen Verhältnis* zwischen der Anzahl der wöchentlichen Lehrerstunden und der Schülerzahl je Schule (in %)

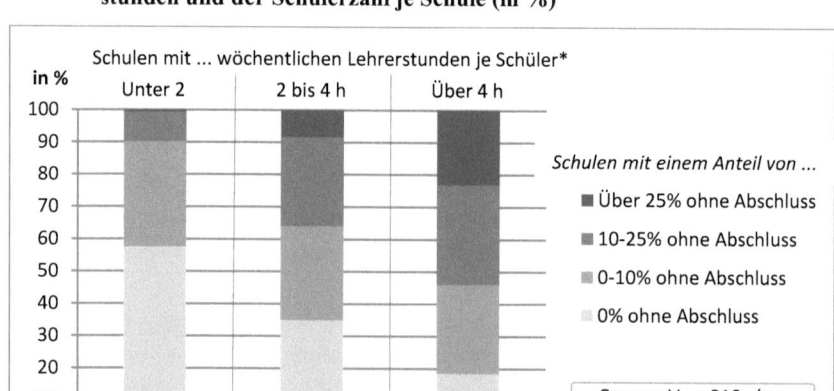

*   Für jede Einzelschule wurde das zahlenmäßige Verhältnis zwischen den wöchentlichen Unterrichtsstunden aller Lehrkräfte und der Schülergesamtzahl (Schulgröße) ermittelt. Es handelt sich um einen rechnerischen Durchschnittswert der gesamten Schule. Dieser lässt keine Rückschlüsse auf die Stundenzuweisung einzelner Lehrkräfte zu einzelnen Schülerinnen und Schülern zu.

Quelle: Forschungsdatenzentren der Statistischen Ämter des Bundes und der Länder, Schulstatistische Individualdaten Rheinland-Pfalz 2008/09, eigene Berechnungen

Um weiterführende Schlüsse aus den Einzelbefunden ziehen zu können, sollen die verschiedenen institutionellen Merkmale nun abschließend noch in einen Gesamtzusammenhang gebracht werden.

FAZIT: SCHULARTSPEZIFISCHE KONTEXTUNTERSCHIEDE ZWISCHEN DEN EINZELSCHULEN

Bislang beschränkte sich die institutionelle Auswertungsperspektive auf der Basis von schulstatistischen Summendaten auf Vergleiche zwischen Schularten sowie öffentlichen und privaten Schulen. Die hier vorgestellten Analysen rückten zum ersten Mal die Einzelschulen als analytische Bezugseinheit in den Fokus indikatorengestützter Darstellungen. Am Beispiel der Schulabgänge ohne Abschluss in Rheinland-Pfalz galt es aufzuzeigen, welche vertiefenden Einblicke die Individualstatistik in unterschiedliche institutionelle Rahmenbedingungen gestattet, wenn der Datensatz der Absolventen/Abgänger mit jenem der Schulen verknüpft wird. Es wurde darauf Wert gelegt, solche Hintergrundmerkmale aufzugreifen, die auch für sich genommen in vielen indikatorengestützten Berichten Eingang finden. Die exemplarisch ausgewählten Aspekte Schulgröße, Ganztagsbetrieb, Migrationshintergrund der Schülerschaft und Personalausstattung variieren nicht nur erheblich auf der Ebene der Einzelschulen. Sie stehen auch in einem Zusammenhang mit dem Anteil der Schulabgänge ohne Abschluss. Empirisch ist es insofern durchaus gerechtfertigt, dass die genannten institutionellen Kontextmerkmale häufig bei der Indikatorenauswahl in Bildungsberichten der nationalen, der Landes- oder der kommunalen Ebene Berücksichtigung finden. Allerdings verweisen die Ergebnisse durchgehend auf die Notwendigkeit des Schulartvergleichs. Bei allen Aspekten zeigen sich erhebliche Unterschiede zwischen den niedriger und den höher qualifizierenden Schularten. Einrichtungen derselben Schulart unterscheiden sich hingegen weniger deutlich bzw. nur punktuell hinsichtlich der hier betrachteten institutionellen Rahmenbedingungen.

Ohne Kontrolle der Schulartzugehörigkeit käme man in der Gesamtschau aller korrelativen Zusammenhänge zwischen der Abgängerquote und den schulischen Kontextbedingungen zu folgendem Ergebnis (vgl. Tab. 7): Der Anteil der Schulabgänge ohne Abschluss fällt an einer Schule umso *höher* aus,

- je *kleiner* die Schule ist,

- je *mehr* Schülerinnen und Schüler am Ganztagsbetrieb teilnehmen,

- je *mehr* Absolventen/Abgänger einen Migrationshintergrund haben und

- je *höher* die Zahl der Lehrerstunden ist, die durchschnittlich je Schüler zur Verfügung stehen.

Bei genauerer Betrachtung sind diese Effekte weitgehend durch systematische Unterschiede zwischen den Schularten vermittelt. Die Befunde sind daher am ehesten im Sinne schulartspezifischer Kontextprofile zu interpretieren. Mit anderen Worten spielen die einzelnen institutionellen Rahmenbedingungen je nach Schulart eine unterschiedlich große Rolle, teilweise weist der Zusammenhang mit der Abgängerquote gar in entgegengesetzte Richtungen (z. B. beim Ganztagsbetrieb).

Tab. 7: **Korrelationen zwischen der Abgängerquote ohne Abschluss und ausgewählten Schulmerkmalen 2008 auf Ebene der Einzelschulen in Rheinland-Pfalz nach Schularten**

Schulart	Anzahl der Schulen (n)	Korrelation[1] zwischen Abgängerquote ohne Abschluss und ...			
		Schulgröße[2]	Anteil der Ganztagsschüler[3]	Migrationsanteil[4]	Anzahl der Lehrerstunden je Schüler[5]
Insgesamt	684	-.299**	.179**	.241**	.450**
Hauptschule	170	.024	.092	.356**	.298**
Realschule	116	.123	-.087	.275**	-.055
Regionale Schule	83	.088	.092	.158	.085
Duale Oberschule	14	-.781**	.914**	.018	.132
Gymnasium	139	.165	-.033	.012	.022
Integrierte Gesamtschule	19	-.364	.317	.329	.176
Freie Waldorfschule	6	.958**	-.472	.593	.153
Förderschule	134	.146	-.355**	-.072	.298**
Kolleg /Abendgymnasium	3	X	X	X	X

1) Korrelationskoeffizient nach Pearson auf Ebene der Einzelschulen; *p < 0.05; **p < 0.01 (2-seitiger Test auf Signifikanz)
2) Gesamtzahl der Abgänger/Absolventen je Schule
3) Anteil der Schülerinnen und Schüler, die am Ganztagsbetrieb teilnehmen
4) Anteil der Absolventen/Abgänger der jeweiligen Schule, bei denen mindestens eines der folgenden Merkmale nicht deutsch ausgeprägt war: (a) Staatsangehörigkeit | (b) Geburtsort | (c) Verkehrssprache in der Familie
5) Zahlenmäßiges Verhältnis zwischen Unterrichtsdeputat (Summe der wöchentlichen Stunden aller Lehrkräfte) und der Schulgröße (Schülergesamtzahl) je Einzelschule

Quelle: Forschungsdatenzentren der Statistischen Ämter des Bundes und der Länder, Schulstatistische Individualdaten Rheinland-Pfalz 2008/09, eigene Berechnungen

An den *Hauptschulen* haben umso mehr Jugendliche keinen Schulabschluss erreicht, je besser die Personalausstattung war und je höher der Anteil mit Migrationshintergrund ausfiel. Letzterer hatte im Vergleich der *Förderschulen* keine Bedeutung, wohl aber das Lehrerstunden-Schüler-Verhältnis, welches wie an Hauptschulen in einer negativen Beziehung zur Abgängerquote steht. Der stärkste Zusammenhang an Förderschulen ergibt sich allerdings für den Ganztagsschüleranteil. Je mehr Schülerinnen und Schüler das Ganztagsangebot ihrer Förderschule wahrgenommen haben, desto mehr Jugendliche haben an dieser Schule auch einen Abschluss erreicht. Unter den *Dualen Oberschulen* wiederum waren es umso weniger Absolventen mit Abschluss, je höher die

Beteiligung am Ganztagsbetrieb war. Hier ist von einer kontextspezifischen Ressourcenallokation auszugehen. In jenen Dualen Oberschulen, die aufgrund ihrer standortspezifischen Problemlagen einer besonderen Unterstützung und Förderung bedürfen, wird der teilweise oder voll gebundene Ganztagsbetrieb gezielt eingesetzt, um den Schülerinnen und Schülern breitere Gelegenheits-strukturen zu bieten. Gleiches ist auch für die Lehrerausstattung zu vermuten, die an Haupt- und Förderschulen mit den höchsten Abgängerquoten signifikant günstiger ausfiel. Die Ressourcenzuweisung erfolgt hier offensichtlich im Be-wusstsein für die unterschiedlichen Herausforderungen, unter denen die Schu-len ihre Aufgaben bewältigen müssen. Inwiefern diese Form der standortspezi-fischen Mittelallokation die Erfolgsaussichten der Schülerinnen und Schüler erhöht hat, lässt die querschnittliche Betrachtung eines Zeitpunktes offen. Da Indikatoren allerdings aus der Fortschreibbarkeit ihren eigentlichen Informati-onswert entfalten, eignet sich der individualstatistische Ansatz institutioneller Vergleiche, um den aufgezeigten Zusammenhängen im Zeitverlauf weiter nachzugehen. So könnte künftig indikatorengestützt verfolgt werden, welche Veränderungen in den einzelschulischen Rahmenbedingungen sich positiv oder negativ auf die (nachfolgenden) Absolventen-/Abgängerkohorten auswirken.

Bei den höher qualifizierenden Schularten ergeben sich – mit Ausnahme des Migrationsanteils an Realschulen – keinerlei Zusammenhänge zwischen schulischem Kontext und Schulabgängen. Dies heißt jedoch keineswegs, dass dort die Rahmenbedingungen der Einzelschule für den Erwerb von Schulab-schlüssen generell vernachlässigt werden können. Vielmehr hängt die Befund-lage maßgeblich damit zusammen, dass die exemplarisch untersuchte Abgän-gerquote ohne Abschluss in diesen Schularten deutlich niedriger ausfällt und zwischen den Einrichtungen nur geringfügig variiert. Die überwiegende Mehr-zahl von Schulabgängen ohne Abschluss verteilt sich in Rheinland-Pfalz auf die Schularten Förderschule, Hauptschule und Duale Oberschule – bei einer größeren Streuung zwischen den Einzelschulen. Um auch an Gymnasien, Real-schulen und den übrigen Schularten institutionelle Unterschiede in den Ab-schlusskonstellationen zu analysieren, bedürfte es einer anderen abhängigen Variable als der Abgängerquote ohne Haupt- und Förderschulabschluss. So ließe sich beispielsweise das Verhältnis zwischen Absolventen mit Hauptschul-abschluss und Mittlerem Abschluss oder zwischen Mittlerem Abschluss und Hochschulreife analog vor dem Hintergrund der einzelschulischen Kontexte untersuchen.

4.2.3 Individuelle Aspekte

Die bisherigen Auswertungen dienten dazu, den Mehrwert von Individual-
gegenüber Summendaten für eine indikatorengestützte Darstellung von Abschlusskonstellationen auf der Ebene des Schulsystems insgesamt, auf der Ebene einzelner Regionen sowie auf Institutionenebene zu verdeutlichen. Hierzu
wurde bereits mehrfach auf Individualmerkmale der einzelnen Absolven-
ten/Abgänger zurückgegriffen, z. B. auf das Geburtsjahr oder den sonderpädagogischen Förderschwerpunkt. Gleichwohl lag der Fokus auf Indikatorenansätzen, bei denen die individuellen Absolventen-/Abgängerzahlen für eine Beschreibung der übergeordneten Systemebenen aggregiert wurden:

- *Welcher Anteil einer Alterskohorte erreicht insgesamt welche
  Abschlüsse?*(Größenordnung der Absolventen-/Abgängerpopulation je
  Jahr und über die Zeit)

- *Wie verteilen sich die Absolventen/Abgänger in einzelnen Regionen?* (Abschlusskonstellationen einzelner Länder, Kreise und Gemeinden)

- *In welchen Bildungseinrichtungen werden welche Abschlüsse
  erworben?* (Institutionelle Wege zum Erwerb eines Abschlusses)

Wendet man sich nun dem Individuum als analytischer Bezugseinheit zu, so
wird der Vergleich von Personen ins Zentrum der Aufmerksamkeit gerückt.
Das Interesse gilt jedoch keinesfalls dem Werdegang Einzelner, sondern richtet
sich auch hier auf zusammengefasste Absolventen-/Abgängerzahlen. Im Gegensatz zu den bisherigen Analysen erfolgt die Gruppenbildung dabei aber
nicht mehr über die regionale oder institutionelle Verortung, sondern anhand
individueller Hintergrundmerkmale (z. B. Staatsangehörigkeit, Einschulungsjahr).

- *Welche Abschlüsse erreichen unterschiedliche Personengruppen?* (Personenbezogener Hintergrund der Absolventen/Abgänger)

Die Möglichkeit, auf Individualebene Informationen zum gleichzeitigen Auftreten mehrerer Ereignisse bzw. Sachverhalte zu generieren, kann als zentraler
Vorteil der Individualstatistik bezeichnet werden. Dies war bislang erhebungs-
technisch ausgeschlossen. Summendaten fassen die einzelnen Personen bereits
im Zuge der Datenerhebung in den Schulen nach definierten Kriterien zusam-

men. In aller Regel bedarf es mehrerer, separater Tabellenabfragen, da eine gleichzeitige Aufschlüsselung der Absolventen-/Abgängerzahlen nach mehreren Variablen ab einem bestimmten Differenzierungsgrad tabellarisch nicht mehr handhabbar ist (vgl. Abschnitt 3.2.2). Getrennt erfasste Merkmalskombinationen – wie Abschlussart und Förderschwerpunkt auf der einen, Abschlussart und Staatsangehörigkeit auf der anderen Seite – erlauben im Nachhinein keine Verknüpfung. So blieben mit der traditionellen Schulstatistik viele Zusammenhänge einer empirischen Analyse unzugänglich, obwohl die interessierenden Merkmale zum Teil durchaus erfasst wurden. Mit herkömmlichen Summendaten lässt sich etwa nicht beantworten, ob es migrationsspezifische Unterschiede in den Abschlusskonstellationen von Jugendlichen mit sonderpädagogischem Förderbedarf gibt, die integrativ unterrichtet werden. In allen Bundesländern, die noch keine Umstellung auf Einzeldatensätze vorgenommen haben, können die hierzu erforderlichen Merkmalsverknüpfungen nicht hergestellt werden, oder Angaben zum Förderschwerpunkt und Migrationshintergrund fehlen gänzlich (vgl. Abschnitt 3.3).

In Ländern mit Individualstatistik indes können drei Stufen der Datenverknüpfung auf individueller Ebene unterschieden werden:

(a) Grundlegend lassen sich mit Individualdaten sämtliche *Erhebungsmerkmale der einzelnen Absolventen/Abgänger in einem Schuljahr* zueinander in Beziehung setzen. Im Unterschied zu stichprobenbasierten Datengrundlagen wie den PISA-Erhebungen oder dem Mikrozensus gewinnt man auf diese Weise vertiefenden Einblick in die Verteilungsmuster – z. B. zu Absolventen → mit türkischem Migrationshintergrund → mit sonderpädagogischem Förderbedarf Lernen → von Hauptschulen. Die Bildungsbeteiligung und -ergebnisse werden also auch für kleinere Subgruppen der Schülerpopulation darstellbar.

(b) In einigen Ländern umfasst der individualstatistische Merkmalskranz nicht nur aktuelle Angaben zum entsprechenden Schuljahr, sondern zudem *verlaufsbezogene Merkmale* wie das Jahr der Ersteinschulung oder die schulische Vorbildung (höchster bisher erreichter Abschluss). Diese retrospektiven Personenmerkmale lassen sich ebenso mit den übrigen, aktuellen Angaben verknüpfen. In kumulativer Perspektive lassen sich daraus bestimmte Laufbahncharakteristika ableiten, z. B. wie viele und welche Jugendlichen beim Schulabgang noch nicht die Schulpflicht erfüllt hatten. Die Aussagen sind allerdings auf die Abgängerkohorte im jeweils betrachteten Schuljahr beschränkt. Es

bleibt offen, wo die Personen verbleiben und wie viele in den darauffolgenden Jahren einen Schulabschluss nachholen.

(c) Sofern jedoch in der Schulstatistik *pseudonymisierte Identifikationsnummern* für jede Schülerin bzw. jeden Schüler generiert werden,
lässt sich ein Bezug zu früheren individualstatistischen Erhebungswellen über diese unveränderliche Datensatzkennung herstellen. Auf diesem Wege kann nicht zuletzt dem Problem der Mehrfacherfassung von
Jugendlichen begegnet werden, die über die Jahre mehrfach als Absol-
vent/Abgänger in der Schulstatistik auftauchen. Der Längsschnittbe-
zug erlaubt zum einen die Rekonstruktion vorangegangener Etappen
der Schullaufbahn und zum anderen das Weiterverfolgen von Ereignissen in schulischen Anschlussbildungsgängen.

Für jeden dieser drei Ansätze der Individualdatenverknüpfung sollen im Folgenden Indikatorenkonstrukte entwickelt werden. Am Beispiel des Migrationshintergrundes werden die grundsätzlichen Kombinationsmöglichkeiten von
mehreren Erhebungsmerkmalen je Schuljahr veranschaulicht. Der Mehrwert,
aktuelle und retrospektive Merkmale zu kombinieren, wird anhand individualstatistischer Analysen zur Dauer der Schullaufbahn aufgezeigt. Und schließlich
werden individualstatistische Informationen über mehrere Jahre anhand eindeutiger Identifikationsnummern verknüpft, um im Längsschnitt Aufschluss über
den Verbleib von Abgängerinnen und Abgängern ohne Schulabschluss geben
zu können.

Vom Ausländerstatus zum Migrationshintergrund der Absolventen/Abgänger

Schulabschlüsse und Schulabgänge werden seit langem in Kombination mit
Personenmerkmalen erfasst. Die Möglichkeiten, Abschlusskonstellationen
zwischen Personengruppen länderübergreifend zu vergleichen, erweisen sich
bislang allerdings als ausgesprochen unbefriedigend. Denn die summarische
Schulstatistik gestattet lediglich eine länderübergreifende Differenzierung nach
zwei Variablen: Geschlecht und Ausländerstatus. In der Mehrzahl der Länder
ohne Individualstatistik ist es nicht einmal möglich, innerhalb der Ausländerpopulation einzelne Nationalitäten auszuweisen (vgl. Abschnitt 3.3). Hier werden also lediglich Absolventen/Abgänger mit deutscher Staatsangehörigkeit
von jenen mit nicht deutscher Staatsangehörigkeit abgegrenzt. Die Defizite

dieser Daten, gilt es nun aufzuzeigen, um anschließend die Vorteile der Individualstatistik für die Abbildung eines erweiterten Migrationshintergrundes zu beleuchten. Angesichts des Mangels an Summendaten zu den Geburtsjahren von deutschen und ausländischen Absolventen/Abgängern kann hierzu lediglich auf Abschlussquoten in Prozent der deutschen und nicht deutschen Wohnbevölkerung im typischen Abschlussalter zurückgegriffen werden.

Abb. 29: Deutsche und ausländische Absolventen/Abgänger von allgemeinbildenden und beruflichen Schulen 2004 und 2010 nach Abschlussarten (in % der Wohnbevölkerung im jeweils typischen Abschlussalter*)

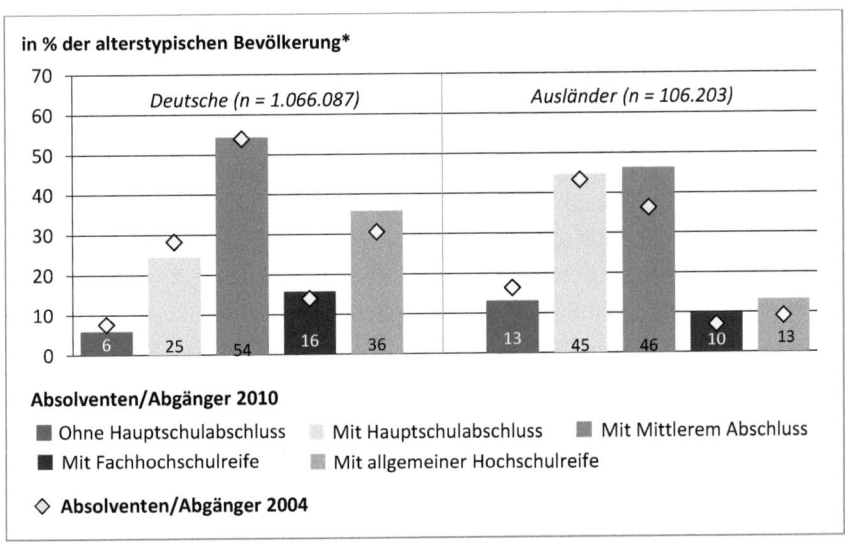

*   Hauptschulabschluss: 15 bis unter 17 Jahre; Mittlerer Abschluss: 16 bis unter 18 Jahre;
     Fachhochschulreife und allgemeine Hochschulreife: 18 bis unter 21 Jahre

Quelle: Statistisches Bundesamt, Schulstatistik und Bevölkerungsstatistik, eigene Berechnungen

In einer Auswertung dieser Summendaten auf Bundesebene zeigt sich im Jahr 2010 zum einen, dass mit 13% der alterstypischen Bevölkerung doppelt so viele ausländische Jugendliche ohne Hauptschulabschluss bleiben wie deutsche (vgl. Abb. 29). Zum anderen erlangen deutsche Absolventinnen und Absolventen dreimal so häufig die allgemeine Hochschulreife. Während der Hauptschulabschluss unter den Deutschen zunehmend an Bedeutung verliert, hat er mit 45% der alterstypischen Bevölkerung unter den Ausländerinnen und Ausländern nach wie vor ein vergleichsweise hohes Gewicht. Für beide Gruppen kann allerdings zwischen 2004 und 2010 ein Trend zu höher qualifizierenden Abschluss konstatiert werden.

Um zu überprüfen, ob sich im Zuge dieser Entwicklung die Abschlusskonstellation der ausländischen Jugendlichen jener der deutschen angenähert hat, wurden nachstehend Relative-Risiko-Indizes ermittelt. Diese geben im Unterschied zu den zuvor präsentierten relativen Häufigkeiten über konkrete Proportionen zwischen den gruppenspezifischen Qualifikationen Aufschluss (vgl. Abb. 30). Der stufenweise Aufbau der einzelnen Indexwerte zeigt sehr anschaulich, dass sich das Verhältnis zwischen deutschen und nicht deutschen Absolventen/Abgängern mit jedem höher qualifizierenden Abschluss zugunsten der Deutschen verschiebt: Je höher also das Abschlussniveau, desto stärker sind Ausländerinnen und Ausländer unterrepräsentiert. Dieses Muster ist zwischen 2004 und 2010 relativ stabil geblieben. So sind Deutsche unter den Jugendlichen mit allgemeiner Hochschulreife über den gesamten Zeitraum fast 3-mal häufiger vertreten. Und es besteht nach wie vor ein 2,5-faches Risiko für Ausländerinnen und Ausländer, ohne Hauptschulabschluss abzugehen. Faktisch hat sich damit am Ausmaß der sozialen Disparitäten wenig geändert. Lediglich beim Erwerb eines Mittleren Abschlusses sind Deutsche und Ausländer inzwischen proportional zu ihrem jeweiligen Anteil an der Gesamtbevölkerung vertreten.

Trotz der anhaltend großen Ungleichheit zwischen deutschen und ausländischen Absolventen/Abgängern spiegeln die Daten nur ein unvollständiges Bild wider, wenn migrationsspezifische Bildungserfolge aufgedeckt werden sollen. Spätestens seit den internationalen Schulleistungsstudien TIMSS, PISA und IGLU hat sich die Erkenntnis durchgesetzt, dass neben der Staatsangehörigkeit auch Kriterien wie Herkunftsland, Einwanderungsgeneration oder familiäre Sprachpraxis die Bildungsverläufe und -ergebnisse stark beeinflussen können. Mit dem Ausländerkonzept allein wird es zunehmend schwieriger, die mit Zuwanderung verbundenen Aufgaben für Bildungspolitik und pädagogische Praxis angemessen abzubilden: Erstens werden bestimmte Gruppen – Spätaussiedler sowie alle eingebürgerten Personen mit eigener oder über die Eltern vermittelter Migrationserfahrung – über das Ausländerkonzept gar nicht erfasst. Diese „Untererfassung" gewinnt zweitens langfristig an Relevanz, denn aufgrund einer Gesetzesänderung können seit dem 01. Januar 2000 in Deutschland geborene Kinder die deutsche Staatsbürgerschaft erwerben, sofern ein Elternteil seit acht Jahren in Deutschland lebt (§ 4 Staatsangehörigkeitsgesetz). Damit wandeln sich sukzessive die Größenordnung und die Zusammensetzung der Ausländerpopulation per definitionem (vgl. Kemper 2010). Das Kriterium der

Staatsangehörigkeit büßt mit anderen Worten seine Reliabilität für die Fortschreibung von Indikatoren ein. Und drittens zeigen Mikrozensus-Analysen, dass innerhalb der Migrantenpopulation je nach Herkunftsregion weitaus größere Unterschiede im formalen Bildungsstand bestehen als insgesamt zu den Deutschen ohne Migrationshintergrund (vgl. Konsortium Bildungsberichterstattung 2006, S. 146f.). Diese migrationsspezifischen Varianzen legen differenzierte bildungspolitische Strategien nahe, für die eine regionale und institutionelle Aufschlüsselung der Daten hilfreich wäre. Die herkömmliche Summenstatistik kann dies nicht leisten.

Abb. 30: Relative-Risiko-Indizes* (RRI) der ausländischen gegenüber deutschen Absolventen/Abgängern 2004 bis 2010 nach Abschlussarten

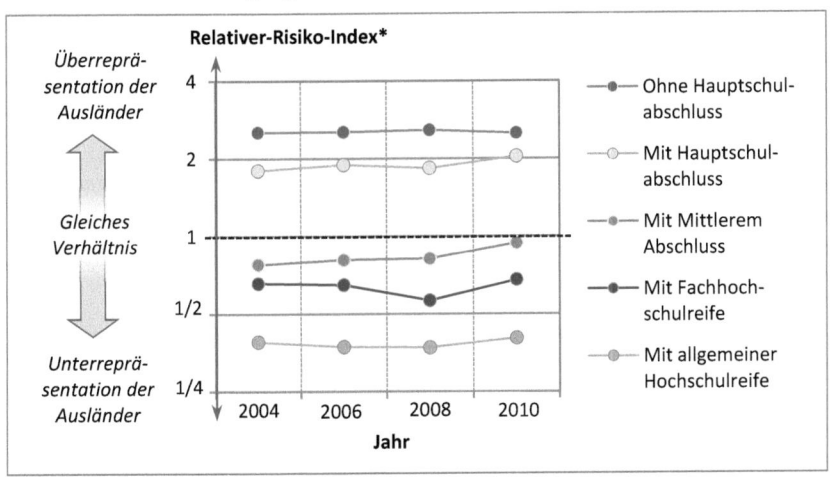

* Der Relative-Risiko-Index ist ein Verhältniswert zur Quantifizierung von Über- oder Unterrepräsentation. Hierzu wird die relative Häufigkeit eines Ereignisses in einer Gruppe (z. B. Hauptschulabschluss unter Ausländern) zu dem korrespondierenden Anteil einer anderen Gruppe (Hauptschulabschluss unter Deutschen) ins Verhältnis gesetzt. Dabei stehen Werte > 1 für eine Überrepräsentation bei der jeweiligen Abschlussart (2 = doppelt so häufig; Werte < 1 signalisieren Unterrepräsentation (z. B. ½ = halb so häufig).

Quelle: Statistisches Bundesamt, Schulstatistik und Bevölkerungsstatistik, eigene Berechnungen

Ein zentrales Anliegen bei der Verabschiedung des KMK-Kerndatensatzes im Jahr 2003 war vor diesem Hintergrund eine erweiterte Erfassung des Migrationshintergrundes von Schülerinnen und Schülern. Konkret wurden zu diesem Zweck die Erhebung der Merkmale Staatsangehörigkeit, Geburtsstaat, Zuzugsjahr (bei nicht deutschem Geburtsstaat) sowie Sprache (bei überwiegend nicht

deutscher Verkehrssprache in der Familie) vorgesehen. Ein Migrationshintergrund wird folglich im Kontext der KMK-Vereinbarungen dann angenommen,
wenn auf eine Person mindestens eine der folgenden Merkmalsausprägungen
zutrifft (vgl. Sekretariat der KMK 2008b, S. 30):

- keine deutsche Staatsangehörigkeit und/oder
- nicht deutscher Geburtsort und/oder
- nicht deutsche Verkehrssprache in der Familie bzw. im häuslichen Umfeld.

Die Umstellung von Summen- auf Individualstatistiken bedeutet nicht per se,
dass die vorgenannten Merkmale auch tatsächlich erfasst werden. Bayern,
Bremen, Hamburg, Hessen und Thüringen können trotz Individualdatenerhebung zum Untersuchungszeitpunkt lediglich Angaben zur Staatsangehörigkeit
ihrer Absolventen/Abgänger liefern (vgl. Abschnitt 3.3). Teilweise liegen im
Datensegment der Schülerinnen und Schüler die übrigen Merkmale des Migrationshintergrundes bereits vor, aber (noch) nicht für die Absolventen/Abgänger.
Um den Mehrwert von schulstatistischen Individualdaten für die Abbildung der
migrationsspezifischen Abschlusskonstellationen verdeutlichen zu können,
werden daher im Folgenden erneut exemplarisch Daten aus Rheinland-Pfalz
herangezogen.

Für einen Überblick über grundlegende Größenverhältnisse bedarf es zunächst – unabhängig von den erreichten Schulabschlüssen – einer Aufschlüsselung der Gesamtpopulation anhand der verfügbaren Migrationshinweise (vgl.
Tab. 8). Von den insgesamt 46.744 Absolventen/Abgängern der allgemeinbildenden Schulen im Jahr 2008 werden lediglich 3.355 Jugendliche über eine
ausländische *Staatsangehörigkeit* als Personen mit Migrationshintergrund
registriert. Dies entspricht 7% aller Absolventen/Abgänger. Im Ausland *geboren* wurden 2.875 Jugendliche bzw. 6%, eine nicht deutsche *Verkehrssprache*
in der Familie liegt bei 3.341 Absolventen/Abgängern bzw. 7% vor. Aufgrund
der Tatsache, dass häufig mehr als ein Merkmal nicht deutsch ausgeprägt ist,
entspricht der Gesamtanteil mit Migrationshintergrund nicht der Summe der
einzelnen Subgruppen nach Staatsangehörigkeit, Geburtsstaat und Sprache.
Insgesamt weisen so 12% aller Absolventen/Abgänger in Rheinland-Pfalz 2008
einen Migrationshintergrund auf. In der herkömmlichen Schulstatistik, das
heißt den jährlichen Datenveröffentlichungen auf Bundesebene, wird davon nur
gut die Hälfte als Ausländer erfasst.

Tab. 8: Absolventen/Abgänger von allgemeinbildenden Schulen in Rheinland-Pfalz 2008 nach Migrationshintergrund

Absolventen/Abgänger	Anzahl	in % aller Absolventen/ Abgänger	in % derjenigen mit Migrations- hintergrund
Insgesamt	46.744	100	X
Davon mit Migrationshintergrund			
Nicht deutsche Staatsangehörigkeit	3.355	7,2	57,8
Nicht deutscher Geburtsort	2.875	6,2	49,5
Nicht deutsche Familiensprache	3.341	7,1	57,6
Zusammen (mindestens ein Merkmal nicht deutsch)	5.804	12,4	100

Quelle: Forschungsdatenzentren der Statistischen Ämter des Bundes und der Länder, Schulstatistische Individualdaten Rheinland-Pfalz 2008/09, eigene Berechnungen

Fragt man vertiefend nach den individuellen Konstellationen des Migrationshintergrunds, so gibt es unter den Absolventen/Abgängern 2008 jede theoretisch mögliche Merkmalskombination zwischen Staatsangehörigkeit, Geburtsort und Sprache – von deutsch/deutsch/deutsch bis hin zu nicht deutsch/nicht deutsch/nicht deutsch (vgl. Anhang: Abb. 47). Die beiden am stärksten besetzten Gruppen unterscheiden sich dabei diametral: Auf der einen Seiten sind dies 1.395 Ausländer mit deutschem Geburtsort und deutscher Familiensprache, also Jugendliche der 2. oder 3. Zuwanderungsgeneration; auf der anderen Seite gibt es 1.056 Deutsche, die jedoch im Ausland geboren wurden und im häuslichen Umfeld nicht überwiegend Deutsch sprechen, also Spätaussiedler oder Eingebürgerte.

Widmet man sich nun konkreter den Abschlusskonstellationen dieser Jugendlichen mit Migrationshintergrund, ist man mit einem Problem konfrontiert, das in den vorangegangenen Analysen noch nicht auftrat. Alle bislang vorgestellten Indikatorenansätze gingen von der Prämisse aus, dass man sich die Vorteile der Individualstatistik zunutze machen kann, um bislang ausgeschlossene Datenverknüpfungen herzustellen. So gestattete etwa das Fehlen schulstatistischer Angaben über das Geburtsjahr keinen unmittelbaren Bezug zu den korrespondierenden Geburtsjahrgängen der Wohnbevölkerung (vgl. Abschnitt 4.1.1). Erst die Erfassung der Geburtsjahre bzw. des Alters jedes Schulabsolventen/-abgängers ermöglicht es, Schul- und Bevölkerungsstatistik jahrgangsgenau aufeinander zu beziehen, um die Größenordnung der Schulabschlüsse/-

abgänge als Anteil an der gleichaltrigen Bevölkerung abzubilden (vgl. Abschnitt 4.1.2). Mit dem Merkmal Geburtsjahr wird die Schulstatistik also anschlussfähig an die Bevölkerungsstatistik. Im Unterschied dazu gehen die Migrationsmerkmale Geburtsort, Familiensprache und Zuzugsjahr über das Erhebungsprogramm vieler amtlicher Statistiken hinaus. Es handelt sich also um eine schulstatistische Neuerung, die zwar an Stichprobenuntersuchungen wie PISA oder NEPS anschlussfähig ist, (bislang) aber beispielsweise in der flächendeckenden Bevölkerungsstatistik keine Entsprechung findet. Dies stellt die Indikatorenforschung vor neue Probleme der Datenverknüpfung. Migrationsspezifische Abschlusskonstellationen, die nach Geburtsort, Familiensprache und Zuzugsjahr aufgeschlüsselt werden sollen, können weder in Bezug zur gleichaltrigen Bevölkerung noch zur alterstypischen Bevölkerung ermittelt werden. Hierfür fehlen die korrespondierenden Referenzdaten zur Wohnbevölkerung mit Migrationshintergrund.[38] Demgemäß ist eine Berechnung von Abschluss-/Abgangsquoten nach Migrationshintergrund bis auf weiteres lediglich unter Rückgriff auf den Anteil an der Grundgesamtheit aller Absolventen/Abgänger mit bzw. ohne Migrationshintergrund möglich.

Nachstehend werden die entsprechenden Kennziffern für die 46.744 Absolventen/Abgänger in Rheinland-Pfalz nach Staatsangehörigkeit, Geburtsort und Familiensprache für das Jahr 2008 verglichen. Unter Rückgriff auf das Ausländerkonzept zeigen sich hierbei die bereits bundesweit aufgezeigten Disparitäten (vgl. Abb. 31). Jugendliche ohne deutsche Staatsangehörigkeit bleiben mehr als doppelt so häufig ohne Abschluss und erreichen dreimal seltener die Hochschulreife als Deutsche. Fast identische Abschlusskonstellationen treten zutage, wenn Absolventen/Abgänger mit deutscher und nicht deutscher Familiensprache verglichen werden. Diese Ähnlichkeit der Verteilungen nach Staatsangehörigkeit auf der einen und Sprache auf der anderen Seite ist deshalb bemerkenswert, weil sich beide Personengruppen nur zu etwa 50% überschneiden (vgl. Anhang: Abb. 47)Abb. 47:. Die Abschlussunterschiede zwischen Jugendlichen, die im Ausland geboren wurden, und jenen mit deutschem Geburtsort fallen demgegenüber weniger deutlich aus als nach Staatsangehörigkeit und Sprache. Der Anteil an Schulabgängen ohne Abschluss ist aber auch hier mit

---

38 Selbst der Mikrozensus, der – zumindest auf Ebene der einzelnen Bundesländer – repräsentative Daten zum Migrationshintergrund erfasst, kann dies nicht kompensieren, weil dort keine Angaben zur Verkehrssprache in der Familie vorliegen.

8% der im Ausland geboren Jugendlichen doppelt so hoch wie unter Jugendlichen deutscher Herkunft.

Abb. 31: Abschlussquoten für Absolventen/Abgänger von allgemeinbildenden Schulen in Rheinland-Pfalz 2008 nach Abschlussarten sowie Einzelmerkmalen des Migrationshintergrunds (in % aller Absolventen/Abgänger)

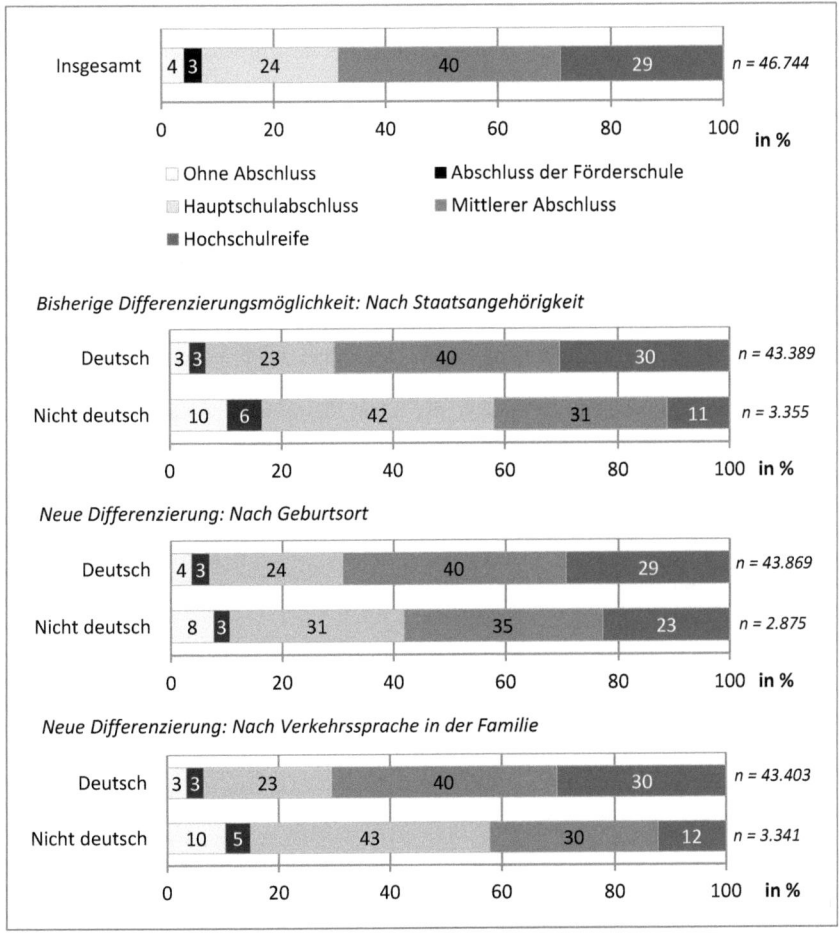

Quelle: Forschungsdatenzentren der Statistischen Ämter des Bundes und der Länder, Schulstatistische Individualdaten Rheinland-Pfalz 2008/09, eigene Berechnungen

Korrespondierend zur prozentualen Verteilung der Absolventen/Abgänger
verweisen auch die Relativen-Risiko-Indizes zum Abgängeranteil ohne Abschluss auf die größten Unterschiede nach Sprache und nach Staatsangehörigkeit (Tab. 9). Das Risiko, von der Schule ohne Abschluss abzugehen, ist bei
Jugendlichen, die zuhause nicht Deutsch sprechen, mit einem RRI von 3,4 nur
geringfügig höher als bei jenen, die keinen deutschen Pass haben (RRI = 3,3).
Möglicherweise ist dies aber nicht auf einen eigenständigen Effekt sowohl der
Staatsangehörigkeit als auch der Familiensprache zurückzuführen. Denkbar
wäre ebenso, dass der Großteil der Schulabgänge ohne Abschluss auf Personen
entfällt, bei denen sowohl die Staatsangehörigkeit als auch die Familiensprache
nicht deutsch ausgeprägt sind. Anstelle einer getrennten Betrachtung der Einzelmerkmale gilt es daher, die gegebenen Kombinationsmöglichkeiten der
Individualstatistik auszuschöpfen, um die Abschlusskonstellationen vertiefend
nach den individuellen Konstellationen des Migrationshintergrundes zu glie-
dern.

Tab. 9:   **Anteil der Schulabgänge ohne Abschluss nach Einzelmerkmalen des
Migrationshintergrunds (in % aller Absolventen/Abgänger) sowie Rela-
tive-Risiko-Indizes* (RRI) der nicht deutschen gegenüber deutschen
Abgängerinnen und Abgängern**

Migrations-hintergrund	Staatsangehörigkeit		Geburtsort		Sprache	
	Anteil ohne Abschluss	RRI*	Anteil ohne Abschluss	RRI*	Anteil ohne Abschluss	RRI*
Deutsch	3,4%	3,3	3,7%	2,2	3,4%	3,4
Nicht deutsch	10,2%		7,7%		10,3%	

*   Der Relative-Risiko-Index ist ein Verhältniswert für Häufigkeiten, um Über- oder Unterrepräsentation einzelner Gruppen zu quantifizieren. Hierzu wird der Anteil eines Ereignisses in
einer Gruppe (z. B. Schulabgänge bei Ausländern) zu dem korrespondieren Quotienten einer
anderen Gruppe (Schulabgänge bei Deutschen) ins Verhältnis gesetzt. Dabei stehen Werte >
1 für eine Überrepräsentation der Ausländer bei der jeweiligen Abschlussart (2 = doppelt so
häufig); Werte < 1 signalisieren Unterrepräsentation (z. B. ½ = halb so häufig).

*Quelle: Forschungsdatenzentren der Statistischen Ämter des Bundes und der Länder, Schulstatisti-
sche Individualdaten Rheinland-Pfalz 2008/09, eigene Berechnungen*

Bereits auf den ersten Blick wird erkennbar, dass eine weitaus größere Varianz
in der Verteilung auf die Abschlussarten zwischen den einzelnen Migrationsgruppen besteht, als es bei der vorherigen Betrachtung der Einzelmerkmale der
Fall war (vgl. Abb. 32). Der Anteil ohne Abschluss reicht von 3 bis 15%, die
Spannbreite der Hochschulreife liegt zwischen 5 und 36%. Es macht also einen

erheblichen Unterschied, welche konkrete Migrationskonstellation vorliegt. Besonders hervorzuheben sind dabei zwei Aspekte:

Zum einen ist der an den Schulabschlüssen gemessene Bildungserfolg nicht etwa bei den 40.940 Jugendlichen ohne Migrationshintergrund am höchsten, die durchgängig deutsche Merkmalsausprägungen aufweisen. Eine noch günstigere Abschlusskonstellation – mit geringerem Anteil ohne bzw. mit Hauptschulabschluss sowie höherem Abiturientenanteil – erreichen Personen mit deutscher Staatsangehörigkeit und Familiensprache, die im Ausland geboren wurden. Ein möglicher Erklärungsansatz könnte darin bestehen, dass zu dieser Gruppe viele Jugendliche mit Eltern deutscher Herkunft zählen, die nur zeitweise beruflich im Ausland tätig waren und vor bzw. im Zuge der Schulpflicht ihres Kindes nach Deutschland zurückkehrten.

Abb. 32: Abschlussquoten für Absolventen/Abgänger von allgemeinbildenden Schulen in Rheinland-Pfalz 2008 nach Abschlussarten und Konstellationen des Migrationshintergrunds (in % aller Absolventen/Abgänger)

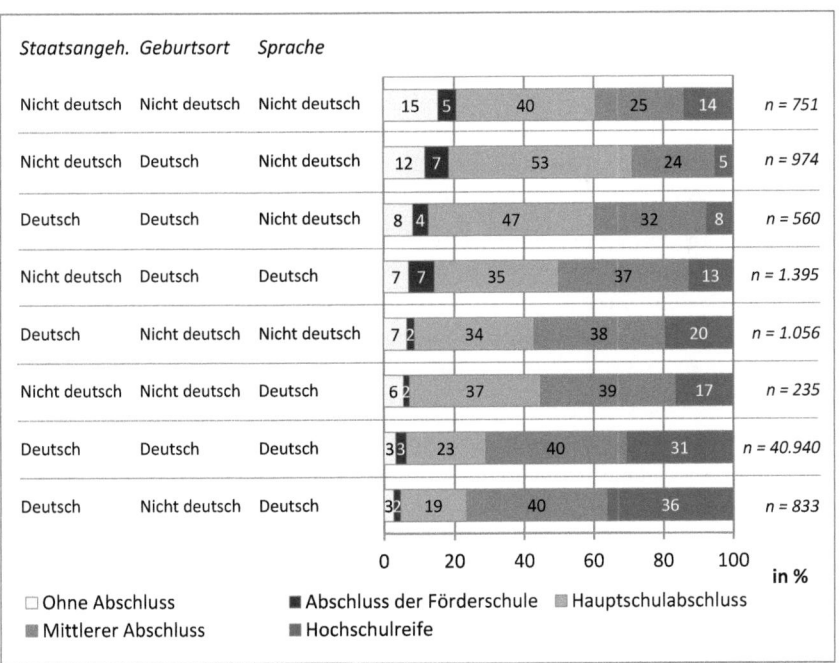

Quelle: Forschungsdatenzentren der Statistischen Ämter des Bundes und der Länder, Schulstatistische Individualdaten Rheinland-Pfalz 2008/09, eigene Berechnungen

Mit Blick auf die Frage nach der Erklärungskraft der einzelnen Migrationsvariablen wird zum anderen deutlich, dass die meisten Schulabgänge für Jugendliche zu konstatieren sind, die zuhause nicht Deutsch sprechen. In der hier gewählten grafischen Sortierung weisen Personen mit nicht deutscher Familiensprache die höchsten Abgängeranteile auf (oben), die drei geringsten Anteile
(unten) entfallen auf die Familiensprache Deutsch. Hier bestätigt sich zudem
die Hypothese, dass sich der Großteil der ausländischen Abgänger ohne Abschluss in der Familie überwiegend in einer anderen Sprache verständigt. Demgegenüber erreichen Ausländerinnen und Ausländer, die in der Familie vornehmlich Deutsch sprechen, in der Tendenz häufiger einen (höher qualifizierenden) Abschluss. Insofern kann von den hier betrachteten Migrationsmerk-
malen die Sprache als bedeutsamster Einflussfaktor auf den Abschlusserfolg
betrachtet werden.

Gegenüber der Familiensprache und der Staatsangehörigkeit fallen die Unterschiede in Abhängigkeit des Geburtsortes eher gering aus, zumindest zeigen
sich hier keine systematischen Effekte in den Abschlusskonstellationen. Je nach
Ausprägung der beiden anderen Migrationshinweise schneiden im Ausland
geborene Jugendliche teilweise besser und teilweise schlechter ab als Jugendliche mit deutscher Herkunft (vgl. Abb. 31). Dies bedeutet jedoch keineswegs,
dass das Merkmal Geburtsstaat für den Erwerb eines Abschlusses per se von
geringerer Bedeutung ist als z. B. die Sprache. Vielmehr ist davon auszugehen,
dass die Absolventen-/Abgängerpopulation mit nicht deutschem Geburtsstaat
sehr heterogen zusammengesetzt ist, und weitere individuelle Differenzierungsvariablen zur Aufklärung der großen Streuung innerhalb dieser Subgruppe
beitragen könnten. Dazu zählen zum einen die spezifischen Nationalitäten der
Absolventen/Abgänger, das heißt ihre regionale Herkunft, welche sich im Einzelnen anhand konkreter Staatsangehörigkeiten, Geburtsstaaten oder Sprachfa-
milien abbilden ließe.[39] Zum anderen ist eine naheliegende Vermutung, dass im
Ausland geborene Jugendliche in Abhängigkeit des Zeitpunktes ihrer Zuwanderung nach Deutschland geringere oder größere Erfolgsaussichten im deutschen
Schulwesen haben.

In Kombination der Merkmale Geburtsjahr und *Zuzugsjahr* lässt sich mit
der Individualstatistik ermitteln, in welchem Alter die im Ausland geborenen
Absolventen/Abgänger nach Deutschland zugewandert sind. Die Ergebnisse

---

39   Für eine Auseinandersetzung mit den Bildungsungleichheiten einzelner Nationali-
     täten vgl. z. B. Weishaupt/Kemper 2009.

bestätigen die Annahme, dass im Ausland geborene Jugendliche dann mehr Schulerfolg haben, wenn sie bereits früh im Lebenslauf nach Deutschland gekommen sind (vgl. Abb. 33). Eine Ausnahme bilden lediglich jene 118 Jugendlichen, die nach dem 16. Lebensjahr zugewandert sind. Deren Abschlusskonstellation hebt sich mit einem Anteil von 50%, die die Hochschulreife erwarben, positiv von den übrigen Altersgruppen ab. Es ist allerdings davon auszugehen, dass ein Teil dieser Personen nach einem Schulabschluss im Herkunftsland mit der Absicht nach Deutschland kam, hier die Studienberechtigung zu erwerben. Sieht man jedoch von diesen spät Zugewanderten ab, so zeigt sich, dass ein höheres Zuzugsalter mit steigenden Anteilen an Schulabgängen ohne Abschluss sowie mit sinkenden Hochschulreifequoten einhergeht. Nur 4% derjenigen, die im Kleinkindalter nach Deutschland kamen, blieben ohne Abschluss. 21% waren es unter Jugendlichen, die erst zwischen dem 14. und 16. Lebensjahr zugezogen sind.

Erklärungsbedürftig scheint schließlich der mit 27% vergleichsweise hohe Anteil an Jugendlichen mit Hochschulreife, deren Zuwanderungszeitpunkt im Alter von 6 und 7 Jahren lag. Bei genauerer Betrachtung deckt sich dies allerdings mit dem Befund, dass unter allen Migrationskonstellationen diejenigen Personen am erfolgreichsten waren, die zwar im Ausland geboren wurden, aber sowohl die deutsche Staatsangehörigkeit besitzen als auch zuhause überwiegend Deutsch sprechen. Geht man davon aus, dass im Ausland berufstätige Eltern deutscher (oder binationaler) Herkunft, vermehrt den Beginn der Schulpflicht der Kinder zum Anlass nehmen, um nach Deutschland zurückzukehren, so fallen sie in die Zuwanderungskategorie des 6. und 7. Lebensjahres. Für den mit 27% vergleichsweise hohen Anteil an Absolventen mit Hochschulreife könnte also ausschlaggebend sein, dass Eltern, die zeitweise im Ausland arbeiten, oftmals hochqualifiziert sind und die Bildungsaspirationen ihrer Kinder entsprechend prägen.

Die Analyse des individuellen Zuwanderungsalters verweist nachdrücklich auf die Bedeutung der im Schulwesen verbrachten Zeit für den Erwerb von Schulabschlüssen. Damit sind weiterführende Fragen der Schullaufbahnen angesprochen, deren Beantwortung alternative Indikatorenansätze unter Rückgriff auf zusätzliche, retrospektiv erfasste Individualmerkmale erfordert. So kann etwa die Dauer des Schulbesuchs neben dem erreichten Abschluss als eigenständiges Kriterium für die Beurteilung des Schulerfolges von Kindern und Jugendlichen mit gleichem Abschluss herangezogen werden. Solchen zeitbezogenen Aspekten der Individualstatistik widmet sich der nachfolgende Abschnitt.

Abb. 33: Abschlussquoten für im Ausland geborene Absolventen/Abgänger von allgemeinbildenden Schulen in Rheinland-Pfalz 2008 nach Zuzugsalter und Abschlussarten (in % aller Absolventen/Abgänger)

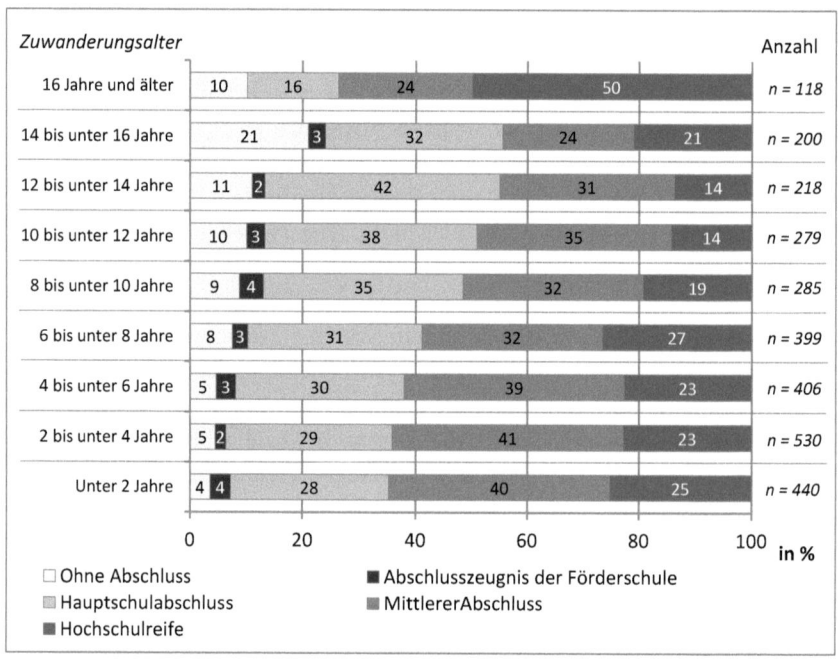

Quelle: Forschungsdatenzentren der Statistischen Ämter des Bundes und der Länder, Schulstatistische Individualdaten Rheinland-Pfalz 2008/09, eigene Berechnungen

ASPEKTE DER BILDUNGSZEIT AUF BASIS RETROSPEKTIVER PERSONENANGABEN

Um den Erwerb von Schulabschlüssen in eine zeitliche Perspektive der einzelnen Absolventen/Abgänger zu rücken, stehen gemäß KMK-Kerndatensatz – abgesehen vom Zuzugsjahr – nur zwei schulstatistische Individualmerkmale zur Verfügung: das Geburtsjahr und das Jahr der Ersteinschulung.

Das *Geburtsjahr* der Absolventen/Abgänger wurde bereits für die Aggregation von Abschlussquoten in Prozent der gleichaltrigen Wohnbevölkerung als Referenzgröße verwendet. Betrachtet man anstelle des erreichten Schulabschlusses aber nun das Geburtsjahr als Zielvariable, so gelangt man zu Aussagen über das durchschnittliche Abschlussalter der Jugendlichen. Es lässt sich als arithmetischer Mittelwert $\bar{x}$ aus den Altersangaben der Absolventen/Abgänger $x_1, x_2 \ldots$ bis x_n ausdrücken:

$$\bar{x} = \frac{x_1 + x_2 + \cdots + x_n}{n}$$

$$= \frac{1}{n}\sum_{i=1}^{n} x_i$$

Das Beispiel der Jugendlichen, die 2008 in Rheinland-Pfalz eine allgemeinbildende Schule verlassen haben, verweist sowohl innerhalb als auch im Vergleich der einzelnen Abschlussarten auf eine große Streuung des Alters der Absolventen/Abgänger (vgl. Abb. 34).

Mit 15,6 Jahren sind erwartungsgemäß die Abgängerinnen und Abgänger ohne Abschluss am jüngsten. Nur wenig höher liegt mit 15,7 Jahren das durchschnittliche Alter von Jugendlichen, die einen Abschluss der Förderschule Lernen oder einen Hauptschulabschluss erreicht haben. Im Förderschwerpunkt Geistige Entwicklung sind die Jugendlichen beim Erwerb ihres Abschlusses im Mittel fast zwei Jahre älter. Der Lehrplan dieses Bildungsgangs zur „ganzheitlichen Entwicklung" erstreckt sich jedoch auch auf zwölf Jahrgangsstufen. Die allgemeine Hochschulreife wird im Alter von durchschnittlich 19,2 Jahren erreicht. Rheinland-Pfalz ist das einzige Bundesland, welches den Gymnasien die Umstellung vom neun- auf den achtjährigen Bildungsgang zum Erwerb des Abiturs (G8) nur vereinzelt in Verbindung mit dem Ganztagsschulkonzept ermöglicht.[40] Geht man von einem Einschulungsalter von sechs Jahren aus, so hat mit 73% die große Mehrheit der Absolventinnen und Absolventen mit allgemeiner Hochschulreife die Schullaufbahn in 13 Jahren regulär durchlaufen. Gleiches gilt für den zehnjährigen Bildungsgang zum Mittleren Abschluss. 64% dieser Jugendlichen waren zum Zeitpunkt des Schulabschlusses 16 Jahre alt.

---

40   Im Jahr 2008 waren es neun G8-Gymnasien.

Abb. 34: Altersverteilung und durchschnittliches Alter der Absolventen/Abgänger von allgemeinbildenden Schulen in Rheinland-Pfalz 2008 nach Abschlussarten (Anteil in % und Mittelwert in Jahren)

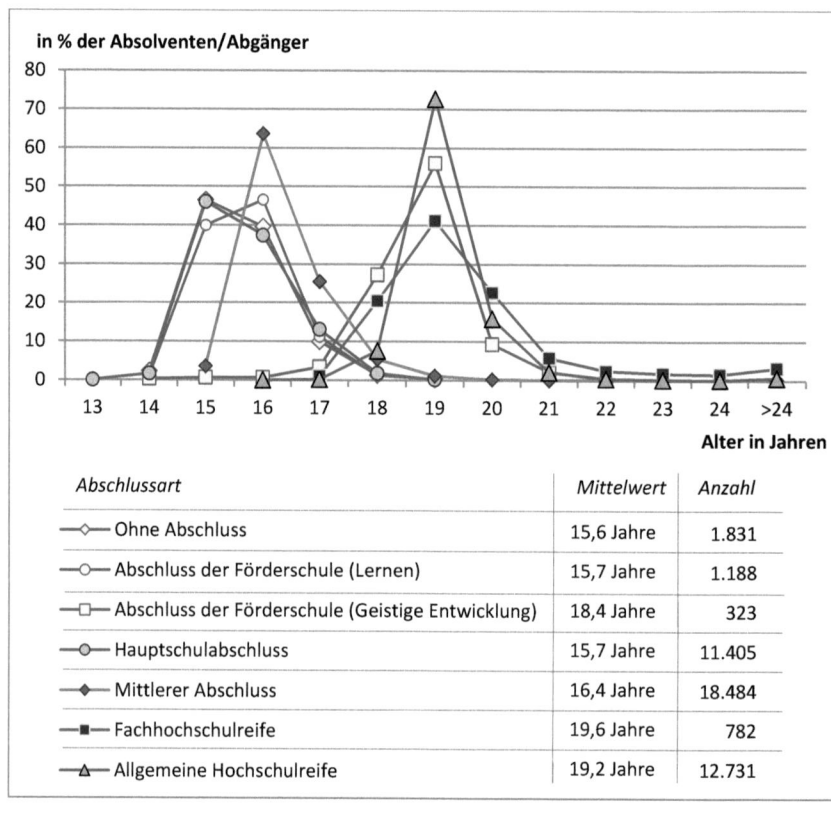

Abschlussart	Mittelwert	Anzahl
—◇— Ohne Abschluss	15,6 Jahre	1.831
—○— Abschluss der Förderschule (Lernen)	15,7 Jahre	1.188
—□— Abschluss der Förderschule (Geistige Entwicklung)	18,4 Jahre	323
—◉— Hauptschulabschluss	15,7 Jahre	11.405
—◆— Mittlerer Abschluss	16,4 Jahre	18.484
—■— Fachhochschulreife	19,6 Jahre	782
—▲— Allgemeine Hochschulreife	19,2 Jahre	12.731

Quelle: Forschungsdatenzentren der Statistischen Ämter des Bundes und der Länder, Schulstatistische Individualdaten Rheinland-Pfalz 2008/09, eigene Berechnungen

Bereits diese grundlegende Altersverteilung über alle Absolventen/Abgänger hinweg ist ein neuer, wertvoller Indikatorenansatz, anhand dessen die Entwicklung im Zeitverlauf beobachtet werden kann. Es ließe sich überprüfen, ob eine (weitere) Erhöhung des formalen Qualifikationsniveaus mit einem Anstieg des durchschnittlichen Alters einhergeht, etwa weil längere Bildungsgänge besucht werden, weil Verzögerungen z. B. durch Wiederholungen entstehen, oder weil Jugendliche zum Nachholen eines Abschlusses länger im allgemeinbildenden Schulsystem verbleiben. Auch um indikatorengestützt beurteilen zu können, welche Wirkungen bildungspolitische Maßnahmen wie die Umgestaltung der

Stichtagsregelungen zur (früheren) Einschulung, die Flexibilisierung der Schul-
eingangsphase oder die Verkürzung der Gymnasialzeit haben, sind entsprechende Altersangaben unverzichtbar. Wie bei den erreichten Abschlüssen selbst
liegt allerdings auch beim Alter der Absolventen/Abgänger der Erkenntnisge-
winn weniger in einer Gesamtdarstellung. Von besonderem Interesse sind wiederum vertiefende Vergleiche nach regionalen, institutionellen oder personenbezogenen Gruppenmerkmalen. Unter individuellen Gesichtspunkten stellt sich
z. B. in Anknüpfung an den vorangegangen Abschnitt die Frage, ob sich Jugendliche mit und ohne Migrationshintergrund nicht nur hinsichtlich der Abschlussquoten, sondern auch in ihrem Abschlussalter unterscheiden. Erreichen
also Jugendliche mit Migrationshintergrund nicht nur geringer qualifizierende
Abschlüsse, sondern benötigen sie dafür gegebenenfalls sogar mehr Zeit als
Jugendliche ohne Migrationshintergrund?

Die nachstehende Grafik belegt, dass es nur geringfügige Unterschiede im
Alter der Absolventen/Abgänger nach Migrationshintergrund gibt (vgl.
Abb. 35). Jugendliche, bei denen mindestens eines der Merkmale Staatsangehörigkeit, Geburtsort oder Sprache nicht deutsch ausgeprägt ist, sind beim Verlassen der Schule zwar etwas älter als Jugendliche ohne Migrationshintergrund.
Der Altersunterschied beträgt aber bei den meisten Abschlussarten durchschnittlich nur ein bis vier Monate. Lediglich bei der Fachhochschulreife sind
die Jugendlichen ohne Migrationshintergrund mit 19,5 Jahren ein gutes dreiviertel Jahr jünger als die Absolventinnen und Absolventen mit Migrationshintergrund. Angesichts der hohen Standardabweichung ist gerade bei der Fachhochschulreife die praktische Bedeutsamkeit dieses Unterschiedes jedoch fraglich. Das Merkmal Migrationshintergrund kann im Ergebnis einer einfaktoriel-
len Varianzanalyse kaum die Unterschiede im individuellen Abschlussalter
erklären. So lassen die Effektstärken für Schulabgänge ohne Abschluss
($\eta^2 = .013$), mit Hauptschulabschluss ($\eta^2 = .015$) und mit Fachhochschulreife
($\eta^2 = .020$) auf einen allenfalls schwachen Effekt des Migrationshintergrundes
auf das Abschlussalter schließen; für die übrigen Abschlussarten fallen die
Koeffizienten noch niedriger aus ($\eta^2 < .010$).

Rückschlüsse auf die Schullaufbahnen der einzelnen Personen lässt der al-
leinige individualstatistische Bezug zwischen dem Geburts- und dem Abschlussjahr der Jugendlichen noch nicht zu. Wie viel häufiger z. B. Personen
mit Migrationshintergrund eine Klasse wiederholt haben, kann anhand der
Altersunterschiede nicht ermittelt werden. Unter Effektivitätsgesichtspunkten
muss ein höheres Alter beim Verlassen der Schule nicht zwangsläufig eine

längere Verweildauer im Schulwesen indizieren, sondern könnte z. B. lediglich auf einen späteren Einschulungstermin zurückführbar sein. Eine Klärung bedürfte entweder einer Identifikationsnummer zur personenbezogenen Verknüpfung mit den statistischen Informationen früherer Erhebungsjahre, oder es müssten schulbiographische Merkmale wie Nichtversetzung, freiwillige Wiederholung, Schulwechsel oder Auslandsaufenthalt für jede Person in der jährlichen Statistikmeldung retrospektiv mitgeführt werden.

Abb. 35: Durchschnittliches Alter der Absolventen/Abgänger von allgemeinbildenden Schulen in Rheinland-Pfalz 2008 nach Migrationshintergrund* und Abschlussarten (Mittelwert und Standardabweichung in Jahren; Effektstärke**)

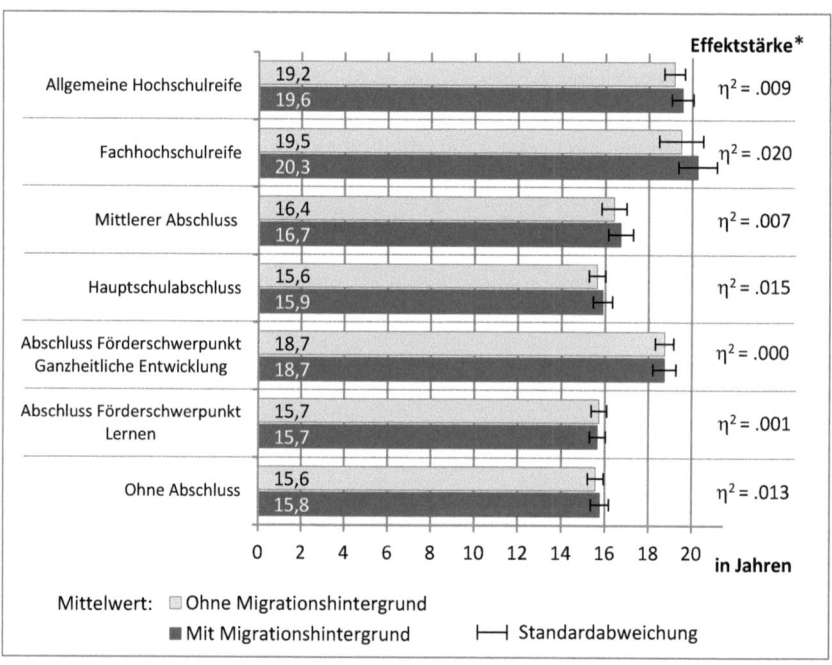

*   Der Migrationshintergrund wurde Personen zugewiesen, bei denen mindestens eines der folgenden Merkmale nicht deutsch ausgeprägt war: (a) Staatsangehörigkeit | (b) Geburtsort | (c) Verkehrssprache in der Familie

**   Der Determinationskoeffizient η^2 (Eta-Quadrat) gibt hier an, welcher Anteil der Gesamtvarianz des Abschlussalters auf Unterschiede zwischen Jugendlichen mit und ohne Migrationshintergrund zurückgeführt werden kann (einfaktorielle Varianzanalyse).

Quelle: Forschungsdatenzentren der Statistischen Ämter des Bundes und der Länder, Schulstatistische Individualdaten Rheinland-Pfalz 2008/09, eigene Berechnungen

Im KMK-Kerndatensatz ist als einziger schulbiographischer Hinweis das *Jahr der Ersteinschulung* für die jährliche Erfassung vorgesehen. Auf dieser Basis kann eine Differenzbetrachtung der Bildungszeit zwischen Einschulungs- und Abschlusszeitpunkt vorgenommen werden; wenn auch ohne Kenntnis der dazwischen liegenden Ereignisse und Etappen. Analog zur Bestimmung des Abschlussalters kann aus dem zeitlichen Umfang, der bei den einzelnen Absolventen/Abgängern zwischen Abschluss und Einschulung liegt, die durchschnittliche Verweildauer im Schulwesen als arithmetischer Mittelwert abgeleitet werden.

In Anlehnung an den Altersvergleich zwischen Jugendlichen mit und ohne Migrationshintergrund wird in der nachstehenden Abbildung die Zahl der Schulbesuchsjahre dargestellt (vgl. Abb. 36). Die Befunde geben also Aufschluss über migrationsspezifische Differenzen zwischen dem Abschluss- und dem Einschulungsalter.

Bei fast allen Abschlussarten fallen die Unterschiede in der Schulbesuchsdauer etwas kleiner aus als beim zuvor betrachteten Alter. Das heißt, ein Teil der beobachteten Altersunterschiede ist nicht auf einen längeren Schulbesuch der Jugendlichen mit Migrationshintergrund zurückzuführen, sondern darauf, dass Jugendliche mit Migrationshintergrund zu größeren Anteilen spät eingeschult wurden. Eine Ausnahme bilden hier die Jugendlichen mit Fachhochschulreife sowie mit allgemeiner Hochschulreife. Bis zum Erwerb der Fachhochschulreife haben Personen mit Migrationshintergrund durchschnittlich 14 Jahre und damit ein ganzes Jahr länger die Schule besucht als ihre Mitschülerinnen und -schüler ohne Migrationshintergrund. Der Determinationskoeffizient von $\eta^2 = .139$ verweist hier nicht mehr auf einen schwachen, sondern einen starken Effekt des Migrationshintergrundes. 14% der Gesamtvarianz in der Dauer des Schulbesuchs von Absolventen mit Fachhochschulreife können allein auf das Merkmal Migrationshintergrund zurückgeführt werden. Da der Unterschied im Abschlussalter mit 0,8 bzw. einem dreiviertel Jahr kleiner ausfiel, bedeutet dies, dass die Kinder mit Migrationshintergrund zu einem früheren Zeitpunkt eingeschult waren aber dann für den Erwerb ihrer Fachhochschulreife mehr Zeit im Schulwesen verbrachten als Personen ohne Migrationshintergrund. Dies könnte zum einen auf vermehrte Nichtversetzungen oder freiwillige Wiederholungen zurückzuführen sein. Zum anderen ist es aber auch möglich, dass Personen mit Migrationshintergrund den Erwerb der Fachhochschulreife häufiger erst dann anstrebten, als sie bereits den Mittleren Abschluss erworben hatten. Für diese Interpretation spricht auch, dass sich bei der allgemeinen Hochschulreife ebenfalls ein zumindest schwacher Effekt des Migrationshintergrundes abzeichnet. Eine Studienberechtigung könnte mit anderen Worten gerade für Jugendliche mit Migrationshintergrund eine Zusatzoption darstellen, die vermehrt in Anschlussbildungsgängen nach dem Erwerb eines Abschlusses des Sekundarbereichs I genutzt wird. Hier bedürfte es einer personenbezogenen Identifikationsnummer oder zumindest einer retrospektiven Angabe zur schulischen Vorbildung der Absolventen/Abgänger in Rheinland-Pfalz, die einen Nachweis von Mehrfachabschlüssen erlauben würde.

Abb. 36: Durchschnittliche Zahl der Schulbesuchsjahre von Absolventen/Abgängern der allgemeinbildenden Schulen in Rheinland-Pfalz 2008 nach Migrationshintergrund* und Abschlussarten (Mittelwert und Standardabweichung in Jahren; Effektstärke)**

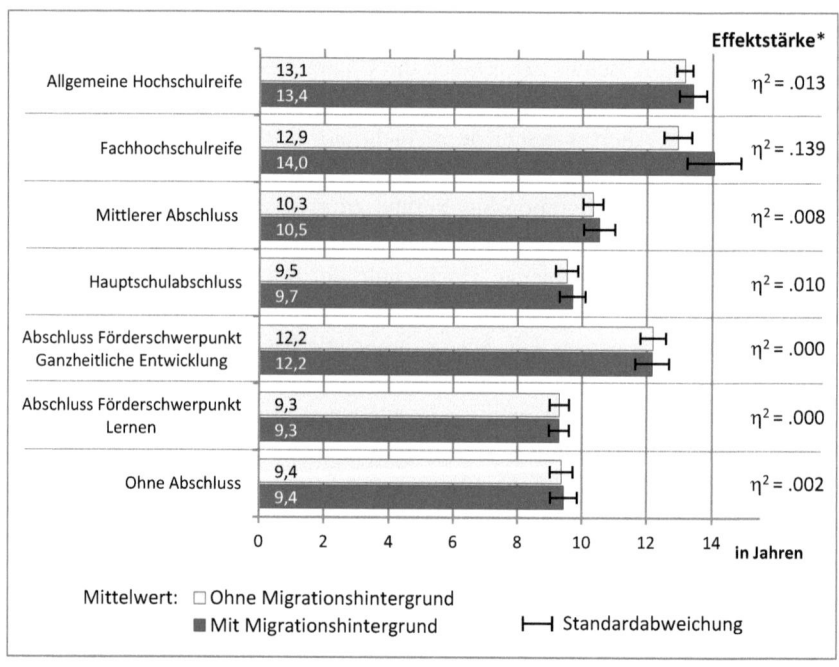

*   vgl. Erläuterung Abb. 35.
**   vgl. Erläuterung Abb. 35.

Quelle: Forschungsdatenzentren der Statistischen Ämter des Bundes und der Länder, Schulstatistische Individualdaten Rheinland-Pfalz 2008/09, eigene Berechnungen

Wie bereits bei der Verteilung auf die Abschlussarten, so zeigt sich auch bei der Dauer der Schulzeit innerhalb der Absolventengruppe mit Migrationshintergrund ein deutlicher Einfluss des Zuzugsalters (vgl. Abb. 37). Im Ausland geborene Kinder erreichen also nicht nur seltener höher qualifizierende Schulabschlüsse, je später der Zuwanderungszeitpunkt in ihrem Lebenslauf liegt. Sie benötigen dafür auch – unabhängig von der Art des Abschlusses – mehr Zeit, je später sie nach Deutschland kamen. Insbesondere ab einem Zuwanderungsalter von mehr als 11 Jahren erhöht sich mit jedem Lebensjahr die im Schulwesen verbrachte Zeit spürbar. Bei den über 18-jährigen Einwanderern wiederum ist in Rechnung zu stellen, dass möglicherweise bereits ein Schulabschluss im Herkunftsland erworben wurde und lediglich eine deutsche Zugangsberechtigung für einen Aus- oder Hochschulbildungsgang nachgeholt wurde.

Weiterführende Hinweise auf die absolvierten Schullaufbahnen, die sich hinter der durchschnittlichen Zahl der Schulbesuchsjahre verbergen, kann auch ohne Schüleridentifikationsnummer bereits der Blick auf die konkrete Verteilung der personenbezogenen Einzelwerte, also auf interindividuelle Unterschiede im Zeitpunkt des Abschlusses/Abganges, geben. Ein besonderes Erkenntnisinteresse besteht hier mit Blick auf die Problemgruppe von Jugendlichen ohne Abschluss, über deren Schulbiografie man bislang indikatorengestützt kaum Aussagen treffen konnte. Um herauszufinden, an welchem Punkt ihrer Schullaufbahn Jugendliche die Schule ohne Abschluss verlassen haben, soll im Folgenden nicht nur die Zahl der Schulbesuchsjahre, sondern zudem das Merkmal der zuletzt besuchten Jahrgangsstufe in die Analyse einbezogen werden. Aufgrund der Vollerhebung eröffnet die Individualstatistik für diese vergleichsweise kleine Personengruppe mehr Spielraum als Stichprobenuntersuchungen. Dennoch stößt man ab einer gewissen Differenzierungstiefe der einzelnen Merkmale ebenso an Fallzahlengrenzen.[41] An den Rändern der Verteilung für die Merkmale Jahrgangsstufe und Schulbesuchsjahr ist die Zellbesetzung bei Schulabgängen ohne Abschluss so klein, dass nur ein zusätzlicher Einbezug der Personen mit Abschlusszertifikat im Förderschwerpunkt Lernen eine datenschutzkonforme Auswertung zulässt.

---

41 Auswertungen von Mikrodaten in den Forschungsdatenzentren der Länder erfordern eine Fallzahl von mindestens 3.

Abb. 37: Durchschnittliche Zahl der Schulbesuchsjahre von im Ausland geborenen Absolventen/Abgängern der allgemeinbildenden Schulen in Rheinland-Pfalz 2008 nach Zuzugsalter und Abschlussarten (Mittelwert und Standardabweichung in Jahren)

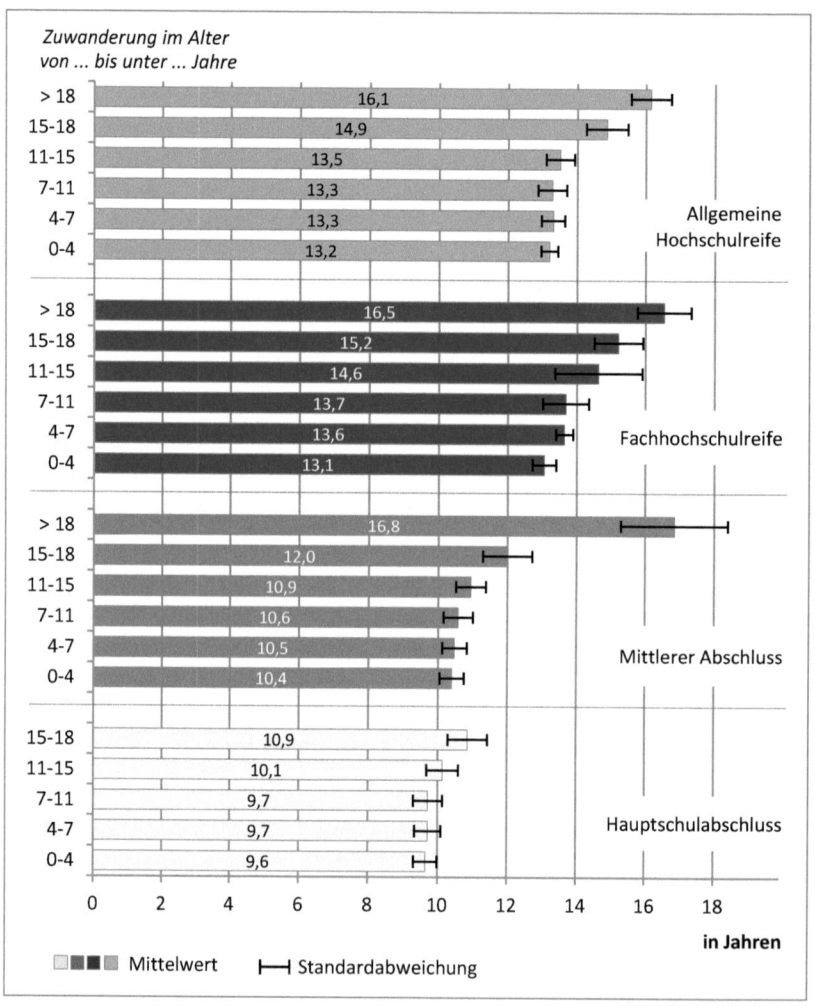

Quelle: *Forschungsdatenzentren der Statistischen Ämter des Bundes und der Länder, Schulstatistische Individualdaten Rheinland-Pfalz 2008/09, eigene Berechnungen*

Von den 3.024 Abgängerinnen und Abgängern ohne (Hauptschul-)Abschluss hatte die Mehrheit zuvor Jahrgangsstufe 9 besucht (vgl. Abb. 38). Immerhin 838 Jugendliche gingen allerdings bereits in den Jahrgangsstufen 6 bis 8 von der Schule ab. Das heißt keineswegs, dass alle diese Schülerinnen und Schüler nicht ihre Schulpflicht erfüllt haben. Die Vollzeitschulpflicht dauert in Rheinland-Pfalz bis zum Abschluss des neunten Schulbesuchsjahres, wobei der Begriff Schulbesuchsjahr nicht mit der Jahrgangsstufe gleichbedeutend ist. Erst die individualstatistische Kombination beider Aspekte eröffnet ein differenziertes Bild auf die Zeitpunkte der Schulabgänge ohne (Hauptschul-)Abschluss: Neben einer großen Zahl an Neunt- und Zehntklässlern, die auch neun bzw. zehn Jahre die Schule besucht haben, gibt es auf der einen Seite Schülerinnen und Schüler mit verzögerter Schullaufbahn, die nach neun und mehr Schulbesuchsjahren noch nicht die 9. Jahrgangsstufe erreicht, ihre Vollzeitschulpflicht aber abgeschlossen haben. Dies trifft auf insgesamt 755 Jugendliche, das heißt jeden vierten Schulabgang ohne (Hauptschul-)Abschluss zu. Sie haben mindestens einmal eine Klasse wiederholt. Es gibt auf der anderen Seite aber auch 136 Schülerinnen und Schüler, die bereits nach sieben oder acht Jahren Schulbesuch vorzeitig die Schullaufbahn abgebrochen haben. Bemerkenswert ist, dass hiervon Jugendliche ohne Migrationshintergrund häufiger betroffen sind als Jugendliche mit Migrationshintergrund (RRI = 1,7).

In Anbetracht der gesetzlich verankerten Schulpflicht ist erklärungsbedürftig, warum Schülerinnen und Schüler in nennenswertem Umfang vorzeitig das Schulwesen verlassen. Es könnte sich zwar um fehlerhafte Statistikmeldungen durch die Einzelschulen handeln.[42] Angesichts der Größenordnung müssen aber auch andere Erklärungen in Erwägung gezogen werden. Möglicherweise handelt es sich in der jeweiligen Schule um besondere Einzelfälle, deren vielschichtigen Problemlagen die Schule im Unterrichtsalltag nicht (mehr) gerecht werden konnte. Auf der Systemebene wird dann allerdings deutlich, dass Schulabbruch durchaus kein Einzelfall ist, sondern mehr als 100 Personen betrifft, die insgesamt 4,5% aller Schulabgänge ohne (Hauptschul-)Abschluss ausmachen. Vollständig aufklären lassen sich diese Phänomene für Rheinland-Pfalz nicht, da keine individualstatistische Personenkennung eingeführt wurde, die Rückbezüge zu den vorangegangen Ereignissen der Schullaufbahn gestattet.

---

42   Mit Blick auf diese Analyse kommen sowohl falsche Angaben zur Jahrgangsstufe, zum Einschulungsjahr als auch zur Abschlussart infrage.

Zugleich fehlt damit ein Ansatzpunkt, um dem weiteren Verbleib dieser Jugendlichen bzw. ihren Erfolgsaussichten für das Nachholen eines (Hauptschul-) Abschlusses nachzugehen. In Hessen indes bestehen diese Möglichkeiten. Mehrfacherfassungen in der Statistik könnten dort identifiziert und der nachträgliche Erwerb von Abschlüssen eindeutig beziffert werden. Dadurch wird es nicht nur erstmals möglich zu bestimmen, in welchem Zeitraum und in welchem Maße sich der Anteil der Jugendlichen noch verringert, die zunächst ohne Abschluss abgegangen sind. Auch können die Absolventen mit Erstabschluss („first-time graduates") und jene mit zusätzlich erworbenem Zweit- oder Drittabschluss („second-chance graduates") voneinander unterschieden werden, wie es der internationalen Datenanforderung der OECD entspricht. Diese längsschnittlichen Verknüpfungen zwischen Individualdaten stehen im Zentrum des nächstens Abschnittes.

Abb. 38: Schulabgänge ohne (Hauptschul-)Abschluss* von allgemeinbildenden Schulen in Rheinland-Pfalz 2008 nach Jahrgangsstufen und Schulbesuchsdauer (Anzahl)

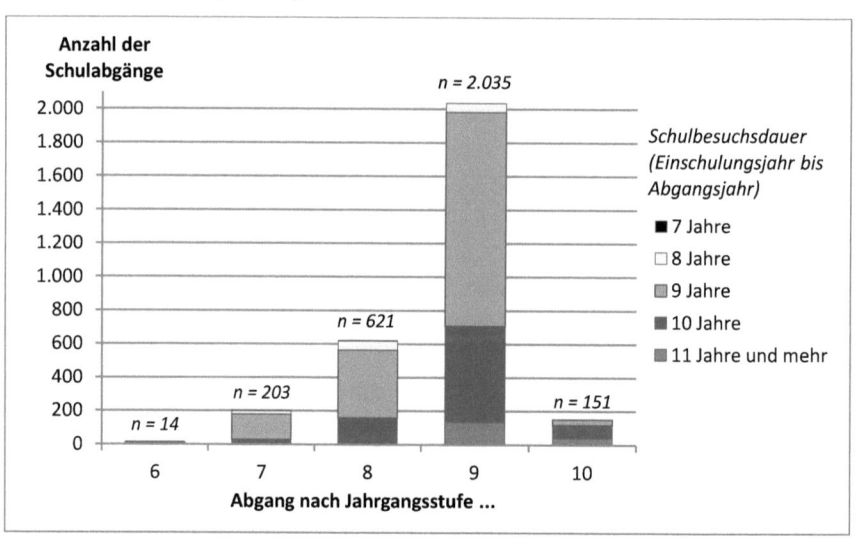

*   Zusammenfassung der Schulabgänge ohne Abschluss sowie der Schulabgänge mit Abschluss des Förderschwerpunktes Lernen; Abgänger mit Abschluss im Förderschwerpunkt Geistige Entwicklung sind aufgrund der 12-jährigen Schulbesuchsdauer ausgeklammert.

Quelle: Forschungsdatenzentren der Statistischen Ämter des Bundes und der Länder, Schulstatistische Individualdaten Rheinland-Pfalz 2008/09, eigene Berechnungen

BILDUNGSVERLÄUFE ANHAND EINDEUTIGER SCHÜLER-IDENTIFIKATIONSNUMMERN

Mit den bislang präsentierten Summen- wie auch Individualdaten wurden ausschließlich retrospektive Fragen der Schullaufbahn aufgegriffen: In welchen Regionen gingen Jugendliche mit unterschiedlichem Abschlusserfolg zur Schule? Welche Arten von Einrichtungen besuchten sie zuletzt? Wie viel Zeit benötigten unterschiedliche Personengruppen für den Erwerb eines Abschlusses? Empirisch bildete bei all diesen Analysen der Abschluss wortwörtlich das *abschließende* Ereignis bzw. Ergebnis für einen in die Vergangenheit gerichteten Blick auf Unterschiede in den zurückliegenden Schullaufbahnen. Der weitere Verbleib der Absolventen/Abgänger wurde hingegen allenfalls indirekt thematisiert, vornehmlich in Form einer Einbeziehung der nachträglich an beruflichen Schulen erworbenen Abschlüsse (vgl. Abschnitt 4.2.2). Die Analysen verweisen auf eine steigende Anzahl an Jugendlichen, die nach der allgemeinbildenden Schulzeit in berufliche Schulen münden, um einen zunächst nicht erreichten bzw. höher qualifizierenden Abschluss nachzuholen. Diesen Bildungsverläufen zwischen allgemeinbildendem und beruflichem Schulwesen kam die kumulative Darstellung der im Zeitverlauf erreichten Abschlüsse eines Geburtsjahrgangs am nächsten (vgl. Abschnitt 4.1.2). Zwar konnten hiermit nicht die unmittelbaren Anschlussbildungsgänge abgebildet werden, doch wurde über die Jahre verdeutlicht, dass die beruflichen Schulen mit zunehmendem Alter einen nennenswerten Beitrag zur (nachträglichen) Erhöhung des Bildungsstandes einer Kohorte leisten.

Auf diese Weise wird der Erwerb von Schulabschlüssen nicht mehr als ein singuläres Ereignis, sondern als Prozess charakterisiert, dessen punktuelle Abbildung stets ausschnitthaft bleiben muss. Wenngleich Abschluss-/Abgängerquoten im Querschnitt für eine zeitnahe Einschätzung der aktuellen Abschlusskonstellationen unverzichtbar sind, sollten insofern alle Möglichkeiten ausgeschöpft werden, dies durch indikatorengestützte Analysen zum Verbleib der Jugendlichen zu ergänzen. Als großes Defizit erweist sich hier die doppelte Trennung der schulstatistischen Datensegmente (vgl. auch Abschnitt 3.2.1). Zum einen sind die Merkmalsangaben für allgemeinbildende und berufliche Schulen nicht identisch, zum anderen weicht darüber hinaus auch der Merkmalskranz für Schülerinnen und Schüler von jenem der Absolventen/Abgänger ab. Der fehlende Personenbezug zwischen diesen Datensegmenten verhindert bislang, dass eindeutig bestimmt werden kann, wie viele Personen mit welcher schulischen Vorbildung welchen Anschlussbildungsgang absolvieren. Es kommt zu den skizzierten zeitversetzten Mehrfacherfassungen. Die herkömmlichen Summendaten liefern hier keinen empirischen Lösungsansatz. Bislang wird nur an beruflichen Schulen in allen Ländern die schulische Vorbildung der Schülerinnen und Schüler schulstatistisch erfasst. Der Verbleib von Absolventen/Abgänger kann damit nur näherungsweise als qualifikationsspezifische Verteilung bei der Einmündung ins Berufsschulwesen aufgeschlüsselt werden (vgl. Abb. 39).

Abb. 39: Verteilung der Neuzugänge auf die drei Sektoren des beruflichen Ausbildungssystems 2010 nach schulischer Vorbildung (in %)

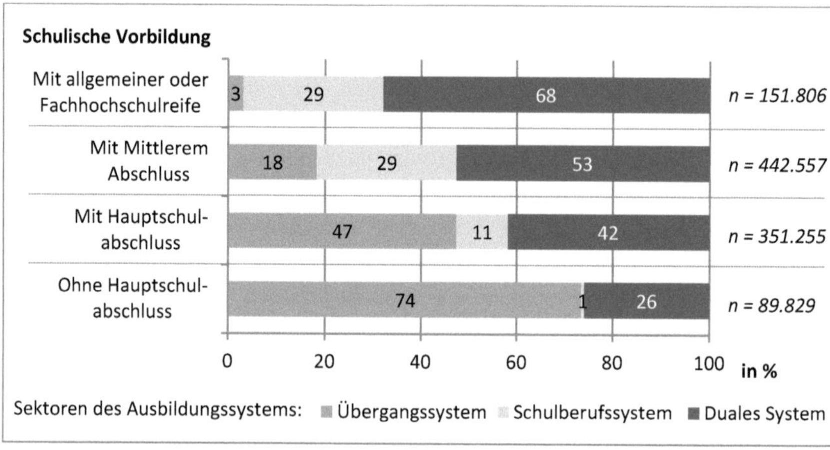

Schulische Vorbildung

Mit allgemeiner oder Fachhochschulreife	3 / 29 / 68	n = 151.806
Mit Mittlerem Abschluss	18 / 29 / 53	n = 442.557
Mit Hauptschulabschluss	47 / 11 / 42	n = 351.255
Ohne Hauptschulabschluss	74 / 1 / 26	n = 89.829

0   20   40   60   80   100 in %

Sektoren des Ausbildungssystems: ■ Übergangssystem ▪ Schulberufssystem ■ Duales System

Quelle: Autorengruppe Bildungsberichterstattung 2012, Tab. E1-3web (www.bildungsbericht.de), eigene Berechnungen

Die Ergebnisse verweisen auf deutliche Selektionsbarrieren in Abhängigkeit des Schulabschlusses. Trotz der demografisch bedingt rückläufigen Ausbildungsbewerberzahlen mündeten auch 2010 drei Viertel der Neuzugänge ohne Hauptschulabschluss ins sogenannte Übergangssystem ein. Hierbei handelt es sich um berufsvorbereitende Maßnahmen (z. B. schulisches Berufsvorbereitungs- oder Berufsgrundbildungsjahr, 1-jährige Berufsfachschulen ohne beruflichen Abschluss, berufsvorbereitende Maßnahmen der Bundesagentur für Arbeit). Für die Ausbildungsinteressenten sind dies in der Regel Warteschleifen mit allgemeinbildendem Charakter, führen sie doch zu keinem Berufsabschluss und werden ganz überwiegend auf eine spätere, vollqualifizierende Ausbildung nicht angerechnet. Auch unter den Jugendlichen mit Hauptschulabschluss war fast jeder zweite in diesem Übergangssystem. Zu einem vollqualifizierenden Berufsabschluss führen die zwei anderen Ausbildungssektoren, das duale System aus schulischer und betrieblicher Lehre sowie das Schulberufssystem. Beide Sektoren verzeichnen in den vergangenen Jahren erhöhten Zustrom von Jugendlichen mit Hochschulreife. Da die Zahl der Schulabsolventinnen und -absolventen, die sich trotz Studienberechtigung für berufliche anstelle hochschulischer Bildungsgänge entscheiden, in den letzten Jahren gestiegen ist, hat das duale System tendenziell seine traditionelle Stärke eingebüßt, auch Jugendliche mit niedrigem Bildungsstand durch Ausbildung beruflich zu integrieren. Die Hauptlast bei der Berufsvorbereitung gering qualifizierter Jugendlicher trägt das Übergangssystem, das für viele Jugendliche eine (weitere) Verlängerung ihrer Schulzeit bedeutet – sei es durch das Nachholen eines allgemeinbildenden Abschlusses oder den Wechsel von einer Maßnahme in die nächste ohne formale Weiterqualifizierung.

Mit Blick auf die Ausgangsfrage nach dem Verbleib von Schulabsolventen im Anschluss an den (ersten) Abschluss lassen die Daten allerdings offen, wann und wo die Jugendlichen ihre schulische Vorbildung erworben haben. Bezugsgrundlage sind alle Neuzugänge an beruflichen Schulen, nicht alle Absolventen/Abgänger der allgemeinbildenden Schulen. So fehlen in dieser Darstellung zum einen jene Jugendlichen, die nach dem Verlassen der Schule erneut in allgemeinbildende Schulen übergehen. Zum anderen kann man die Zahl derjenigen, die weder allgemeinbildende noch berufliche Schulen besuchen, nicht beziffern. Und schließlich kommt es auch bei den schulstatistischen Summendaten der Berufsschülerinnen und -schüler zu zeitversetzten Mehrfacherfassungen, wenn etwa Schulabgängerinnen und -abgänger zunächst ins Übergangssystem einmünden, um einen Hauptschulabschluss nachzuholen, und in den Folgejahren als Neuzugänge in einen anderen Sektor eintreten. Wie viele Warteschleifen gering qualifizierte Jugendliche etwa im Übergangssystem durchlaufen, bis sie den Schritt in eine Ausbildung schaffen, war bislang ohne Individualdaten nicht statistisch zu beantworten. Um derartige Bildungsverläufe rekonstruieren zu können, müsste (a) an allgemeinbildenden *und* an beruflichen Schulen (b) der höchste bisher erreichte Schulabschluss *und* der vorherige Schulartbesuch (c) im Datensegment der Schülerschaft *und* im Datensegment der Absolventen/Abgänger erfasst werden. Für Summendaten bedeutet eine solche Differenzierungstiefe von Merkmalskombinationen einen unverhältnismäßig hohen Erhebungsaufwand. Als Individualdaten ließen sich diese Merkmale mit deutlich geringerem Aufwand retrospektiv erfassen. Hier müssten lediglich neben der Schülerschaft an beruflichen Schulen auch die Schülerinnen und Schüler der allgemeinbildenden Schulen sowie alle Absolventen/Abgänger in die Abfrage der Merkmale „schulische Vorbildung" und „schulische Herkunft" eingeschlossen werden.

Einen wesentlich effizienteren Weg zur Abbildung der Bildungsverläufe von Absolventen/Abgängern eröffnet indes eine einheitliche, zeitkonstante Personenkennung (ID), wie sie z. B. in Bremen und in Hessen eingeführt wurde. Pseudonymisierte Datensatzkennungen bleiben über die Erhebungsjahre unabhängig vom Status „Schüler" oder „Absolvent/Abgänger" erhalten, was längsschnittliche Merkmalskombinationen ermöglicht, ohne auf konkrete Einzelpersonen in den Schulen rückschließen zu können. Anstelle einer jährlichen Erfassung retrospektiver Angaben können für jedes Pseudonym aktuelle Merkmalsausprägungen (z. B. ein nachgeholter Schulabschluss) mit Merkmalsausprägungen aus dem Datenbestand der Vorjahre (z. B. dem Erstabschluss an einer anderen Schule) verknüpft werden. Mit dem Ziel, den Verbleib von Absolventen/Abgängern aus den allgemeinbildenden Schulen anhand solcher Fallnummern zu verfolgen, wurde im Rahmen dieser Untersuchung eine Sonderauswertung der hessischen Individualstatistik vorgenommen. Auf dieser Datengrundlage konnten erstmals längsschnittlich angelegte Kennziffern entwickelt werden, die nachfolgend den Mehrwert von eindeutigen Individualdatenkennungen für die indikatorengestützte Analysen der Bildungsverläufe im Schulwesen veranschaulichen sollen.

Den Ausgangspunkt bilden die 64.428 Jugendlichen, die am Ende des Schuljahres 2008/09 in Hessen eine allgemeinbildende Schule mit oder ohne Abschluss verlassen haben.[43] Für diese Grundgesamtheit wird nun in einem ersten Schritt untersucht, wie viele Personen im darauffolgenden Schuljahr 2009/10 ihren Schulbesuch in allgemeinbildenden oder beruflichen Anschlussbildungsgängen fortsetzen. Wie bereits bei der Aufschlüsselung der Absolventen-/Abgängerzahlen nach den zuvor besuchten Einrichtungsarten (schulische

---

43 Die Anzahl weicht um ca. 3.000 Personen von den Ergebnissen der Fachserie des Statistischen Bundesamtes ab, weil „Externe" (Teilnehmer mit bestandenen Schulfremdprüfungen) sowie Realschülerinnen und -schüler, die direkt in die gymnasiale Oberstufe übergegangen sind, nicht in den vom Kultusministerium übermittelten Einzeldatensätzen der Absolventen/Abgänger allgemeinbildender Schularten enthalten sind.

Herkunft, vgl. Abschnitt 4.2.2) wird hierzu der Besuch von unterschiedlichen Einrichtungsarten in den Blick genommen (schulischer Verbleib). Aufgrund der Vielfalt und Heterogenität der Bildungsgänge im allgemein- und berufsbildenden Schulwesen folgt die Auswertung allerdings nicht der Schulartgliederung, sondern einer sektoralen Zusammenfassung von Bildungsgängen. Im Sinne der bestmöglichen Übersichtlichkeit erwies sich eine Orientierung an den Zielbereichen der integrierten Ausbildungsberichterstattung (iABE) als sinnvoll. Dieses Modell systematisiert die Qualifizierungswege nach den vorrangigen allgemeinen Bildungszielen und ordnet sie unterschiedlichen Sektoren zu. Anders als in der iABE, welche – aus der Perspektive der *aufnehmenden* Einrichtungen – Neuzugänge im Ausbildungssystem (einschließlich der Studienanfängerinnen und -anfänger) fokussiert, gilt es nachfolgend das Konzept der Zielbereiche – aus der Perspektive der *abgebenden* Einrichtungen – auf den Verbleib der Absolventen/Abgänger von allgemeinbildenden Schulen anzuwenden. Dies hat einerseits zur Folge, dass Jugendliche, die ein Studium aufnehmen, nicht in der Fallnummernauswertung berücksichtigt werden können, da im Hochschulbereich eine eigene Individualstatistik ohne Personenkennung geführt wird. Stattdessen ist die iABE-Klassifikation andererseits um eine Kategorie zu erweitern, da ein Teil der Schulabsolventen/-abgänger z. B. aufgrund der Studienaufnahme oder aus anderen Gründen (z. B. Wehrdienst, Freiwilligendienst, Umzug) nicht längsschnittlich verfolgt werden kann. So ergibt sich für die Verknüpfung zwischen den Absolventen/Abgängern der allgemeinbildenden Schulen und ihren Anschlussbildungsgängen folgende Bereichsdifferenzierung:

- *Allgemeinbildender Schulbesuch* (Ziel: Erwerb eines Haupt- bzw. Mittleren Schulabschlusses bzw. Erfüllung der Schulpflicht);

- *Übergangssystem* (Ziel: Berufsvorbereitung überwiegend ohne Anrechenbarkeit auf spätere Ausbildung, Nachholen eines Haupt- oder Mittleren Schulabschlusses);

- *Ausbildung im dualen oder im Schulberufssystem* (Ziel: Erwerb eines vollqualifizierenden Berufsabschlusses);

- *Allgemeinbildender oder beruflicher Schulbesuch* (Ziel: Erwerb einer Hochschulzugangsberechtigung);

- *Kein Schulbesuch* (Personen, deren Fallnummer an keiner Schule gemeldet wurde, d. h. mit unbekanntem Verbleib).

Analog zur Kennziffer der zuvor besuchten Schulart lässt sich die prozentuale Verteilung von Absolventen/Abgängern des Schuljahres 2008/09 auf die im Jahr 2009/10 besuchten Bildungsgänge $b1$, $b2$ ... bis bn wie folgt bestimmen:

$$X_{b1} = \frac{A_{b1}}{\sum A} * 100$$

$$X_{b2} = \frac{A_{b2}}{\sum A} * 100$$

...

$$X_{bn} = \frac{A_{bn}}{\sum A} * 100$$

Wie also verlaufen die Bildungswege im Anschluss an die allgemeinbildende Schulzeit? Korrespondierend zu den Befunden der gesamtdeutschen Verteilung aller Neuzugänge auf die drei Sektoren der Berufsausbildung verweisen auch die Verbleibsquoten für Hessen zunächst auf deutliche Selektionsbarrieren in Abhängigkeit der Vorbildung (vgl. Abb. 40).

Die größten Friktionen beim Übergang in die Ausbildung zeigen sich bei jenen Abgängerinnen und Abgängern, die ohne jeden Abschluss von der Schule abgegangen sind. Nur knapp jeder Vierte kann unmittelbar nach Schulende eine vollqualifizierende Berufsausbildung – ausschließlich des dualen Systems – aufnehmen. 21% der Jugendlichen besuchen stattdessen eine berufsvorbereitende Maßnahme im Übergangssystem, weitere 15% setzen den Schulbesuch an einer allgemeinbildenden Schule fort. Die mit 39% größte Gruppe besucht allerdings gar keine Schule. Vermutlich nimmt ein Teil an berufsvorbereitenden Maßnahmen der Bundesagentur für Arbeit teil, für die keine schulstatistischen Individualdaten vorliegen. Über den sonstigen Verbleib dieser Jugendlichen können keine Aussagen getroffen werden. Auch unter den am höchsten qualifizierten Schulabsolventinnen und -absolventen, den Personen mit Hochschulreife, fällt der hohe Prozentsatz mit unbekanntem Verbleib ins Auge. Bei der überwiegenden Mehrheit dieser etwa 17.000 Jugendlichen kann allerdings die Aufnahme eines Hochschulstudiums angenommen werden. Auch wenn von teilweise zeitverzögerter Studienaufnahme infolge von Wehrdienst, Auslandsjahr und ähnlichem auszugehen ist, legt dies die jährliche Hochschulstatistik nahe.[44]

Abb. 40: Verbleib der Absolventen/Abgänger aus allgemeinbildenden Schulen in Hessen 2009 nach Abschlussarten und Anschlussbildungsgängen (in %)

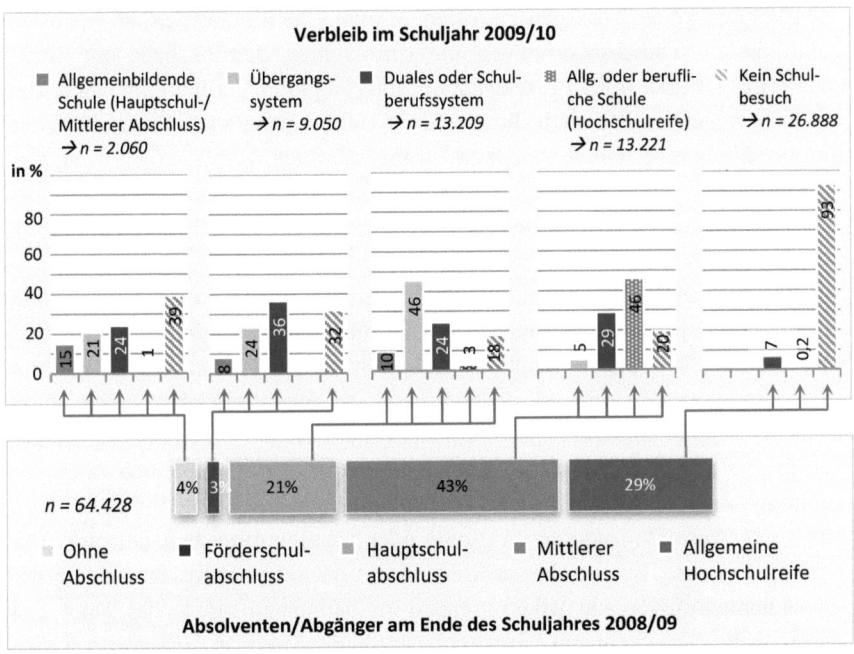

Quelle: Forschungsdatenzentren der Statistischen Ämter des Bundes und der Länder, Schulstatistische Individualdaten Hessen 2008/09 und 2009/10, Sonderauswertung und eigene Berechnungen

Die größten Friktionen beim Übergang in die Ausbildung zeigen sich bei jenen Abgängerinnen und Abgängern, die ohne jeden Abschluss von der Schule abgegangen sind. Nur knapp jeder Vierte kann unmittelbar nach Schulende eine vollqualifizierende Berufsausbildung – ausschließlich des dualen Systems – aufnehmen. 21% der Jugendlichen besuchen stattdessen eine berufsvorberei-

---

44   Im Jahr 2009 wurden in Hessen ca. 35.000 Studienanfängerinnen und -anfänger registriert.

tende Maßnahme im Übergangssystem, weitere 15% setzen den Schulbesuch an einer allgemeinbildenden Schule fort. Die mit 39% größte Gruppe besucht allerdings gar keine Schule. Vermutlich nimmt ein Teil an berufsvorbereitenden Maßnahmen der Bundesagentur für Arbeit teil, für die keine schulstatistischen Individualdaten vorliegen. Über den sonstigen Verbleib dieser Jugendlichen können keine Aussagen getroffen werden. Auch unter den am höchsten qualifizierten Schulabsolventinnen und -absolventen, den Personen mit Hochschulreife, fällt der hohe Prozentsatz mit unbekanntem Verbleib ins Auge. Bei der überwiegenden Mehrheit dieser etwa 17.000 Jugendlichen kann allerdings die Aufnahme eines Hochschulstudiums angenommen werden. Auch wenn von teilweise zeitverzögerter Studienaufnahme infolge von Wehrdienst, Auslandsjahr und ähnlichem auszugehen ist, legt dies die jährliche Hochschulstatistik nahe.[45]

Von den Jugendlichen mit Abschlusszertifikat der Förderschule beginnt immerhin gut jeder Dritte nach dem Abschluss eine Ausbildung. Angesichts dessen überrascht, dass es unter den Absolventen mit Hauptschulabschluss nur jeder Vierte ist. Mit 46% führt der Erwerb des Hauptschulabschlusses sogar mehr als doppelt so häufig ins Übergangssystem als bei Jugendlichen, die gar keinen Abschluss erreicht hatten. Hervorzuheben sind schließlich noch die Bildungswege der Absolventinnen und Absolventen mit Mittlerem Abschluss. Auch ihre Ausbildungsquote im dualen oder Schulberufssystem fällt mit 29% eher niedrig aus. Dies ist aber in Relation mit der sehr hohen Übergangsquote in studienqualifizierende Bildungsgänge zu betrachten. 46%, das heißt fast jeder zweite Absolvent mit Mittlerem Abschluss, strebt in Hessen noch eine Hochschulzugangsberechtigung an. Ob diese große Nachfrage seitens der Jugendlichen jedoch auf ein unzureichendes Angebot an Ausbildungsplätzen, sonstige Restriktionen oder auf die individuellen höheren Bildungsaspirationen zurückzuführen ist, müsste in vertiefenden Untersuchungen erforscht werden.

Wie bei allen Individualdatenanalysen erlaubt auch die längsschnittlich angelegte Auswertung von Fallnummern Vergleiche zwischen Personengruppen. Exemplarisch sollen hier die Verbleibsquoten von Jugendlichen mit deutscher und nicht deutscher Staatsangehörigkeit gegenübergestellt werden.[46] Wie be-

---

45   Im Jahr 2009 wurden in Hessen ca. 35.000 Studienanfängerinnen und -anfänger registriert.

46   Angaben zum Migrationshintergrund der Absolventen/Abgänger liegen im Unterschied zu den Einzeldatensätzen aus Rheinland-Pfalz nicht in Hessen vor.

reits grundlegend in den vorhergehenden Abschnitten aufgezeigt werden konnte, weichen die Abschlusskonstellationen von deutschen und ausländischen
Schulabsolventen/-abgängern auch in Hessen systematisch voneinander ab (vgl.
Abb. 41). Die Hochschulreife hatte 2008/09 unter den Deutschen fast jeder
dritte Jugendliche erreicht, aber nur jeder neunte Ausländer. Für letztere ist der
Hauptschulabschluss mit 38% der zahlenmäßig bedeutsamste Schulabschluss,
doch verlassen mit 10% auch mehr als doppelt so viele ausländische wie deutsche Personen die Schule ohne Abschluss.

Interessanterweise verlaufen aber die Bildungswege im Anschluss an die
allgemeinbildende Schulzeit weitgehend synchron. Vergleicht man den Verbleib der deutschen und ausländischen Jugendlichen unter Kontrolle der jeweiligen schulischen Vorbildung, so weisen insbesondere die Bildungswege der
Abgänger ohne Abschluss sowie jene der Absolventen mit Hauptschulabschluss eine erstaunliche Ähnlichkeit auf. Ungünstigere Bildungsverläufe
schlugen ausländische Jugendliche ein, die zuvor ein Abschlusszertifikat der
Förderschule rworben haben. 40% von ihnen münden im Folgejahr ins Übergangssystem, während es nur 24% der gleich qualifizierten Deutschen waren.
Letztere besuchen demgegenüber fast doppelt so häufig wie Ausländer überhaupt keine allgemeinbildende oder berufliche Schule. Nach dem Erwerb eines
Mittleren Abschlusses haben Jugendliche nicht deutscher Herkunft zwar etwas
größere Probleme als deutsche Jugendliche, den Einstieg in eine vollqualifizierende Ausbildung zu schaffen, mit 46 bzw. 47% strebt aber unabhängig von der
Staatsangehörigkeit der Großteil eine Hochschulzugangsberechtigung an. Insgesamt deuten die Befunde darauf hin, dass in erster Linie der erreichte Abschluss den Ausschlag gibt, auf welchem Wege die Bildungsbiographie fortgesetzt wird. Zwar münden überproportional viele ausländische Personen ins
Übergangssystem ein, allerdings können angesichts der ungünstigeren Ausgangslage in den schulischen Vorqualifikationen beim nachfolgenden Zugang
zu den Ausbildungssektoren keine größeren Ungleichheiten oder gar Diskriminierungen festgestellt werden. Vielmehr unterstreicht dies nachdrücklich die
Notwendigkeit, bereits im Zuge der allgemeinbildenden Schulzeit möglichst
viele Schülerinnen und Schüler zu einem Mittleren oder höher qualifizierenden
Schulabschluss zu führen.

Nichtsdestoweniger bedarf es zugleich auch entsprechender Strategien der
Nachqualifizierung von Jugendlichen mit niedrigem Bildungsstand, um allen
jungen Menschen eine Perspektive der beruflichen Integration in die Gesellschaft zu eröffnen. Was aus diesen Jugendlichen langfristig werden wird, lässt

Abb. 41: Verbleib deutscher und ausländischer Absolventen/Abgänger aus allgemeinbildenden Schulen in Hessen 2009 nach Abschlussarten und Anschlussbildungsgängen (in %)

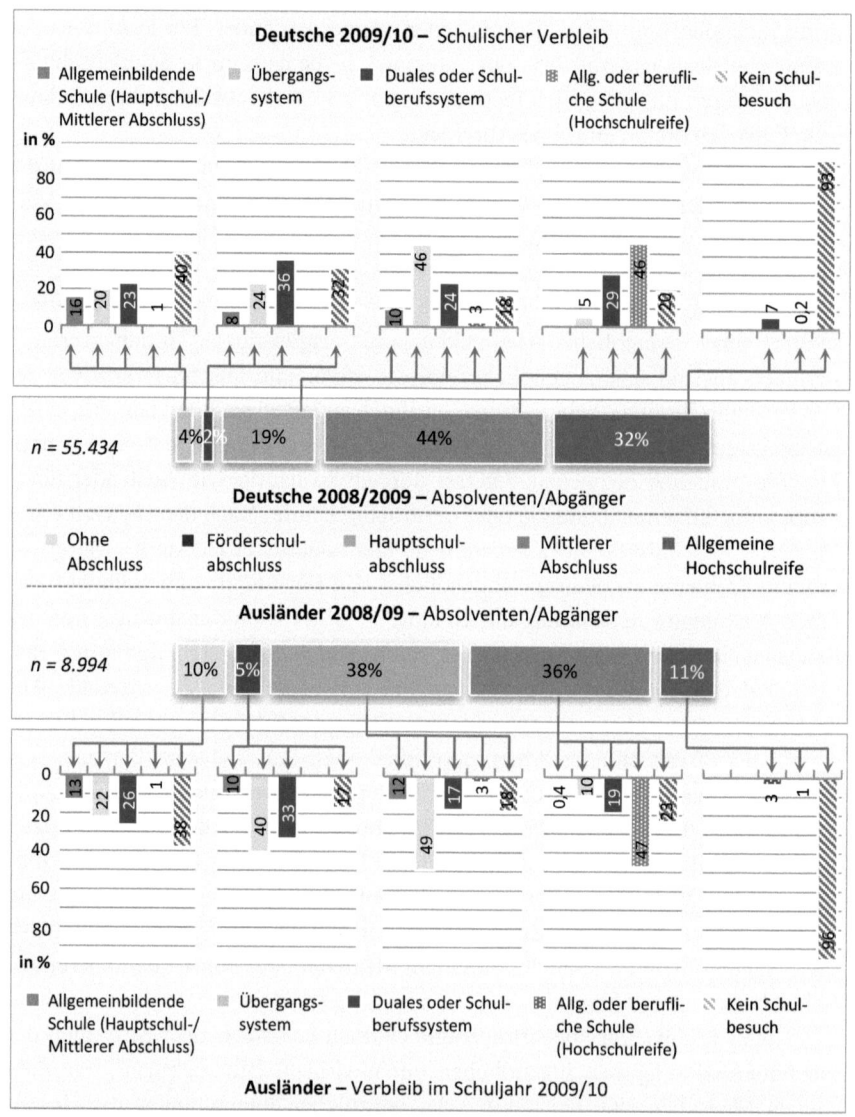

Quelle: *Forschungsdatenzentren der Statistischen Ämter des Bundes und der Länder, Individualstatistik Hessen 2008/09 und 2009/10, Sonderauswertung und eigene Berechnungen*

sich zwar nicht anhand schulstatistischer Analysen beantworten. Dennoch ermöglichen Individualdaten mit Personenkennung gerade für kleinere Schülergruppen differenzierte Einblicke in den schulischen Werdegang. Unter diesem
Blickwinkel wird im Folgenden versucht, die bisherige Verlaufsanalyse für
eine Teilpopulation weiter zu vertiefen. Herausgegriffen werden erneut die
Schulabgänge ohne Abschluss, über deren Schullaufbahnen bislang kaum empirische Erkenntnisse gewonnen werden konnten. Die bereits eingeführte längsschnittliche Verknüpfung der Einzeldatensätze soll nun abschließend für diese
Jugendlichen um ein weiteres Jahr ergänzt werden, um aufzuzeigen, wie stabil
die ursprünglichen Übergangsentscheidungen nach dem Ende der allgemeinbildenden Schulzeit waren.

Nichtsdestoweniger bedarf es zugleich auch entsprechender Strategien der
Nachqualifizierung von Jugendlichen mit niedrigem Bildungsstand, um allen
jungen Menschen eine Perspektive der beruflichen Integration in die Gesellschaft zu eröffnen. Was aus diesen Jugendlichen langfristig werden wird, lässt
sich zwar nicht anhand schulstatistischer Analysen beantworten. Dennoch ermöglichen Individualdaten mit Personenkennung gerade für kleinere Schülergruppen differenzierte Einblicke in den schulischen Werdegang. Unter diesem
Blickwinkel wird im Folgenden versucht, die bisherige Verlaufsanalyse für
eine Teilpopulation weiter zu vertiefen. Herausgegriffen werden erneut die
Schulabgänge ohne Abschluss, über deren Schullaufbahnen bislang kaum empirische Erkenntnisse gewonnen werden konnten. Die bereits eingeführte längsschnittliche Verknüpfung der Einzeldatensätze soll nun abschließend für diese
Jugendlichen um ein weiteres Jahr ergänzt werden, um aufzuzeigen, wie stabil
die ursprünglichen Übergangsentscheidungen nach dem Ende der allgemeinbildenden Schulzeit waren.

Die nachstehende Abbildung umfasst nun insgesamt vier Etappen im Bildungsverlauf der Jugendlichen ohne Schulabschluss (vgl. Abb. 42). Neben dem
Zeitpunkt des Schulabgangs (2009) werden die zuvor besuchten Schularten
(2008/09) und der weitere Verbleib (2009/10 sowie 2010/11) aufgeschlüsselt.

Von allen 4.464 Abgängerinnen und Abgänger, die in Hessen 2009 eine
Schule ohne Hauptschulabschluss verlassen haben, haben 63% auch keinen
spezifischen Abschluss der Förderschule erworben. Der Großteil dieser Jugendlichen hatte die Hauptschule besucht. Was die Anschlussbildungsgänge dieser
Jugendlichen im Schuljahr 2009/10 betrifft, wurde bereits in der vorhergehenden Analyse darauf hingewiesen, dass mehr als jeder Dritte nach dem Schulabbruch zunächst in keinen schulischen Bildungsgang zurückkehrt, der Verbleib

Abb. 42: Schulische Bildungsverläufe der Schulabgänger ohne Abschluss in Hessen 2009 über die Dauer von 3 Jahren (in %)

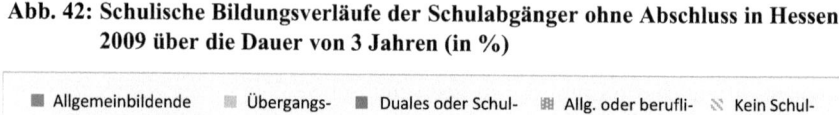

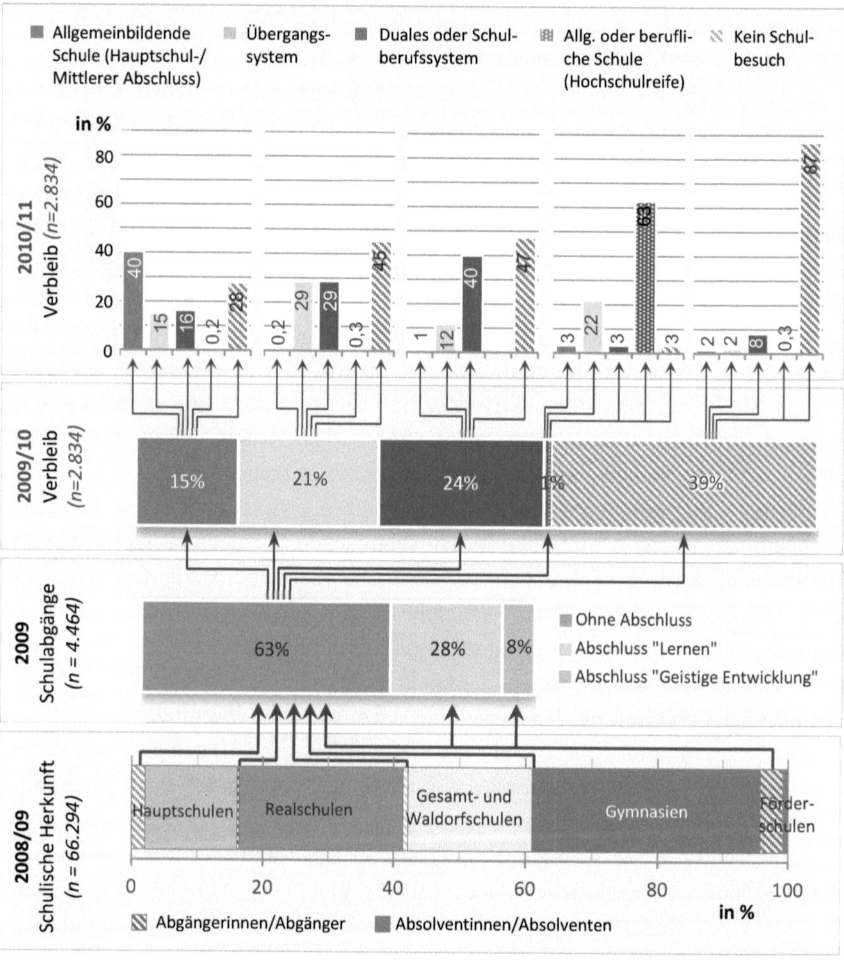

Quelle: Forschungsdatenzentren der Statistischen Ämter des Bundes und der Länder sowie Hessisches Kultusministerium, Individualstatistik Hessen 2008/09, 2009/10 und 2010/11; Statistisches Bundesamt, Schulstatistik 2008/09, Sonderauswertung und eigene Berechnungen

damit nicht ermittelt werden kann. Von diesen Jugendlichen tauchen im darauffolgenden Schuljahr 2010/11 2% in einer allgemeinbildenden Schule und 2% im Übergangssystem auf. Immerhin 8% gelingt allerdings im zweiten Jahr nach dem Schulabgang der Einstieg in eine duale Ausbildung. Richtet man den Blick auf jene Jugendlichen, die bereits im Vorjahr in einen Anschlussbildungsgang einmündeten, so entwickeln sich deren Bildungsverläufe deutlich auseinander. Die überwiegende Mehrheit der Jugendlichen besuchte 2010/11 nicht mehr den gleichen Bildungsgang wie 2009/10. Bemerkenswert ist hierbei insbesondere, dass nur 40% der Auszubildenden im dualen oder Schulberufssystem auch im Folgejahr noch der Ausbildung nachgehen. 12% müssen doch noch eine berufsvorbereitende Maßnahme im Übergangssystem antreten, die mit 47% größte Gruppe bricht die Ausbildung mit unbekanntem Verbleib ab. Die Daten zu den Jugendlichen, die unmittelbar nach Schulabschluss ins Übergangssystem einmündeten, belegen zwar, dass 29% ein weiteres Jahr im Übergangssystem verbleiben. Ebenfalls 29% gelingt aber nach einem Jahr der Einstieg ins duale System der Berufsausbildung. Mit 45% unbekanntem Verbleib verlassen wiederum auch viele Jugendliche nach einem Jahr im Übergangssystem gänzlich das System.

Insgesamt ergibt sich damit für eine große Anzahl von Personen ein diskontinuierlicher Bildungsverlauf am Ende der allgemeinbildenden Schule. Daraus allein lässt sich jedoch nur eingeschränkt auf den tatsächlichen Bildungserfolg der Betroffenen schließen. Die Schulbesuchsquoten lassen offen, ob die sichtbare Verzweigung der Bildungswege nicht doch mit einer Erhöhung des Bildungsstandes verbunden ist. Nach dem Schulabgang ohne Abschluss ist eine hohe Zahl an Übergängen zwischen verschiedenen Anschlussbildungsgängen sogar sehr wahrscheinlich, je mehr Jugendliche in diesen Folgejahren erfolgreich einen allgemeinbildenden Anschlussbildungsgang abschließen und so die Zugangsberechtigung zu weiterführenden Einrichtungen erlangen. Schließlich soll der nachträgliche Erwerb eines Schulabschlusses gerade dazu beitragen, die Ausbildungschancen zu verbessern. Hohe Schüleranteile, die nach einem Jahr im Übergangssystem in ein vollqualifizierendes Ausbildungsverhältnis wechseln, sind dementsprechend wünschenswert. In einem letzten Schritt soll daher für die Abgangskohorte 2009 anhand der eindeutigen Individualdatenkennungen bilanziert werden, wie viele der Jugendlichen in der Lage waren, einen Abschluss nachzuholen (vgl. Abb. 43).

Wie bereits dargestellt wurde, umfasste in Hessen die Gruppe der Abgängerinnen und Abgänger des Jahres 2009 4.464 Jugendliche, von denen 1.268 zumindest im sonderpädagogischem Förderschwerpunkt Lernen sowie weitere 362 im Schwerpunkt Geistige Entwicklung ein Abschlusszertifikat der Förderschule erlangen konnten. Da letztere auch nach Beendigung der Förderschule in der Regel keinen herkömmlichen Schulabschluss (mehr) anstreben, bleiben sie in der folgenden Analyse unberücksichtigt.[47] Verglichen wird somit die Zahl der ab 2009 nachgeholten Schulabschlüsse unter Abgängern mit Förderabschluss „Lernen" und unter Abgängern ohne jeden Abschluss.

Abb. 43: Anzahl der bis 2012 nachgeholten Schulabschlüsse* von Schulabgängern ohne Abschluss und von Schulabgängern mit Abschluss des Förderschwerpunktes „Lernen" aus dem Jahr 2009

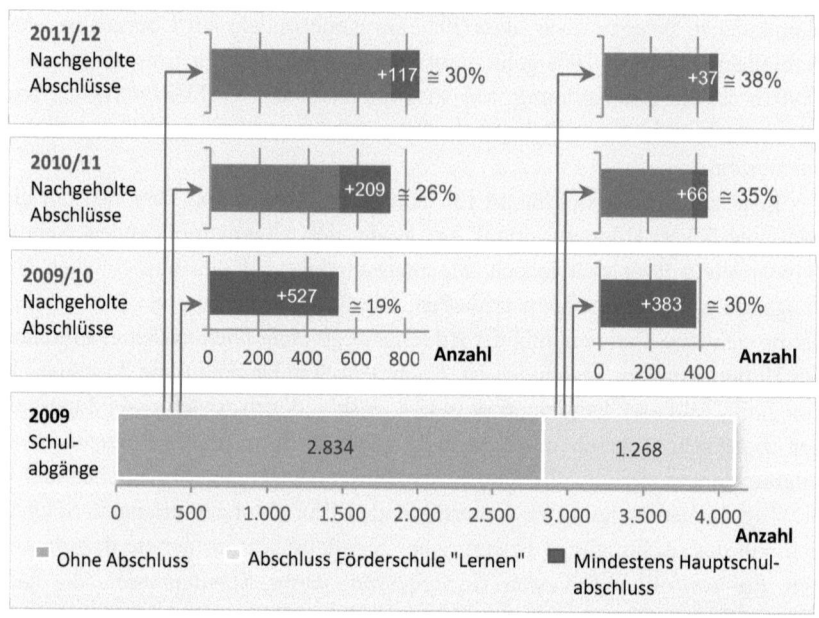

*   Ausgewiesen werden alle Jugendlichen, die mindestens den Hauptschulabschluss nachgeholt haben. Es ist nicht auszuschließen, dass eine Person nach dem Hauptschulabschluss noch einen Mittleren Abschluss erreicht und damit hier doppelt erfasst wird.

Quelle: Forschungsdatenzentren der Statistischen Ämter des Bundes und der Länder sowie Hessisches Kultusministerium, Individualstatistik Hessen 2008/09, 2009/10, 2010/11 und 2011/12, Sonderauswertung und eigene Berechnungen

---

47   Knapp drei Viertel nehmen nach Schulende allenfalls an außerschulischen Maßnahmen teil (z. B. in Werkstätten für behinderte Menschen), ein Viertel besucht so genannte fachpraktische Ausbildungsgänge, die keine Gleichwertigkeit mit der entsprechenden vollqualifizierenden Ausbildung beanspruchen können. Nur 3 der 362 Personen mit Abschluss im Förderschwerpunkt „Geistige Entwicklung" holten zwischen bis 2011/12 einen Hauptschulabschluss nach (0,8%).

Für beide Gruppen bestätigt sich die Vermutung, dass viele Jugendliche bereits ein Jahr nach Verlassen der allgemeinbildenden Schule erneut den Bildungsgang wechseln, weil sie bis zum Ende dieses ersten Schuljahres mindestens einen Hauptschulabschluss nachholen konnten. Bemerkenswert daran ist, dass der Anteil unter denjenigen höher ausfällt, die 2009 mit Förderabschluss „Lernen" abgegangen sind. Fast jeder dritte von diesen Jugendlichen (30%) erreichte schon im ersten Jahr nach Ende der Förderschule einen Hauptschulabschluss, während es nur knapp jeder fünfte Jugendliche (19%) schaffte, wenn zuvor keinerlei Abschluss vorlag. Da Hessen zu jenen sechs Ländern zählt, in welchen die Erteilung eines Hauptschul- oder höher qualifizierenden, herkömmlichen Schulabschlusses an Förderschulen des Schwerpunktes „Lernen" gar nicht vorgesehen ist, kommen Zweifel an der Förderschulzuweisung dieser Jugendlichen auf. Hier stellt sich die Frage, ob sie nicht bereits früher die Chance auf den Erwerb des Hauptschulabschlusses genutzt hätten, wäre dem Förderbedarf nicht an einer Förderschule, sondern integrativ an einer sonstigen allgemeinen Schule entsprochen worden.

Auch in den Folgejahren kamen in der Abgängerkohorte 2009 noch einige nachträglich erworbene Schulabschlüsse hinzu. Am Ende des Schuljahres 2011/12 waren es insgesamt 30% der Personen, die zunächst ohne Abschluss von der Schule abgegangen sind, und 38% derjenigen mit Abschluss der Förderschule „Lernen". Somit verringerte sich insgesamt die Zahl Jugendlichen ohne Hauptschulabschluss bis 2012 um ein knappes Drittel von 4.464 Schulabgängerinnen und Schulabgängern im Jahr 2009 auf 3.122 Personen.

Der zusätzliche Mehrwert dieses Verlaufsindikators wird deutlich, wenn man sich die aufgezeigten Defizite der herkömmlichen, summenstatistischen Indikatorenansätze vergegenwärtigt, mit denen die Absolventen-/Abgängerquoten eines Jahres im Querschnitt berechnet wurden. Bei der Bestimmung der jährlichen Größenordnung von Schulabgängen und Schulabschlüssen kam es bislang zu Verzerrungen, da man einerseits mit einem *demographischen Effekt* und andererseits mit einem *Kumulationseffekt* konfrontiert war (vgl. Abschnitt 4.1.1). Um die demographischen Verzerrungen auszuschließen, erwies sich die Berücksichtigung der tatsächlichen Geburtskohorten, d. h. jahrgangsspezifische Absolventen-/Abgängerquoten, als hinreichend (vgl. Abschnitt 4.1.2). Doch das Problem der zeitversetzten Mehrfacherfassung blieb bestehen. Bislang war es allenfalls möglich, für einzelne Geburtskohorten die über die Jahre insgesamt erreichten Schulabschlüsse kumulativ zu beziffern. Ohne den notwendigen Personenbezug zwischen den Schul- bzw. Abgangsjahren kann nicht rekonstruiert werden, wie viele Abschlüsse auf Personen mit dieser oder jener schulischen Vorbildung zurückgehen. Legt man nun die individualstatistischen Ergebnisse der exemplarischen Fallnummernauswertung für Hessen zugrunde, so lassen sich Erst- und Mehrfachabschlüsse erstmals statistisch quantifizieren (vgl. Tab. 10).

Ausgehend vom Quotensummenverfahren, haben im Jahr 2009 7,1% der gleichaltrigen Bevölkerung ohne Hauptschulabschluss eine allgemeinbildende Schule in Hessen verlassen. Unter Berücksichtigung der in den Folgejahren nachgeholten 1.342 Abschlüsse beläuft sich der Anteil, der auch 2012 noch ohne Hauptschulabschluss verbleibt, auf ungefähr 5%. Von einer nochmaligen Reduzierung des Anteils muss für die nachfolgenden Jahre ausgegangen werden. Dies gilt es weiter zu beobachten, um zu ermitteln, wie viele Menschen dauerhaft ohne Abschluss bleiben.

Tab. 10: Neuberechnung der Abgängerquote ohne Hauptschulabschluss (2009) sowie der Absolventenquote mit Hauptschulabschluss (2010) unter Berücksichtigung der nachgeholten Schulabschlüsse in Hessen

Abgänger ohne Hauptschulabschluss	Anzahl	in %[1]
Insgesamt 2009	4.464	7,1
Davon		
Bis 2012 (mindestens) Hauptschulabschluss nachgeholt	1.342	~2,1
Bis 2012 ohne Hauptschulabschluss verbleibend	**3.122**	**~5,0**
Absolventen mit Hauptschulabschluss	Anzahl	in %[1]
Insgesamt 2010	14.846	22,6
Davon		
Nachgeholte Hauptschulabschlüsse von Abgängern 2009	912	~1,4
Hauptschulabschlüsse ohne Mehrfacherfassungen aus 2009	**13.934**	**~21,2**

1) Anteilsberechnung nach dem Quotensummenverfahren: Die Absolventen-/Abgängerzahl wird jahrgangsspezifisch auf die jeweils gleichaltrige Wohnbevölkerung bezogen und abschließend aufsummiert; da die Sonderauswertung der nachgeholten Schulabschlüsse aufgrund geringer Fallzahlen nicht nach Geburtsjahren vorlag, stellen die neuberechneten Quoten (fett markierte Zeilen) nur einen Näherungswert an jahrgangsgenaue Quotensumme dar.

Quelle: Sekretariat der KMK (2012), Tab. Tab. C.I.1.1ff.; Forschungsdatenzentren der Statistischen Ämter des Bundes und der Länder sowie Hessisches Kultusministerium, Individualstatistik Hessen 2008/09, 2009/10, 2010/11 und 2011/12, Sonderauswertung und eigene Berechnungen

Neben dieser Relativierung der Abgängerquote im Zeitverlauf gilt es aber auch, in umgekehrter Weise die entsprechenden Mehrfacherfassungen von Personen unter den Absolventinnen und Absolventen auszuweisen. Exemplarisch ist dies hier für die erreichten Hauptschulabschlüsse des Jahres 2010 veranschaulicht. Die Größenordnung lag hier in Hessen bei knapp 15.000, was einer Absolventenquote von 22,6% an der gleichaltrigen Wohnbevölkerung entspricht. 912 dieser Hauptschulabschlüsse entfallen der Fallnummernauswertung zufolge auf Mehrfacherfassungen des Jahres 2009, also Jugendliche die im Vorjahr bereits ohne Hauptschulabschluss von einer allgemeinbildenden Schule abgingen. Unter Berücksichtigung dieser Doppelzählungen in den Jahren 2009 und 2010 verringert sich die Quote von Erstabsolventen mit Hauptschulabschluss auf ca. 21%. Geht man davon aus, dass unter den 2010 erfassten Absolventinnen und Absolventen mit Hauptschulabschluss auch Jugendliche waren, die 2008 oder früher bereits einmal ohne Abschluss die Schule verlassen hatten, dürfte der Anteil der nachgeholten Hauptschulabschlüsse noch höher ausfallen.

Ein analoges Vorgehen wäre für die übrigen Absolventinnen und Absolventen notwendig, um einen vollständigen Überblick zu erhalten, welche schulischen Erstqualifikationen besonders häufig in Anschlussbildungsgängen durch Doppel- oder Mehrfachabschlüsse aufgewertet werden und in welche Bildungspfade diese die betroffenen Jugendlichen wiederum führen. Um also darstellen zu können, wie sich der Bildungsstand von Schulabsolventen und Schulabgängern im Laufe der Zeit (weiter)entwickelt, müssten folglich die Absolventen-/Abgängerdaten aller Abschlussarten über mehrere Erhebungsjahre individualstatistisch verknüpft werden. Hervorzuheben ist dabei, dass sogar mit der flächendeckenden amtlichen Schulstatistik in Hessen teilweise datenschutzkonforme Fallzahlen unterschritten werden, wenn bestimmte Subgruppen (z. B. Deutsche/Ausländer oder unterschiedliche Anschlussbildungsgänge) im Längsschnitt verfolgt werden sollen. Groß angelegte, stichprobenbasierte Panelstudien, die selbst im Falle des Nationalen Bildungspanels NEPS keine Länderdifferenzierung erlauben, werden demzufolge noch schneller an Fallzahlengrenzen stoßen. Will man künftig tatsächlich typische Bildungsverläufe im Längsschnitt rekonstruieren, die über bundesweite Aussagen zur Gesamtpopulation hinausgehen, scheint insofern der individualstatistische Ansatz anhand eindeutiger Personenkennungen am ehesten geeignet, diese Erwartung erfüllen zu können.

5 Schlussbetrachtung

Seitdem Bund und Länder zu Beginn des 21. Jahrhunderts damit begannen, die Grundlagen für ein breit gefächertes, aufwändiges Bildungsmonitoring zu schaffen, gibt es seitens der Bildungspolitik und -administration einen erhöhten Bedarf an empirisch gesicherten Erkenntnissen über die Bildungsverläufe von Kindern, Jugendlichen und Erwachsenen in Deutschland. Nicht zuletzt vor dem Hintergrund der rückläufigen demographischen Entwicklung bei gleichzeitig wachsendem Bedarf an gut ausgebildeten Fachkräften gilt es, Bildungswege möglichst barrierefrei zu gestalten und alle Menschen in ihrem Bildungsverlauf so zu unterstützen, dass sich ihre Fähigkeiten optimal entfalten können. Wie sich unterschiedliche biografische Ereignisse auf den nachfolgenden Bildungs- und Lebensweg auswirken, ist allerdings in Deutschland allenfalls punktuell erforscht und noch nicht auf der Basis von Indikatoren darstellbar. Indikatoren bedürfen neben ihrer theoretisch-konzeptionellen Fundierung und ihrer Handlungsrelevanz für Entscheidungsträger im Bildungswesen auch einer fortschreibbaren, repräsentativen Datenbasis. Zwar ließen sich bislang *Zustände* an einzelnen Schnittstellen bzw. Zeitpunkten der Bildungsbiographien bereits indikatorengestützt beschreiben („stock indicators"), doch fehlte es an Indikatorenansätzen, die *Verläufe* durch das institutionelle Gefüge des Bildungswesens empirisch rekonstruieren („flow indicators"). Für evidenzbasierte Qualitätsverbesserungen im Bildungswesen indes ist die empirische Abbildung von Bildungskarrieren entscheidend, können doch nur auf diese Weise typische Brüche und Friktionen beim Durchlauf durch die Bildungsinstitutionen identifiziert werden. Erst ein genaueres Verständnis dieser Dynamik von Bildungsprozessen im Lebenslauf eröffnet auch Handlungsperspektiven für mögliche bzw. notwendige Veränderungen im Bildungswesen.

Mit Blick auf dieses Desiderat des Bildungsmonitorings in Deutschland bestand das Ziel der vorliegenden Untersuchung darin, innovative Ansätze für eine *indikatorengestützte Analyse der Bildungsverläufe von Schulabsolventen und -abgängern* zu entwickeln. Der Schwerpunkt lag hierbei auf Sekundäranalysen mit amtlichen Schulstatistiken, da sie einen wesentlichen Vorzug gegenüber anderen Ansätzen haben, die für die Untersuchung von Bildungsverläufen infrage kommen: Im Gegensatz zu den meist einzelfallbasierten, qualitativen Studien der erziehungswissenschaftlichen Biographieforschung oder den stichprobenbasierten Paneluntersuchungen der soziologischen und pädagogisch-psychologischen Forschung beruhen amtliche Bildungsstatistiken auf jährlichen Vollerhebungen. Nur ein solches flächendeckendes Datenmaterial, das regelmäßig und standardisiert über alle Einrichtungen eines Bildungsbereiches hinweg erhoben wird, gestattet sowohl für kleinere Populationen (z. B. Förderschüler mit Migrationshintergrund) als auch für kleinräumige Gebietseinheiten (z. B. Kommunen) eine kontinuierliche Fortschreibung von Indikatoren. Angesichts der zunehmenden Verbreitung des indikatorengestützten Bildungsmonitorings auf der Ebene einzelner Länder und Kommunen gewinnen gerade die regionalen Differenzierungsmöglichkeiten von Indikatoren in jüngerer Zeit an Bedeutung. Für viele Fragestellungen bedürfte es einer sehr aufwändigen Ziehung umfangreicher Stichproben in kurzen Zeitintervallen, um mehr als einen kleinen Ausschnitt der Schulangebote und Schülerströme indikatorengestützt abzubilden. Da selbst das im Jahr 2009 gestartete, groß angelegte Nationale Bildungspanel (NEPS) unterhalb der Länderebene an Grenzen der Repräsentativität stößt, bleibt die amtliche Statistik der zentrale Ansatzpunkt für die Indikatorenentwicklung im Bildungsbereich.

Umso bedeutsamer ist demzufolge der Beschluss der KMK aus dem Jahr 2003, einen gemeinsamen *Kerndatensatz der Länder für schulstatistische Individualdaten* einzuführen. Anstelle der bisherigen länderspezifischen Summenabfragen, bei denen jede Schule zu Beginn eines Schuljahres nach dem Strichlisten-Prinzip definierte Merkmalskombinationen als Aggregatdatensatz meldete, sieht der KMK-Kerndatensatz einen zwischen den Landesstatistiken abgestimmten Merkmalskatalog in Form anonymisierter Einzeldatensätze vor. Anders als der Begriff es nahelegt, sind Individualdaten nicht per se mit einer Speicherung individueller Verlaufsdaten von einzelnen Personen gleichzusetzen. Im Unterschied zur traditionellen Summenstatistik meint Individualstatistik lediglich, dass Einzeldaten auf der Mikroebene von Beobachtungseinheiten erfasst werden, so dass multidimensionale Merkmalskonstellationen zwischen Schülern, Lehrern und Schulen generiert werden können – und zwar zunächst nur im Querschnitt und nicht notwendigerweise über Schuljahre hinweg. Um Individualdaten längsschnittlich miteinander zu verknüpfen, bedarf es anstelle einer jährlich neu vergebenen Ordnungsnummer einer zeitkonstanten Identifikationsnummer je Person (ID). Da aufgrund der landesgesetzlichen Regelung der Schulstatistiken jedes Bundesland eigene rechtliche Vorkehrungen und technische Voraussetzungen in den Schulen und Behörden schaffen muss, konnte die Umstellung von Summen- auf Individualdaten bis heute nicht flächendeckend abgeschlossen werden. Während für Sachsen eine Realisierung

weiterhin gänzlich offen ist, gelang es in Bremen, Hessen und Schleswig-
Holstein sogar, datenschutzkonforme Rechtsgrundlagen für die Vergabe einer
pseudonomisierten Personenkennung je Schülerin und Schüler zu schaffen.

Welchen Beitrag Individualdaten für die Operationalisierung verlaufsbezogener Bildungsindikatoren leisten können, wurde im Rahmen der vorliegenden
Arbeit anhand konkreter Auswertungsbeispiele zu Abschlusskonstellationen
und -wegen im Schulwesen untersucht. Ausgehend von den Analysemöglichkeiten und -grenzen schulstatistischer Summendaten werden nachfolgend die
zentralen empirischen Ergebnisse zum Mehrwert von Individualdaten ohne und
mit Personenkennung resümiert.

5.1   Indikatorenansätze auf der Grundlage von Summendaten

Bei der bisher üblichen Form der schulstatistischen Datengewinnung, die in
Sachsen auf absehbare Zeit auch Bestand haben wird, melden die Schulen zu
Beginn eines jeden Schuljahres zusammengefasste Angaben zur Zahl der Ab-
solventen/Abgänger im vorherigen Jahr. Die Gesamtsumme aller Personen,
welche die jeweilige Schule mit oder ohne Abschluss verlassen haben, wird
dabei nach den Differenzierungsvariablen Abschlussart, Geschlecht, Ausländerstatus sowie in einigen Ländern nach Jahrgangsstufe und Geburtsjahr in
Teilmengen aufgeschlüsselt. Charakteristisch für diese Form der Datenerfas-
sung ist jedoch, dass meist nur zwei bis drei der genannten Merkmale in Kombination erfasst werden, um die Komplexität der Summenabfrage auf ein hand-
habbares Maß zu beschränken. Melden die Schulen ihre Absolventen/Abgänger
beispielsweise einerseits nach Geschlecht und Ausländerstatus sowie andererseits nach Geburtsjahr, so können die Abschlusskonstellationen zwar im Ge-
schlechtervergleich sowie im Altersvergleich ausgewertet werden. Ob aber die
männlichen Schüler älter oder jünger als ihre Mitschülerinnen waren, lässt sich
aufgrund der getrennten Erfassung nicht ermitteln.

Eingedenk dieser begrenzten Verknüpfungsmöglichkeiten für eine zugleich
beschränkte Anzahl an Personenmerkmalen bieten die so gewonnenen Summendaten kaum empirische Ansatzpunkte, die Bildungsverläufe der Absolven-
ten/Abgänger indikatorengestützt abzubilden. Es lassen sich grundsätzlich
keine individuellen verlaufsbezogenen Informationen generieren, sondern lediglich kumulative Statusinformationen für die Abgängerkohorte im jeweiligen
Schuljahr.

Abb. 44: Schematische Darstellung der Auswertungsoptionen von schulstatistischen Summendaten eines Schuljahres

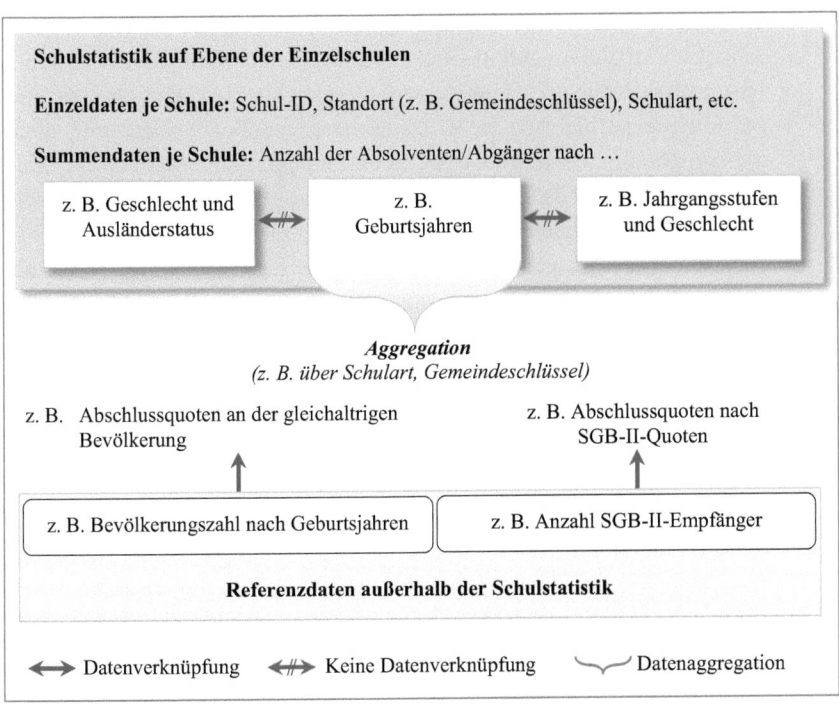

Quelle: eigene Darstellung

Für das Bildungsmonitoring auf nationaler, auf Landes- und auf kommunaler Ebene bedeutet dies, dass in aller Regel (nur) analysiert werden kann, in welcher Größenordnung sich in einzelnen Abgangsjahren die Zahl der Schulabgänge mit und ohne einen bestimmten Abschluss bewegt. Es existieren aber unterschiedliche Operationalisierungen für diese querschnittlichen Indikatoren zu den Abschlusskonstellationen. Wie in der vorliegenden Arbeit aufgezeigt werden konnte, hängt deren Aussagekraft entscheidend davon ab, auf welchem Wege die *Basisdaten* (Absolventen-/Abgängerzahlen) zur numerischen Zielgröße, der *Kennziffer* (Abschlussquote), transformiert werden. Bislang gab es keinen methodischen Ansatz, welcher die jährliche Größenordnung der Schulabgänge mit oder ohne Abschluss exakt abzubilden vermochte:

- *Abschlussquoten in Prozent aller Absolventen/Abgänger*: Ein erster Ansatz zur Ermittlung von Abschlussquoten besteht darin, die zahlenmäßige Relation zwischen den einzelnen Abschlussarten zu bestimmen. Absolventen mit einem bestimmten Abschluss werden also zur Grundgesamtheit aller Schulabgänge und -abschlüsse im betrachteten Jahr ins Verhältnis gesetzt. Gegenüber absoluten Häufigkeiten gewährleistet diese Kennziffer eine bessere Vergleichbarkeit über die Zeit und bei Gruppenvergleichen (z. B. Deutsche gegenüber Ausländern), doch bleiben etwaige demographische Schwankungen unberücksichtigt. Sinkende oder steigende Geburtenzahlen schlagen sich z. B. bei den Absolventen mit allgemeiner Hochschulreife aufgrund der längeren Schulbesuchsdauer erst in späteren Jahren nieder als für Personen mit und ohne Hauptschulabschluss. Ein steigender Absolventenanteil mit allgemeiner Hochschulreife indiziert dann nicht zwangsläufig den zunehmenden Erwerb des Abiturs, sondern könnte auch auf einen demographisch bedingten Rückgang der Personenzahl mit und ohne Hauptschulabschluss zurückzuführen sein.

- *Abschlussquoten in Prozent der alterstypischen Bevölkerung:* Weiter verbreitet ist daher eine zweite Methode, bei welcher die Zahl der erreichten Abschlüsse nicht an der Gesamtzahl der Absolventen/Abgänger, sondern an der Wohnbevölkerung im typischen Abschlussalter relativiert wird. Je nach Abschlussart rekurrieren diese Abschlussquoten auf unterschiedliche Alters- bzw. Geburtsjahrgänge (z. B. 15- bis unter 17-Jährige für den Hauptschulabschluss). Etwaige Schwankungen in der Besetzungsstärke aufeinanderfolgender Geburtskohorten sollen auf diese Weise ausgeglichen werden. Wie gezeigt werden konnte, weicht aber zum einen das tatsächliche Alter der Absolventen/Abgänger zu einem gewissen Grad von den angenommenen typischen Altersjahrgängen ab, so dass die demographische Entwicklung weiterhin das Ergebnis verzerren kann (demographischer Effekt). Zum anderen kommt es zu einer nicht näher bestimmbaren Überschätzung der Abschlussquoten, weil Personen zeitversetzt mehrfach erfasst werden, die einen zunächst nicht erreichten oder höher qualifizierenden Schulabschluss in späteren Jahren nachholen (Kumulationseffekt).

- *Abschlussquoten als Quotensumme der einzelnen Geburtsjahrgänge:* Der demographische Effekt kann nur kontrolliert werden, wenn das Geburtsjahr der Absolventen/Abgänger erhoben wird. Dies ist inzwischen auch in fast allen Ländern der Fall, die nach wie vor Summendaten erfassen, so dass das Statistische Bundesamt und die KMK ihre jährlichen Berechnungen anpassen konnten. Für diese Kennziffer wird die Anzahl an Absolventen/Abgängern eines Alters zur Wohnbevölkerung des jeweils korrespondierenden Geburtsjahrganges ins Verhältnis gesetzt, um anschließend die einzelnen altersgenauen Quoten aufzusummieren. Der Nachteil des Ansatzes liegt darin, dass von einer logarithmischen Normalverteilung des Absolventenalters ausgegangen wird. Demographisch ist aber nicht auszuschließen, dass die Absolventenzahl an den Rändern der Altersverteilung nicht ab-, sondern zunimmt. Der Wert der Gesamtquote wird dann durch das gleichgewichtige Aufsummieren der Abschlussquoten einzelner Geburtsjahrgänge rechnerisch überschätzt.

Angesichts dieser methodischen Schwächen der gebräuchlichen Indikatorenansätze wurden im Rahmen dieser Untersuchung zwei innovative Operationalisierungen für die Bestimmung der Größenordnung von Schulabgängen mit und ohne Abschluss entwickelt. Eine Erfassung der Absolventen/Abgänger nach Geburtsjahren vorausgesetzt, lassen sich diese Kennziffern auch auf der Basis von Summendaten generieren.

- *Abschlussquoten in Prozent der gewichteten, gleichaltrigen Bevölkerung*: Eine erste Alternative zu den bislang üblichen Verfahren besteht darin, dem Prinzip der alterstypischen Abschlussquoten zu folgen, aber anstelle der Wohnbevölkerung in vermeintlich typischen Altersjahrgängen auf die tatsächliche Altersverteilung der Absolventen/Abgänger zurückzugreifen. Hierzu muss zunächst bestimmt werden, zu welchem Anteil jeder einzelne Geburtsjahrgang unter den Absolventen/Abgängern repräsentiert ist. Unter Rückgriff auf diese, nach der tatsächlichen Altersverteilung bestimmten Gewichtung wird dann die Wohnbevölkerung der einzelnen Geburtsjahrgänge zur gleichaltrigen Bevölkerung aufsummiert, um sie anschließend zur Gesamtzahl der Absolventen/Abgänger ins Verhältnis setzen zu können. Mit dieser Methodik werden aufgrund der altersgenauen Berücksichtigung der Kohortenstärke nicht nur demographische Schwankungen, sondern auch etwaige Verschiebungen in der Altersverteilung der Abgänger/Absolventen auf die Altersjahrgänge kontrolliert. Die Kennziffer bildet damit den zu beschreibenden Sachverhalt zu verschiedenen Zeitpunkten verlässlicher ab als es bisherige Methoden gestatten.

- *Abschlussquoten einer Geburtskohorte über die Zeit*: Auch mit querschnittlichen Summendaten kann man sich durch Zeitreihenbetrachtung an Verlaufsindikatoren annähern. Nimmt man anstelle der – bei den vorgenannten Kennziffern – betrachteten Verteilung *vieler* Geburtskohorten in *einem* Jahr die Verteilung *einer* Geburtskohorte über *viele* Jahre in den Blick, entsteht für diese Personen ein Quasi-Längsschnitt. Dabei wird nicht auf sämtliche Absolventen/Abgänger eines Jahres rekurriert, sondern lediglich auf jene, die einer bestimmten Geburtskohorte entstammen. Für mehrere aufeinanderfolgende Abgangsjahre kann so in Relation zu der Wohnbevölkerung aus dieser Geburtskohorte der Anteil an Absolventen/Abgängern je Jahr berechnet werden. Kumuliert man diese Anteile über die Jahre hinweg, lässt sich im Zeitverlauf darstellen, welcher Anteil eines Geburtsjahrgangs in welchem Alter mit oder ohne Schulabschluss abgegangen ist. Es entsteht also ein vollständiges Bild der erreichten Abschlüsse, wenngleich es bei einer Kumulation von Querschnitten bleibt, die offen lässt, wie viele Personen dieser Geburtskohorte Abschlüsse nachholen, im Zeitverlauf also mehrfach erfasst werden.

Unabhängig davon, welche der zuvor aufgeführten Kennziffern herangezogen wird, gestatten bloße Abschlussquoten zunächst nur Zeitreihenvergleiche. Ein Beobachtungswert lässt sich also – mit den genannten Einschränkungen der jeweiligen Reliabilität und Validität – in einer Zeitreihe früheren Beobachtungswerten gegenüberstellen (*ipsativer* bzw. *selbstreferentieller Maßstab*). Ohne Einbeziehung zusätzlicher personenbezogener, institutioneller oder regionaler Differenzierungen haben solche Basiskennziffern indes nur geringen Informationswert, geben sie doch keinerlei Aufschluss über die Hintergründe ihres Zustandekommens. So werden im Rahmen indikatorengestützter Analysen neben dem obligatorischen Zeitreihenvergleich in aller Regel auch die Werte verschiedener Beobachtungseinheiten untereinander verglichen (*sozialer Maßstab*). Für den Prozess der Indikatorisierung eines Sachverhaltes ist daher entscheidend, nach welcher *tiefer gehenden Untergliederung* die Kennziffer aufgeschlüsselt werden kann. Hierin liegen die wesentlichen Mängel der Summenstatistik.

INDIVIDUELLE PERSPEKTIVE

Die schematische Darstellung der Auswertungsoptionen von schulstatischen Summendaten zeigt, dass viele Merkmalszusammenhänge wegen der eingeschränkten Kombinationsmöglichkeiten keiner Analyse zugänglich sind. Werden die Daten beispielsweise nach Geburtsjahren erfasst, können zwar Abschlussquoten in Prozent der gewichteten, gleichaltrigen Bevölkerung berechnet werden. Eine Differenzierung dieser Kennziffer nach Deutschen und Ausländern ist aufgrund der summarischen Erhebung von Geburtsjahr auf der einen und Ausländerstatus auf der anderen Seite ausgeschlossen. Ohne Kenntnis der Geburtsjahre muss man auf die Abschlussquoten in Prozent der alterstypischen Bevölkerung ausweichen. Egal wie viele Personenmerkmale der Absolventen/Abgänger also im Summendatensatz insgesamt verfügbar sind, ist das analytische Potential prinzipiell beschränkt, weil nicht alle statistischen Größen in Verknüpfung vorliegen.

Angesichts der landesspezifisch unterschiedlich ausgestalteten Merkmalsabfragen in den Schulen verwundert nicht, dass bislang mit Geschlecht und Ausländerstatus lediglich zwei Merkmale länderübergreifend in Kombination ausgewertet werden können. Die Auswertung dieser Summendaten zeigte erhebliche Unterschiede zwischen den Abschlussquoten deutscher und ausländischer Schülerinnen und Schüler. Gemessen an der alterstypischen Bevölkerung bleiben doppelt so viele ausländische Jugendliche ohne Hauptschulabschluss wie deutsche. Dagegen erlangen Deutsche dreimal so häufig die allgemeine Hochschulreife. Dies gilt für Jungen und Mädchen gleichermaßen. Im Zeitverlauf konnte für ausländische wie für deutsche Jugendliche ein positiver Trend zu höherwertigen Schulabschlüssen festgestellt werden. Allerdings hat sich damit faktisch an der sozialen Ungleichheit wenig geändert, wie die Transformation der Abschlussquoten zu Relativen-Risiko-Indizes belegt. So waren Deutsche unter den Jugendlichen mit allgemeiner Hochschulreife auch in den letzten Jahren fast 3-mal häufiger vertreten als Ausländer. Für letztere besteht nach wie vor ein 2,5-faches Risiko, ohne Hauptschulabschluss abzugehen.

Zu betonen ist aber, dass es mit dem Ausländerkonzept zunehmend schwieriger wird, migrationsspezifische Disparitäten transparent zu machen. Indikatorengestützte Analysen nach Staatsangehörigkeit büßen in den kommenden Jahren nicht nur an Reliabilität ein, weil sich die Größenordnung und die Zusammensetzung der Ausländerpopulation aufgrund der Änderung des Staatsangehörigkeitsgesetzes allmählich wandelt. In der Bildungsforschung hat sich zudem die Erkenntnis durchgesetzt, dass andere Kriterien wie Herkunftsland, Einwanderungsgeneration oder familiäre Sprachpraxis maßgeblich die Bildungsverläufe prägen. Die herkömmliche Summenstatistik bildet diese migrationsspezifischen Varianzen nicht ab und kann damit keine differenzierten Hinweise auf bildungspolitische Handlungserfordernisse geben.

INSTITUTIONELLE PERSPEKTIVE

Da die Schulstatistik auf Einzelschulebene erfasst wird, besteht die Möglichkeit der Datenaggregation für Einrichtungen gleicher Art. Neben den Gruppenvergleichen nach Ausländerkonzept und Geschlecht können Summendaten somit auch unter institutionellen Gesichtspunkten ausgewertet werden – länderübergreifend nach Schularten und öffentlichem/privatem Rechtsstatus der Schule.

Für die vorliegende Untersuchung unter der Perspektive von Bildungsverläufen war eine Analyse der Abschlusskonstellationen nach Schularten besonders relevant. Aggregiert man die einzelschulischen Summendaten, lässt sich die schulische Herkunft der Absolventen/Abgänger als prozentuale Verteilung der Schulabgänge und Schulabschlüsse auf die zuletzt besuchten Schularten darstellen. In dieser Analyse wurde über die letzten Jahrzehnte eine zunehmende Entkopplung von Schul- und Abschlussarten sichtbar. Von besonderer Bedeutung für die Entwicklung von Verlaufsindikatoren ist hierbei, dass die Ausdifferenzierung der Abschlusswege längst nicht mehr auf das allgemeinbildende Schulwesen begrenzt ist. Heute werden nur noch ca. die Hälfte der Hauptschulabschlüsse an Hauptschulen sowie der Mittleren Abschlüsse an Realschulen erworben. Immer mehr Jugendliche holen durch länderspezifische Anerkennungsregelungen in beruflichen Schulen einen allgemeinbildenden Abschluss nach. Wie bereits erwähnt wurde, ermöglichen es die Summendaten jedoch nicht, dieser zunehmenden Zahl der Mehrfachzählungen von Erst- und Zweitabschlüssen im Rahmen indikatorengestützter Analysen Rechnung zu tragen.

Mit der Verteilung der Absolventen/Abgänger auf die Schularten ist ein weiteres Problem bisheriger Indikatorenansätze angesprochen. Über die Schulartgliederung werden die Abschlusskonstellationen der Schülerinnen und Schüler mit sonderpädagogischem Förderbedarf nicht vollständig abgebildet. Zwar lässt sich konstatieren, dass von der Förderschule drei von vier Jugendlichen abgehen, ohne zumindest den Hauptschulabschluss erreicht zu haben. Keine Aussage kann allerdings über jene Personen getroffen werden, die in den sonstigen allgemeinbildenden Schulen integrativ gefördert wurden. Im Unterschied zu den Förderschülerinnen und Förderschülern, die über ihre institutionelle Zuordnung als Personen mit Förderbedarf erfasst werden, lassen sich Integrationsschülerinnen und -schüler bislang nicht innerhalb der Absolventen/Abgänger aus sonstigen Schulen statistisch identifizieren. Wie sich die Abschlusserfolge der in Förder- und in Regelschulen unterrichteten Kinder mit sonderpädagogischer Förderung unterscheiden, ist eine Frage, die im Zuge der aktuellen Inklusionsdebatte an Bedeutung gewinnt. Ihre Beantwortung erfordert eine Erfassung der individuellen Förderschwerpunkte von Absolventen/Abgängern aus allen Schularten.

REGIONALE PERSPEKTIVE

Summendaten haben hinsichtlich ihrer regionalen Aufschlüsselung keinen Nachteil gegenüber Individualdaten. Entsprechend der Zuordnung der Absolventen/Abgänger zu den einzelnen Abgangsschulen kann in beiden Fällen die Aggregation über die Schulstandorte, z. B. anhand des amtlichen Gemeindeschlüssels (AGS), vorgenommen werden. Einzeldaten hätten aber dann einen Vorteil, wenn die Absolventen/Abgänger nicht allein über ihre institutionelle Zugehörigkeit regional verortet werden könnten, sondern zudem der Wohnort jeder Person individualstatistisch erfasst würde. Abschlussquoten könnten dann unter Berücksichtigung von lokalen Pendlerbewegungen zwischen Wohn- und Schulorten berechnet werden, um die Vergleichbarkeit regionaler Abschlussquoten zu erhöhen.[48] Bis auf wenige Ausnahmen findet das Wohnortprinzip in der Schulstatistik allerdings keine Anwendung, so dass regionale Abschlusskonstellationen mit Summen- und Individualdaten gleichermaßen nur nach Schulstandorten aufgezeigt werden können.

Dies wurde in der vorliegenden Arbeit auf der Ebene der Landkreise und kreisfreien Städte Deutschlands für die Abgängerinnen und Abgänger ohne Hauptschulabschluss veranschaulicht. Da das Geburtsjahr nicht in allen Ländern verfügbar war, musste auf die Abgängerquote in Prozent der alterstypischen Bevölkerung zurückgegriffen werden. Die Spannbreite reichte hier im Vergleich der Kreise von 3 bis zu 22% der 15- bis unter 17-jährigen Bevölkerung. In manchen Regionen wird damit die im Bundesdurchschnitt ermittelte Abgängerquote um das 3-fache überschritten. Dass dabei überwiegend die kreisfreien Städte überdurchschnittlich hohe Abgängerquoten ohne Hauptschulabschuss aufwiesen, verdeutlicht die Notwendigkeit vertiefender Analysen zu den regionalen Kontextbedingungen, unter denen die Schülerinnen und Schüler ihre

---

48 Gegenwärtig ist beispielsweise die Abgängerquote ohne Hauptschulabschluss in einigen Regionen überdurchschnittlich hoch, weil Kinder benachbarter Gebiete von ihrem Wohnort zu den in der Regel zentral gelegenen sonderpädagogischen Förderzentren pendeln (müssen).

Schullaufbahn absolviert haben. Zu diesem Zweck wurden die schulstatisti-schen Abgängerquoten anhand des Gemeindeschlüssels exemplarisch mit wei-teren sozialstatistischen Regionaldaten verknüpft, die sich für Sozialraumanaly-sen als besonders aussagekräftig etabliert haben (z. B. Arbeitslosenquote, An-teil von Einfamilienhäusern, Anteil an Kindern in SGB-II-Bedarfs-gemeinschaften). Weil die Schulstatistik selbst keine sozioökonomischen Diffe-renzierungsmerkmale zu den Absolventen/Abgängern bereitstellt,[49] bietet die-ses Vorgehen auch den einzigen Ansatzpunkt, um zum Zusammenhang zwi-schen Bildungserfolg und sozialer Herkunft überhaupt kleinräumige Aussagen zu treffen. Im Ergebnis zeigte sich, dass auf der Ebene der Landkreise und kreisfreien Städte alle hier betrachteten sozialräumlichen Kontextfaktoren in einem signifikanten Zusammenhang mit der Abgängerquote ohne Hauptschul-abschluss stehen. Die regionalen Unterschiede in den Abschlusskonstellationen spiegeln mit anderen Worten tatsächlich zu einem gewissen Grad unterschied-liche sozialstrukturelle Gegebenheiten vor Ort wider. Gemessen an der beson-ders hohen Korrelation scheint die Zugehörigkeit zu einer SGB-II-Bedarfs-gemeinschaft die bedeutsamste Risikolage für den Erwerb eines Schulab-schlusses zu sein. Auch wenn man die auf der nationalen Ebene ermittelten Korrelationsergebnisse auf Landesebene herunterbricht, besteht zwischen der Abgängerquote ohne Hauptschulabschluss und dem Anteil an Kindern in SGB-II-Bedarfsgemeinschaften in 13 der 16 Länder der engste Zusammenhang.

---

49 Hierzu bedürfte es entsprechender Angaben über die Eltern, welche aus Daten-schutzgründen nicht amtlich erfasst werden.

5.2   Indikatorenansätze auf der Grundlage von Individualdaten ohne Personenkennung

Mit dem Begriff Individualdaten ist eine Erhebung der schulstatistischen Merkmale in Form von anonymisierten Einzeldatensätzen gemeint. Diese beinhalten im Unterschied zu den Summendaten neben der Schul-ID weitere Schlüsselvariablen, um innerhalb der Datensätze nicht nur die Institutionen, sondern auch die Personen unterscheiden zu können. Schülerinnen und Schüler, Absolventen/Abgänger und Lehrkräfte werden hierzu in getrennten Datensätzen mit je eigenen Identifikationsnummern erfasst. In den meisten Bundesländern, die bereits schulstatistische Individualdaten nach dem KMK-Kerndatensatz eingeführt haben, handelt es sich jedoch um keine zeitkonstanten Fallnummern für konkrete Personen. Stattdessen wird in jedem Erhebungsjahr aufs Neue eine laufende Ordnungsnummer zugewiesen. Damit sind längsschnittliche Verknüpfungen mit Personenbezug ausgeschlossen, so dass gegenüber den Summendaten keine Verbesserung im Hinblick auf die Operationalisierung von Abschlussquoten erreicht wird. Zeitversetzte Mehrfachzählungen von nachgeholten Schulabschlüssen können mit Individualdaten (ohne Personenkennung) ebenso wenig beziffert werden. Gleichwohl eröffnen sie neue Einblicke in die Abschlusskonstellationen. Denn erstens erlauben Individualdaten multidimensionale Kombinationen zwischen allen erfassten Merkmalen, um das gleichzeitige Auftreten von Ereignissen bzw. Sachverhalten vertiefend zu analysieren (z. B. Klassenwiederholung, Schulart, sonderpädagogische Förderung, Ganztagsbetrieb). Und zweitens werden neben aktuellen Angaben zum entsprechenden Schuljahr einige retrospektive Personenmerkmale miterhoben, aus denen sich bestimmte Laufbahncharakteristika der Absolventen/Abgänger ableiten lassen (z. B. Geburtsjahr, Jahr der Ersteinschulung, schulische Vorbildung).

INDIVIDUELLE PERSPEKTIVE

Die Vorteile der Verknüpfbarkeit aller individualstatistisch erfassten Absolventen-/Abgängermerkmale konnten am Beispiel der Jugendlichen mit und ohne Migrationshintergrund dargelegt werden. Hierzu wurde auf die Schulstatistik Rheinland-Pfalz' zurückgegriffen, welche bereits gemäß KMK-Kerndatensatz für jeden Absolventen/Abgänger die Merkmale Staatsangehörigkeit, Geburtsstaat, Verkehrssprache in der Familie sowie Zuzugsjahr beinhaltet. Mit einer si-

Abb. 45: Schematische Darstellung der Auswertungsoptionen von schulstatistischen Individualdaten (ohne Personenkennung) eines Schuljahres

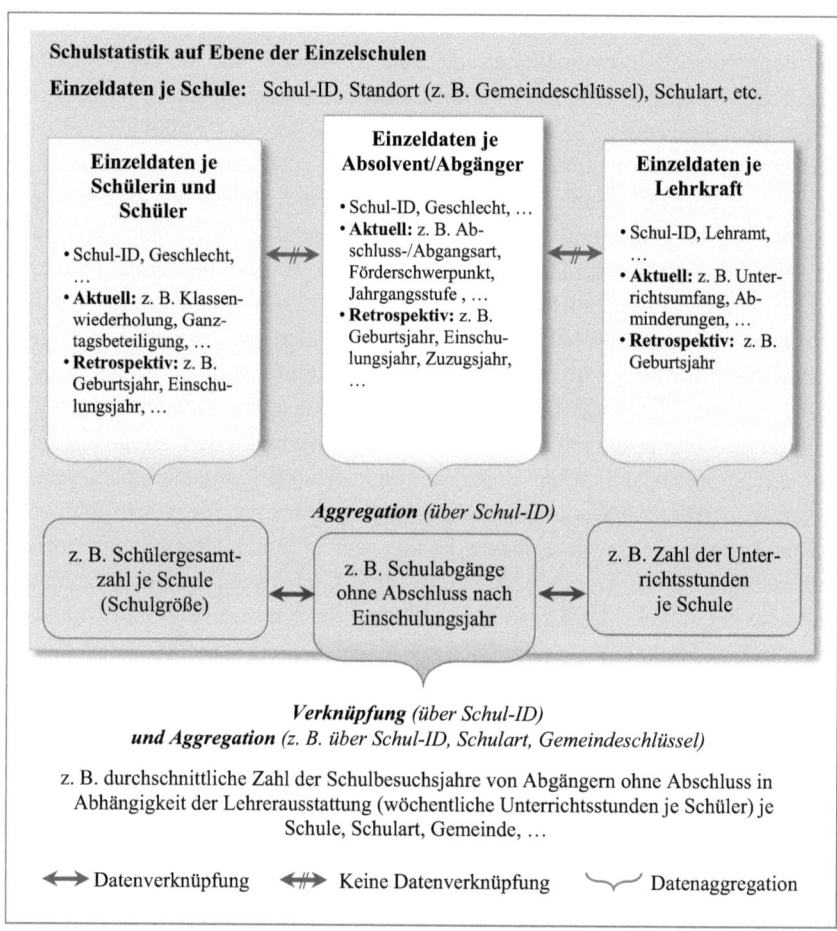

Quelle: eigene Darstellung

multanen Auswertung dieser Merkmale kann ein sehr viel differenzierteres Bild der Abschlusskonstellationen gezeichnet werden als bei alleiniger, summenstatistischer Gegenüberstellung deutscher und ausländischer Jugendlicher. So weichen die Abschlussquoten innerhalb der Migrantenpopulation mehr voneinander ab als im Gruppenvergleich von Personen mit und ohne Migrationshintergrund. Der Anteil an Personen ohne Abschluss auf der einen und Personen mit Hochschulreife auf der anderen Seite hängt maßgeblich von der konkreten

Migrationskonstellation, das heißt von den im Einzelnen nicht deutsch ausgeprägten Merkmalen ab. Dabei erwies sich von den hier betrachteten Migrationsvariablen die Sprache als bedeutsamster Einflussfaktor. Für Jugendliche, die zuhause nicht Deutsch sprechen, besteht das größte Risiko, von der Schule ohne Abschluss abzugehen. Ferner konnte für im Ausland geborene Absolventen/Abgänger die Annahme bestätigt werden, dass der Abschlusserfolg davon abhängt, zu welchem Zeitpunkt ihres Lebenslaufs die Personen nach Deutschland zugewandert sind. Ein späteres Zuzugsalter geht sowohl mit steigenden Anteilen an Schulabgängen ohne Abschluss als auch mit sinkenden Abiturquoten einher.

Mit Individualdaten lassen sich Abschlussquoten jedoch nicht nur in einer tiefen Gliederung nach Personengruppen aufschlüsseln, sondern es besteht auch die Möglichkeit, die Analysen unter Einbeziehung retrospektiv erfasster Individualmerkmale um weitere Kennziffern zu erweitern. Der individualstatistische Bezug zwischen dem Geburtsjahr, dem Einschulungsjahr und dem Abschlussjahr gestattet es beispielsweise, den Schulerfolg von Jugendlichen mit gleichem Abschluss anhand des Abschlussalters sowie der Dauer des Schulbesuchs zu beurteilen. Ermittelt man etwa das durchschnittliche Alter der Absolventen/Abgänger mit und ohne Migrationshintergrund zeigen sich in Rheinland-Pfalz nur geringfügige Unterschiede. Jugendliche, bei denen mindestens eines der Merkmale Staatsangehörigkeit, Geburtsort oder Sprache nicht deutsch ausgeprägt ist, sind zwar beim Verlassen der Schule im Durchschnitt zwischen ein und vier Monaten älter als Jugendliche ohne Migrationshintergrund. Doch fallen die entsprechenden Effektstärken gering aus. Noch weniger unterscheiden sich beide Gruppen hinsichtlich der Schulbesuchsdauer vom Einschulungs- bis zum Abschlusszeitpunkt. Die beobachteten, wenngleich geringen Altersunterschiede sind folglich darauf zurückzuführen, dass Jugendliche mit Migrationshintergrund sowohl zu größeren Anteilen spät eingeschult wurden als auch mit Verzögerungen (z. B. Klassenwiederholung) die Schule durchlaufen haben.

INSTITUTIONELLE PERSPEKTIVE

Schulstatistische Individualdaten eröffnen aufgrund ihrer vielfältigen Kombinationsmöglichkeiten auch für institutionelle Analysen weiterführende Perspektiven. Für den Bereich der sonderpädagogischen Förderung können z. B. die Abschlusskonstellationen umfassend beschrieben werden, weil auf Individualebene der analytische Bezug zwischen Schulbesuch (einschließlich der integrativen Förderung in Regelschulen) und Abschlusserwerb (einschließlich der spezifischen Förderschulabschlüsse) herstellbar ist. Exemplarisch konnte so für Rheinland-Pfalz gezeigt werden, dass integrativ unterrichtete Jugendliche doppelt so häufig zumindest einen Hauptschulabschluss erreichen als Schülerinnen und Schüler der Förderschule. Letztere verlassen demgegenüber häufiger die Schule mit einem spezifischen Abschlusszeugnis der Förderschule. Ob diese Jugendlichen als Integrationsschüler in Regelschulen bessere Chancen auf einen regulären Schulabschluss gehabt hätten, lässt sich schulstatistisch nicht ermessen. Auch ohne Personenkennung kann die Individualstatistik aber in den kommenden Jahren Aufschluss darüber geben, ob und für welche Schülergruppen sich im Zuge der aktuellen Inklusionsbemühungen die Erfolgsaussichten auf einen herkömmlichen Schulabschluss erhöhen.

Da die Schulstatistik es erlaubt, jede Schule als spezifischen Einzelfall zu betrachten, wurden in der vorliegenden Arbeit auch die prinzipiellen Möglichkeiten aufgezeigt, institutionellen Unterschieden in den Abschlusskonstellationen indikatorengestützt nachzugehen. Hierzu wurden – am Beispiel der Schulabgänge ohne Abschluss in Rheinland Pfalz – auf Einzelschulebene die Abgängerquoten ermittelt und vor dem Hintergrund der jeweiligen schulischen Rahmenbedingungen ausgewertet. Neben institutionellen Merkmalen (Schulart und Ganztagsbetrieb) wurden für jede Einzelschule auch Kontextinformationen aus den Individualmerkmalen der Schülerschaft (Schulgröße, Anteil mit Migrationshintergrund, Anteil in Ganztagsangeboten) sowie der Lehrkräfte (Lehrerstunden je Schüler) abgeleitet. Im Ergebnis zeigte sich zum einen zwischen den Schulen eine erhebliche Streuung im Anteil der Schulabgänge ohne Abschluss. In knapp der Hälfte der Einrichtungen schlossen alle Jugendlichen erfolgreich die Schule ab, doch gab es auch eine nennenswerte Anzahl an Schulen, in denen mehr als jeder Vierte ohne Abschluss blieb. Zum anderen spiegelt diese Varianz der institutionellen Abgängerquoten auch die unterschiedlichen Rahmenbedingungen in den Schulen wider. Alle betrachteten Kontextmerkmale stehen in signifikantem Zusammenhang mit der Abgängerquote. Die meisten Jugendlichen ohne Schulabschluss haben Schulen besucht, die von ihrer Schülerzahl her klein waren, eine breitere Nutzung von Ganztagsangeboten verzeichneten und eine Schülerzusammensetzung mit hohem Migrationsanteil sowie eine überdurchschnittliche Personalausstattung aufwiesen. Allerdings ist als zentrales Ergebnis festzuhalten, dass diese Effekte weitgehend durch Unterschiede zwischen den Schularten vermittelt sind. Insbesondere die Haupt- und Förderschulen, als Schularten mit den höchsten Abgängerquoten ohne Abschluss, unterscheiden sich in ihren Rahmenbedingungen systematisch von den höher qualifizierenden Schularten.

REGIONALE PERSPEKTIVE

Wie bereits beschrieben wurde, erwies sich für kleinräumige Analysen als nebensächlich, ob Summendaten oder Individualdaten erhoben werden. In beiden Fällen muss die Absolventen-/Abgängerzahl nach den gleichen statistischen Raumabgrenzungen (z. B. Kreis, Gemeinde, Stadtbezirk) aggregiert werden. Solange der Wohnort der Schülerinnen und Schüler nicht individualstatistisch erfasst wird, können auch mit Individualstatistiken nicht die tatsächlichen Einzugsbereiche von Bildungseinrichtungen bestimmt werden.

Ein weiteres Desiderat der regionalen Aufschlüsselung trat im Zuge der Analysen zum Migrationshintergrund der Absolventen/Abgänger zutage: In diesem Themenbereich kann das Potential der Individualstatistik für indikatorengestützte Analysen nicht gänzlich ausgeschöpft werden. Die im KMK-Kerndatensatz vereinbarten Erhebungsmerkmale Geburtsort, Familiensprache und Zuzugsjahr sind schulstatistische Neuerungen, die zwar die Anschlussfähigkeit an nationale Stichprobenuntersuchungen wie PISA oder NEPS herstellen, aber in anderen amtlichen Statistiken wie der Bevölkerungsstatistik bislang keine Entsprechung finden. Folglich können migrationsspezifische Abschlussquoten weder auf der Landes- noch auf der kommunalen Ebene zu der Bevölkerung mit Migrationshintergrund in Bezug gesetzt werden. Ohne Referenzdaten zur korrespondierenden Wohnbevölkerung muss folglich weiter auf jene Proxy-Indikatoren zurückgegriffen werden, die demographisch verzerrt und damit in ihrer Aussagekraft eingeschränkt sind (z. B. auf Abschlussquoten in Prozent der Grundgesamtheit der Absolventen/Abgänger mit und ohne Migrationshintergrund).

5.3 Indikatorenansätze auf der Grundlage von Individualdaten mit Personenkennung

Gemessen an den zuvor aufgezeigten Vorteilen, die Individualdaten per se gegenüber der traditionellen Summenstatistik haben, kann der zusätzliche Mehrwert einer Personenkennung (Schüler-ID) gar nicht hoch genug eingeschätzt werden. Neben sämtlichen skizzierten Querschnittsanalysen lassen sich mit einer solchen, zeitkonstanten Identifikationsnummer auch Zustandsänderungen im Zeitverlauf abbilden. Selbst unter Rückgriff auf retrospektiv erfasste Merkmale gelingt ohne Personenkennung allenfalls eine empirische Annäherung an die Bildungsverläufe von Absolventen/Abgängern. Die Aussagen bleiben stets auf einzelne Kohorten beschränkt, ohne den weiteren Verbleib der Personen rekonstruieren zu können. Um echte Verlaufsindikatoren zu generieren, muss die traditionelle Trennung in unterschiedliche schulstatistische Datensegmente überwunden werden. Können die Einzeldaten längsschnittlich miteinander verknüpft werden, wird die bisherige datenstrukturelle Abgrenzung zwischen Schülerschaft und Absolventen/Abgängern der allgemeinbildenden oder beruflichen Schulen obsolet. Denn über die eindeutige Datensatzkennung einer Person lassen sich aktuelle Statusinformationen zu allen vorangegangen (und nachfolgenden) Ereignissen und Etappen der Schullaufbahn in Beziehung setzen.

Im Rahmen der vorliegenden Untersuchung wurde diese längsschnittliche Analyseperspektive am Beispiel der hessischen Schulabsolventen/-abgänger 2009 aufgegriffen. Das Ziel bestand darin, den Erwerb eines Schulabschlusses nicht mehr als ein singuläres Ereignis, sondern als Prozess abzubilden. Anhand der in Hessen als Fallnummer bezeichneten Personenkennung sollte erstmals bestimmt werden, wie viele Jugendliche mit welcher schulischen Vorbildung welchen Anschlussbildungsgang absolvieren. In einem ersten Schritt wurden hierzu die Verbleibsquoten aller Absolventen/Abgänger 2009 für das darauffolgende Jahr ermittelt. In Übereinstimmung mit summenstatistischen Befunden zur Einmündung in die Berufsausbildung machen die Ergebnisse auf deutliche Selektionsbarrieren in Abhängigkeit der Vorbildung aufmerksam. Nur jeder vierte Abgänger, der ohne jeden Abschluss von der Schule abgegangen ist, schaffte den unmittelbaren Übergang in ein Ausbildungsverhältnis. Der Großteil besuchte nach dem Abgang gar keine Schule, ein kleinerer Teil setzte seinen Bildungsweg in einer allgemeinbildenden Schule oder einer berufsvorbereitenden Maßnahme des Übergangssystems fort. Jugendlichen mit Abschlusszertifikat der Förderschule gelang es dagegen häufiger, nach dem Abschluss eine Ausbildung zu beginnen – sogar öfter als den Absolventen mit Hauptschulabschluss. In der Hälfte der Fälle führte der Erwerb des Hauptschulabschlusses ins Übergangssystem. Im Vergleich der Verbleibsquoten von Jugendlichen mit deutscher und nicht deutscher Staatsangehörigkeit ist hervorzuheben, dass die Bildungswege im Anschluss an die allgemeinbildende Schulzeit weitgehend synchron verlaufen. Zwar münden überproportional viele ausländische Personen ins Übergangssystem ein, allerdings können angesichts der ungünstigeren Ausgangslage in den schulischen Vorqualifikationen beim nachfolgenden Zugang zu den Ausbildungssektoren keine großen Benachteiligungen bzw. Diskriminierungen festgestellt werden. In erster Linie gibt der erreichte Abschluss den Ausschlag, auf welchem Wege die Bildungslaufbahn fortgesetzt wird.

Abb. 46: Schematische Darstellung der Auswertungsoptionen von schulstatistischen Individualdaten mit Personenkennung

Quelle: eigene Darstellung

Während diese Befundlage teilweise bereits über Summendaten der beruflichen Schulen abgebildet werden konnte, da dort der höchste erreichte Abschluss zumindest für die Neuanfänger statistisch erfasst wird, ermöglicht erst der längsschnittliche Informationstyp Einblick in den weiteren schulischen Werdegang. Herausgegriffen wurden erneut die Schulabgänge ohne Abschluss. Was deren Anschlussbildungsgänge betrifft, wird zum einen sichtbar, dass jeder Dritte auch zwei Jahre nach dem Schulabbruch 2009 in keinen Bildungsgang zurückgekehrt ist. Ihr Verbleib ist – statistisch – unbekannt. Zum anderen entwickeln sich die Bildungsverläufe jener Jugendlichen, die nach dem Abgang in einen Anschlussbildungsgang eingetreten sind, deutlich auseinander. Die überwiegende Mehrheit der Jugendlichen besuchte 2010/11 nicht mehr den gleichen Bildungsgang wie 2009/10. Nicht einmal die Hälfte der Auszubildenden im dualen oder Schulberufssystem ging auch im Folgejahr noch der Ausbildung nach. Insgesamt ergeben sich also für eine große Anzahl von Personen diskontinuierliche Bildungsverläufe im Anschluss an die allgemeinbildende Schulzeit. Da die schulischen Verbleibsquoten offen lassen, ob im Zuge des Schulbesuchs der formale Bildungsstand gestiegen ist, galt es in einem letzten Schritt zu analysieren, wie viele Jugendliche in der Lage waren, einen Abschluss nachzuholen.

Sowohl für Abgänger ohne Abschluss als auch für jene mit Förderabschluss „Lernen" bestätigte sich die Vermutung, dass viele ein Jahr nach Schulende erneut den Bildungsgang wechseln, weil sie bereits in diesem ersten Jahr den Hauptschulabschluss nachholen konnten. In den Folgejahren kamen weitere nachträglich erworbene Schulabschlüsse hinzu, so dass sich am Ende des Schuljahres 2011/12 die Zahl der Jugendlichen ohne Hauptschulabschluss insgesamt um ein Drittel verringerte. Bemerkenswert ist, dass die Jugendlichen mit anfänglichem Förderabschluss „Lernen" häufiger einen Abschluss nachholten als diejenigen, die zunächst ohne jeden Abschluss die Schule beendet hatten. Da Hessen zu jenen Ländern zählt, in welchen Förderschüler im Schwerpunkt „Lernen" keinen herkömmlichen Schulabschluss erwerben können, wird die Frage aufgeworfen, ob sie – z. B. als Integrationsschüler an einer Regelschule – nicht bereits früher die Chance auf den Erwerb des Hauptschulabschlusses genutzt hätten.

Auf Basis dieser individualstatistischen Verlaufsergebnisse zum nachträglichen Abschlusserwerb ließ sich zum ersten Mal auch das Problem der zeitversetzten Mehrfachzählungen von Absolventen/Abgängern statistisch quantifizieren. Unter Berücksichtigung der nachgeholten Abschlüsse verringert sich die Abgängerquote ohne Hauptschulabschluss zwischen 2009 und 2012 von 7,1%

der gleichaltrigen Bevölkerung auf ungefähr 5%. Im Umkehrschluss konnte veranschaulicht werden, welcher Anteil der 2010 erreichten Hauptschulabschlüsse auf Jugendliche zurückgeht, die bereits 2009 als Abgänger eine Schule verlassen hatten (Mehrfacherfassung). Die Hauptschulabschlussquote 2010 reduziert sich unter Berücksichtigung dieser nachgeholten Abschlüsse von 22,6% auf 21%. Daran anknüpfend könnte in den kommenden Jahren ein analoges Vorgehen für alle Schulabsolventen/-abgänger entwickelt werden, um künftig indikatorengestützt die Entwicklung des Bildungsstandes einer Abschlusskohorte im Laufe der Zeit fortschreiben zu können.

5.4　Ansätze für weitere Forschung

Die vorgelegten Auswertungen verdeutlichen, dass schulstatische Individualdaten einen eigenständigen Beitrag zu verlaufsbezogenen Fragestellungen leisten können, für deren wissenschaftliche Untersuchung bis dato eine entsprechende Datenbasis fehlte. Für das Bildungsmonitoring – insbesondere auf kommunaler Ebene, wo ein Rückgriff auf stichprobenbasierte Alternativen wie z. B. das NEPS nicht infrage kommt – wird erstmals ein analytischer Zugang eröffnet, der über singuläre Ereignisse und Zustände an wenigen Schnittstellen des Bildungswesens hinausgeht und eine Rekonstruktion individueller Laufbahnen durch das institutionelle Gefüge des Schulwesens gestattet. Gleichwohl sind der Indikatorisierung von Bildungsverläufen auf der Grundlage amtlicher Statistiken objektiv Grenzen gesetzt, die es abschließend im Hinblick auf weiterführende Forschungen zu diskutieren gilt.

Eine Übertragung der am Beispiel von Rheinland-Pfalz und Hessen erprobten Indikatorenansätze auf die Situation in anderen Ländern oder gar auf das gesamte Bundesgebiet setzt zunächst voraus, dass die Umsetzung des KMK-Kerndatensatzes für schulstatistische Individualdaten weiter vorangetrieben wird. Abgesehen davon, dass in manchen Landesstatistiken der Umstellungsprozess noch am Anfang steht, bestehen selbst in Ländern mit Individualstatistik weiterhin Datenlücken, weil der jeweils erfasste Merkmalskranz (noch) nicht den Vereinbarungen im Kerndatensatz entspricht. Beispielsweise fehlen in einigen Ländern noch die Angaben zum differenzierten Migrationshintergrund der Absolventen/Abgänger, was etwa im Zuge der Fallnummernauswertung der hessischen Schulstatistik einen Rückgriff auf das Ausländerkonzept erforderlich machte. Will man künftig im Rahmen des nationalen, des länderspezifischen und des kommunalen Bildungsmonitorings Verlaufsindikatoren mit vergleichbaren konzeptionellen und empirischen Grundlagen berichten, bedarf es in allen Landesstatistiken einer verlässlichen Datenbereitstellung gemäß der Absprachen in der KMK. Wie die Erfahrungen aus Bremen, Hessen und Schleswig-Holstein zeigen, können die datenschutzrechtlichen Bedenken selbst mit Blick auf das sensible Thema eindeutiger Identifikationsnummern durch Schaffung entsprechender Rechtsgrundlagen im Dialog mit allen Beteiligten überwunden werden.[50] So ist davon auszugehen, dass der in den Ländern eingeleitete Umstellungsprozess weiter voranschreitet und – möglicherweise mit Ausnahme Sachsens – die realistische Aussicht auf eine flächendeckende Verfügbarkeit schulstatistischer Individualdaten mit oder ohne Personenkennung besteht. Unter dieser mittelfristigen Perspektive zeichnen sich drei Linien für künftige Forschung mit Individualstatistiken ab: Neben rein schulstatistischen Sekundäranalysen, die an die hier vorgelegten Befunde anknüpfen, lässt sich weiterführender Forschungsbedarf bezüglich der Anschlussfähigkeit der „neuen" Schulstatistik an andere amtliche Erhebungen sowie an wissenschaftsgetragene Datenerhebungen ausmachen.

A) AUSSCHÖPFUNG DES POTENTIALS SCHULSTATISTISCHER SEKUNDÄRANALYSEN

Die im Rahmen dieser Arbeit präsentierten Indikatorenansätze hatten weitgehend exemplarischen Charakter für grundlegende Prämissen der Entwicklung von Verlaufsindikatoren. Eine umfassende Einbeziehung aller statistisch erfassten Personen und Merkmalskombinationen kam unter forschungsökonomischen Gesichtspunkten nicht infrage. So konzentrierten sich die vertiefenden Analysen überwiegend auf die Schülerpopulation ohne Abschluss, die zudem im Hinblick auf ausgewählte individuelle, institutionelle und regionale Hintergrundmerkmale untersucht wurde.

In dieser Hinsicht gilt es in künftigen Studien, erstens das Bild der Abschlusskonstellationen unter Berücksichtigung der übrigen Absolventengruppen sowie

---

50   Auch in Rheinland-Pfalz werden inzwischen die Vorkehrungen zur Einführung einer pseudonymisierten Personenkennung getroffen, wie der Landesbeauftragte für den Datenschutz und die Informationsfreiheit in Rheinland-Pfalz, Edgar Wagner, im Rahmen der Veranstaltung „Bedarfe und Desiderate des Forschungsdatenzugangs im Bildungswesen in Deutschland" am 04. März 2013 in der Universität Frankfurt mitteilte.

deren Merkmalskonstellationen zu vervollständigen. Hier wird es darauf an-
kommen, ganze Abschluss- oder Geburtskohorten über mehr als die hier betrachteten vier Erhebungsjahre zu verfolgen, um die Häufigkeit des Nachholens
bzw. Aufwertens eines ursprünglich erworbenen Abschlusses für das Schulsystem insgesamt beziffern zu können.

Neben Analysen, die den Werdegang nach dem (Erst-)Abschluss nachzeichnen, bedarf es zweitens einer Rekonstruktion der vorangegangenen Schullaufbahnen. Eine entsprechende Laufzeit der Individualdatenerhebung vorausgesetzt, können künftig Längsschnittanalysen über die gesamte Schulzeit
durchgeführt werden, etwaige Klassenwiederholungen oder Schulartwechsel
eingeschlossen. Abschluss- und Abgangsquoten wären auf diesem Wege als
tatsächliche schulische Erfolgs- bzw. Misserfolgsquoten operationalisierbar,
indem die Zahl der erreichten Schulabschlüsse nicht (mehr) im Verhältnis zur
Abschluss- oder Geburtskohorte betrachtet, sondern z. B. auf Schuleingangs-
oder Übergangskohorten rückbezogen wird. In der Stadt Bremen, für deren
öffentliche Schulen des allgemeinbildenden Bereichs bereits seit 1997 Individualdaten mit Personenkennung vorliegen, wurden entsprechende Auswertungsstrategien bereits verfolgt. Jasker/Kneuper konnten z. B. aufzeigen, dass
Schülerinnen und Schüler mit regulärer Schullaufbahn eine dreimal höhere
Abiturchance haben als Mitschülerinnen und -schüler, die bis zur 10. Jahrgangsstufe mindestens eine Klasse wiederholt haben (vgl. Jasker/Kneuper
2012, S. 19ff.).

Künftig sollten beide Auswertungsperspektiven – der Schulabschluss sowohl als *Ergebnis* als auch als *Ausgangspunkt* für nachfolgende Bildungsetappen – stärker aufeinander bezogen werden, um auch langfristige Auswirkungen früherer bildungsbiographischer Ereignisse erforschen zu können. Will
man dabei nicht nur die Schullaufbahnen abbilden, das heißt mehr als den Zeitraum zwischen Ersteinschulung und (gegebenenfalls nachgeholtem) Schulabschluss, bedarf es allerdings neben einer langjährigen, fallnummerngestützten
Erfassung von schulstatistischen Individualdaten auch neuer Verknüpfungen
mit anderen Statistiken.

B) Verknüpfungen zwischen Schulstatistik und weiteren amtlichen Daten

Eine Erweiterung der rein schulstatistischen Kennziffern um Daten aus anderen
amtlichen Erhebungen erwies sich bereits im Rahmen der vorliegenden Studie
in mehrfacher Hinsicht als sinnvoll, z. B. für die Ermittlung von aussagekräfti-

gen Abschlussquoten in Prozent der gleichaltrigen Wohnbevölkerung. Zudem konnte durch die Berücksichtigung der kleinräumigen Kontextbedingungen, unter denen die Schülerinnen und Schüler ihre Schullaufbahn absolviert haben, die originär schulstatistische Perspektive auf individuelle und institutionelle Einflussgrößen um weitere, regionale Aspekte ergänzt werden. Die empirischen Zusammenhänge, die zwischen Abschlusserwerb und den sozialräumlichen Lebensbedingungen wie Jugendarbeitslosigkeit, Ausländeranteil, Dichte der Einfamilienhäuser oder der SGB-II-Quote von Kindern nachgewiesen wurden, zeugen zum einen von der (in vielen Studien vernachlässigten) Bedeutung der lokalen Einbettung der Schulen bzw. ihrer Schülerschaft für Fragen des Bildungserfolges. Zum anderen bietet eine derartige Verknüpfung regionalisierter Bildungsdaten mit anderen amtlichen Sozialdaten meist den einzigen Ansatzpunkt, um überhaupt Fragen sozialer Disparitäten adressieren zu können, da es der Bildungsstatistik selbst an entsprechenden sozioökonomischen Differenzierungsmerkmalen der Bildungsteilnehmerinnen und -teilnehmer fehlt.

Bei den bisherigen Ansätzen, regionale Kontextdaten in die Indikatorenentwicklung zum Bildungswesen einzubeziehen, handelt es sich jedoch größtenteils um punktuelle Analysen. Es fehlt nicht nur an systematischen Querschnittsuntersuchungen, welche die deskriptiv ermittelten Zusammenhänge zwischen regionalen Bildungs- und Kontextdaten in multivariaten Analysen inferenzstatistisch absichern. Auch stellt sich unter der Perspektive von Bildungsverläufen die Frage nach der Entwicklung der beschriebenen Zusammenhänge im Zeitverlauf. Exemplarische Auswertungen wurden auch hierzu bisher lediglich in Bremen vorgelegt (vgl. Jasker 2012, S. 21ff.). Im Längsschnitt zeigte sich dort eine zunehmende Abhängigkeit des Gymnasialbesuchs vom sozialräumlichen Umfeld der zuvor besuchten Grundschule: Kinder aus Grundschulen in sozioökonomisch schwachen Einzugsbereichen schafften nicht nur seltener den Übergang auf das Gymnasium, auch stieg die Zahl ihrer Wechsel auf niedriger qualifizierende Schularten deutlich mehr im Laufe des Sekundarbereichs I an als bei jenen, die eine Grundschule mit privilegierterem Schulstandort besucht hatten. Daran anknüpfend wäre zu untersuchen, welche konkreten Merkmale des Sozialraumes hier im Einzelnen auf die (weitere) Schullaufbahn fortwirken. Es ist nicht ausgeschlossen, dass sich z. B. beim Grundschulübergang beobachtete, sozialräumliche Zusammenhangsmuster bis zum letztlich erreichten Schulabschluss wandeln.

Während für eine regionalisierte Verknüpfung der Schulstatistik mit weiteren Sozialstatistiken bereits zahlreiche Beispiele existieren, gilt dies für ein zweites Forschungsfeld noch nicht: Um in Zukunft Verlaufsindikatoren entwickeln zu können, die nicht ausschließlich auf die Schullaufbahn von Kindern und Jugendlichen zugeschnitten sind, sondern an vorhergehende und nachfolgende Bildungsetappen anschließen, bedarf es auch innerhalb der Bildungsstatistik neuer Wege der Datenverknüpfung. Traditionell werden die Statistiken zu Kindertageseinrichtungen und -tagespflege, zum Schulwesen, zum Berufsbildungsbereich (Duale Ausbildung) sowie zum Hochschulwesen auf Basis jeweils eigener Gesetzesgrundlagen bereichsspezifisch geführt. Sieht man von den Schulstatistiken einiger Länder ab, so liegen zwar mittlerweile für alle Bildungsbereiche Individualdaten vor, doch ist mangels einheitlicher Identifikationsnummern eine fallbezogene Zusammenführung der bereichsspezifischen Daten im Zeitverlauf nicht möglich. Andere Staaten wie die Niederlande, Österreich, Schweden, Spanien oder auch die Vereinigten Staaten sind dazu übergangen, auf der Grundlage bestehender Personenkennungen (z. B. Sozialversicherungsnummer, Personenregisternummer oder Ausweisnummer) bereichsübergreifende Datenbanken aufzubauen. In Deutschland indes ist die Einführung einer längsschnittlich angelegten Bildungsstatistik nicht absehbar. Daher erscheint es lohnenswert, in weiterführenden Untersuchungen die bereits bestehenden Möglichkeiten bereichsübergreifender Analysen auszuloten. Neben herkömmlichen Indikatorenansätzen, bei denen anhand retrospektiv erfasster Informationen zur zuletzt besuchten Einrichtungsart Übergangskohorten zwischen den Bildungsbereichen beschrieben werden,[51] sollte auch das zuvor skizzierte Prinzip eines Quasi-Längsschnitts einzelner Geburtskohorten weiterentwickelt werden. Im Rahmen dieser Arbeit wurden lediglich für das Land Sachsen die allgemeinbildenden Abschlüsse über die Dauer von acht Jahren bzw. über die Altersspanne vom 14. bis zum 21. Lebensjahr analysiert. Unter Einbezug weiterer Bildungsstatistiken ließe sich diese kohortenspezifische Auswertung dahingehend ergänzen, dass auch im frühkindlichen Bereich, im Primar- und Sekundarschulbereich, im Dualen Ausbildungssektor und im Hochschulwesen die Bildungsbeteiligung und -abschlüsse der Geburtskohorte „verfolgt" werden. Dabei stünden neben dem Geburtsdatum für die Verknüpfung der bereichsspezifischen Statistiken noch weitere soziodemographische Merkmale wie das Geschlecht oder der Geburtsort zur Verfügung, die über die Zeit in der

---

51 Zum Beispiel lässt mit retrospektiven Individualmerkmalen der Hochschulstatistik darstellen, in welchen Einrichtungen und Ländern die Studienanfängerinnen und -anfänger ihre Hochschulzugangsberechtigung erworben haben.

Regel unveränderlich sind und so im Rahmen der Kohortenanalyse vertiefende Gruppenvergleiche gestatten. Gleichwohl bliebe es – ohne eine über alle Bildungsbereiche hinweg vereinheitlichte Personenkennung – stets bei einer Annäherung an bereichsübergreifende Verlaufsindikatoren, weil individuelle Verläufe nur innerhalb jedoch nicht zwischen den einzelnen Bildungsstufen rekonstruiert werden können.

c) Kombination der Schulstatistik mit wissenschaftlichen Erhebungen

Ein letzter Forschungsstrang weist schließlich über den Bereich der amtlichen Statistik hinaus. Denn selbst im Falle der Einführung längsschnittlich angelegter Bildungsstatistiken blieben einige Forschungsfragen, denen für die Untersuchung von Bildungsverläufen entscheidende Bedeutung beizumessen ist, offen. In ihrer Vollständigkeit, Standardisierung und Zuverlässigkeit bieten zwar die prozessproduzierten Daten der amtlichen Statistik Vorzüge für die Indikatorenentwicklung, doch stoßen sie aufgrund der administrativen Zweckbestimmung an Grenzen, wenn es um eine detailliertere Erfassung erklärender Variablen geht. Eingedenk der Merkmalsbeschränkung im Kerndatensatz für schulstatistische Individualdaten sind als zentrale Desiderate die fehlenden Angaben zum Elternhaus (Merkmale des sozioökonomischen Status, der Zuwanderergeneration aber auch des Wohnortes bzw. -umfeldes), zu den persönlichkeitsbezogenen Dispositionen (Motivation, Selbstkonzept etc.) sowie zu den Schülerleistungen (fachspezifische und fächerübergreifende kognitive Kompetenzen) zu nennen. Um tatsächlich Erfolgsbedingungen bzw. Risikofaktoren identifizieren zu können, die den Erwerb eines Schulabschlusses begünstigen oder beeinträchtigen, dürfen die genannten Aspekte nicht außer Acht gelassen werden. Dieses Defizit kann man der Individualstatistik jedoch schwerlich anlasten. Bereits 2006 wurde in der Datengewinnungsstrategie für die nationale Bildungsberichterstattung deutlich gemacht, dass die Einführung von Individualdaten eine prioritäre, aber keinesfalls hinreichende Voraussetzung ist, um Bildungsprozesse auf gesamtgesellschaftlicher Ebene verstehen, die Qualität des Bildungssystems bewerten und Handlungsbedarf erkennen zu können (vgl. Konsortium Bildungsberichterstattung 2006b). Umso wichtiger ist die Verfügbarkeit wissenschaftsbasierter Stichprobendaten, wie sie im NEPS erhoben werden, wenn offene Fragen wie z. B. nach der Bedeutung des sozioökonomischen Status' für den Abschlusserfolg, nach dem Zusammenwirken von individuellen Voraussetzungen, familiärer Unterstützung und institutionellen Lernsettings und vor allem nach dem Zusammenhang zwischen Abschluss und Kompetenzniveau adressiert werden sollen. In der Kombination bzw. Integration von Informationen aus flächendeckenden, amtlichen oder halb-amtlichen Statistiken auf der einen Seite sowie stichprobenbasierten, wissenschaftlichen Erhebungen auf der anderen Seite liegt eine große Herausforderung für das Bildungsmonitoring, das sich auf den unterschiedlichen Ebenen des deutschen Bildungssystems zunehmend etabliert. Damit ist nicht nur die Notwendigkeit angesprochen, die jeweils gewonnenen Erkenntnisse in einer Gesamtschau zu systematisieren und im Blick auf übergreifende Fragestellungen konzeptionell zu verknüpfen. Auch empirisch sind die verschiedenen amtlichen, halb-amtlichen und wissenschaftlichen Datenquellen stärker aufeinander zu beziehen als bisher. Aus internationaler Perspektive ist die Zusammenführung von Bildungsdaten auf der Mikroebene einzelner Personen inzwischen weit verbreitet:

> „Wo noch nicht vorhanden, wird der Aufbau von Datenbanksystemen angestrebt, in denen Registerinformationen zusammengeführt und prinzipiell mit Befragungsdaten verbunden werden können. Auf diese Weise können die individuellen Bildungskarrieren durch die unterschiedlichen Bildungseinrichtungen für vollständige Schülerkohorten verfolgt und gegebenenfalls mit Befragungen von Teilstichproben vertieft werden." (Kristen u. a. 2005, S. 86)

Dass in Deutschland nicht die Möglichkeit besteht, durch den Einsatz einer in allen Erhebungen verwendeten Identifikationsnummer Verlaufsdaten zu generieren, spricht jedoch nicht per se gegen Datenverknüpfungen. Zu untersuchen wäre etwa, inwiefern die Zusammensetzung der Schülerschaft nach soziodemographischen Merkmalen in der Schulstatistik und beim NEPS übereinstimmt, und ob daraufhin über Plausibilitätsprüfungen Rückschlüsse auf fehlende statistische Angaben wie z. B. den sozioökonomischen Status bestimmter Migrationsgruppen gezogen werden können. Auch bestehen hinsichtlich der Schülerleistungen Möglichkeiten, aus wissenschaftlichen Untersuchungen wie den regelmäßigen Lernstandserhebungen einzelschulische Kompetenzprofile abzuleiten und über die Schul-ID an den schulstatistischen Datensatz jeder Einrichtung anzuspielen. Zwar fehlt dann – im Unterschied zu anderen Staaten – weiterhin ein analytischer Zugang, mit der Schulstatistik die individuelle Kompetenzentwicklung der einzelnen Schülerinnen und Schüler zu verfolgen, doch könnte man zumindest Unterschiede im (mittleren) Kompetenzstand zwischen Schulen berücksichtigen, beispielsweise bei der Analyse der Abschlussquoten auf Einzelschulebene. Umgekehrt ist wiederum denkbar, auch amtlich erfasste Informationen zu nutzen, um die Datensätze von wissenschaftlichen

Erhebungen zu erweitern. So zeigen die einzelschulischen Analysen auf Basis der Individualstatistik in Rheinland-Pfalz, dass über Aspekte wie Ganztagsteilnahme, Migrationsanteil oder Personalausstattung eine Reihe bedeutsamer Rahmenbedingungen von Schulerfolg auch schulstatistisch abgebildet werden können. Nicht nur unter forschungsökonomischen Gesichtspunkten wäre es naheliegend, solche Daten künftig nicht (mehr) über die Kontextfragebögen der Schulleistungsstudien oder anderen wissenschaftlichen Erhebungen zu erfassen, sondern in Verknüpfung mit der Schulstatistik zu generieren. Zugleich ergeben sich daraus weiterführende Möglichkeiten für das Bildungsmonitoring in Deutschland.

Über die Verknüpfung von Schulstatistiken, Leistungsdaten, sozialräumlichen und sonstigen Kontextdaten (z. B. kommunale Schulfinanzstatistik) ließe sich durch eine entsprechende Aufbereitung zentraler Indikatoren ein einzelschulisches Informations- und Qualitätsentwicklungssystem aufbauen (vgl. Weishaupt 2007). Dies würde die Berichterstattung systembezogener Indikatoren auf nationaler, länderspezifischer und kommunaler Ebene ergänzen, indem gleichermaßen den Schulträgern als auch den Einzelschulen eine regelmäßige indikatorengestützte Beschreibung der Situation und Entwicklung ihrer Schule im Vergleich zu anderen Schulen der Kommune bzw. des Landes geliefert wird. In anderen Staaten sind derartige Indikatoren- und Rückmeldesysteme auf der Analyseebene der einzelnen Einrichtungen bereits weiter verbreitet (vgl. van Ackeren 2003, S. 16; Fitz-Gibbon/Tymms 2002).

„By providing indicators on individual schools the government primarily aims at informing schools in order to conduct a documented study of their own strengths and weaknesses. […] Schools need this information in a form which they can use to evaluate how well they are providing for the different needs of their pupils (differential effectiveness). for girls and boys, pupils of high or low prior attainment, pupils with special educational needs etc." (van Petegem 2004, S. 247)

In Deutschland ist dies ein bislang weitgehend unerschlossenes Forschungsfeld. Um einzelschulische Daten der Schulstatistik, aus Large-Scale-Assessments oder anderen Quellen in Verknüpfung auswerten zu können, müssten entsprechende Rechtsgrundlagen für die Zusammenführung, die Nutzung und gegebenenfalls die Berichterstattung geschaffen werden. Dies verweist nochmals auf die Notwendigkeit, die Umsetzung des KMK-Kerndatensatzes für schulstatistische Individualdaten nicht isoliert, sondern mit Blick auf das übergreifende Ziel der Qualitätssicherung im Bildungswesen zu diskutieren. Mittelfristig bedarf es einer abgestimmten Strategie für die effiziente Erhebung und Bereitstellung von (amtlichen wie nicht-amtlichen) Bildungsdaten, die datenschutzrechtliche Bedingungen berücksichtigt und gleichermaßen von der Bildungspolitik und -administration wie der empirischen Bildungsforschung genutzt werden kann.

Literaturverzeichnis

Ackeren, I. van, Hovestadt, G. (2003). *Indikatorisierung der Empfehlungen des Forum Bildung. Ein exemplarischer Versuch unter Berücksichtigung der bildungsbezogenen Indikatorenforschung und -entwicklung.* Bonn: BMBF.

Allmendinger, J. (2010). Bildungsberichte in Theorie und Praxis. In R. Wernstedt, John-M. Ohnesorg (Hrsg.), *Bevölkerung, Bildung, Arbeitsmarkt. Vom Bildungsbericht zur Bildungssteuerung.* Schriftenreihe des Netzwerk Bildung. Berlin: Friedrich-Ebert-Stiftung, 40–43.

Autorengruppe Bildungsberichterstattung (2014). *Bildung in Deutschland 2014. Ein indikatorengestützter Bericht mit einer Analyse zur Bildung von Menschen mit Behinderungen.* Bielefeld: W. Bertelsmann Verlag. (online unter: http://www.bildungsbericht.de/, Stand: Juni 2015)

Autorengruppe Bildungsberichterstattung (2012). *Bildung in Deutschland 2012. Ein indikatorengestützter Bericht mit einer Analyse zur kulturellen Bildung im Lebenslauf.* Bielefeld: W. Bertelsmann Verlag. (online unter: http://www.bildungsbericht.de/, Stand: Juni 2015)

Autorengruppe Bildungsberichterstattung (2010). *Bildung in Deutschland 2010. Ein indikatorengestützter Bericht mit einer Analyse zu Perspektiven des Bildungswesens im demographischen Wandel.* Bielefeld: W. Bertelsmann Verlag. (online unter: http://www.bildungsbericht.de/, Stand: Juni 2015)

Autorengruppe Bildungsberichterstattung (2008). *Bildung in Deutschland 2008. Ein indikatorengestützter Bericht mit einer Analyse zu Übergängen im Anschluss an den Sekundarbereich I.* Bielefeld: W. Bertelsmann Verlag. (online unter: http://www.bildungsbericht.de/, Stand: Juni 2015)

Autorengruppe Bildungsberichterstattung (2007). *Das weiterentwickelte Indikatorenkonzept der Bildungsberichterstattung.* Berlin/Frankfurt. (online unter: http://www.bildungsbericht.de/daten2008/indikatorenkonzept.pdf, Stand: Juni 2015)

Avenarius, H., Ditton, H., Döbert, H., Klemm, K., Klieme, E., Rürup, M., Tenorth, H.-E., Weishaupt, H., Weiß, M. (2003a). *Bildungsbericht für Deutschland. Erste Befunde.* Opladen: Leske und Budrich.

Avenarius, H., Ditton, H., Döbert, H., Klemm, K., Klieme, E., Rürup, M., Tenorth, H.-E., Weishaupt, H., Weiß, M. (2003b). *Bildungsbericht für Deutschland. Konzeption.* Frankfurt a. M.: Deutsches Institut für Internationale Pädagogische Forschung.

Avenarius, H., Füssel, H.-P. (2008). *Schulrecht im Überblick.* Darmstadt: Wissenschaftliche Buchgesellschaft.

Baethge, M., Buss, K.-P., Lanfer, C. (2003). *Konzeptionelle Grundlagen für einen Nationalen Bildungsbericht – Berufliche Bildung und Weiterbildung/Lebenslanges Lernen.* Berlin: Bundesministerium für Bildung und Forschung.

Baethge, M., Döbert, H., Füssel, H.-P., Hetmeier, H.-W., Rauschenbach, T., Rockmann, U., Seeber, S., Weishaupt, H., Wolter, A., Zimmer, K. (Hrsg.) (2011). *Vertiefende*

Studien zu ausgewählten Aspekten der Indikatorenentwicklung für den nationalen Bildungsbericht. Reihe Bildungsforschung, Band 35, Bonn/Berlin: Bundesministerium für Bildung und Forschung.

Baumert, J., Maaz, K. (2010). Bildungsungleichheit und Bildungsarmut – Der Beitrag von Large-Scale-Assessments. In G. Quenzel, K. Hurrelmann (Hrsg.), *Bildungsverlierer. Neue Ungleichheiten.* Opladen: VS Verlag für Sozialwissenschaften, 159–179.

Baumert, J., Maaz, K., Gresch, C., McElvany, N., Anders, Y., Jonkmann, K., Neumann, M., Watermann, R. (2010). Der Übergang von der Grundschule in die weiterführende Schule. Leistungsgerechtigkeit und regionale, soziale und ethnisch-kulturelle Disparitäten. Zusammenfassung der zentralen Befunde. In K. Maaz, J. Baumert, C. Gresch, N. McElvany (Hrsg.), *Der Übergang von der Grundschule in die weiterführende Schule. Leistungsgerechtigkeit und regionale, soziale und ethnisch-kulturelle Disparitäten.* Reihe Bildungsforschung, Band 34, Bonn/Berlin: Bundesministerium für Bildung und Forschung, 5–22.

Becker, R. (2009a). Bildungssoziologie – Was sie ist, was sie will, was sie kann. In: Becker, R. (Hrsg.), *Lehrbuch der Bildungssoziologie.* Wiesbaden: VS Verlag für Sozialwissenschaften, 9–34.

Becker, R. (2009b). Entstehung und Reproduktion dauerhafter Bildungsungleichheiten. In R. Becker (Hrsg.), *Lehrbuch der Bildungssoziologie.* Wiesbaden: VS Verlag für Sozialwissenschaften, 85–129

Becker, R. (2009c). Ausgewählte Klassiker der Bildungssoziologie. In R. Becker (Hrsg.), *Lehrbuch der Bildungssoziologie.* Wiesbaden: VS Verlag für Sozialwissenschaften, 459–497.

Becker, R., Hadjar, A. (2009). Meritokratie – Zur gesellschaftlichen Legitimation ungleicher Bildungs-, Erwerbs- und Einkommenschancen in modernen Gesellschaften. In R. Becker (Hrsg.), *Lehrbuch der Bildungssoziologie.* Wiesbaden: VS Verlag für Sozialwissenschaften, 35–59.

Bellenberg, G. (2008). Zur Nutzung von zentralen Abschlussprüfungen als Bausteine eines umfassenden Qualitätssicherungs- und -entwicklungskonzeptes – ein Baustellenbericht. In W. Böttcher, W. Bos, H. Döbert, H. G. Holtappels (Hrsg.), *Bildungsmonitoring und Bildungscontrolling aus nationaler und internationaler Perspektive.* Münster u. a.: Waxmann Verlag, 223–233

Bellenberg, Gabriele (2005). Wege durch die Schule – Zum Zusammenhang zwischen institutionalisierten Bildungswegen und individuellen Bildungsbiographien. *bildungsforschung*, Jahrgang 2, Ausgabe 2. (online unter: http://www.bildungsforschung.org/index.php/bildungsforschung/article/view/15, Stand: Februar 2011)

Blossfeld, H.-P., Schneider, T., Doll, J. (2009). Methodological Advantages of Panel Studies. Designing the New National Educational Panel Study (NEPS) in Germany. *Journal of Educational Research Online*, 1. Jahrgang, Ausgabe 1, 10–32.

Bonsen, M., Bos, W., Gröhlich, C., Harney, B., Imhäuser, K., Makles, A., Schräpler, J.-P., Terpoorten, T., Weishaupt, H., Wendt, H. (2010). *Zur Konstruktion von Sozialin-*

dizes. Ein Beitrag zur Analyse sozialräumlicher Benachteiligung von Schulen als Voraussetzung für qualitative Schulentwicklung. Reihe Bildungsforschung, Band 31, Bonn/Berlin: Bundesministerium für Bildung und Forschung.

Bortz, J. (1999). *Statistik für Sozialwissenschaftler.* 5., vollständig überarbeitete und aktualisierte Auflage. Berlin u. a.: Springer-Verlag.

Bos, W., Pietsch, M., Gröhlich, C., Janke, N. (2006). Ein Belastungsindex für Schulen als Grundlage der Ressourcenzuweisung am Beispiel von KESS 4. In W. Bos, H. G. Holtappels, H. Pfeiffer, H.-G. Rolff, R. Schulz-Zander (Hrsg.), *Jahrbuch der Schulentwicklung,* Band 14, Daten, Beispiele und Perspektiven. Weinheim: Juventa.

Bose, H. von (2007). *Zusammenfassung des Vortrags zu Aspekten des Datenschutzes.* Referat beim Workshop zur „Datengewinnungsstrategie für die Bildungsstatistik" in Berlin am 13.02.2007. (online unter: http://www.kmk.org/presse-und-aktuelles/pm2007/workshop-zur-datengewinnungsstrategie.html, Stand: September 2011)

Bottani, N. (2008). The oil level, the engine and the car; the stakes involved in assessing the quality of education on the basis of indicators. *Éducation formations, „International comparisons",* Ausgabe 78, November 2008, 11–23.

Bottani, N., Tuijnman, A. (1994). International education indicators. Framework, development and interpretation. In Organisation for Economic Co-operation and Development, *Making Education Count. Developing and Using International Indicators.* Paris: OECD, S. 21–36.

Boudon, R. (1974). *Education, opportunity and social inequality: Changing prospects in Western society.* New York: John Wiley & Sons.

Böttcher, W., Bos, W., Döbert, H., Holtappels, H.-G. (2008). Bildung unter Beobachtung. In W. Böttcher, W. Bos, H. Döbert, H.-G. Holtappels (Hrsg.), *Bildungsmonitoring und Bildungscontrolling aus nationaler und internationaler Perspektive.* Münster u. a.: Waxmann Verlag, 7–11.

Böttcher, W., Rürup, M. (2007). Föderale Struktur des Bildungswesens und Schulentwicklung. In J. van Buer, C. Wagner (Hrsg.), *Qualität von Schule.* Frankfurt am Main u. a.: Peter Lang Verlag, 153–165.

Brameshuber, I. (2007). Auf dem Weg zu einem bundesweiten Schülerregister? *Recht der Jugend und des Bildungswesens,* 55(3), 366–373.

Brüderl, J., Scherer, S. (2006). Methoden zur Analyse von Sequenzdaten. In Diekman, A. (Hrsg.), *Methoden der Sozialforschung.* Kölner Zeitschrift für Soziologie und Sozialpsychologie, Sonderheft 44, Wiesbaden: VS Verlag für Sozialwissenschaften, 330–347.

Brückner, E. (1990). Die retrospektive Erfassung von Lebensläufen. In: Mayer, K.-U. (Hrsg.), *Lebensverläufe und sozialer Wandel.* Kölner Zeitschrift für Soziologie und Sozialpsychologie, Sonderheft 31. Wiesbaden: Westdeutscher Verlag, 374–403.

Brüsemeister, T., Göppert, S., Unger, T. (2008). *Bildungssoziologie. Einführung in Perspektiven und Probleme.* Wiesbaden: VS Verlag für Sozialwissenschaften.

Bryk, A., Hermanson, K. (1994). Observations of the structure, interpretation and use of education indicator systems. In Organisation for Economic Co-operation and Development (Hrsg.), *Making Education Count. Developing and Using International Indicators.* Paris: OECD, 37–53.

Buchhaas-Birkholz, D. (2009). Die „empirische Wende" in der Bildungspolitik und in der Bildungsforschung. Zum Paradigmenwechsel des BMBF im Bereich der Forschungsförderung. *Erziehungswissenschaft*, 20(39), 27–33

Bundesregierung (2008). *Aufstieg durch Bildung. Qualifizierungsinitiative der Bundesregierung.* (online unter: http://www.bmbf.de/de/12042.php, Stand: Juni 2009)

Bundesregierung/Regierungschefs der Länder (2008). *Aufstieg durch Bildung. Die Qualifizierungsinitiative für Deutschland.* (online unter: http://www.bundesregierung.de/Content/DE/__Anlagen/2008/10/2008-10-22-bildungsgipfel,property=publicationFile.pdf, Stand: April 2010)

Canadian Council on Learning (2010). *The 2010 Composite Learning Index. Five Years of Measuring Canada's Progress in Lifelong Learning.* Ottawa: Canadian Council on Learning. (online unter: http://www.ccl-cca.ca/pdfs/CLI/2010/2010CLI-Booklet_EN.pdf, Stand: November 2011)

Commission of the European Union (2009). *Progress towards the Lisbon objectives in education and training. Indicators and benchmarks 2009.* Commission staff working document. Brussels: Commission of the European Communities. (online unter: http://ec.europa.eu/education/lifelong-learning-policy/doc/report09/report_en.pdf, Stand: November 2010)

Cortina, K. S., Baumert, J., Leschinsky, A., Mayer, K.-U., Trommer, L. (Hrsg.) (2008). *Das Bildungswesen in der Bundesrepublik Deutschland. Strukturen und Entwicklungen im Überblick.* Reinbek bei Hamburg: Rowohlt Verlag.

Cortina, K. S., Baumert, J., Leschinsky, A., Mayer, K.-U., Trommer, L. (Hrsg.) (2003). *Das Bildungswesen in der Bundesrepublik Deutschland. Strukturen und Entwicklungen im Überblick.* Reinbek bei Hamburg: Rowohlt Taschenbuch Verlag.

Dedering, K. (2010). Entscheidungsfindung in Bildungspolitik und Bildungsverwaltung. In Altrichter, H., Maag-Merki, K. (Hrsg.), *Handbuch Neue Steuerung im Schulsystem. Educational Governance,* Bd. 7. Wiesbaden: VS Verlag für Sozialwissenschaften, 63–80.

Ditton, H. (2010). Selektion und Exklusion im Bildungswesen. In G. Quenzel, K. Hurrelmann (Hrsg.), *Bildungsverlierer. Neue Ungleichheiten.* Wiesbaden: VS Verlag für Sozialwissenschaften, 53–72.

Ditton, H. (Hrsg.) (2007). *Kompetenzaufbau und Laufbahnen im Schulsystem. Ergebnisse einer Längsschnittuntersuchung an Grundschulen.* Münster u. a.: Waxmann Verlag.

Ditton, H. (2000). Elemente eines Systems der Qualitätssicherung im schulischen Bereich. In H. Weishaupt (Hrsg.), *Qualitätssicherung im Bildungswesen.* Erfurt: Universität Erfurt, 13–35.

Ditton, H., Eckert, T., Tarnai, C., Saldern, M. von, Wellenreuther, M. (2010). Kapitel 1: Empirische Methoden. In R. S. Jäger, P. Nenniger, H. Petillon, B. Schwarz, B. Wolf

(Hrsg.), *Empirische Pädagogik 1990–2010. Band 1: Grundlegende empirische pädagogische Forschung*, Reihe Erziehungswissenschaft, Band 29. Landau: Verlag Empirische Pädagogik, 7–47.

Dix, A. (2011). Schulinspektion, Schulvisitation und Vergleichsuntersuchungen Zwischen Datenschutz und Informationsfreiheit. *Zeitschrift für Bildungsverwaltung*, 27(2), 33–41.

Döbert, H. (2010). Regionale Bildungsberichterstattung. *RdJB – Recht der Jugend und des Bildungswesens*, 58(2), 158–175.

Döbert, H., Baethge, M., Hetmeier, H.-W., Seeber, S., Füssel, H.-P., Klieme, E., Rauschenbach, T., Rockmann, U., Wolter, A. (2009). Das Indikatorenkonzept der nationalen Bildungsberichterstattung in Deutschland. In R. Tippelt (Hrsg.), *Steuerung und Indikatoren. Methodologische und theoretische Reflektionen zur deutschen und internationalen Bildungsberichterstattung*. Opladen u. a.: Budrich, 207–272.

Döbert, H., Dedering, K. (2010). Indikatorenverständnis und Umgang mit Indikatoren in internationalen und nationalen Bildungsberichtssystemen. In M. Baethge, H. Döbert, H.-P. Füssel, H.-W. Hetmeier, T. Rauschenbach, U. Rockmann, S. Seeber, H. Weishaupt, A. Wolter, K. Zimmer (Hrsg.), *Indikatorenentwicklung für den nationalen Bildungsbericht „Bildung in Deutschland". Grundlagen, Ergebnisse, Perspektiven*. Reihe Bildungsforschung, Band 33, Bonn/Berlin: Bundesministerium für Bildung und Forschung, 23–54.

Döbert, H., Klieme, E. (2010). Indikatorengestützte Bildungsberichterstattung. In R. Tippelt, B. Schmidt (Hrsg.), *Handbuch Bildungsforschung*. 3., durchgesehene Auflage. Wiesbaden: VS Verlag für Sozialwissenschaften, 317–336.

Ecarius, J., Schäffer, B. (Hrsg.) (2010). *Typenbildung und Theoriegenerierung. Methoden und Methodologien qualitativer Bildungs- und Biographieforschung*. Opladen: Budrich.

Eckert, T. (2010). Bildungsstatistik. In R. Tippelt, B. Schmidt (Hrsg.), *Handbuch Bildungsforschung*. 3., durchgesehene Auflage. Wiesbaden: VS Verlag für Sozialwissenschaften, 589–606.

Elder, G. H. Jr., Caspi, A. (1990). Die Entstehung der Lebensverlaufsforschung. In K. U. Mayer (Hrsg.), *Lebensverläufe und sozialer Wandel*. Kölner Zeitschrift für Soziologie und Sozialpsychologie, Sonderheft 31. Wiesbaden: Westdeutscher Verlag, 22–57.

Fend, H. (2009). Chancengleichheit im Lebenslauf. Kurz- und Langzeitfolgen von Schulstrukturen. In H. Fend, F. Berger, U Grob. (Hrsg.), *Lebensverläufe, Lebensbewältigung, Lebensglück. Ergebnisse der LifE-Studie*. Wiesbaden: VS Verlag für Sozialwissenschaften, 37–72.

Fend, H. (2008). *Schule gestalten. Systemsteuerung, Schulentwicklung und Unterrichtsqualität*. Wiesbaden: VS Verlag für Sozialwissenschaften.

Fend, H. (2003). Beste Bildungspolitik oder bester Kontext für Lernen? Über die Verantwortung von Bildungspolitik für pädagogische Wirkungen. *Trends in Bildung international (TiBi)*, 3(6).
(online unter: http://www.pedocs.de/volltexte/2012/5101/pdf/tibi_2003_6_Fend_Beste_Bildungspolitik_D_A.pdf, Stand: Juni 2015)

Fend, H., Berger, F., Grob, U. (2009). 1527 „Lebensgeschichten". In H. Fend, F. Berger, U Grob. (Hrsg.), *Lebensverläufe, Lebensbewältigung, Lebensglück. Ergebnisse der LifE-Studie.* Wiesbaden: VS Verlag für Sozialwissenschaften, 9–34.

Fend, H., Dreher, E., Haenisch, H. (1980). Auswirkungen des Schulsystems auf Schulleistungen und soziales Lernen. Ein Vergleich zwischen Gesamtschule und dreigliedrigem Schulsystem. *Zeitschrift für Pädagogik*, 26(5), 673–698.

Fitz-Gibbon, C. T., Tymms, P. (2002). Technical and ethical Issues in Indicator Systems. Doing Things right and doing wrong Things. *Education Policy Analysis Archives*, 10(6).
(online unter: http://epaa.asu.edu/epaa/v10n6/, Stand: Dezember 2008)

Fuchs-Heinritz, W. (1990). Biographische Studien zur Jugendphase. In K. U. Mayer (Hrsg.), *Lebensverläufe und sozialer Wandel.* Kölner Zeitschrift für Soziologie und Sozialpsychologie, Sonderheft 31. Wiesbaden: Westdeutscher Verlag, 58–87.

Garz, D., Blömer, U. (2010). Qualitative Bildungsforschung. In R. Tippelt, B. Schmidt (Hrsg.), *Handbuch Bildungsforschung.* 3., durchgesehene Auflage. Wiesbaden: VS Verlag für Sozialwissenschaften, 571–588.

Glas, C., Scheerens, J., Thomas, S. (2003). Conceptualization of Education Indicators at System and at School Level. In J. Scheerens, C. Glas, S. Thomas (Hrsg.), *Educational evaluation, assessment, and monitoring. A systemic approach.* Lisse: Swets & Zeitlinger, 207–220.

Goy, M., Gröhlich, C., Strietholt, R., Stubbe, T., Bos, W., Kanders, M. (2010). Panelstudien als Antworten auf Forschungsdesiderate in der Sekundarstufe I. In N. Berkemeyer, W. Bos, H.-G. Holtappels, N. McElvany, R. Schulz-Zander (Hrsg.), *Jahrbuch der Schulentwicklung.* Band 16. Weinheim: Juventa, 37–70.

Harney, K., Ebbert, A. (2006). Biographieforschung in der Berufspädagogik. In H.-H. Krüger, W. Marotzki (Hrsg.), *Handbuch erziehungswissenschaftliche Biographieforschung.* 2., überarbeitete und aktualisierte Auflage. Wiesbaden: VS Verlag für Sozialwissenschaften, 413–430.

Helsper, W., Bertram, M. (2006). Biographieforschung und SchülerInnenforschung. In H.-H. Krüger, W. Marotzki (Hrsg.), *Handbuch erziehungswissenschaftliche Biographieforschung.* 2., überarbeitete und aktualisierte Auflage. Wiesbaden: VS Verlag für Sozialwissenschaften, 273–294.

Helsper, W., Kramer, R.-T., Thiersch, S., Ziems, C. (2011). Zwischen Durchstarten und Sekundarstufenschock. Wie Kinder den Wechsel in die Sekundarstufe erfahren. *Friedrich Jahresheft XXIX,* 33–37.

Helsper, W., Kramer, R.T., Thiersch, S., Ziems, C. (2009). Bildungshabitus und Übergangserfahrungen bei Kindern. In J. Baumert, K. Maaz, U. Trautwein (Hrsg.), *Bildungsentscheidungen.* Zeitschrift für Erziehungswissenschaft, Beiheft 12. Wiesbaden: VS Verlag für Sozialwissenschaften, 126–152.

Van Herpen, M. (1994). Gegenwärtige begriffliche Modelle für Bildungsindikatoren. In Organisation for Economic Co-operation and Development (Hrsg.), *Die internationalen Bildungsindikatoren der OECD. Ein Analyserahmen.* Frankfurt am Main: Lang, 29–61.

Hetmeier, H.-W., Schräpler, J. P., Schulz, A. (2010). *Bildungsvorausberechnung. Methodenbeschreibung und Ergebnisse.* Wiesbaden: Statistisches Bundesamt.

Hillmert, S. (2008). Soziale Ungleichheit im Bildungsverlauf: zum Verhältnis von Bildungsinstitutionen und Entscheidungen. In R. Becker, W. Lauterbach (Hrsg.), *Bildung als Privileg. Erklärungen und Befunde zu den Ursachen der Bildungsungleichheit.* 3. Aufl., 75–102.

Hillmert, S. (2004). Die Westdeutsche Lebensverlaufsstudie, Kohorten 1964 und 1971: Projekt, Datenerhebung und Edition. In S. Hillmert, K. U. Mayer (Hrsg.), *Geboren 1964 und 1971 – Neuere Untersuchungen zu Ausbildungs- und Berufschancen in Westdeutschland.* Wiesbaden: VS Verlag für Sozialwissenschaften, 215–230.

Hillmert, S. (2003). *Soziale Ungleichheit im Bildungsverlauf: Zum Verhältnis von Institutionen und Entscheidungen.* Arbeitspapier Nr. 7 des Projekts Ausbildungs- und Berufsverläufe der Geburtskohorten 1964 und 1971 in Westdeutschland. Berlin: Max-Planck-Institut für Bildungsforschung.

Hillmert, S., Mayer, K. U. (Hrsg.) (2004). *Geboren 1964 und 1971: Neuere Untersuchungen zu Ausbildungs- und Berufschancen in Westdeutschland.* Wiesbaden: VS Verlag für Sozialwissenschaften.

Hurrelmann, K., Wolf, H. K. (1986). *Schulerfolg und Schulversagen im Jugendalter. Fallanalysen von Bildungslaufbahnen.* Weinheim und München: Juventa Verlag.

Jacobi, J. (2007). *Überblick über die Sachlage.* Rede des Vorsitzenden der Kommission für Statistik der KMK beim Workshop zur „Datengewinnungsstrategie für die Bildungsstatistik" in Berlin am 13.02.2007 (online unter: http://www.kmk.org/presse-und-aktuelles/pm2007/workshop-zur-datengewinnungsstrategie.html, Stand: September 2011)

Jasker, L. (2012). *Besseres Steuerungswissen durch eine einheitliche Schüler-ID? Eine Einschätzung anhand ausgewählter Analysen für Bremen.* Vortrag auf der 77. AEPF-Tagung, 10.–12. September 2012, Universität Bielefeld.

Jasker, L., Kneuper, D. (2012). *Karrieren von Schüler/innen in der Sekundarstufe II. Längsschnittanalysen in der Schulstatistik.* Vortrag auf der 7. länderübergreifenden Fachtagung Bildungsberichterstattung, 10.–11. Mai 2012, Institut für Bildungsmonitoring in Hamburg.

Kade, J. (2005). Erziehungswissenschaftliche Bildungsforschung im Spannungsfeld von Biographie, Karriere und Lebenslauf. *bildungsforschung*, Jahrgang 2, Ausgabe 2. (online unter: http://www.pedocs.de/volltexte/2014/4657/pdf/bf_2005_2_Kade_Erziehungswissenschaftliche_Bildungsforschung_D_A.pdf, Stand: Juni 2015)

Kemper, T. (2010). Migrationshintergrund – eine Frage der Definition! *Die Deutsche Schule*, Jg. 102(4), 315–326.

Kleinespel, Karin (1990). *Schule als biografische Erfahrung. Die Laborschule im Urteil ihrer Absolventen.* Reihe Pädagogik. Studien zur Schulpädagogik und Didaktik. Weinheim und Basel: Beltz Verlag.

Klemm, K. (2010). *Jugendliche ohne Hauptschulabschluss. Analysen – Regionale Trends – Reformansätze.* Gütersloh: Bertelsmann Stiftung. (online unter: http://www.bertelsmann-stiftung.de/de/publikationen/publikation/did/jugendliche-ohne-hauptschulabschluss/, Stand: Juni 2015)

Klieme, Eckhard (2007). *Datengewinnungsstrategie für die Bildungsstatistik – Anforderungen der Wissenschaft.* Präsentation auf dem KMK-Workshop zur „Datengewinnungsstrategie für die Bildungsstatistik" in Berlin am 13.02.2007. (online unter: http://www.kmk.org/presse-und-aktuelles/pm2007/workshop-zur-datengewinnungsstrategie.html, Stand: Mai 2009)

Klieme, E., Avenarius, H., Baethge, M., Döbert, H., Hetmeier, H.-W., Meister-Scheufelen, G., Rauschenbach, T., Wolter, A. (2006). Grundkonzeption der Bildungsberichterstattung für Deutschland. In H.-H. Krüger, T. Rauschenbach, U. Sander (Hrsg.), *Bildungs- und Sozialberichterstattung.* Zeitschrift für Erziehungswissenschaft, Beiheft 6. Wiesbaden: VS Verlag für Sozialwissenschaften, 129–145.

Klieme, E., Leutner, D., Kenk, M. (Hrsg.) (2010). *Kompetenzmodellierung. Zwischenbilanz des DFG-Schwerpunktprogramms und Perspektiven des Forschungsansatzes.* Zeitschrift für Pädagogik, Beiheft 56, Weinheim/Basel: Beltz Verlag. (online unter: http://www.pedocs.de/volltexte/2010/3342; http://nbn-resolving.de/urn:nbn:de:0 111-opus-33429, Stand: Juli 2011)

Kohli, Martin (Hrsg.) (1978). *Soziologie des Lebenslaufs.* Reihe Soziologische Texte, Band 109. Darmstadt/Neuwied: Luchterhand Verlag.

Konsortium Bildungsberichterstattung (2006). *Bildung in Deutschland. Ein indikatorengestützter Bericht mit einer Analyse zu Bildung und Migration.* Bielefeld: W. Bertelsmann Verlag. (online unter: http://www.bildungsbericht.de, Stand: Juni 2015)

Konsortium Bildungsberichterstattung (2005a). *Bildungsberichterstattung. Entwurf eines Indikatorenmodells.* Berlin/Frankfurt: DIPF. (online unter: http://www.bildungsbericht.de/zeigen.html?seite=4367, Stand: Juni 2015)

Konsortium Bildungsberichterstattung (2005b). *Gesamtkonzeption der Bildungsberichterstattung.* Berlin/Frankfurt: DIPF. (online unter: http://www.bildungsbericht.de/zeigen.html?seite=4367, Stand: Juni 2015)

Köhler, H. (1990). *Neue Entwicklungen des relativen Schul- und Hochschulbesuches. Eine Analyse der Daten für 1975–1987.* Berlin: Max-Planck-Institut für Bildungsforschung.

Köhler, H. (1980). Amtliche Bildungsstatistik im Wandel. In J. Baumert, A. Leschinsky, J. Naumann (Hrsg.), *Bildung in der Bundesrepublik Deutschland. Daten und Analysen.* Band 2: Gegenwärtige Probleme. Stuttgart: Klett-Cotta, 1215–1285.

Köhler, H. (1978). *Der relative Schul- und Hochschulbesuch in der Bundesrepublik Deutschland 1952 bis 1975. Ein Indikator für die Entwicklung des Bildungswesens.* Berlin: Max-Planck-Institut für Bildungsforschung.

Köller, O., Baumert, J. (2008). Entwicklung schulischer Leistungen. In R. Oerter, L. Montada (Hrsg.), *Entwicklungspsychologie.* 6., vollständig überarbeitete Auflage. Weinheim u. a.: Beltz Verlag, 735–768.

Kramer, R.-T. (2002). *Schulkultur und Schülerbiographien. Das „schulbiographische Passungsverhältnis".* Rekonstruktionen zur Schulkultur II. Opladen: Leske u. Budrich.

Kraheck, N. (2004). *Karrieren jenseits normaler Erwerbsarbeit. Lebenslagen, Lebensentwürfe und Bewältigungsstrategien von Jugendlichen und jungen Erwachsenen in Stadtteilen mit besonderem Erneuerungsbedarf.* Abschlussbericht; Forschungsschwerpunkt Übergange in Arbeit, Arbeitspapier 1/2004, München: Deutsches Jugendinstitut.

Kristen, C., Römmer, A., Müller, W., Kalter, F. (2005). *Längsschnittstudien für die Bildungsberichterstattung. Beispiele aus Europa und Nordamerika.* Reihe Bildungsreform, Band 10, Bonn: Bundesministerium für Bildung und Forschung.

Krüger, H.-H. (2006). Entwicklungslinien, Forschungsfelder und Perspektiven der erziehungswissenschaftlichen Biographieforschung. In H.-H. Krüger, W. Marotzki (Hrsg.), *Handbuch erziehungswissenschaftliche Biographieforschung.* 2., überarbeitete und aktualisierte Auflage. Wiesbaden: VS Verlag für Sozialwissenschaften, 13–33.

Krüger, H.-H., Marotzki, W. (2006). *Handbuch erziehungswissenschaftliche Biographieforschung.* 2., überarbeitete und aktualisierte Auflage. Wiesbaden: VS Verlag für Sozialwissenschaften.

Krüger, H.-H., Rauschenbach, T., Sander, U. (2006). Editorial. In H.-H. Krüger, T. Rauschenbach, U. Sander (Hrsg.), *Bildungs- und Sozialberichterstattung.* Zeitschrift für Erziehungswissenschaft, Beiheft 6. Wiesbaden: VS Verlag für Sozialwissenschaften, 5–8.

Kühne, S. (2010). Datenfriedhof oder Goldgrube? Zum Potenzial schulstatistischer Individualdaten für Abschlussindikatoren. In M. Baethge, H. Döbert, H.-P. Füssel, H.-W. Hetmeier, T. Rauschenbach, U. Rockmann, S. Seeber, H. Weishaupt, A. Wol-ter, K. Zimmer (Hrsg.), *Indikatorenentwicklung für den nationalen Bildungsbericht „Bildung in Deutschland".* Grundlagen, Ergebnisse, Perspektiven. Reihe Bildungsforschung, Band 33, Bonn/Berlin: Bundesministerium für Bildung und Forschung, 80–94.

Lehmann, R. H., Ivanov, S., Hunger, S., Gänsfuß, R. (2005). *ULME I. Untersuchung der Leistungen, Motivation und Einstellungen zu Beginn der beruflichen Ausbildung.* Hamburg: Behörde für Bildung und Sport.
(online unter: http://schule201.schul-cms.eu/index.php/article/detail/1134, Stand: Mai 2011)

Loch, W. (2006). Der Lebenslauf als anthropologischer Grundbegriff einer biographischen Erziehungstheorie. In H.-H. Krüger, T. Rauschenbach, U. Sander (Hrsg.), *Handbuch erziehungswissenschaftliche Biographieforschung.* 2., überarbeitete und aktualisierte Auflage. Wiesbaden: VS Verlag für Sozialwissenschaften, 71–89.

Lüttinger, P., Schimpl-Neimanns, B. (1992). *Amtliche Bildungsstatistik und empirische Sozialforschung.* ZUMA-Arbeitsbericht Nr. 92/19. Mannheim: Zentrum für Umfragen, Methoden und Analysen (ZUMA).
(online unter: http://www.ssoar.info/ssoar/handle/document/6981, Stand: Juni 2015)

Maaz, K. (2010). Bildung als dynamischer Prozess über die Lebenszeit. In G. Quenzel, K. Hurrelmann (Hrsg.), *Bildungsverlierer – neue Ungleichheiten*. Wiesbaden: VS Verlag für Sozialwissenschaften, 399–419.

Maaz, K., Baumert, J., Gresch, C., McElvany, N. (Hrsg.) (2010). *Der Übergang von der Grundschule in die weiterführende Schule. Leistungsgerechtigkeit und regionale, soziale und ethnisch-kulturelle Disparitäten.* Reihe Bildungsforschung, Band 34, Bonn/Berlin: Bundesministerium für Bildung und Forschung.

Maritzen, N. (2008). Bildungsmonitoring – Systeminnovation zur Sicherung von Qualitätsstandards. In *Bildungsmonitoring, Vergleichsstudien und Innovationen.* Berlin: Berliner Wissenschafts-Verlag, 109–124.

Marotzki, W. (2006). Forschungsmethoden und -methodologie der Erziehungswissenschaftlichen Biographieforschung. In H.-H. Krüger, W. Marotzki (Hrsg.), *Handbuch erziehungswissenschaftliche Biographieforschung.* 2., überarbeitete und aktualisierte Auflage. Wiesbaden: VS Verlag für Sozialwissenschaften, 111–135.

Mayer, K. U. (2004). Unordnung und frühes Leid? Bildungs- und Berufsverläufe in den 1980er und 1990er Jahren. In S. Hillmert, K. U. Mayer (Hrsg.), *Geboren 1964 und 1971 – Neuere Untersuchungen zu Ausbildungs- und Berufschancen in Westdeutschland.* Wiesbaden: VS Verlag für Sozialwissenschaften, 201–213.

Mayer, K. U. (1990). Lebensverläufe und sozialer Wandel. Anmerkungen zu einem Forschungsprogramm. In K. U. Mayer (Hrsg.), *Lebensverläufe und sozialer Wandel.* Kölner Zeitschrift für Soziologie und Sozialpsychologie, Sonderheft 31. Wiesbaden: Westdeutscher Verlag, 7–21.

Meusburger, P. (1998). *Bildungsgeographie – Wissen und Ausbildung in der räumlichen Dimension.* Heidelberg u. Berlin: Spektrum Akademischer Verlag.

Meulemann, H. (1995). *Die Geschichte einer Jugend. Lebenserfolg und Erfolgsdeutung ehemaliger Gymnasiasten zwischen dem 15. und 30. Lebensjahr.* Opladen: Westdeutscher Verlag.

Meulemann, H. (1990). Schullaufbahnen, Ausbildungskarrieren und die Folgen im Lebenslauf. Der Beitrag der Lebenslaufforschung zur Bildungssoziologie. In K. U. Mayer (Hrsg.), *Lebensverläufe und sozialer Wandel.* Kölner Zeitschrift für Soziologie und Sozialpsychologie, Sonderheft 31. Wiesbaden: Westdeutscher Verlag, 89–117.

Müller, W., Markus K. (2008). Schein oder Sein. Bildungsdisparitäten in der europäischen Statistik. Eine Illustration am Beispiel Deutschlands. *Schmollers Jahrbuch. Zeitschrift für Wirtschafts- und Sozialwissenschaften, 128(4)*, 511–543.

National Forum on Education Statistics (2005). *Forum Guide to Education Indicators.* U.S. Department of Education. Washington, DC: National Center for Education Statistics.

Nittel, D. (1992). *Gymnasiale Schullaufbahn und Identitätsentwicklung. Eine biographieanalytische Studie.* Weinheim: Deutscher Studien-Verlag.

Nuttall, D. (1994a). Choosing indicators. In Organisation for Economic Co-operation and Development (Hrsg.), *Making Education Count. Developing and Using International Indicators.* Paris: OECD, 79–89.

Nuttall, D. (1994b). Funktionen und Grenzen internationaler Bildungsindikatoren. In Organisation for Economic Co-operation and Development. *Die internationalen Bildungsindikatoren der OECD. Ein Analyserahmen.* Frankfurt am Main: Lang, 17–28.

Oakes, J. (1986). *Educational Indicators. A Guide for Policymakers.* Santa Monica.

Ogawa, R., Collom, E. (1998). *Educational Indicators. What are they? How can Schools and School Districts use them?* Riverside: University of California. (online unter: http://files.eric.ed.gov/fulltext/ED432811.pdf, Stand: Juni 2015)

Organisation for Economic Co-operation and Development (2012a). *Education at a Glance 2012.* OECD Indicators, Paris: OECD Publishing. (online unter: http://www.oecd.org/edu/eag2012.htm, Stand: Mai 2013)

Organisation for Economic Co-operation and Development (2012b). *Education at a Glance. OECD Indicators 2012. Annex 3: Sources, methods and technical notes,* Chapter A: The output of educational institutions and the impact of learning. (online unter: http://www.oecd.org/edu/EAG2012_Annex3_ChapterA.pdf, Stand: Mai 2013)

Pahl, V. (2006). Bildungsberichterstattung und empirische Bildungsforschung. Förderangebote und Erwartungen des BMBF. In H.-H. Krüger, T. Rauschenbach, U. Sander (Hrsg.), *Bildungs- und Sozialberichterstattung.* Zeitschrift für Erziehungswissenschaft, Beiheft 6. Wiesbaden: VS Verlag für Sozialwissenschaften, 20–26.

Petegem, P. van, Vanhoof, J. (2004). Feedback of Indicators to Schools. *European Educational Research Journal,* 3(1), 246–277. (online unter: http://dx.doi.org/10.2304/eerj.2004.3.1.8, Stand: April 2009)

Picht, G. (1965). *Die deutsche Bildungskatastrophe.* München: Deutscher Taschenbuch Verlag.

Quenzel, G., Hurrelmann, K. (Hrsg.) (2010). *Bildungsverlierer. Neue Ungleichheiten.* Wiesbaden: VS Verlag für Sozialwissenschaften.

Radtke, F.-O. (2004). Die Illusion der meritokratischen Schule. Lokale Konstellationen der Produktion von Ungleichheit im Erziehungssystem. *IMIS-Beiträge,* 10(23), 143–178.

Reißig, B. (2010). *Biographien jenseits von Erwerbsarbeit. Prozesse sozialer Exklusion und ihre Bewältigung.* Wiesbaden: VS Verlag für Sozialwissenschaften.

Reißig, B. (2005). Biographien jenseits normaler Erwerbsarbeit. Ausbildungs-und Erwerbsverläufe junger Erwachsener in den neuen Bundesländern. In H. Arnold, L. Böhnisch, W. Schröer (Hrsg.), *Sozialpädagogische Beschäftigungsförderung. Lebensbewältigung und Kompetenzentwicklung im Jugend- und jungen Erwachsenenalter.* Übergangs- und Bewältigungsforschung. Weinheim: Juventa Verlag, 119–131.

Ricking, H., Schulze, G., Wittrock, M. (2009). Schulabsentismus und Dropout. Strukturen eines Forschungsfeldes. In H. Ricking, G. Schulze, M. Wittrock (Hrsg.), *Schulabsentismus und Dropout. Erscheinungsformen - Erklärungsansätze – Intervention.* Paderborn: Schöningh, 13–48.

Sackmann, R. (2007). *Lebenslaufanalyse und Biografieforschung. Eine Einführung.* Reihe Studienskripte zur Soziologie. Wiesbaden: VS Verlag für Sozialwissenschaften.

Schmidt, C., Weishaupt, H. (2004). *Dokumentation der Längsschnittforschung im Bildungsbereich.* Projektbericht im Auftrag des Bundesministeriums für Bildung und Forschung. Erfurt: Universität Erfurt. (online unter: http://www.gesis.org/fileadmin/upload/dienstleistung/daten/ umfragedaten/them_studienpools/dokumente/Projektbericht_ Laengsschnittforschung_Bildungsbereich.pdf, Stand: Juni 2015)

Schuchart, C. (2007). Schulabschluss und Ausbildungsberuf. Zur Bedeutung der schulartbezogenen Bildungsbiografie. *Zeitschrift für Erziehungswissenschaft,* 11(3), 318–398.

Schuchart, C., Maaz, K. (2007). Bildungsverhalten in institutionellen Kontexten. Schulbesuch und elterliche Bildungsaspiration am Ende der Sekundarstufe I. *Kölner Zeitschrift für Soziologie und Sozialpsychologie,* 59(4), 640–666.

Schulze, T. (2010). Von Fall zu Fall. Über das Verhältnis von Allgemeinem, Besonderem und Individuellem in der erziehungswissenschaftlichen Biographieforschung. In J. Ecarius, B. Schäffer (Hrsg.), *Typenbildung und Theoriegenerierung. Methoden und Methodologien qualitativer Bildungs- und Biographieforschung.* Opladen: Budrich, 29–46.

Schulze, T. (2006). Biographieforschung in der Erziehungswissenschaft. Gegenstandsbereich und Bedeutung. In H.-H. Krüger, W. Marotzki (Hrsg.), *Handbuch erziehungswissenschaftliche Biographieforschung.* 2., überarbeitete und aktualisierte Auflage. Wiesbaden: VS Verlag für Sozialwissenschaften, 35–57.

Schütze, F. (1983). Biographieforschung und narratives Interview. *Neue Praxis. Kritische Zeitschrift für Sozialarbeit und Sozialpädagogik,* 13(3), 283–293.

Sekretariat der Ständigen Konferenz der Kultusminister der Länder in der Bundesrepublik Deutschland (2012). *Schüler, Klassen, Lehrer und Absolventen der Schulen 2001 bis 2010.* Statistische Veröffentlichungen der Kultusministerkonferenz (Dokumentation Nr. 195). Berlin: Kultusministerkonferenz. (online unter: http://www.kmk.org/statistik/schule/statistische-veroeffentlichungen/ schueler-klassen-lehrer-und-absolventen-der-schulen.html, Stand: März 2012)

Sekretariat der Ständigen Konferenz der Kultusminister der Länder in der Bundesrepublik Deutschland (2010). *Vereinbarung über die Schularten und Bildungsgänge im Sekundarbereich I.* (Beschluss der Kultusministerkonferenz vom 03.12.1993 in der Fassung vom 01.10.2010), Bonn: Kultusministerkonferenz. (online unter: http://www.kmk.org/fileadmin/veroeffentlichungen_beschluesse/ 1993/1993_12_03-Vereinbarung-Schularten-Sek1_01.pdf, Stand: Januar 2011)

Sekretariat der Ständigen Konferenz der Kultusminister der Länder in der Bundesrepublik Deutschland (2009). *FAQ's – Frequently Asked Questions zum Kerndatensatz und zur Datengewinnungsstrategie.* Bonn: Kultusministerkonferenz.

Sekretariat der Ständigen Konferenz der Kultusminister der Länder in der Bundesrepublik Deutschland (2008a). *Kerndatensatz (KDS) der Länder für schulstatistische Individualdaten.* Version 3.0. Bonn: Kultusministerkonferenz.

Sekretariat der Ständigen Konferenz der Kultusminister der Länder in der Bundesrepublik Deutschland (2008b). *Definitionenkatalog zur Schulstatistik 2008 (2).* Bonn: Kultusministerkonferenz.

Sekretariat der Ständigen Konferenz der Kultusminister der Länder in der Bundesrepublik Deutschland (1997). Übersicht über die Abschlüsse und Berechtigungen im Sekundarbereich I der allgemeinbildenden Schulen der Länder in der Bundesrepublik Deutschland (Stand 15.09.97, Änderungen vom 21.08.1998), unveröffentlichtes Dokument der Kultusministerkonferenz.

Siepke, T. (2013). Datengrundlagen eines kommunalen Bildungsmonitorings. Unveröffentlichtes Manuskript.

Solga, H. (2004a). Berufsbildung und soziale Strukturierung. In M. Baethge, K.-P. Buss, C. Lanfer (Hrsg.), *Expertisen zu den konzeptionellen Grundlagen für einen Nationalen Bildungsbericht – Berufliche Bildung und Weiterbildung/Lebenslanges Lernen.* Reihe Bildungsreform, Band 8. Berlin/Bonn: Bundesministerium für Bildung und Forschung, 223–279.

Solga, H. (2004b). Ausgrenzungserfahrungen trotz Integration. Die Übergangsbiografien von Jugendlichen ohne Schulabschluss. In S. Hillmert, K. U. Mayer (Hrsg.), *Geboren 1964 und 1971 – Neuere Untersuchungen zu Ausbildungs- und Berufschancen in Westdeutschland.* Wiesbaden: VS Verlag für Sozialwissenschaften, 39–63.

Solga, H. (2003). Jugendliche ohne Schulabschluss und ihre Wege in den Arbeitsmarkt. In K. S. Cortina, J. Baumert, A. Leschinsky, K. U. Mayer, L. Trommer (Hrsg.), *Das Bildungswesen in der Bundesrepublik Deutschland. Strukturen und Entwicklungen im Überblick.* Reinbek bei Hamburg: Rowohlt Taschenbuch Verlag, 710–754.

Solga, H., Wagner, S. (2008). Die Zurückgelassenen – die soziale Verarmung der Lernumwelt von Hauptschülerinnen und Hauptschülern. In R. Becker, W. Lauterbach (Hrsg.), *Bildung als Privileg. Erklärungen und Befunde zu den Ursachen der Bildungsungleichheit.* 3. Aufl., 191–219.

Statistische Ämter des Bundes und der Länder (2012). *Internationale Bildungsindikatoren im Ländervergleich.* Wiesbaden: Statistisches Bundesamt.

Ständige Konferenz der Kultusminister der Länder in der Bundesrepublik Deutschland (2010). *Förderstrategie für leistungsschwächere Schülerinnen und Schüler.* Beschluss der Kultusministerkonferenz vom 04.03.2010. Bonn: Kultusministerkonferenz.
(online unter: http://www.kmk.org/fileadmin/veroeffentlichungen_beschluesse/ 2010/2010 03_04-Foerderstrategie-Leistungsschwaechere.pdf, Stand: Januar 2011)

Terpoorten, T. (2007). Geografie der Bildungschancen. Geografische Informationssysteme als Planungsinstrument für eine sozialraumorientierte Schulentwicklung. *Die deutsche Schule,* 99(4), 468–479.

Tippelt, R. (2010). Idealtypen konstruieren und Realtypen verstehen. Merkmale der Typenbildung. In J. Ecarius, B. Schäffer (Hrsg.), *Typenbildung und Theoriegenerie-*

rung. Methoden und Methodologien qualitativer Bildungs- und Biographiefor-schung. Opladen: Budrich, 115–126.

Weishaupt, H. (2012). Bildungsstatistik. In K.-P. Horn, H. Kemnitz, W. Marotzki, U. Sandfuchs (Hrsg.), *Klinkhardt Lexikon Erziehungswissenschaft.* Bad Heilbrunn: Klinkhardt, 186–187.

Weishaupt, H. (2007). *Überlegungen zur Konzeptualisierung einer Schulberichterstat-tung in Hessen für die Handlungsebenen Schule, regionales Schulamt und Land.* Gutachten. Bergische Universität Wuppertal.

Weishaupt, H. (2006). Der Beitrag von Wissenschaft und Forschung zur Bildungs- und Sozialberichterstattung. In H.-H. Krüger, T. Rauschenbach, U. Sander (Hrsg.), *Bildungs- und Sozialberichterstattung.* Zeitschrift für Erziehungswissenschaft, Beiheft 6. Wiesbaden: VS Verlag für Sozialwissenschaften, 42–54.

Weishaupt, H. Kemper, T. (2009). Zur nationalitätenspezifischen und regionalen Bil-dungsbenachteiligung ausländischer Schüler unter besonderer Berücksichtigung des Förderschulbesuchs. In I. Sylvester, I. Sieh, M. Menz, H.-W. Fuchs, J. Behrendt (Hrsg.), *Bildung, Recht, Chancen.* Münster u. a.: Waxmann Verlag, 97–111.

Weishaupt, H., Kühne, S. (2011). Schülergenerationen im Blick der Bildungsstatistik. In T. Eckert, A. von Hippel, M. Pietraß, B. Schmidt-Hertha (Hrsg.), *Bildung der Gene-rationen.* Wiesbaden: VS Verlag für Sozialwissenschaften, 251–265.

Wiezorek, C. (2005). *Schule, Biografie und Anerkennung. Eine fallbezogene Diskussion der Schule als Sozialisationsinstanz.* Wiesbaden: VS Verlag für Sozialwissenschaf-ten.

Wiezorek, C., Fritzsche, S. (2010). Methodentriangulation im Forschungsprozess. Zum Beitrag rekonstrutiver Forschungsverfahren im Hinblick auf die Reflexion quantitativer Forschungsverfahren. In J. Ecarius, B. Schäffer (Hrsg.), *Typenbildung und Theoriegenerierung. Methoden und Methodologien qualitativer Bildungs- und Biographieforschung.* Opladen u. a.: Barbara Budrich Verlag, 127–142.

Wirth, H., Müller, W. (2006). Mikrodaten der amtlichen Statistik – ihr Potenzial in der empirischen Sozialforschung. In A. Diekman (Hrsg.), *Methoden der Sozialfor-schung.* Kölner Zeitschrift für Soziologie und Sozialpsychologie, Sonderheft 44. Wiesbaden: VS Verlag für Sozialwissenschaften, 93–127.

Wyatt, T. (1994). Education Indicators. A Review of the Literature. In Organisation for Economic Co-operation and Development (Hrsg.), *Making Education Count. Devel-oping and Using International Indicators.* Paris: OECD, 99–121.

Zühlke, S., Zwick, M., Wende, Th. (2003). Die Forschungsdatenzentren der Statisti-schen Ämter des Bundes und der Länder. *Wirtschaft und Statistik,* 83(10), 906–911. (online unter: https://www.destatis.de/DE/Publikationen/WirtschaftStatistik/ AllgemeinesMethoden/Forschungsdatenzentren.pdf?__blob=publicationFile, Stand: Juni 2015)

Abkürzungsverzeichnis

BB	Brandenburg
BE	Berlin
BMBF	Bundesministerium für Bildung und Forschung
BW	Baden-Württemberg
BY	Bayern
ELEMENT	Erhebung zum Lese- und Mathematikverständnis (in Berlin)
HB	Bremen
HE	Hessen
HH	Hamburg
IEA	International Association for the Evaluation of Educational Achievement
IGLU/PIRLS	Internationale Grundschul-Lese-Untersuchung/Progress in International Reading Literacy Study
ISCED	International Standard Classification of Education
Jg.	Jahrgangsstufe, gleichbedeutend mit Klassenstufe
KDS	Kerndatensatz der Länder für schulstatistische Individualdaten
KESS	Kompetenzen und Einstellungen von Schülerinnen und Schülern (in Hamburg)
KMK	Kultusministerkonferenz (Ständige Konferenz der Kultusminister der Länder in der Bundesrepublik Deutschland)
LAU	Lernausgangslagen-Untersuchung (in Hamburg)
MV	Mecklenburg-Vorpommern
NEPS	National Educational Panel Study (Nationales Bildungspanel)
NI	Niedersachsen
NW	Nordrhein-Westfalen
OECD	Organisation for Economic Cooperation and Development
PISA	Programme for International Student Assessment
RP	Rheinland-Pfalz
RRI	Relativer-Risiko-Index
SGB	Sozialgesetzbuch
SH	Schleswig-Holstein
SL	Saarland
SN	Sachsen
SOEP	Sozio-Oekonomisches Panel
ST	Sachsen-Anhalt
ULME	Untersuchung von Leistungen, Motivation und Einstellungen zu Beginn der beruflichen Ausbildung (in Hamburg)
TH	Thüringen
TIMSS	Trends in International Mathematics and Science Study

Anhang

Tab. 11: Abgängerinnen und Abgänger ohne Hauptschulabschluss 2008 nach Flächenländern und kreisfreien Städten/Landkreisen

Land	Abgängerinnen und Abgänger ohne Hauptschulabschluss				Korrelation[1] zwischen Abgängerquote und Kreistyp
	(A) Kreisfreie Städte		(B) Landkreise		
	Anzahl	in %[2]	Anzahl	in %[2]	
Insgesamt	17.679	9,5	42.233	6,7	-.387**
Westliche Flächenländer	14.789	8,9	33.479	6,0	-.596**
Östliche Flächenländer	2.890	14,7	8.754	12,0	-.274*
Baden-Württemberg	1.269	7,3	5.610	5,3	-.516**
Bayern	3.444	11,1	5.599	5,1	-.821**
Brandenburg	326	13,6	2.122	13,0	-.082
Hessen	1.098	9,3	3.380	6,5	-.614**
Mecklenburg-Vorpommern	601	19,2	1.462	15,9	-.484*
Niedersachsen	797	8,0	5.983	7,2	-.139
Nordrhein-Westfalen	6.255	8,3	8.041	6,1	-.603**
Rheinland-Pfalz	1.034	10,4	2.308	6,3	-.630**
Saarland	257	7,4	503	6,3	-.505
Sachsen	966	13,4	2.168	10,4	-.292
Sachsen-Anhalt	641	18,1	1.932	14,0	-.478
Schleswig-Holstein	356	10,4	1.070	8,5	-.761**
Thüringen	635	10,6	2.055	7,8	-.305

1) Korrelationskoeffizient nach Pearson auf kommunaler Ebene; *p < 0.05; **p < 0.01 (2-seitiger Test auf Signifikanz); Codierung 1 = Kreisfreie Stadt, 2 = Landkreis
2) Bezogen auf die alterstypische Bevölkerung der 15- bis unter 17-Jährigen am 31.12. des Vorjahres

Quelle: Statistische Ämter des Bundes und der Länder, Statistik Regional 2008

Abb. 47: Zusammensetzung der Absolventen/Abgänger von allgemeinbildenden Schulen in Rheinland-Pfalz 2008 nach Konstellationen des Migrationshintergrunds (Anzahl)

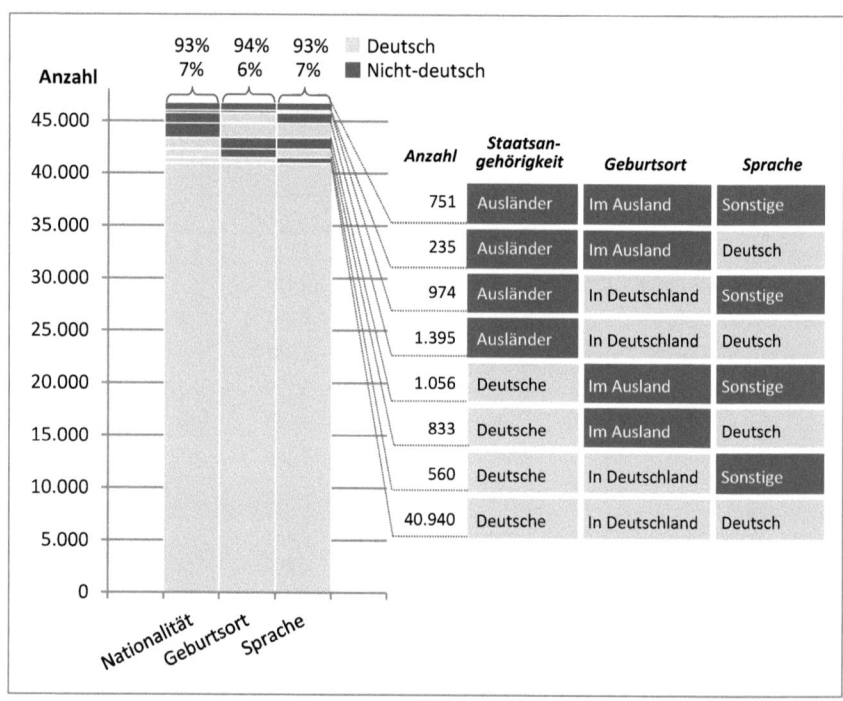

Quelle: Statistisches Landesamt Rheinland-Pfalz, Schulstatistische Individualdaten 2008/09, eigene Berechnungen